高等学校工程管理专业应用型本科规划教材编委会

高等学校工程管理专业应用型本科规划教材审稿委员会

高等学校工程管理专业应用型本科规划教材出版说明

工程管理专业自1998年设置以来，伴随着国民经济及工程建设的迅猛发展，已逐步成熟完善，目前已有近300所院校开设该专业。在这些院校里面，有相当一部分以“应用型”定位为主，各院校结合自身的专业特点，形成了各具特色的教学培养模式。为满足广大“应用型”本科院校的需要，加强特色方向教材的出版，人民交通出版社深入调研，周密组织，在高等学校工程管理专业指导委员会的热情鼓励和悉心指导下，蒙清华大学朱宏亮教授尽心主持，得到了国内七十余所高校的积极响应，邀请一大批各院校骨干教师参与，由国内一流专家审稿，组织、编写、出版了本套高等学校土建学科工程管理专业应用型本科规划教材。

本套教材以《全国高等学校土建类专业本科教育培养目标和培养方案及主干课程教学基本要求——工程管理专业》为纲，结合专业建设、课程建设和教学改革以及本学科的最新研究成果，设置了技术平台课程、管理平台课程、经济平台课程、法律平台课程，以及工程项目管理方向课程、房地产经营与管理方向课程、投资与造价管理方向课程、公路工程项目管理方向课程，进行了相应的教材开发，供各院校选用。

本套教材以“应用型”定位为出发点，结合教学实际，全面规划成系列开发近50个品种。教材编委会、审稿委员会、编写与审稿人员全力以赴，为打造精品教材做出了不懈努力，希望能够以此推动工程管理专业的教材建设。

本套教材适用于高等学校工程管理专业，各高校独立学院、成人教育学院及网络教育中的工程管理、房地产经营与管理、工程造价等相关专业亦可选用。

人民交通出版社

高等学校
工程管理专业应用型本科规划教材

Fangdichan Shichang Yingxiao

房地产市场营销

主　编　刘鹏忠　苏　萱
副主编　祖立厂　寇慧丽
　　　　陈　铭　陈煜红
主　审　盛承懋

人民交通出版社
China Communications Press

内容提要

本书为高等学校土建学科工程管理专业应用型本科规划教材。

本书系统地介绍了房地产市场营销的基本概念、理论、方法、技能及其应用。全书共分12章，可分为五大部分：第1章是导论部分，第2～5章为房地产市场分析部分，第6、第7章为房地产市场营销战略部分，第8～11章为房地产市场营销策略，第12章是房地产市场营销管理部分。本书大部分章节后都附有相关案例，以有助于读者对教材内容的理解。

本书注重理论性、技能性与应用性三个层面的平衡和有机结合。注重结构完整性、合理性和内容的新颖性、可读性。注重结合房地产本身的特性来展开论述，使其更具有针对性和对实践的指导性，

本书可以作为高等学校工程管理、房地产经营与管理和工商管理等相关专业的教材和教学参考用书，亦可作为房地产开发企业、房地产中介企业等相关从业人员的参考读物和培训教材。

前　言

中国房地产业的发展起步于20世纪80年代，随着住房使用制度和土地使用制度改革的不断推进和深化，房地产市场逐步发育并走向规范、成熟。在日趋激烈的市场竞争环境下，对于市场营销理论，中国的房地产开发企业经历了从不了解到了解，从不需要到需要的过程。特别是近几年来，市场营销观念受到了大中型房地产开发企业、房地产中介代理机构的普遍重视，房地产市场营销实践也是异常丰富多彩，积累了不少成功和失败的案例。因此，迫切需要在市场营销学基本理论指导下，结合房地产本身的特性，对房地产营销实践活动加以理论上的梳理、提升、创新，并用以指导营销实践。本书正是在这样的背景下编写的。

在本书的编写过程中，努力追求如下三个方面的特色：

1. 注重理论性、技能性与应用性三个层面的平衡和有机结合。理论阐述上力求完整性、新颖性、前瞻性，在技能性上尽可能多介绍分析问题、解决问题的方法、工具及实用的操作流程；同时，充分注意理论与实践的结合，对房地产营销的最新实践加以总结。

2. 注重结构完整性、合理性和内容可读性。注意各章节之间的逻辑性及内在联系，每章设有概要、案例、小结、思考题等，深入浅出，通俗易懂。

3. 注重结合房地产本身的特性来展开论述，使其更具有针对性和对实践的指导性，并与一般《市场营销学》教材有较大区分。

全书12章，可分为五大部分：第一部分是导论，即第1章；第二部分是房地产市场分析，包括第2～5章；第三部分是房地产市场营销战略，包括第6～7章；第四部分是房地产市场营销策略，包括8～11章；第五部分是房地产市场营销管理，即第12章。

本书由苏州科技学院刘鹏忠（第1章、第6章、第8章的8.2）、天津城市建设学院苏萱主编（第8章除8.2以外的部分、第9章），平顶山工学院的祖立厂（第10章、第12章）、武汉理工大学寇慧丽（第2章、第5章）、苏州科技学院陈铭（第4章、第7章）、西南科技大学陈煜红（第3章）、天津城市建设学院的罗新波（第11章）为副主编，全书由刘鹏忠负责统稿。

本书承蒙苏州科技学院盛承懋教授主审，并提供许多建设性的意见，在此表示感谢。

在本书的编写过程中，参阅了大量的文献资料，在此对所有文献的作者表示衷心的感谢。由于时间和水平有限，书中难免有不足之处，恳请广大读者不吝赐教，批评指正。

编　者

2007. 2

学习导言

初次接触房地产市场营销的同学们一定急于了解：房地产市场营销究竟是一门什么样的课程，学了有什么用？在此，需要告诉同学们的是，房地产市场营销是一门研究房地产企业经营方略和生财之道，研究房地产企业如何在激烈的市场竞争中求生存、求发展的学问，也是一门研究房地产企业如何更好地满足消费者需求的学问。据20世纪70年代对美国主要公司的总经理的一次典型调查得出如下结论：任何企业的经理人员，如果没有市场营销的知识，就不可能取得成功。因此，市场营销学已经成为许多国家培养高级工商管理人才的必修课。所以，房地产市场营销是一门非常实用的课程，无论你今后从事房地产的销售工作、市场营销策划工作、咨询工作还是管理工作，都需要用到房地产市场营销的基本知识。即使不直接从事这些工作，市场营销的观念对你所从事的其他工作也会有很大的启发和帮助。

既然这门课程如此重要，那么如何来学好这门课程呢？首先，建议同学们在学习本课程之前先修《经济学》、《管理学》、《统计学》等课程，这些课程将有助于同学们更好地理解本课程的相关内容。其次，建议同学们多阅读。除了认真学习本教材以外，还应在平时大量阅读有关书籍、报刊杂志、相关网站资料。杂志有：《中国房地产》、《城市开发》、《房地产世界》、《中外房地产导报》、《销售与市场》、《建筑经济》等；报纸有：《中国房地产报》、《中国经营报》、《经济日报》等；网站有：王志纲工作室（http://www.wzg.net.cn）、焦点房地产网（http://house.focus.cn/）、万科周刊（http://www.vankeweekly.com/）、万达月刊（http://www.wanda.com.cn/）、顺驰月刊（http://www.sunco.com.cn）、金地月刊（http://www.zytop.com/）、远洋天空（http://www.sored.com.cn/）、易铺网（http://www.yipu.com.cn/）、中国营销传播网（http://www.yipu.com.cn/）、销售与市场 第一营销网（http://www.cmmo.com.cn/）、中外房地产导报网站（http://paper.sznews.com/fdcdb/）、21世纪经济报道（http://www.nanfangdaily.com.cn/）、中国房地产报网站（http://www.zgfdcb.com/）、中国房地产资源整合中心（http://www.cercenter.com.cn/）、CMC中国营销研究中心（http://www.21cmc.net/）、住宅与房地产信息网（www.realestate.gov.cn）、营销科学学报（http://www.jms.org.cn/）等。另外，大家也可以参阅本教材每章后所列的参考文献。通过大量的阅读，有助于拓宽同学们的知识面，了解大量的专业信息，以及房地产营销实践的动态，尽快进入“专业状态”，找到”专业感觉“。再次，还要建议同学们多实践，要多跑、多看、多听、多写。经常去实地看一些楼盘、听一些专业讲座、写一些调查研究报告，找找”市场感觉“，这样有助于同学们理论联系实际，更有兴趣地学好这门课，掌握一些真本事。

本教材共12章，内容较为完整、系统，可分为五大部分：

第一部分是导论，即第1章，对市场营销、房地产市场营销、房地产行业等有关问题作一个概括性的介绍。本章的重点是：(1) 掌握市场及市场营销的概念；(2) 房地产及房地产市场、房地产市场营销的特性。

第二部分是房地产市场分析，包括第2～5章。对房地产开发企业来说，通过对房地产市场分析，主要解决投资机会的问题，即在什么时机、在哪个（或哪些）城市、该城市的哪个区域投资哪个类型的物业最合适。市场分析是房地产市场营销的基础。这部分的重点是：(1) 房地产市场营销环境分析的内容和分析方法，特别是SWOT分析法；(2) 房地产市场调查方法、技术和调查报告的撰写；(3) 房地产市场供求分析方法；(4) 房地产客户购买行为的5W1H模式。难点是如何进行抽样调查、问卷设计、统计分析以及对营销环境的定量分析（本教材未涉及）。难点是商品房空置的概念及空置的计算。拓展性阅读可参阅：《现代综合评级方法与案例精选》（杜栋，庞庆华·北京：清华大学出版社，2005)、《房地产市场分析方法与应用》[（美）尼尔·卡恩，约瑟夫·拉宾斯基等著，张红译．北京：中信出版社，2005]、《市场调查概论》（黄合水编著．上海：东方出版中心，2000)。

第三部分是房地产市场营销战略，包括第6章、第7章。在一个战略制胜的年代里，战略的重要性不言而喻。这一部分内容告诉你：一个房地产开发企业应如何制定市场合适的营销战略。其重点是：(1) STP营销理论，这是现代市场营销的核心。这里有几个重要的概念——市场细分、目标市场与产品定位。在房地产市场营销实践中，难点是如何进行市场细分、目标市场选择和产品定位；(2) 房地产市场竞争战略理论，包括“五力分析模型”、企业三种基本竞争战略和四种与企业市场地位有关的竞争战略。拓展性阅读可参阅：《竞争战略》[（美）迈克尔·波特著，陈小悦译，北京：华夏出版社，2005]、《战略管理》——艺术与实务（项保华著．北京：华夏出版社，2001)、《战略与竞争分析》——商业竞争分析的方法与技巧[（加）克雷格·弗莱舍等著，王俊杰等译·北京：清华大学出版社]。

第四部分是房地产市场营销策略，包括第8～11章。制定了战略，必须有相对应的策略去实施以完成战略目标。这部分的重点是：(1) 房地产产品的整体概念；(2) 房地产产品组合策略、产品生命周期原理、创新策略及品牌策略；(3) 房地产产品定价的三大方法及价格调整策略；(4) 房地产营销渠道的概念、房地产营销渠道选择策略、房地产经纪、代理的概念；(5) 房地产促销组合的概念、房地产广告策划、房地产人员推销技巧、房地产营业推广方案策划、房地产公共关系的含义与方案策划。在房地产市场营销实践中，难点是如何进行合理有效的4P组合。拓展性阅读可参阅：《房地产营销策划》（曹春尧编，上海：上海财经大学出版社，1999）、《房地产营销实务》（戴承良编．上海：东方出版中心，2000）、《房地产营销策划》（祖立厂主编．北京：机械工业出版社，2005）、房地产营销策略与技巧（倪时锋，黄长乐等著．广州：广东经济出版社，1997）、《现代房地产广告策略全案》（喻颖正等编．广州：暨南大学出版社，2002）等。

第五部分是房地产市场营销管理，即第12章。正确的战略加好的策略再加上好的执行，才能取得好的结果，因此，对房地产市场营销活动进行计划、组织、执行和控制就显得非常重要。本部分的重点是：（1）房地产市场营销计划的基本内容；（2）房地产市场营销组织类型、设计与评价；（3）房地产市场营销执行的具体工作；（4）四种房地产市场营销控制方法。难点是市场营销组织的设计。

通过本课程的学习，希望同学们掌握房地产市场营销的基本概念、基本理论、基本方法和基本技能，并树立起市场营销和社会市场营销的观念。较好地理解和把握房地产市场营销的特点。同时具有较强的分析实际问题、解决实际问题的能力，并初步具备房地产市场营销策划能力，并为《房地产开发与经营》、《房地产估价》等相关课程的学习打下良好的基础。

最后，衷心祝愿同学们能够顺利地完成本课程的学习任务，学有所思、学有所悟、学有所用，为今后的进一步学习、工作打下扎实基础。

目　　录

第1章 导论

1.1 市场营销概述

房地产市场营销是市场营销学的一个分支，市场营销学中的一些重要概念也同样适用于房地产市场营销，比如市场、市场营销的概念。市场与企业的关系，就是水与舟的关系，水能载舟，也能覆舟，市场营销的核心与关键在于企业能否认识市场、适应市场、创造市场和驾驭市场。

1.1.1 市场与市场营销的含义

1.市场的概念

市场是商品经济的产物，自从人类有商品生产和交换以来，就有与之相应的市场。那么，究竟什么是市场呢？由于理解角度不同，研究目的的不同，其含义各有不同。概括地说，有以下四种：

（1）市场是商品交换的场所。

当人们说去某某市场时，此时“市场”指的商品交换的场所，即买方和卖方聚集在一起交换货物的地方，是市场最“原始”的含义。如农贸市场、房地产交易市场、中国义乌小商品市场、东方丝绸交易市场、常熟招商城等。随着科技的发展，互联网的广泛应用和电子商务的普及，以及社会信用体系的建设，买卖双方的商品交换不一定在某一特定的地理空间进行，只要轻点鼠标就可以实现商品的大宗大额交易。如全球领先的网上贸易市场阿里巴巴（alibaba. com. cn），2005 年外贸交易额超过 200 亿美元。

（2）市场是某一产品的所有现实和潜在买主的总和。

当人们讲某一产品的市场很大或很小，就是说市场对该产品的需求量很大或很小，也就是某一产品的所有现实和潜在买主的总和很大或很小。这是市场营销学中所指的市场的含义。菲利普·科特勒认为：“市场是由一切具有特定需求或欲望，并且愿意和可能从事交换，来使需求或欲望得到满足的潜在顾客组成”。“市场规模的大小，视具有需要、拥有他人需要的资源，并愿将此资源换取其所需的人数多少而定”。

市场营销学是站在卖方的角度研究如何适应或创造买方的需求，如何组织整体营销活动，拓展销路，以达到自己的经营目标。因此，市场营销学中的市场就等同于需求，市场专指买方，而不包括卖方；专指需求，不包括供给。同行的供给者与其他的卖方都是“竞争者”，而不是“市场”。所以，我们可以用下面的公式简洁地表示市场的概念：

市场＝人口＋购买力＋购买欲望

市场是由人口、购买力、购买欲望三个要素组成，缺一不可。市场营销人员在分析、判断某一地区的市场大小时，应综合考虑这三个要素。需要指出的是消费者的购买力、购买欲望可随外部条件的变化而变化。如在银行按揭的支持下，使原来不具有完全支付能力的消费者有能力购买其合适的房地产产品；而在房地产企业优惠促销的刺激下，原先暂时没有购买欲望的消费者则可能会重新入市，选购其满意的商品房。

(3) 市场是商品供求双方的力量相互作用的总和。

房地产消费者经常会问：今后房地产市场走势会怎样？也就是说房地产市场中商品供求双方力量对比会怎样？这是从商品的供求关系来理解市场的含义。当某种商品的供给大于需求时，我们称之为买方市场；反之，当供给小于需求时，我们称之为卖方市场。这是经济学中的市场概念。营销人员在做房地产市场研究时，就是从这样的角度来理解市场、研究市场的。

针对经常变化的营销环境，判断房地产市场供求力量的对比和变化趋势，对于房地产企业把握营销机会，规避营销风险，进行营销决策是十分重要的。

(4) 市场是商品交换关系的总和。

如果从更大的范围来考察市场这一概念的话，我们发现在商品的交换过程中，一种商品形态的变化，总是和别种商品形态的变化交织在一起。这样，许多商品的形态变化组成的循环不可分割地交错连接在一起，形成了许多并行发生和彼此连接的商品交换过程，形成了整个商品世界的流通图像。即商品世界的流通过程，“就表现为在无数不同地点不断结束又不断重新开始的这种运动的无限错综的一团锁链”(《马克思恩格斯全集》第13卷，第84页)。所以说，市场又是一定时间、地点条件下商品交换关系的总和。这是马克思主义政治经济学的观点，从一定的经济关系来说明市场的性质。

2. 市场营销的概念

目前，不少企业的经营者对市场营销的概念存在一些不正确的或模糊的认识，他们认为市场营销就是把商品推销出去。而实际上，销售或促销仅是企业整个市场营销的一部分，而且不是市场营销中最重要的部分。菲利浦·科特勒说：“销售不是市场营销的最重要部分，销售是‘市场营销冰山’的尖端，是企业市场营销的职能之一，但不是其最重要的职能”。彼得·得鲁克说：“人们总是认为某种推销还是必要的，但营销的目的却是使推销成为不必要”。市场营销的目的是充分了解顾客，让产品和服务自己推销自己，营销的理想结果是让顾客乐于购买。

关于市场营销的概念有很多，这里采用美国西北大学菲利普·科特勒的定义：个人和集体通过创造并同别人交换产品和价值以满足需求和欲望的一种社会管理过程。

根据以上定义，市场营销概念有以下几个要点：

①市场营销的最终目标是“满足需求和欲望”；

②“交换”是市场营销的核心，交换过程是一个主动、积极寻找机会，满足消费者需求和欲望的社会过程和管理过程；

③交换过程能否顺利进行，取决于营销者创造的产品和价值满足顾客需求的程度和交换过程管理的水平。

1.1.2 市场营销观念的形成与发展

在西方商品经济高度发达的国家，其市场营销观念的形成与发展，大体经历了以下几个阶段：

1. 生产观念（producing concept）

生产观念是一种古老的经营观。生产观念认为，消费者总是喜欢可以随处买到价格低廉的产品，企业应致力于追求更高的生产效率和更广的分销范围。以生产观念指导经营活动的企业，称为生产导向企业，其典型表现为：“我们生产什么，就卖什么”。

生产观念在西方盛行于 19 世纪末 20 世纪初。当时，资本主义国家处于工业化初期，市场需求旺盛，但物资短缺，产品供不应求。另一方面，消费者购买力有限。因此，企业的中心问题是提高生产效率和生产能力，降低成本，而不必过多关注市场需求的差异。生产观念自然为众多企业所采用。如福特汽车公司 1914 年开始生产的 T 型汽车，就是在福特的“生产导向”经营哲学的指导下创出奇迹的。到 1921 年，福特 T 型汽车在美国市场的占有率达到 56%。

2. 产品观念（product concept）

产品观念认为，消费者喜欢那些质量最高、性能最好、特色最多的产品。企业管理的中心是开发优良产品并不断加以改进。

持产品观念的企业经营者经常痴迷于自己的产品，而忽视市场正在发生的变化。特别是当其开发出一个新的产品时，往往陶醉于新产品的高技术、高性能或高质量，却没意识到市场对他们的产品可能不感兴趣。如创立于1869年的美国爱尔琴钟表公司，直到20世纪50年代，一直被人为是美国最好的钟表制造商之一，享有盛誉。该公司在市场营销管理中一贯强调生产优质产品，并通过一流的珠宝店和百货公司销售产品。1958年之前，公司的销售额一直是上升的，但此后却开始下降。其主要原因是公司管理层仍迷恋于生产精美的传统式样的手表，而没能及时注意到消费者的口味已经发生了变化：此时许多消费者已对名贵手表不感兴趣，而趋向于购买那些经济、方便、新颖、时尚的手表，结果让生产这类手表的制造商夺走了大部分市场。

产品导向的公司在设计产品时很少让消费者介入。美国底特律的经营管理者们曾经以产品为导向，不相信人们要的车与他们已经有的车有什么不同，从未真正研究消费者想要什么，直到无数的客户转向了别的小型车生产商。

产品观念还会引发“营销近视症”——过分重视产品而忽视消费者需求。美国铁路管理部门认为自己做的是铁路生意而不是运输生意，他们以铁路为导向，而没有以运输为导向；以产品为导向（product－oriented)，而没有以客户为导向(customer－oriented)，结果使自己陷入困境。好莱坞认为自己是电影业，而非娱乐业，结果蓬勃兴起的电视几乎令好莱坞（Hollywood）全军覆没。

3. 推销观念（selling concept）

推销观念认为，如果对消费者置之不理，他们不会大量购买本企业的商品，因而企业必须进行大量的推销和促销努力。执行推销观念的企业，称为推销导向企业，其典型表现为：“我们卖什么，就让人们买什么”。

推销观念盛行于20世纪三四十年代。这一时期，由于科技进步，科学管理和大规模生产的推广，产品产量迅速增加，产品逐渐由供不应求变为供大于求，市场竞争日趋激烈。从而迫使很多企业致力于产品的推广和广告活动，以求说服消费者购买。

推销观念也被大量应用于推销那些“非渴求品”，即消费者通常情况下不打算购买的商品，如保险、营养品等。推销观念也用于非营利性领域，如大学招生办和一些政府组织的选举。

需用注意的是推销活动和推销观念不是一回事。事实上，任何企业都会有推销活动，特别是当新产品上市时。但要取得好的推想效果，就必须以市场营销观念为指导，开发消费者需要的产品，再配合合适的价格、渠道、促销策略，那么，取得良好的销售业绩应是顺理成章之事。

4.市场营销观念（marketing concept）

市场营销观念认为，达到企业目标的关键在于正确确定目标市场的需要和欲望，比竞争者更有效地提供目标市场所要求的满足。执行市场营销观念的企业，称为市场营销导向企业。具体表现为："顾客需要什么，我们就生产供给什么"。

市场营销观念形成于20世纪50年代。战后，随着第三次科学技术革命的兴起，产品技术不断创新，新产品竞相上市。使产品供应量迅速增加，许多产品供过于求，市场竞争进一步激化。另一方面，消费者有了更多的可支配收入和闲暇时间，消费需求趋向更加多样化。这种情形要求企业改变以自己为中心的思维方式，转向认真研究消费者需求，正确选择为之服务的目标市场，并提供相应的营销策略以满足消费者的需要。

市场营销观念是一种以顾客需要和欲望为导向的哲学，它要求企业以顾客为中心，满足消费者需求和欲望是企业一切工作的出发点。在此基础上，实现企业的合理利润，而这只是一个顺带的结果。

尽管房地产行业还是个年轻的行业，但市场营销观念在房地产行业中得到了很好的实践，下面是国内一些知名的房地产开发企业的客户理念：

万科——客户是我们永远的伙伴。

客户是最稀缺的资源，是万科存在的全部理由。

在客户眼中，我们每一位员工都代表万科。

我们1%的失误，对于客户而言，就是100%的损失。

衡量我们成功与否的最重要的标准，是我们让客户满意的程度。

与客户一起成长，让万科在投诉中完美。

合生创展——顾客是我们的老板

河南建业——谁拥有了客户，谁就拥有了未来

远洋房地产——始终坚持客户至上

阳光100——客户至上

市场营销观念包括三个重要方面：目标市场、顾客需求、整体营销。

(1) 目标市场。

事实上没有任何一个公司能够做到满足顾客所有的需求。对一个公司来说，根据自身的资源状况以及市场的机会来为一个或几个细分市场服务是其明智的选择。以有限的资源去满足部分顾客的部分需求，才能取得好的经营业绩。

(2) 顾客需求。

满足目标市场顾客需求，而且是比竞争对手更好地满足顾客需求是企业经营管

理工作的中心，然而要真正理解目标市场顾客的需求并不容易，市场营销的任务是一方面要寻找已存在的需求并满足它；另一方面要发现和解决顾客并没有明确提出要求但潜在的需求。

市场营销导向型的企业，不仅要关注顾客需求的满足，更要关注顾客满意。企业的产品主要销售给两类顾客：新顾客和老顾客。吸引新的顾客比维系老的顾客需花费更多的成本，因而保持顾客比吸引顾客更为重要。保持老顾客的关键是使顾客满意。一个满意的顾客会告诉3个人关于他买到好产品的经验，而一个不满意的顾客会对11个人讲买到不好产品的怨言。顾客满意要通过企业所提供的产品、服务和价值来实现。万科认为："企业的未来竞争优势只有一个来源，就是对客户需求的把握。通过深入挖掘细分客户的需求，为他们提供高性价比的产品，而客户满意的程度是检验我们工作做的好坏最重要的标志"。2002年底，万科委托盖洛普调查公司对万科所在城市的42000多户客户进行了一次满意度调查。从调查结果看，万科是成功的——老业主的整体满意度为78%，忠诚度为56%；新业主的整体满意度为77%，忠诚度为50%。由第三方公司盖洛普进行的2005年度客户满意度调查显示：万科业主整体满意度为74%，忠诚度为53%，重复购买度为63%，推荐购买度为75%，平均每个老客户向6.28人推荐了万科楼盘，实际成交率为20.4%。2005年内不断提升的老客户的推介购买和重复购买，成为公司得以在调控期间脱颖而出的最重要法宝之一。万科最大的"阴谋"就是让现在买了万科房子的住户第二次、第三次、第四次购买万科的房子。

奉行"客户至上"理念，坚持以市场为导向，而不是以利润为导向，时刻保持对客户需求的敏锐的观察力与迅速的反应能力是阳光100近些年取得快速发展的主要原因。阳光100认为：

·要获得客户对我们的忠诚，我们首先保证对客户的忠诚。换句话说，阳光100对客户忠诚度有多高，客户对阳光100忠诚度就有多高。

·要想保持产品对客户的吸引力，需要我们持之以恒的对客户的关注力。

·要保证我们的成功，首先要保证客户的购房成功；要实现我们的梦想，首先要成就客户的梦想。

·解决客户矛盾的最好办法就是我们对客户的态度。

所以，阳光100每一个项目的成功，不仅仅要关注市场份额的提高，更要关注客户满意度的提高。

（3）整体营销。

市场营销观念要求企业实行整体营销，所谓整体营销包括两个方面：

①企业的各个职能部门必须互相协调配合。市场营销不只是营销部门的事情，

企业的其他部门如生产、研发、人事、财务等部门也要以顾客为中心，配合营销部门为顾客提供满意的服务。只有企业的全体员工都认识到自己对顾客满意所应承担的职责，市场营销观念才算得到真正的贯彻，市场营销活动也才会最有成效。如IBM要求每个员工描述出自己的工作如何影响消费者。万科认为："在客户眼中，我们每一位员工都代表万科"。也就是说，每一位员工都应认识到自己对客户满意所应发挥的作用。市场营销不仅仅是营销部门的事。

②市场营销组合要素必须互相协调配合。市场营销组合包括产品、价格、渠道、促销四个要素。为了能够更好地满足顾客的需求，这四个要素必须互相配合，发挥整体协同效应。如果各行其是，则企业一定不会产生好的效益。

5. 社会营销观念（societal marketing concept）

社会营销观念认为，企业的任务是确定目标市场的需要、欲望，比竞争者更有效地提供满足顾客的商品，同时维护与增进消费者的社会福利。

从20世纪70年代起，随着全球环境破坏、资源短缺、人口爆炸、通货膨胀和忽视社会服务等问题日益严重，要求企业顾及消费者整体利益与长远利益即社会利益的呼声越来越高。1971年，杰拉尔得·扎特曼（Gerald Zaltman）和菲利普·科特勒（Philip Kotler）最早提出了"社会市场营销"的概念，它要求企业生产经营不仅要考虑消费者需求，而且要考虑消费者和整个社会的长远利益。此后，这一概念得到了世界各国和有关组织的广泛重视，也得到了国内房地产开发企业中的一些有识之士的高度认同。如中远房地产认为，房地产公司的责任不是项目产权一交就万事大吉，而是要对社会、对历史负责。"现在强调社会市场营销，就是在强调企业要增强社会责任感，更关注技术和经济以外的东西，关注长远的发展问题，关注精神层面的问题"。阳光100认为："每一个建筑既是独立的存在又是属于城市的，既是现在的又是未来的。我们必须牢记这个时代、这个城市赋予我们的社会责任：为城市创造价值；创造居住文明，传播时代文化"。而国内知名的房地产开发企业招商地产更是于2004年提出了"绿色地产"战略，并成功举办了首届中外绿色地产论坛并出版《绿色地产之路——招商地产20年》。招商地产在绿色地产之路上提倡"三节一环保"，即节地、节水、节能和环保。2002年1月招商花园城成为深圳第一个通过国家建设部商品住宅性能A级认定的住宅小区，同年经广东省房协绿色住区认定委员会认定为"广东省绿色住区"。此后阳光带·海滨城与招商海月花园亦获誉"绿色住区"。2003年11月加入美国绿色建筑协会，并派代表出席了在美国匹兹堡市召开的"美国绿色建筑委员会"年会。泰格公寓作为国内首座公寓项目参加美国绿色建筑委员会LEED认证。"绿色地产"无疑在更高的层面上给招商地产的社区综合开发注入了更加丰富的内涵。

社会营销观念是对市场营销观念的补充与修正，它要求市场营销者在制定市场营销政策时要统筹兼顾三方面的利益，即企业利益、消费者需求的满足和社会利益。

综上所述，在市场营销观念形成和发展过程中，每一种观念是与一定的生产力发展水平、商品供求状况、企业产品特点等相联系、相适应的；在不同的条件下，各有其存在的必然性和合理性。然而，生产观念、产品观念和推销观念是建立在以企业为中心，“以销定产”，而不是满足消费者真正需要的基础上的，其目的是通过加强产品的推销来获取利润，是一种“生产导向型”的经营哲学；而市场营销和社会市场营销观念则以消费者为中心，其目的是通过满足顾客的需求来获取利润，是一种“市场导向型”的经营哲学。这两种经营哲学的区别在于如何处理企业、顾客和社会三者之间的利益关系。李维特（Theodore Levitt）曾以推销观念与市场营销观念为代表，比较了两种经营哲学间的差别，见表 1-1。

推销观念与市场营销观念的比较 表 1-1

	出发点	中心	方法	目的
推销观念	企业	产品	推销和促销	通过扩大销售获利
市场营销观念	目标市场	顾客需求	整体营销	通过满足需求获利

需要指出的是，应用市场营销观念作为经营管理指导思想的企业，既要学会“跟市场”，即根据市场中尚未得到满足的需求去开发新的产品；同时也要善于“引导市场、创造市场”，即挖掘消费者尚不能明确提出但存在于其潜意识里的消费需求，并开发出相应的产品去引导消费。日本著名企业家盛田昭夫曾说，我们的政策是以新产品去引导消费，而不是先调查消费者喜欢什么商品，然后再投其所好。“索尼”因此获得了巨大成功。阳光 100 认为：“那种机械地理解客户需求导向的想法是错误的。一个只会量身定做的裁缝是创造不出引导潮流的服装的。创新是我们企业成长的原动力。因为我们的产品不仅是在满足客户已有的需求，更重要的是发现潜在的需求，创造新的市场，从而引领新的潮流”。“不当裁缝，要当设计师”是阳光 100 对自己角色的定位。

1.2 房地产市场营销概述

1.2.1 房地产的含义、分类与特性

1. 房地产的含义

房地产是指土地、建筑物及固着在土地、建筑物上不可分离的部分以及附带的

各种权益。

从上面的定义中可知，房地产有两种存在形态，即土地和土地与建筑物合为一体的“房地”。

土地是指地球外壳的表面及其上下空间，其范围可以从“纵”、“横”两个方面来认识。在横的方面，一宗土地的范围即为该宗土地的疆界（即通常所说的四至）所围绕的面积。在纵的方面，土地可以分为地面、地面以上的空间和地面以下的空间。

从理论上来说，一宗土地地面以上的空间是指从地球表面的该宗土地的边界向上扩展到无限高度的空间，地面以下的空间是指从地球表面的该宗土地的边界向下呈锥形延伸到地心的空间。但在现实生活中，拥有一块土地，并不是可以随意开发利用的，其使用要受到来自三大方面的制约：一是建筑技术；二是土地使用管制，主要是城市规划；三是土地权利设置及相邻关系。

建筑物是指人工建筑而成的东西，包括房屋（如住宅、厂房、商铺、写字楼等）和构筑物（如水塔、道路、桥梁等）两大类。

固着在土地、建筑物上不可分离部分，主要包括种植在土地上的花草、树木及人造的庭院、假山、花园；安装在建筑物上的水、暖、电、通风、通讯、电梯、消防等设备；城市基础设施。

附带的各种权益，包括房地产的所有权及与此相关的占有权、使用权、受益权和处分权等产权。

以下所称“房地产”是指房与地合二为一的整体“房地产”。

2. 房地产的分类

按用途，房地产可划分为：

①居住房地产。是指供人们生活居住的房地产，包括普通住宅、公寓、别墅等。居住房地产是房地产开发中开发量最大的物业，是房地产开发的主体。这类物业的购买者既可以自用，也可以作为投资，出租给租客使用。

②商业房地产。是指供人们办公、购物、餐饮、休闲娱乐等的房地产，包括写字楼、零售商业用房、酒店餐馆等。近几年来，随着经济的快速发展，人们生活水平的提高，各类服务业也呈现出一派繁荣景象，对各类商业用房的需求也随之增加，商业地产成了众多房地产开发企业竞相介入的、有吸引力的开发领域。

③旅游房地产。是指供人们开展观光、旅游活动的房地产，包括各类主题公园、风景名胜、历史古迹等休闲场所。旅游房地产也是目前国内房地产开发的一个热点。

④工业房地产。是指供人们进行生产、研究活动的房地产，包括工业厂房、仓储用房、研究与发展用房等。

⑤特殊房地产。是指物业空间内的经营活动需要得到政府特殊许可的房地产，包括赛马场、高尔夫球场、教堂、学校、寺庙、塔陵、高速公路、桥梁、隧道等。

3. 房地产的特性

（1）位置固定性或不可移动性。

位置固定性是房地产最为重要的一个特性。房地产的其他很多特性都由此派生。在业界有这样一句话："第一是地段、第二是地段、第三还是地段"。这说明位置对房地产开发的重要性。在房地产广告中也有很多有关地段的描述，把地段作为一个强有力的卖点，如黄金地段、钻石地段、绝版地段、至尊地段、极品地段、高尚地段等，这说明位置对房地产消费与投资的重要性。

房地产的位置有自然地理位置与社会经济地理位置之别。自然地理位置是不会变化的，但社会经济地理位置会随着城市规划、交通的变化而变化，由劣变优或由优变劣。

（2）异质性。

房地产位置的固定性决定了房地产的异质性。即没有两宗房地产是完全相同的。即使两幢建筑物完全相同，但由于其坐落位置不同，周围环境不同，景观不同，生活的便捷性也不同，这两宗房地产实质上也是不同的。

房地产的异质性是房地产价格实行"一房一价"的理论基础。

（3）受周围环境影响性。

房地产的这一特性也是由房地产的位置固定性所派生的。一宗房地产的使用价值、价格不仅取决于其本身，还取决于其所处的周围环境：周边空气、水域、土壤、噪声、光污染状况等；周边建筑的性质、档次、新旧程度；周边区域规划、交通、道路、绿化状况等都会影响到物业本身的价值。例如，在一幢住宅楼旁边兴建一座工厂，则将导致该住宅楼价值的下降。如果该工厂有污染物释放或产生噪声，则对住宅楼价值影响就更大。反之，如在其旁边兴建一个公园，则将提升其价值。修建一条轻轨或兴建一座新的购物中心，对其周围房地产的价格有着更大的影响。

（4）易受政策限制性。

任何国家和地区对房地产的使用、支配或多或少都有些限制，即便在"私有财产不可侵犯"的私有制国家也是如此。房地产受政府法律和政策的影响较重要的有三项：一是警察权。政府基于公共利益，可运用警察权限制某些房地产的使用，如城市规划对土地用途、建筑容积率、建筑覆盖率、建筑高度和绿地率的规定。二是征用权。政府为满足社会公共利益的需要，可以对任何房地产实行强制征用。三是课税权。

(5) 使用耐久性。

一幢建筑物的自然寿命，一般可达数十年甚至上百年。再加上房地产价格的昂贵，因此，对于多数消费者来说，在其一生中，购买房地产的次数是非常有限的。同时，物业管理就显得尤为重要，这是房地产市场营销所必须正视的。

(6) 资本和消费品的二重性。

房地产既是生活资料，也是生产资料；既是消费品，也是投资品。从长期来看，房地产价格趋于不断上涨，房地产有着很好的保值和增值功能，能抵御通货膨胀的影响。正是由于房地产的这一特性，使得房地产市场比其他产品市场要复杂得多。在房地产的需求中，既有自住性需求，也有投资性需求和投机性需求，而且这些需求之间又是相互影响的，导致对房地产市场分析及调控难度大大增加。

(7) 价格的昂贵性。

一套住宅的价格少则十几万，中则几十万、上百万，多则几百万，乃至几千万。而且，从长远来看，房地产价格呈上升趋势。

(8) 土地的不可再生性。

土地是稀缺资源，具有不可再生性。土地的这一特性和土地的不可移动性，决定了房地产在供给方面相对缺乏弹性。

1.2.2 房地产市场的含义、分类与特性

1. 房地产市场的概念

房地产市场是指购买或可能购买房地产商品的所有个人或组织。所谓可能购买，即潜在购买力，就是指有支付能力，但目前还没有购买欲望，或有购买欲望，暂无足够支付能力的所有个人或组织。

在房地产营销中，如何将潜在市场转化为现实市场，是值得房地产企业和政府有关部门认真加以研究的课题。

2. 房地产市场的分类

①按地域范围划分。如按房地产所在城市划分，把全国房地产市场划分为：北京房地产市场、上海房地产市场、广州房地产市场、苏州房地产市场等；在同一城市，也可按房地产所在的不同区域进行划分：如苏州工业园区房地产市场、苏州高新区房地产市场、苏州古城区房地产市场等。

②按房地产的用途和等级划分。如按房地产的用途划分，房地产市场可分为：

住宅市场、商业物业市场、工业物业市场等。对某一类房地产市场，也可按其等级或档次进行进一步划分：如甲级写字楼市场、乙级写字楼市场、丙级写字楼市场等。

③按房地产交易形式划分。按照《中华人民共和国城市房地产管理法》的规定，房地产交易包括房地产转让、房地产抵押和房屋租赁。对于房地产商品所处的不同阶段，房地产市场可划分为：土地使用权出让市场、土地使用权转让市场、房地产销售市场、房地产租赁市场、房地产抵押市场等。

④按房地产购买目的划分。房地产市场可分为：自用市场和投资市场。

⑤按房地产购买对象划分。房地产市场可分为：消费者市场和组织市场。

⑥其他划分方式。如按房地产产权特点，房地产市场可分为完全产权交易市场和部分产权交易市场；按房地产进入市场的时间顺序，房地产市场可分为一级市场（土地使用权出让市场）、二级市场（土地转让及新建商品房租售市场）、三级市场（存量房地产交易市场）、四级市场（房地产抵押市场）。还有如增量市场、存量市场；一手市场、二手市场；住房一级市场、住房二级市场等。

对于房地产市场的划分，应根据房地产市场研究的需要。通过对所划分的房地产市场进行科学的调查研究，从中发现一些有价值的信息，为房地产投资决策和房地产营销策略的制定提供依据和参考。

3. 房地产市场的特性

由于房地产产品有着不同于其他一般商品的一系列特性，使得房地产市场也具有了其本身的一些特性，可概括为以下几个方面：

（1）房地产市场的权益性。

房地产市场的权益性是指在房地产交易过程中，交易的对象实际上是附着在每一宗具体房地产上的权益，而不是房地产本身，房地产市场是房地产权益的交易市场。这种权益可以是所有权，也可以是部分所有权或其他权益。这种权益一般有明确的界定，因而具有排他性。这些权益或单独或联合在一起交易，在房地产市场上就表现为不同类型不同性质的交易行为。房地产交易只有完成了权益的转移手续才告完结。由于房地产的特殊性，加上其交易数额巨大，各国均制定相应的法规来规范房地产权益交易，实现对房地产交易的管理。

（2）房地产市场的区域性。

房地产的不可移动性及异质性决定了不同城市间乃至同一城市的不同区域间的房地产难以相互替代，因而难以形成统一市场。在消费需求方面，房地产市场的区域性尤其明显。当然，随着交通条件的逐步改善，家用轿车进入寻常百姓家，又当各区域间房地产的价格落差较大，或者各区域间价格相当的楼盘质量相差较大时，则同一城市里房地产市场的区域性将会逐步减弱。

(3) 房地产市场竞争的不完全性。

房地产市场竞争的不完全性是由多种因素造成的：①由于土地的有限性、供给的计划性及生产的周期性，会使得某些地段的某些房地产垄断性增强；②由于房地产市场的区域性，不同区域间房地产的竞争有限；③由于房地产的不可移动性及房地产有形市场的不完整性，消费者往往很难得到房地产市场的所有信息。特别对于二手房市场更是如此。

(4) 房地产市场组成的复杂性。

根据上述房地产市场的分类，便可知晓房地产市场组成的复杂性。

(5) 房地产市场需求的有限性。

由于房地产具有昂贵性及使用的长期性，决定了房地产市场需求的有限性。

(6) 房地产市场价格的模糊性。

房地产市场价格的模糊性是由房地产的异质性及房地产市场信息的不充分性所造成的。

(7) 房地产市场变化的周期性。

和其他产业一样，房地产业也具有周期性，即房地产市场具有周期性。其变化的基本规律是：繁荣——调整——衰退——复苏——繁荣。一般说来，房地产周期为7～10年。

1.2.3 房地产市场营销的含义与特性

1. 房地产市场营销的含义

房地产市场营销是市场营销的一个重要分支，前面所述的市场营销的概念同样适用于房地产市场营销。若用比较通俗的语言，房地产市场营销也可表述为：通过房地产市场交换满足现实的或潜在的房地产需求的综合性的经营销售管理过程。

从这一概念中我们看到：房地产市场营销的目的是满足消费者对房地产产品的需求。这就是说，房地产市场营销首先关注的不是企业的利润，而是消费者需求的满足。房地产产品的开发经营应该以客户的需求为导向，以市场为导向，而不是以生产为导向。企业只有认认真真、踏踏实实地下工夫去研究市场，在此基础上进一步把握市场，才能使自己开发的产品满足消费者的需求。消费者的需求满足了，企业的利润自然也就能顺利的实现，也就是说，企业利润是消费者需求满足的顺带结果。因此，对需求的管理是房地产市场营销的重要任务。而消费者的需求既包括现实的需求，也包括潜在的需求。现实需求是已经存在的市场需求，它表现为消费者对现有市场中的产品既有购买欲望又有一定的购买力；而潜在需求表现为消费者对现有市场中的产品无购买欲望或者消费者有购买欲望，但支付能力不够。在一定条件下，这两种潜在需求都可以转化为现实需求。房地产市场营销的任务不仅在于能够找出现实需求并满足它，而且还要善于发现潜在的需求。对于企业来说，发现潜在需求可能比找出现实需求更为重要，因为在满足现实需求的市场中，会有很多同质化的产品，竞争会比较激烈；而通过开发出新产品满足潜在的需求，往往意味着企业独占鳌头，并赢得较高的投资回报。消费者需求的满足只有通过交换才能实现，产品的价值也只有通过交换才能实现，企业的再生产才能得以顺利进行。因此，实现商品的交换始终是房地产市场营销的中心。而实现交换的有效手段是开展综合性的营销活动，即整体营销。它要求企业既要进行内部营销，又要开展外部营销。在外部营销上应尽量把产品策略、渠道策略、价格策略和促销策略四个要素在时间与空间上协调一致，实现4P的最佳组合，以达到交换的最优效果。同时企业各部门也要协调一致，在增进企业整体利益的前提下积极配合营销部门争取客户，更好地服务好客户，强化全员营销意识，提高全员营销素质，以实现整体营销。

当然，房地产市场营销的含义不是固定不变的，它随着房地产市场营销实践的发展而更加丰富、更加科学。

房地产市场营销包括市场机会分析、目标市场选择与市场定位、制定营销组合策略以及组织执行和控制市场营销活动等工作。

2. 房地产市场营销的特性

由于房地产的特殊性，决定了房地产市场营销有着诸多不同于其他产品市场营销的特性。

首先，房地产市场营销所面对的市场的复杂性。这主要表现为以下几个方面：一是房地产市场组成的复杂性。房地产市场是由房地产一级市场、二级市场、三级市场组成的一个整体，这三个市场之间相互影响、相互作用，而且互为因果。土地供应量、供应结构、供应价格直接对二级市场上商品房的供应量、供应结构、供应价格产生影响，尽管由于房地产开发的周期较长，其间有一个时滞；反过来，二级市场上商品房的价格走势也将影响一级市场上土地的出让价格。如在近几年房地产价格快速上涨过程中，房地产价格和土地价格互相促进，互为正反馈，使得房价和地价节节攀高。房地产三级市场与二级市场也有很强的联动效应，三级市场上租售的繁荣将促进二级市场的繁荣，而二级市场的繁荣又促进三级市场的发展。如近几年全国很多城市改造力度很大，大量房屋被拆迁，造成了对动迁房的大量需求，由此带来了房地产三级市场的繁荣；与此同时，二级市场也异常火爆，很多居民通过在三级市场上出售旧房而实现了居住的升级换代。因此，要对房地产市场作科学有效的分析，必须对房地产一级市场、二级市场、三级市场分别加以研究，并对它们的相互关系进行总体的把握。二是房地产市场中需求的复杂性。由于房地产既是消费品，又是投资品，从长期看，具有很好的保值和增值功能。因此，对房地产的需求既有消费性的自用需求，又有投资性和投机性需求，而且这些需求之间相互影响，从而增加了对房地产市场需求把握的难度。

其次，房地产市场营销所处环境的多变性。一方面，由于房地产具有独特的经济运行特征，容易产生过热和泡沫，从而对国民经济的运行产生不良影响；另一方面，住宅等物业关系到居民的安居乐业和社会的和谐发展。因此，为了使房地产经济良性运行发展，政府会经常对房地产市场进行宏观调控。例如，2004～2006 年，我国政府频繁出台了多项调控措施，对房地产市场产生了深刻的影响。多变的营销环境，既会给房地产营销带来机会，同时也会带来威胁。

再次，房地产营销策略的独特性。主要表现为以下几个方面：一是渠道策略相对简单。房地产的不可移动性，决定了在房地产市场营销中，仓储和运输就没有意义。在房地产二级市场产品的租售中，主要是采用独家代理和开发商直销两种方式，对代理商的管理相对简单。二是价格策略相对复杂。在房地产市场上，几乎没有两种完全相同的产品，与一般消费品的均质性有很大的不同。而且房地产价格受多种因素影响：如户型、面积、楼层、朝向、建筑形式、坐落位置、景观、周边环境及公建配套等。而且在房地产销售过程中，市场环境及市场的供求状况在不断的变化。因此，房地产产品的价格策略与一般消费品有很大的不同，无论是在价格的制定上，还是在价格的调整上。另外，在促销策略上，也有房地产行业自身的特点。如房地产产品可以预售等。

1.3 中国房地产业与房地产市场营销发展历程

房地产市场营销的理论与实践是伴随着房地产业的发展而发展的，要了解中国房地产市场营销的发展历程，必须把它放在中国房地产业发展的大背景下去观察、去透视。中国的房地产业是个年轻的行业，房地产业的真正发展始于中共十一届三中全会后，迄今为止，我们可以把中国房地产业的发展大致划分为如下四个阶段：

1. 起步阶段（1980—1990）

20 世纪 80 年代，理论界在社会主义商品经济理论指导下，率先提出了住宅商品化和土地有偿使用的观点，为房地产市场的建立和发展奠定了理论基础。随后，在前期住房制度改革试点工作的基础上，国务院于 1986 年成立了住房制度改革领导小组，进一步指导推进住房制度改革试点工作。1988 年初，全国房改会议在北京召开，会议认真总结了各房改试点城市的经验。在此基础上，国务院发布了《关于印发在全国城镇分期分批批准推行住房制度改革实施方案的通知》（国发［1988］11 号文件），正式确定了房改的目标、任务和具体政策，吹响了在全国范围内推进住房制度改革的号角，这一文件是这一时期最为重要的纲领性文件。

与此同时，土地使用制度改革的试点工作也在紧锣密鼓地推进。1987 年国家首先批准上海、天津、深圳、广州和海南正式进行土地使用权有偿出让试点。同年，深圳特区率先进行了土地使用权转让、有偿出让和转让的试点。深圳市的工作大大推动了全国城市土地使用制度的改革。自 1987 年 11 月起，上述试点城市先后制定和颁布了地方性的城市土地使用权出让和转让的有关条例或规定。为了给城市土地使用制度改革的全面推进和深入发展扫清障碍，1988 年 4 月 12 日，七届人大通过了《中华人民共和国宪法修正案》，允许土地使用权可以依照法律的规定转让。同年 12 月 29 日，《中华人民共和国土地管理法》也作了相应的修改。1990 年 5 月 19 日，国务院颁布了《中华人民共和国城镇国有土地使用权出让和转让暂行条例》和《外商投资开发经营成片土地暂行管理办法》。这两个法规的出台标志着中国城镇国有土地使用权有偿使用走向规范化。

住房制度改革和土地使用制度改革的不断深化，极大地促进了房地产市场的建立和发展，房地产业也逐步发展起来。各地都陆续成立了一些房地产开发公司，如几乎遍及全国的城市建设开发公司。到 1990 年底，我国专门从事房地产业务的单位达到 10000 多家，业务领域涉及开发、经营、管理和维修等各方面。其中房地产开发企业 4000 多家，各类房地产经营、管理、修缮企业 4700 多家，房地产交易所、交易市场和其他中介服务组织 1600 家。整个“七五”（1986～1990）期间，全国共完成房地产开发投资 1027 亿元，平均每年递增 26％。

这一时期，由于房地产开发量较少，房地产市场基本上是一个卖方市场。开发商不需要去研究市场，关心消费者的需求，只需要把房子造出来就可以了。当时的房子基本是千楼一面，兵营式布局，开发商只是扮演了一个“生产队长”的角色。因为房子不愁卖，而且卖房子还不是零售，而是批发，房地产企业的老总一人靠“批条子”都可以批掉很多房子。当然，购房的对象也基本都是政府机关、企事业单位，在当时房子是作为一种福利品分配给单位职工。

2. 腾飞阶段（1991—1993 年 6 月）

这是中国房地产业迅猛发展的时期，尽管时间比较短。随着房地产市场的进一步发展，房地产开发、交易渐趋活跃。特别是在 1992 年春季，邓小平的南巡讲话，似在中国大地上刮了一股强台风，把中国经济发展的步伐向前推进了一大步，从而也迎来了房地产业发展的高潮。这一时期的主要特征表现为：

①房地产开发公司数量猛增。一些沿海城市的各部委办局几乎都成立了房地产开发公司，房地产投资、开发面积成倍增加。1992 年全国房地产开发投资比上年增长 93.5％，开发土地面积增长 175％。1993 年上半年，房地产发展更是进入高峰期。全年全国完成投资增长 124.9％，新增开发企业 6000 多家，全国房地产企业达到 19000 多家。历年房地产投资情况见表 1-2。

历年房地产投资情况 表 1-2

年　份	投资额（亿元）	比上年增长（％）
1991	243	31.1
1992	485	99.6
1993	1138	134.6
1994	1796	57.8
1995	2831	57.6
1996	3825	135.1
1997	3106	−18.8
1998	3580	15.3
1999	4010	12.0
2000	4902	22.2
2001	6245	27.4
2002	7736	23.9
2003	10106	30.6
2004	13158	30.2
2005	15759	19.8
2006	19382	23.0

投资额数据来源：中华人民共和国统计局网站：http：//www.stats.gov.cn。

②房地产市场是一个卖方市场。开发商只要拿到地，盖出的房子就不愁卖不出去。有些地方甚至出现排队买房的现象。或者是图纸刚设计出来，房子就销售一空。在不少城市大量炒家介入房地产市场，炒地、炒房风盛行，如海南、广东、广西的北海等地，房地产市场十分狂热，房地产泡沫也十分严重。

正因为市场处于供不应求的状态，房地产开发企业只管埋头造房子就可以了，不怕房子卖不掉。这个时候给人的感觉是：房地产开发能赚大钱，而且好像没什么风险。只要有资金，谁都可以从事房地产开发，不管你是否懂这一行，自然，也并不需要什么市场营销。

3. 调整阶段（1993 年 7 月—1999）

1993 年下半年中央政府的宏观调控，给狂热的房地产市场打了一支“退烧针”，由于抽紧银根，市场景气度下降，使得大量依赖于银行贷款的房地产开发企业陷入困境，开发商面临前所未有的压力。楼盘大量空置、积压，并出现了不少烂尾楼盘，大量资金被套牢，房地产成了“房地惨”，房地产业开始进入到一个调整、消化吸收的理性发展时期。

这一时期对不少开发商来说，是一个难熬的时期。房地产市场已由卖方市场转变为买方市场。面对市场的压力，空置的楼盘，开发商们开始明白：房地产投资有很大风险；搞房地产开发并不是那么简单，造什么房就能卖掉什么房。于是，面对激烈的竞争和挑剔的消费者，他们开始重视销售问题，发扬“四千精神”（千方百计、千难万险、千辛万苦、千言万语），想方设法把房子推销出去。而正是在这一时期，房地产营销实践活动日趋活跃。特别是一些来自台湾、香港的房地产中介代理机构，他们凭借先进的营销理念，成熟的操作手法，娴熟的包装技巧，丰富的实战经验，化腐朽为神奇，使一些陷入困境的楼盘重现生机，成就了一个个成功的案例。如来自台湾的北京九鼎轩国际投资置业公司的李元发在北京承接的第一个项目是“亚运村别墅”，通过将其改名为“观天下花园别墅”，并定位成“北京的龙脉项目”等一系列巧妙包装，使“观天下”成为国内赫赫有名的项目，价格由起步价每平方米 4000 人民币迅速炒到最高每平方米 2000 多美元；而一位从台湾来的销售专家仇福宪小姐，通过精心培育销售队伍，倡导按揭贷款楼盘，首推“卖楼花”理念等，对广州世界贸易中心大厦进行推广销售，使世界贸易中心大厦的销售大获全胜。而国内一些策划人和代理机构也是不甘寂寞，如著名策划人王志纲先生策划的顺德“碧桂园”，使一个处于穷乡僻壤的楼盘起死回生，名噪一时，对中国房地产营销策划起了极大的推动作用。但这些策划更多的是一种促销策划，强调的是对项目的包装。随着房地产营销实践的不断推进，不少营销人意识到仅对项目进行诸如“改名换姓”，做一些局部的“外科手术”式的包装有时并不起作用。于是，全过程营销在 1997 年左右被提了出来，它强调对楼盘的所谓“胎教”，也就是说，营销首先是要针对消费者的需求把产品做好。这一理念指导下房地产开发流程应是：市场调研分析→发现市场机会和需求→寻找条件适宜的地块→项目调研与产品定位→规划、户型、环境、物管、形象等设计→顾客沟通与设计校正→施工、宣传、销售等。而不像之前建立在推销理念下的房地产开发的模式：买好土地先建房子再找客户。全过程营销的实践标志着房地产营销向前迈进了一大步。

房地产开发商通过与策划人、房地产中介代理机构的成功对接，再加上房地产研究机构、咨询机构、大专院校的培训、教育，新闻媒介、政府部门的大量宣传，使其市场营销意识逐步树立起来，营销人员的水平也逐步提高。如上海房地产界在1995、1996、1997年评选出的房产营销十佳案例的基础上，分别于1996年、1999年出版了《上海房地产营销——理论与实践》、《房产营销技能与实例》——1996上海房产营销十佳案例精选、《房产营销技能与实例》——1997上海房产营销十佳案例精选，对房地产营销实践进行了总结和理论上的提升，产生了很大的影响，从中也可以看出上海房地产营销水平在这几年的时间里提高很快。总体上来说，这一阶段开发商的营销是以促销为主。

这一时期房地产营销的不良倾向是“克隆”风盛行，住宅产品到处刮欧陆风，而且产品中充斥着一些华而不实的要素：如奢华的社区大门、超大的中心广场等，在广告中名不副实的概念满天飞，误导消费者。

4. 繁荣阶段（2000—2006）

随着1998年中共中央、国务院关于在全国范围内停止住房实物分配，逐步实行住房分配货币化政策效应的逐步释放，城市改造与城市化进程的快速推进，城市经营性用地的出让方式由协议改为拍卖、挂牌和招标，以及中国经济的快速发展，中国房地产业又迎来了新一轮发展高潮。2000—2006年，房地产投资逐年递增，增幅基本在20%～30%之间。这一时期的主要特征是：

①产生了一批有影响的全国性房地产公司。如万科、中海、招商地产、大连万达、阳光100、合生创展等。一些大的房地产开发企业开始重视品牌建设。

②房地产市场是个卖方市场，房地产价格飞涨。在这段时间里，一些经济较为发达的城市房价翻了好几番。

③住宅消费以个人为主。

④经过前一时期的洗礼，市场营销观念已自觉成为大多数房地产开发企业开发经营的指导思想，全程营销概念在实践中得到了更好的诠释，产品创新成为更多房地产开发企业的一种追求，产品开发水平比前一阶段有了大幅度的提高；更有一些房地产开发企业以社会市场营销观念作为其经营哲学，如招商地产。

⑤关系营销、网络营销、服务营销等成了房地产开发企业营销实践中克敌制胜的重要利器。

尽管如此，房地产营销中还是存在不少问题：如楼盘案名求“奇”、“怪”、“洋”、“大”；营销概念名不副实：如“生态住宅不生态”、“健康住宅不健康等”，“花园无花、广场无场”等；还有营销的同质化倾向严重等。

上述四个阶段的房地产市场营销观念的发展见表1-3。

房地产市场营销观念的发展

表1-3

时　间	重要事件	供求关系	客户类型	经营观念
1980—1990	住房制度改革 土地使用制度改革	卖方市场	组织	生产观念
1991—1993年6月	邓小平南巡讲话	卖方市场	组织+个人	生产观念
1993年7月—1999	宏观调控 确定住宅建设为国民经济新增长点	买方市场	组织+个人	推销观念为主 市场营销观念为辅
2000—2006	城市化进程的加快 经济持续高速发展 新住宅运动、宏观调控	卖方市场	个人为主	市场营销观念为主 推销观念为辅

本章小结

能否认识市场、适应市场、创造市场和驾驭市场，是企业市场营销的核心与关键之所在。市场有多种理解，市场营销学中所指市场的含义是某一产品的所有现实和潜在买主的总和。而市场营销是指个人和集体通过创造并同别人交换产品和价值以满足需求和欲望的一种社会管理过程。

指导企业生产经营的观念有五种：生产观念、产品观念、推销观念、市场营销观念和社会市场营销观念，这些观念都是与一定的生产力发展水平、商品供求状况、企业产品性质、所处社会经济环境等相联系、相适应的；在不同的条件下，各有其存在的合理性和必然性。

房地产是指土地、建筑物及固着在土地、建筑物上不可分离的部分以及附带的各种权益。

按用途，房地产可划分为：居住房地产、商业房地产、旅游房地产、工业房地产和特殊房地产；根据研究目的的不同，房地产市场有多种划分方式，可按地域范围、房地产的用途、房地产交易形式、房地产购买目的、房地产购买对象等划分。

理解房地产和房地产市场的特性，对于房地产市场营销来说，具有重要的意义。位置固定性或不可移动性、异质性、受周围环境影响性、易受政策限制性、使用耐久性、资本和消费品的二重性、价格的昂贵性、土地的不可再生性是房地产的八大特性。而房地产市场的特性有：房地产市场的权益性、房地产市场的区域性、房地产市场竞争的不完全性、房地产市场组成的复杂、房地产市场需求的有限性、房地产市场价格的模糊性和房地产市场变化的周期性。

房地产市场营销也可表述为：通过房地产市场交换满足现实的或潜在的房地产需求的综合

性的经营销售管理过程。房地产市场营销的目的是满足消费者对房地产产品的需求，因此，对需求的管理是房地产市场营销的重要任务，消费者的需求既包括现实需求，也包括潜在需求。消费者需求的满足只有通过交换才能实现，产品的价值也只有通过交换才能实现，因此，实现商品的交换始终是房地产市场营销的中心。而实现交换的有效手段是开展综合性的营销活动，即整体营销。

房地产市场营销有自身一些独特的特性：首先是房地产市场营销所面对的市场的复杂性。其次是房地产市场营销所处环境的多变性。再次是房地产营销策略的独特性。

要了解中国房地产市场营销的发展过程，首先必须了解中国房地产业的发展过程。中国房地产业的发展经历了：起步阶段、腾飞阶段、调整阶段和繁荣阶段，相应地，房地产市场营销经历了生产观念阶段、促销观念阶段和市场营销观念阶段。

思考题

1. 什么是市场，什么是市场营销？
2. 房地产市场营销和其他产品的市场营销有何不同？
3. 什么是“营销近视症”？
4. “市场营销”观念应用于企业的生产经营实践有何局限性？
5. 企业经营观有哪五种？
6. 试析4P、4C、4R有何异同？
7. 试比较市场营销观念与推销观念。
8. 房地产及房地产市场有何特点？
9. 结合中国房地产业发展的历程，分析到目前为止房地产市场营销经历了哪几个阶段？

参考文献

[1] 郭国庆，陈凯．市场营销学通论（第三版）．北京：中国人民大学出版社，2005.

[2] 纪宝成，吕一林．市场营销学教程（第三版）．北京：中国人民大学出版社，2002.

[3] 张永岳．房地产市场营销．北京：高等教育出版社，1998.

[4] [美] 菲利普·科特勒著，梅汝和译．营销管理——分析、计划和控制．上海：上海人民出版社，1996.

[5] 中国房地产估价师学会．房地产估价理论与方法．北京：中国物价出版社，1995.

[6] 叶剑平．房地产市场营销．北京：中国人民大学出版社，2000.

[7] 桑荣林．上海房地产营销——理论与实践．上海：华东师范大学出版社，1996.

[8] 倪时锋，黄长乐．房地产营销策略与技巧．广州：广东经济出版社，1997.

[9] 张重光．房产营销技能与实例——96上海房产营销十佳案例精选．上海：上海三联书店，1999.

[10] 张重光．房产营销技能与实例——97上海房产营销十佳案例精选．上海：上海三联书店，1999.

[11] 戴承良．房地产营销实务．上海：东方出版中心，2000.

第2章 房地产市场营销环境分析

房地产市场营销环境分析是整个营销活动的首要环节。房地产企业的市场营销活动是在一定的社会经济环境中进行的。营销环境的变化，既会给企业提供机遇，也会给企业带来威胁。因此，房地产企业要对市场环境进行分析研究，并对影响房地产开发经营的各种因素及其作用予以确定、评价，并作出反应，从而使房地产企业能够制定正确的营销战略、目标计划、行动策略、决策措施等，以保证房地产市场营销的顺利进行。

2.1 房地产市场营销环境概述

房地产企业作为独立的房地产商品生产者和房地产商品交换者，与其他企业一样，都是在不断变化的社会经济环境中运行的。房地产市场营销环境的变化，使企业机会与挑战并存。房地产企业市场营销活动的成败，不仅受到外部环境因素的影响，还受企业内部条件的制约。房地产企业在开展市场营销活动时，要使企业内部资源和外部环境相匹配，及时把握和利用环境提供的机会，以在竞争中赢得先机。

1. 房地产市场营销环境的含义

房地产市场营销环境是指与房地产开发企业营销活动有潜在关系的所有内外部因素的集合。

一般来说，房地产企业的营销环境由宏观环境和微观环境构成。

宏观环境（macroenvironment）是指间接影响房地产企业市场营销活动的各种因素，包括人口环境、经济环境、自然环境、技术环境、政治法律环境和社会文化环境。宏观环境对企业的营销活动虽是间接影响，但它却是给企业造成市场机会和环境威胁的主要因素，它对房地产企业营销活动的影响是广泛而深远的。

微观环境（microcnvironment）是指直接影响房地产企业服务其目标市场能力的各种因素，包括企业本身、消费者、供应商、营销中间商、顾客、竞争者以及社会公众等。微观环境对房地产企业的营销活动具有直接影响，微观环境中的各种行为者都是在宏观环境中运作并受其影响的。

2. 房地产市场营销环境的特点

房地产市场营销环境是一个多因素、多层次而且不断变化的综合体，它具有以下一些特点：

（1）客观性。

房地产市场营销环境是客观存在的，任何房地产开发企业和房地产项目都是存在于一定的社会经济和其他外界环境中的，而房地产开发企业所处的社会经济和其他外界环境条件总是特定的，是企业所不可选择、不可控制的。

（2）系统性和相对分离性。

系统性是指房地产市场营销环境的各种构成要素之间不是孤立存在的，而是相互联系、相互影响的，一个因素的变化会导致其他许多相关因素的变化。房地产市场营销环境是一个系统，在这个系统中，各种因素相互作用和制约，这是由于社会经济现象的出现，往往不是由某一单一因素所决定的，而是一系列相关因素共同影响的结果。例如，一个国家的体制、政策与法律会影响该国经济和科学技术的发展速度和方向，继而会改变社会的某些风俗习惯；同样，科技和经济的发展又会引起政治和经济体制的相应变革，或促使某些法令和政策的相应变更。因此，它们对企业的营销活动并非单独产生影响，而是综合发挥作用的，这种复杂的相互影响也使企业的外部环境更加难以把握。因此，除了对各个环境因素进行分析外，还要注意分析系统内它们之间的相互关系和关联性。

同时，在某一特定时期，营销环境中的某些因素又彼此相对分离。各因素对房地产企业营销活动的影响大小不同，这不仅表现在不同房地产开发企业受不同环境的影响，而且表现在同样一种环境因素的变化对不同企业的影响也不相同。例如，在和平时期，经济、科技和自然因素对企业营销活动的影响大，而在战争时期，政治和军事因素对营销活动的影响大。另外，由于房地产是不可移动的商品，因此，房地产市场的营销环境比其他市场营销环境受到更强的地域性的影响，不同地区的房地产企业和房地产项目的市场营销环境是不同的。这种外界环境因素的相对分离性，决定了房地产开发企业必须采取不同的营销决策才能应付这种情况，同时，也为房地产企业分清主次环境因素提供了可能性。

（3）动态性和相对稳定性。

房地产营销环境中的各因素都是不断变化的，也是复杂的。一方面，各种环境因素自身是不断变化的；另一方面，某一环境因素的变化又会引起相关环境的变化。但每种因素变化的速度不同，相对而言，人口、社会和自然环境的变化相对缓慢一些，而科技、经济、政治与法律的变化则快一些，其中，科技因素变化得最快，它推动了企业的技术进步和产品创新。同时，市场营销环境诸因素在一定时期内具有相对稳定性，房地产业毕竟是关系国计民生的国家重点产业，国家在一定时期会利用各种宏观政策保证房地产市场的稳定性，这种相对稳定性为房地产企业预测环境变化并采取相应对策提供了可能性。

（4）营销环境控制的复杂性。

影响房地产市场营销环境的因素是多方面的，房地产开发企业对这些因素也难以控制。按照与房地产企业营销的密切程度和企业对这些因素的可控制程度，可以把环境因素分为三类：第一类是企业不可控制的因素，即宏观环境因素，包括人口环境、经济环境、政治法律环境、自然环境、技术环境和社会文化环境。对于这些因素，企业不能改变它，只能了解它、适应它。第二类是企业可以施加影响的因素，使其尽可能地朝着有利于开展市场营销活动的方面转化，其中包括市场、社会公众、竞争者、供应商和中间商。第三类是企业可以控制的因素，如企业本身。企业要根据环境因素的可控程度采取不同的对策。对于房地产开发企业来讲，可控与不可控因素在不同时期也是相对的，有些因素在今天是可控的，而到了明天则可能变为不可控因素。

著名的营销学家菲利普·科特勒曾提出了“大市场营销”理论，该理论的基本观点是：企业不应只是很好地适应宏观的外部环境，而且要主动掌握情况，对外部环境作出积极地反应，去影响并改变外部环境的条件，以利于营销的开拓。因此，房地产开发企业为了成功地进入特定市场或者在特定市场经营，应采用经济的、心理的、政治的和公共关系技能，去影响造成营销障碍的人或组织，争取有关方面的支持，从而改变房地产市场营销环境。

2.2 房地产市场营销宏观环境

房地产市场营销宏观环境包括：

1. 人口环境

市场是由同时具有购买欲望和购买能力的人所构成的，人是市场的主体，购买者是市场的主要构成因素。因此，研究人口环境，对房地产企业准确选择目标市场、进行市场定位有着重要的指导意义。

（1）人口规模和人口增长。

人口数量及其增长率与市场规模有着密切的关系。在购买力一定的情况下，人口数量越多、增长率越快，则市场规模和市场容量越大，企业的营销机会越多。因此，房地产企业在某一地区开展营销活动时，首先要了解该地区的人口总量，因为它是该地区房地产需求的上限。

人口数量及其增长率对房地产企业营销活动的影响是双向的。如果人口自然增长速度过快，会导致消费者的购买力水平下降，也会导致消费结构的变化，消费者家庭收入中的大部分就要用于实物等基本需求方面的支出，从而减少或延缓住房的消费。即地区人口的增长有可能导致该地区的恩格尔系数上升（恩格尔系数为居民食品支出占总支出的比例）。近年来，由于中国严格实行计划生育政策，人口增长得到一定的控制，甚至在北京、上海等大城市出现了负增长，不至于出现因人口过快增长而导致恩格尔系数上升的情形。相反，我国居民消费的恩格尔系数一直在下降，这意味着居民的住房支付能力在逐步上升，住房更新换代的欲望也越来越强烈，房地产市场的空间也越来越大。

（2）人口结构。

人口结构包括自然结构和社会结构。自然结构包括年龄结构、性别结构等；社会结构包括民族结构、文化结构和职业结构等。

不同年龄的消费者因其心理和生理特征、经济收入、购买力水平不同，对住房的需求存在较大差异。例如，青年消费者在购买住房时，受其经济能力限制，往往购买小户型的住房；成年消费者事业有成，经济收入较高，购买力较强，往往购买舒适、宽敞的住房；老年消费者在购买住房时，往往购买环境安静、有配套医疗设施地区的住房。

随着中国经济的发展，医疗保健水平的提高，人的寿命延长，死亡率下降，很多城市已步入老龄化的行列，据资料显示，我国60岁以上的老年人已接近1.2亿，而我国目前只有4.2万多所养老院，加上社会兴办的老年机构，收养的老人不足100万人，还不到目前全国老年人口的1%。老年人退出职业生活后，生活时空结构及生理、心理都发生了很大变化，对居住环境自然有其特殊要求。因而，老年人的住宅需求蕴藏着巨大的市场潜力。

（3）人口分布和地理迁移。

人口在不同地区的密度是不同的，经济比较发达的地区往往人口密度较高，而经济欠发达的地区，往往人口密度较低。而房地产的固定性使房地产市场具有较强的地域性，因此，目前房地产开发项目主要集中在人口密度高的大中城市。

人口的流入和流出，必然会影响消费需求的增加和减少，当大量人口流入某一城市时，首先需要解决的就是住房问题，这必然带来住房需求的增加。我国目前处于城市化加速发展的过程中，大量流动人口由农村涌入城市，由内地涌向沿海发达地区，有些城市流动人口与常住人口的比例高达1∶1。有关资料表明，到2010年我国城市化将达到45%，也就是说将有近3亿农业人口流入城市，流动人口的增加，也会导致房地产需求结构的变化，例如，民工的流入会增加对民工公寓的需求，而高校扩招后，大量学生进入城市，带来了学生公寓需求的上升。房地产企业应该及时了解需求，积极应对。

(4) 家庭规模与结构。

以人口增长来计算新增的住房需求只是粗略地计算了人们对住房的需要。住房消费具有家庭性，住宅是以家庭为生活单位，长期供人们使用的建筑物，是家庭必需的消费资料，与家庭生活密切相关。因此，家庭结构及规模是影响和决定住宅规模和结构的直接因素，住宅套型的变化和发展要适应于家庭规模、结构的变化和发展，这是住房消费行为的一般规律。

受经济的、社会的、政策的、人口的、道德的以及心理的多种因素影响，现代社会的家庭结构发生迅速裂变，家庭规模趋于小型化。在人口总量不变的条件下，家庭规模小型化的必然结果是户数的增加，从六口之家变成三口之家，总户数将增加一倍。由于住宅消费的家庭性，家庭户数的增加必然引起对住宅需求的增加，家庭规模小型化的户数的增加蕴藏着大量的市场机会。

家庭的小型化意味着家庭结构的简单化，多世同堂大家庭减少，而单人户、两人户、三人户增加。我国家庭结构变化的总体趋势可以概括为以核心家庭（夫妇与未婚子女组成的家庭）为主要形式，丁克家庭和单亲家庭的比重将有所上升，空巢家庭日趋增多。在做户型规划时，房地产开发企业应充分注意到这一变化趋势。

2. 经济环境

房地产市场规模的大小，不仅取决于人口数量的多少，还取决于社会购买力的大小。在人口数量既定的情况下，社会购买力越强，则房地产市场的规模越大，购买力是构成房地产市场和影响市场规模的一个重要因素。社会购买力的大小又受到国民经济发展水平、国民收入水平、消费者收入水平、价格水平、储蓄与信贷、消费者支出模式等一系列经济因素的影响，社会购买力是这些经济因素的函数。因此，房地产企业在进行经济环境分析时，要对这些问题给予格外关注。

(1) 消费者实际收入状况。

房地产企业是在国民经济大环境中生存和发展的，其发展不可避免地要受到国民经济发展水平的制约和影响。国民经济发展速度快、国民收入水平高，则消费者的人均收入高、社会购买力强、房地产企业的营销机会则多；反之，国民经济的发展陷入低谷，市场疲软，社会购买力下降，房地产市场首当其冲要受到影响。

消费者的实际收入是影响社会购买力，从而也是影响房地产企业市场营销活动的重要因素。消费者收入是指消费者个人从各种来源所得到的货币收入，通常包括消费者个人的工资、奖金、其他劳务收入、红利、租金、馈赠等。

由于消费者收入并不是全部用于购买商品，对房地产企业营销而言，有必要区别“可支配的个人收入”和“可随意支配的个人收入”。可支配的个人收入（disposable personal income）是指个人收入中扣除直接负担的各种税款（如个人所得税）和非税性负担（如工会会费）之后的余额。这部分收入可用于个人消费和储蓄，它是影响消费者购买力和消费者支出的决定性因素。可随意支配的个人收入（discretionary personal income）是指可支配的个人收入减去消费者用于购买生活必需品的支出和固定支出后所剩下的余额，这是消费者可任意投放的收入，因此，它是影响消费者需求结构最活跃的因素。这部分收入越多，人们的消费水平越高，房地产企业的营销机会就越多。各种奢侈品、汽车、旅游等商品的销售主要受这部分收入的影响。

房地产营销者不仅要分析消费者的平均收入，还要分析研究不同阶层、不同地区、不同时期的消费者收入。例如，北京、上海、广州等大城市及东南沿海开放地区的收入水平较高、购买力较强，这是这些地区房地产业得以迅速发展的一个重要因素。

由于消费者的收入往往要受到通货稳定情况等因素的影响，因此，还要将消费者的收入区分为货币收入和实际收入，因为实际收入会影响消费者的实际购买力。在消费者货币收入不变的情况下，如果物价上涨，则消费者的实际收入下降；如果物价下降，则消费者的实际收入增加；如果消费者的货币收入随着物价的上涨而上涨，当货币收入上涨的幅度小于通货膨胀率，则消费者的实际收入下降，购买力随之下降；上涨的幅度大于通货膨胀率，则消费者的实际收入上升，购买力随之上升。

2000年全国城镇人口在职职工的平均年收入为9371元，商品房销售面积为18637.13万m^2；而2004年全国城镇人口在职职工的平均年收入为16024元，商品房销售面积上升为38231.64万m^2，上述数据显示，居民的实际收入会直接影响房地产市场的销售规模。

（2）消费支出模式。

随着消费者收入的变化，消费支出模式也会发生变化。恩格尔定律指出，一个家庭的收入越多，其总支出中用于食物支出的比重下降，而用于其他方面的开支（通讯、交通、娱乐等）和储蓄的支出比重将会上升。恩格尔定律阐述了消费者收入水平和消费者支出模式的内在关系。

随着中国经济的发展、居民生活水平的提高，中国的恩格尔系数在不断下降，住房消费占总支出的比重将大幅度提高，这为房地产企业的市场营销活动提供了极好的机会。

(3) 房地产金融状况。

作为房地产开发的主要资金来源，金融市场可能提供的服务作用是巨大的，房地产开发、房地产经营与金融市场的相互结合、相互联系十分紧密。在国外，几乎所有较大的金融机构都开展房地产经营存贷、债券、股票交易等业务活动，由各类金融机构经营的股票、债券等有价证券交易也直接影响房地产的开发和经营。银行在金融市场与房地产业关系中担任着至关重要的角色。首先，银行对房地产业贷款在房地产经营者全部经营资本中的比重通常较高。其次，利息率水平与房地产市场变动趋势也有密切关系。房地产营销者必须对此有充分的重视。

(4) 房地产市场供求和竞争状况。

房地产市场供求状况是构成房地产企业市场环境的直接因素，它直接制约着房地产企业市场营销的活动内容。房地产市场供求与房地产价格两者之间的相互影响最为直接，在其他条件不变的情况下，价格上升，供给增加，需求减少；或者价格下降，供给减少，需求增加。对于不同的房地产商品，其价格变动引起需求变动的幅度是不同的。而正确运用价格的需求弹性，可以帮助房地产企业制定适当的价格策略。

3. 自然环境

在房地产市场营销中，自然环境主要是指地理位置、地质地貌、自然风光和气候等条件。自然环境具有地理位置固定性和不可逆性的特点，客观物质条件一旦存在，是房地产开发商所不能轻易改变的；但是，自然环境的优劣对房地产企业的营销活动有着直接的影响，良好的环境会给房地产产品带来附加的增值性，相反，自然环境差的将会使房地产商品的价格大打折扣，给房地产企业的营销活动带来困难。因此，房地产项目投资者应该重视自然环境要素的研究，充分把握和利用自然环境，通过营销方式和产品设计来配合房地产产品所处的自然环境，使房地产项目从外观造型、结构布局、使用性质、使用功能等各方面均与外在的自然环境很好的协调起来。

随着工业化进程的发展，生态环境受到严重污染和威胁，为了保护生态环境，国家通过环保法不断对房地产开发商的经营活动进行限制和制约，同时公众对生态环境也日益关注起来，这些因素也给房地产企业创造了一定的营销机会。例如，房地产企业可以选择远离闹市区、远离工业区作为房地产发展的重要趋势。

4. 技术环境

科学技术是第一生产力，随着社会的发展，科学技术更是日新月异，在现代化生产中起着领头和主导的作用。房地产作为社会发展的先驱行业，高度关注科学技术的发展方向和发展动态，先后形成了环保、节能、智能、绿色等新概念。目前又启动了“绿色建筑关键技术”的科技攻关项目。房地产公司应密切关注科技进步和顾客对相关新产品的需求，及时学习引进新的理念和开发新产品来满足客户的需求。例如，随着科学技术的发展，社会化大生产和专业化水平的提高，住宅由个人或单位组织自建发展到目前房地产按城市规划要求综合开发、配套建设。建筑材料的更新换代，建筑机械的日益精良，设计能力和施工技术的逐步提高，对房地产业的全面发展、企业新产品的开发起到了很大的促进作用。最近外墙外保温、地板辐射采暖、垃圾生化处理、太阳能照明等新技术的应用，得到了消费者的高度认可和追随。因此房地产企业要开发出适销对路的商品，必须从建筑设计、材料选用、施工组织、内部管理、营销服务等多方面，不断提高，不断创新。

5. 政治法律环境

政治法律环境是指影响房地产企业市场营销活动的法律、政府机构、产业政策等因素。任何一个房地产企业都是在一定的政治法律环境中运行的，企业的营销活动不可避免地受到它的管理、制约和影响。

(1) 政治与经济管理体制。

政治体制是指国家政权的组织形式及其有关的制度，包括国家结构、政治组织形式、政党体制及相关的制度体系。在中央集权制的国家中，政策法律较为统一，房地产企业在开展经营活动、制定营销决策时对此容易把握。

经济体制是一个国家组织整个经济运行的模式，是一国经济制度的具体表现形式，也是该国制定和调整宏观经济政策的依据，它由所有制形式、管理体制和经济运行方式组成。随着中国经济体制的改革、社会主义市场经济体制的建立，企业已经成为自主经营、自负盈亏的市场主体。

政府与企业的关系取决于国家的政治体制和经济体制。例如，中国城市土地归国家所有，因此，与其他行业的企业相比，房地产企业受政府制约和影响更大，这也是房地产开发乱收费产生的主要原因。当前，与房地产企业密切相关的突出问题在于规范政府行为，转变政府职能，实行政企分开，建立现代企业制度，使企业真正成为市场主体。

(2) 法律法规。

房地产法律环境是指与房地产开发经营活动相适应的法律体系及其监督执行系统的总称。在我国，房地产法律是指国家机关依法定程序，为调整因房地产开发经营活动而产生的社会关系所制定的规范性文件和各种决议、命令、条例、章程和决定等，即房地产开发经营的法律法规。

房地产企业开展营销活动，必须知法、懂法、守法。同时，要认真把握有关法规对房地产企业营销带来的制约和机会。

目前我国房地产开发经营法律的基本内容主要包括以下几个方面：

①管理房地产开发经营企业的法规。主要内容包括对房地产开发经营企业资质管理的规定，对房地产开发经营企业经营方式的规定，对房地产开发经营企业对资金管理的规定，对房地产开发经营企业对材料、设备管理的规定，对房地产开发经营企业自主权与主管部门关系的规定。

②土地使用权出让和转让的规定。主要内容包括对土地所有权的确认，对土地所有权和使用权分离的确认，对有偿出让、转让土地使用权的管理规定，对土地开发经营所涉及的利益关系的调整，经济特区土地管理制度。

③房屋开发建设法律。由于房屋的开发建设包括征地新建和旧城改造两大类。无论是哪一类开发建设都会涉及到局部地区开发建设与城市整体规划利益关系的调整问题，涉及到房屋开发建设过程中与社会其他部门发生的利益关系的调整问题。国家为此而制定的法律法规的主要内容包括关于征用集体所有土地的规定，关于征用土地的补偿、安置的规定，房屋建设单位与施工单位履行合同的法律、法规、调整局部地区开发与城市整体规划关系的法律、法规。

④房产经营的法规。主要内容包括对房屋出租、出售价格管理的法律、法规，房屋产权的管理法规，私房买卖的管理法规，房产市场的管理法规，确定房产流转使用的税费法规，房地产抵押的法规。

⑤确定房地产法律责任的法规。房地产法律责任是指实行某种违反房地产法律行为的人在法律上的责任，一般可分为三类：即民事法律责任、经济法律责任、行政法律责任。其主要法规内容包括违反房地产行政管理法规的处罚、违反房地产经济法规的处罚，民事侵权行为的处罚与责任规定。

⑥房地产诉讼和仲裁。在房地产的开发经营活动中，如果遇到与其他部门或个人发生有关土地，房屋的权利和义务的争议，产权的纠纷或合同的不履行等事件时，当事人有权进行法律诉讼或向国家规定的管理机关申请调整和仲裁。有关这方面的法律内容包括《民事诉讼法》中关于时效、管辖、法律运用、审理程序的规定，《经济合同仲裁条例》中关于仲裁程序和费用承担的有关规定。

此外还要执行《城市规划法》、《工程设计法》、《工程施工法》、《环境保护法》、《建设监督管理法》等条例。掌握和运用有关房地产法规知识，对于房地产市场营销不仅是应该的，而且也是必要的。

(3) 政府的方针政策。

政府的法律法规是相对稳定的，而政府的方针政策则有一定的可变性，它随着国家政治经济形势的变化而调整。在市场经济条件下，政府对宏观经济的调控、对企业行为的干预主要是通过制定各种经济政策、运用经济杠杆来实现的，这些政策包括财政政策、货币政策、产业政策、区域发展政策、土地政策、住房政策、房地产开发和销售政策等，房地产企业的营销活动只能在政策允许的范围内进行。任何一项政策的出台，都会对房地产企业产生直接或间接的影响。比如国家为了抑制房地产投资增长和房价上涨过快的势头、调整住房供应结构不合理矛盾、规范房地产市场秩序等问题，国务院办公厅于2005年、2006年相继出台了〔2005〕8号文件《国务院办公厅关于切实稳定住房价格的通知》、〔2005〕26号文件《国务院办公厅转发建设部等部门关于做好稳定住房价格工作意见的通知》、国税发〔2005〕89号文件《国家税务总局 财政部 建设部关于加强房地产税收管理的通知》等，分别从经济政策、信贷政策、土地政策、房地产开发政策、税收政策等方面提出相关意见，例如税收政策规定“从2006年6月1日起，对购买住房不足5年转手交易的，销售时按其取得的售房收入全额征收营业税；个人购买普通住房超过5年（含5年）转手交易的，销售时免征营业税；个人购买非普通住房超过5年（含5年）转手交易的，销售时按其售房收入减去购买房屋的价款后的差额征收营业税。税务部门要严格税收征管，防止漏征和随意减免”；房地产开发信贷政策规定“为抑制房地产开发企业利用银行贷款囤积土地和房源，对项目资本金比例达不到35%等贷款条件的房地产企业，商业银行不得发放贷款。对闲置土地和空置商品房较多的开发企业，商业银行要按照审慎经营原则，从严控制展期贷款或任何形式的滚动授信。对空置3年以上的商品房，商业银行不得接受其作为贷款的抵押物”。

6. 文化环境

文化环境是指消费者的文化教育、职业、社会阶层、宗教信仰、传统习惯、价值观和审美观等因素，这些因素都会影响消费者的需求欲望和购买行为。比如居住文化，随着人们对健康的认同以及对污染的恐惧，越来越多的人崇尚绿色家居，这不会只是一种时尚的非基本需求，而将成为一种基本需求。应该说，随着经济的发展，文化的不断进步，越来越多的非基本需求会逐步发展成基本需求。因此，文化的作用，不仅在于创造新需求，同时还在于不断地将非基本需求转化为一种稳定的基本需求。

从广义的范畴上来说，居住文化包括居住需求偏好、住宅消费传统、价值判断、修养、情趣以及思维和行为方式等诸多不可计量的非经济因素。这些因素对房地产市场营销有着不可估量的影响。正如当前住宅的户型设计、住区规划、营销策略、投资理念、消费方式等，无一不受到居住文化的影响。特别是在住宅商品市场成为买方市场后，由于社会成员对于生活品质的追求和生活方式的改变，如何提高住宅文化的附加值，必将成为研究房地产市场营销环境的重点。

2.3 房地产市场营销微观环境

房地产市场微观环境是指与房地产开发企业紧密相连并直接影响其营销能力的各种参与者。这些参与者包括房地产企业、供应商、营销中介商、顾客、竞争者和公众。

1. 企业

房地产开发企业是指为了实现自己的经营目标和营销目标，在对市场进行分析、研究的基础上，根据目标市场的需要，对房地产产品进行开发、建设、并制定和实施市场营销决策的企业。

房地产开发企业包括市场营销管理部门、其他职能部门和企业最高管理层。房地产企业的市场营销活动主要是由营销管理部门负责的，营销部门主要负责市场研究、制定企业的营销计划、新产品开发、品牌的制定和管理、广告、产品销售及售后服务等工作。营销部门在制定营销决策时，不仅要考虑外部环境力量，还要考虑企业内部环境的影响。不仅要考虑企业最高管理层的意图，要以最高管理层制定的企业任务、目标、战略和政策为依据制定营销计划，并呈报最高管理层批准执行；还要与企业的其他职能部门密切配合，相互协调。例如，建筑设计部门与房地产产品的规划设计和创新密切相关；项目开发建设部门则与房地产产品的质量和交付时间有关；建筑材料与房屋设备采购部门又决定了房地产产品的质量、成本和建设进度；融资部门对于房地产开发建设所需资金的供应时间、供应数量和供应成本有相当大的影响；财务部门从资金的供给方面影响房地产投资和营销决策的实施；会计部门则通过收益与成本的估量，帮助营销部门了解企业利润目标的实现程度。这些职能部门必须共同制定企业的年度计划和长期计划，使营销管理工作得到内部的大力支持，从而形成强大的合力，使各项营销管理决策和营销方案得以顺利实施。

房地产开发企业内部所有部门对营销部门的计划和行动都有影响，这就要求各部门都应以企业整体目标为重；同时，对各部门间的一些利益冲突，房地产开发企业的最高管理部门必须出面进行调解。而营销部门在制定和执行营销计划的过程中，应该主动与房地产开发企业内部的其他部门进行协商，从而齐心协力实现企业的经营目标和营销目标，并使企业在竞争激烈的房地产市场中占有一席之地。

2. 供应商

供应商是指向房地产开发企业提供土地、建筑材料、房屋设备、资金以及服务等资源的组织或个人，它是影响房地产市场营销微观环境的重要因素之一。供应商的资源主要包括原材料、设备、能源、劳动力以及资金等。

供应商对房地产开发企业营销活动的影响主要表现在：

①资源供应的可靠性直接影响到房地产企业的生产能否顺利进行。建筑材料、房屋设备、能源、设备、资金以及设计图纸等稳定并及时地供应，是房地产开发建设和市场营销活动顺利进行的前提。供应量不足，供应延迟，都会影响企业按期完成任务。

②资源供应的价格及其变化趋势直接影响房地产的成本，最终影响房地产企业产品在市场上的竞争力。供应商供货的价格直接影响房地产产品成本。如果供应商提高建筑材料价格或有关服务的收费水平，则房地产开发企业也将被迫提高其产品价格，由此可能影响到企业的销售量和利润。

③供应资源的质量水平直接影响到房地产企业产品的质量。房地产产品的构成实体是建筑材料和房屋设备，因此，供应货物的质量直接影响到房地产开发产品的质量。

因此，房地产开发企业在寻找和选择供应商时，应特别注意与以下几个相关单位的协调配合：

①规划设计单位。首先设计应满足业主所需的功能和使用价值，符合业主投资的意图，同时受到经济、资源、技术、环境等因素的制约；其次设计都必须遵守有关城市规划、环保、防灾、安全等一系列的技术标准、规范、规程，房地产开发企业一般通过设计竞选和设计招标的方式选择具有资质的、信誉度高的规划设计单位，来保证产品的设计水准，创建房地产营销良好的微观环境，近年来房地产开发企业都纷纷把设计招标对象指向海外知名设计单位，大量新颖的西方设计理念开始融入我国房地产产品中；另一个方面房地产开发企业的营销部门也需要向设计单位提供市场信息、顾客反馈，帮助他们设计出符合市场需求的产品。

②施工和监理单位。施工是工程实体形成的阶段，受到施工人员、材料、设备、方法、环境等因素的影响。施工单位的选择直接关系到房地产产品的质量形成，房地产开发企业必须通过施工招标方式确定有一定工程资质的施工单位进行房屋建设。目前我国的监理主要是集中在施工阶段对施工的监督管理。房地产开发企业一般也通过监理招标的方式选择相符工程资质要求的监理单位。

③材料和设备单位。建筑材料和设备是构成工程实体的物质基础，它们质量的好坏直接影响到工程产品的质量。一般的材料可以采用直接采购，大宗的材料可以采用招投标方式。由于材料和设备的采购是一个长期和重复性的工作，因此，房地产公司应选择一部分信誉良好的材料供应商和设备供应商作为自己的伙伴，与之保持长期灵活的关系，保证材料和设备的稳定供应和质量的一致性。

由于资源供应对房地产企业营销活动有着重要的影响，因此，企业要处理好与供应商之间的关系，重视与供应商之间的合作。一是要坚持“双赢原则”，与优秀的供应商建立长期稳定的合作关系，从而获得稳定可靠的物资供应，降低外部交易成本，避免两败俱伤；二是加强双向信息沟通，协调双方立场；三是采取多渠道采购策略，避免过分依赖一个或少数几个中间商，使企业在市场中始终处于主动地位；四是采取后向一体化策略，自己经营某些建筑材料，降低建筑开发成本，从而获得竞争优势。

3. 营销中介商

营销中介商是指协助房地产企业将产品销售给最终购买者的中介机构，包括代理中间商和辅助中间商。

代理中间商简称代理商，是指代理人、经纪人等，他们为房地产开发企业专门介绍客户或代表房地产开发企业与客户磋商交易合同，但并不拥有商品所有权。中间商对房地产产品从生产领域流向消费领域具有极其重要的影响。在与中间商建立合作关系后，要随时了解和掌握其经营活动，并可采取一些激励性合作措施，推动其以后业务活动的开展。但是，一旦中间商不能履行其职责或市场环境发生变化，房地产开发企业应及时解除与中间商的关系。

辅助中间商不直接经营房地产商品，但对房地产商品的经营起促进和服务作用，包括房地产价格评估事务所、公证处、广告代理商、市场营销研究机构、市场营销咨询企业、律师事务所等。房地产企业必须借助营销中介的协助才能有效地开展市场营销活动。

4. 顾客

从企业角度来看，顾客是企业产品的购买者，也是企业服务的对象；从市场的角度来看，市场是由顾客所构成的。顾客可以是个人、家庭、组织和政府。对于一个企业而言，顾客永远是最重要的营销微观环境。

房地产市场对顾客的分析与了解可以从量和质两个方面来进行，市场规模是量的指标，顾客需求是质的指标。

（1）市场规模。

市场规模直接影响房地产企业营销活动的成败，过低估计会使企业失去有利的时机，过高的估计会造成产品的积压，对其进行准确的预测就显得尤为重要。由于受到人口、经济等客观环境因素的影响，市场规模始终处于动态变化之中，企业要认真分析并掌握宏观环境的变化趋势及其对市场规模的影响，为企业的营销决策提供科学的依据。

（2）顾客需求。

房地产市场是一个复杂的多元化市场，房地产企业只有充分认识顾客需求的层次性和差异性，正确选择目标市场，制定营销策略，才能充分满足顾客的需求。对房地产开发企业而言，有必要对目标市场进行划分，有利于企业在制定营销计划时有针对性地区别对待。

5. 竞争者

竞争是市场经济的基本特征，竞争对手是房地产企业进行营销活动所不可避免的。竞争者的营销战略和营销手段的变化直接影响到企业营销活动的开展，因此房地产企业必须识别出竞争者，并对竞争对手进行认真全面的能力分析，密切注视它的营销策略的细致变化，采取适当的对策和措施才能保证企业在市场竞争中立于不败之地。

房地产企业的竞争对手主要包括以下四种类型：

（1）愿望竞争者。

愿望竞争者是指提供不同房地产以满足消费者不同需要的竞争者。如商业用房、工业用房、娱乐用房、住宅开发商之间就是愿望竞争者。

（2）一般竞争者。

一般竞争者是指提供能满足消费者同一种需求的不同房地产的竞争者。如普通住宅、高级公寓、别墅的开发商之间就是一般竞争者。

（3）产品形式竞争者。

产品形式竞争者是指生产同一种房地产，但不同户型、面积、设计风格的竞争者。如同是开发普通住宅，但其开发的面积、户型设计及配套设施等方面均有所不同的开发商之间就是产品形式竞争。

（4）品牌竞争者。

品牌竞争者是指生产同种房地产，而且其产品的户型、面积、配套设施也相同，但品牌不同的竞争者。谁的产品形象好、品牌知名度高，谁就能在竞争中占据有利地位。

在一个竞争性的市场中，每一个企业的营销系统都是在一群竞争对手的制约下工作的。分析竞争来自何方、出于何种动机、哪个威胁最大、其随时间变化的趋势如何等，是企业成功开展市场营销的必备条件。

6. 公众

公众是指对房地产企业实现其经营目标有实际或潜在影响力的群体。公众既可以增强房地产企业实现目标的能力，也可以妨碍房地产开发企业目标的实现。因此，企业需要保持与公众之间良好的关系，否则企业的命运会受到巨大的影响。企业要以正确的公共关系思想配之以合适的公共关系手段来沟通与协调公众的关系，以建立良好的企业形象。公众本身是一个庞大的群体，而企业与公众之间的关系也非常广泛，所以一般企业的公共关系部门需要针对不同的公众群体进行营销。

房地产开发企业面临的公众主要有以下七类：

（1）金融类。

金融类公众主要是指影响房地产企业取得资金能力的财务机构，主要包括银行、投资公司、证券公司以及股东等。由于房地产属于资本密集型行业，其融资能力对其生存与发展影响巨大。树立良好的市场形象和信誉，使金融界对公司正常的经营和偿债能力感到满意和放心，对于提高房地产公司融资能力十分关键。房地产公司应该通过发布年报，回答财务问题。并谨慎地运用资金等方式来取得这类公众的信任。

（2）新闻媒体类。

新闻媒体类公众是指那些刊登或播送新闻、特写和社论的机构，特别是报纸、杂志、广播电台、电视台和网站。新闻媒介信息传递迅速、影响力大、威望度高，因此它对于保持企业与公众的联络，提高企业知名度、美誉度起着关键作用。房地产公司应该加强与其沟通和合作，争取增加正面宣传，减少负面报道。

（3）政府机构类。

政府类公众包括各级政府、国土、规划、绿化、工商、税务、质量监督、环境保护、公安消防、水电供应等机构。政府公众是房地产企业营销活动的一个重要环境因素。政府之所以重要，因为它是拥有权力的公众，是宏观调控、综合协调的权力机构。房地产企业要遵纪守法，在生产活动中要取得良好的经济效益，要承担社会责任，积极参加各种公益事业，经常与政府沟通信息，以此赢得政府的信任与支持。

（4）公民团体类。

公民团体公众是指各种消费者权益保护组织、环境保护组织和其他团体组织。房地产开发企业营销活动的成败，受到公民团体的影响，企业应努力取得在这些组织的信任和好感，赢得这些团体的好感可以帮助企业树立良好的公众形象，提高公司知名度和美誉度，争取广泛的公共宣传。

（5）地方公众类。

地方公众是指房地产企业或项目工程所在地附近的居民和社团组织。房地产公司应同当地的公众团体如居委会、街道办事处、学校、医院、邻里单位和居民保持联系，处理异议、回答质询和向值得支持的事业提供资助。地方公众对房地产公司和公司楼盘的态度，以及由此产生的口碑，会呈放射性地向周围地区发展，深深地影响房地产公司产品的销售。

（6）一般公众类。

一般公众是指房地产企业或项目工程所在地附近的居民和社团组织。企业需要关注一般公众对企业产品及经营活动的态度。虽然一般公众通常不能有组织地对企业采取行动，然而一般公众对企业的印象却强烈地影响着消费者对房地产企业及其产品的看法。这对房地产企业树立优质品牌形象，进行品牌扩张有重大意义。企业还可以通过积极参与城市发展建设，向慈善事业捐赠等方式树立良好公众形象，争夺潜在的消费者。

（7）内部公众类。

企业内部公众包括股东、经理、职工等。公司可通过业务通信等方式与他们沟通，多用激励政策。建设奋发向上、为顾客服务、为社会服务、为员工服务、团结温馨的企业文化，建立多劳多得的分配原则等一系列管理制度等。当员工对公司有好感时，这种态度会扩散到外部的公众，从而有利于公司声誉的树立。

2.4 房地产市场营销环境分析方法

房地产市场营销环境是客观存在和不断变化的，房地产开发企业在确定开发经营项目、制定营销计划、研究产品策略、制定和调整营销价格等内容时面临多种随机情况，需要对不同的方案进行抉择。房地产企业必须充分分析企业环境，市场状况和客户情况，运用科学的方法和策略，选择较优方案付诸实施。这主要包括整体市场的细分、目标市场的选择、竞争战略的制定、产品策略的确定、价格策略的选择、营销渠道的配置、推销策略的选择以及营销计划的实施等。为了进行正确的营销决策，房地产开发企业必须详细分析所面临的市场营销环境。

2.4.1 环境威胁与市场机会

房地产企业在寻找、评价和利用市场机会的同时，还要采取措施避免和降低环境威胁给企业带来的不利影响。

1. 环境威胁

环境威胁是指营销环境中对企业营销不利的各项因素的总和。对房地产开发企业而言，环境威胁主要来源于房地产行业在国民经济中的地位以及房地产行业市场结构的变化两个方面。

（1）房地产行业在国民经济中的地位。

房地产行业在国民经济中的地位对房地产开发企业的竞争优势起到了“水涨船高”的作用。产业结构的调整与更替是国家政策、市场需求以及科学技术等因素变化与更新的结果。一般而言，处于朝阳产业的企业相对于处于夕阳产业的企业具有更强的优势。因此，当房地产业已被更替到夕阳产业的行列时，房地产开发企业的竞争优势随市场选择的结果而下降。

(2) 房地产行业市场结构的变化。

房地产行业的市场结构是房地产开发企业的竞争优势能否持续保持的重要原因。这表现在市场的竞争程度、市场的集中度与企业竞争优势呈反比关系。一方面，在充分竞争的市场上，房地产开发企业的竞争战略很容易被对手模仿，关键技术等资源会方便地流向对手企业，企业的优势因此会迅速被竞争对手破坏。因此，信息不对称、核心资源不可流动性等都是房地产开发企业在一定时期内维持竞争优势的客观外部条件。另一方面，企业竞争优势的获得与维持是垄断的一种表现，在一定意义上也是垄断造成的必然结果。因此，房地产行业的市场组织结构越分散、竞争程度越高，企业的竞争优势越难维持。房地产市场的过度竞争容易侵蚀行业内房地产开发企业的平均盈利能力，使整个房地产行业丧失在产业结构的优势地位。

美国哈佛商学院的迈克尔·波特认为，决定企业盈利能力的首要性、根本性因素是产业的吸引力，而产业的吸引力取决于由五种竞争作用力所决定的盈利能力。这五种力量分别来源于潜在进入者、替代品生产企业、消费者、供应商以及同行业竞争者。这一结论对房地产行业也同样适用。

营销环境的变化在给房地产企业带来营销机会的同时，背后也可能隐藏着一些无法逾越的障碍，使企业营销陷于困境，招致损失。企业面对环境威胁，如果不果断采取措施，不利的环境趋势必将损害企业的市场地位。因此，房地产营销者要善于分析环境发展趋势，识别环境威胁和潜在的环境威胁，正确地评估环境威胁的严重性和可能性，以便采取相应的对策。

房地产企业面对环境威胁可采取的措施主要有：

①回避威胁。回避威胁就是房地产企业在营销活动中，为了避免预期的威胁而不从事与该威胁有关的活动。这是一种对付威胁最简单的手段，但它却是消极的手段，因为它是通过放弃或不进行某项活动以消除风险源，同时，也必须放弃可能获得的收益。因此，企业在不得已的情况下才能使用这种手段。

②面对威胁。如果威胁是没有办法避免的，企业就要迎难而上。例如，有些风险是房地产企业可以采取措施预防的，如自然灾害，火灾风险等，这就要求企业加强管理，落实岗位责任制，减少或消除风险发生的机会，防患于未然；有些威胁是人为造成的，企业可以通过加强管理的手段将质量风险消除在萌芽状态；而当风险发生后，企业也可以采取措施降低所发生损失的严重程度，积极采取措施进行补救。

③转移威胁。对于那些难以预料又不可抗拒的威胁，房地产企业可以采取转移威胁的方法，将对自己的威胁转移或分散给他人承担。威胁转移的方式主要有两种：一种是保险转移；二是非保险转移。比如房地产企业可以将商品大批量销售给

房地产基金或有实力的大公司，以转嫁风险；再如，房地产企业可以通过多元化经营分散企业的经营风险等。

2. 市场机会

市场机会是指某种特定的营销环境条件，在该营销环境条件下，房地产开发企业可以通过一定的营销活动创造利益。市场机会的产生来自于营销环境的变化，如新的房地产业政策的出台、竞争对手的失误以及新技术的采用等，都可能产生新的待满足需求。但是，环境机会又不等于企业机会，企业机会是指对该房地产企业的营销活动具有吸引力，能享有竞争优势，获得差别利益的环境机会，因此，只有那些符合房地产企业目标和能力的市场机会才是企业机会。房地产市场营销人员必须进行市场研究，千方百计地寻找、发掘和识别市场机会，然后对这些机会加以分析评价，看它是否符合企业的目标和资源，能否使企业扬长避短、发挥优势，比竞争者获得更大的差别利益。因此，房地产营销人员对已经发现的市场机会还要根据自己的目标和资源进行评价，从中选择对企业最合适的营销机会。

市场机会作为特定的市场条件，具有针对性、利益性、实效性以及公开性四个特征，下面分别阐述，其中市场机会的利益性特征不再赘述。

(1) 针对性。

特定的市场营销环境条件只对那些具有相应内部条件的企业来说是市场机会。因此，市场机会是具体企业的机会，市场机会的分析与识别必须与企业具体条件结合起来进行。确定各种环境条件是不是企业的市场机会，需要考虑企业所在行业及本企业在行业中的地位与经营特色。即要分析该房地产开发企业在行业中是市场的领导者还是处于市场挑战者、市场跟随者或者市场补缺者的地位，以及企业的产品类别、价格策略、销售渠道以及企业信誉等。例如，折扣销售方式的出现，对大量开发中低档住房的房地产开发企业来说是一个可以加以研究利用的市场机会。对在顾客心目中一直是开发、建设高档住房或别墅的房地产开发企业来说，就不能算是一个市场机会。

(2) 时效性。

市场机会的价值具有随时间变化而变化的特点，对现代房地产开发企业来讲，由于其营销环境的发展变化越来越快，企业的市场机会往往稍纵即逝。同时，环境条件与企业自身条件最为合适的状况也不会维持很长时间，在市场机会从产生到消失这一短短的时间里，市场机会的价值也快速经历了一个价值逐渐增加、再逐渐减少的过程。在合适的时间把握住最佳市场机会可以为房地产开发企业带来不可估量的经济或社会效益。

(3) 公开性。

市场机会是某种客观的，现实存在的或即将发生的营销环境状况，是所有房地产开发企业都可以去发现和共享的。与企业的特有技术、产品专利不同，市场机会是公开的，是可以为整个营销环境中所有企业所公用的，也是任何房地产开发商都有机会把握住的。市场机会的公开特性要求企业尽早去发现那些潜在的市场机会，谁走在前面，谁就能在房地产市场的竞争中取胜。

3. 寻找和发现市场机会

房地产营销人员必须进行市场研究，千方百计地寻找、发掘和识别市场机会。房地产企业发现和寻找市场机会的方法很多，常用的方法有以下几种：

（1）借助产品/市场发展矩阵寻找市场机会。

产品/市场发展矩阵就是将企业的产品分为现有产品和新产品，将企业的市场分为现有市场和新市场。这样，产品和市场会出现四种组合：市场渗透、市场开发、产品开发和多角化。产品/市场发展矩阵如图 2-1 所示。

	现有产品	新产品
现有市场	市场渗透	产品开发
新市场	市场开发	多角化

图 2-1　产品/市场发展矩阵

这种方法主要是企业通过规划新增业务的思路，发现和识别机会。首先从市场渗透、市场开发、产品开发三个方向寻找机会、如果不存在有吸引力的机会，可逐步扩大范围，沿着一体化指导多角化的思路、继续寻找市场机会。

（2）通过广泛收集市场信息寻找市场机会。

企业应该广开思路、除了企业内部各部门，企业外部的消费者、中间商、政府部门、咨询机构、科研单位等都应该是企业收集市场信息的渠道。通过对收集到的意见和建议进行分析来寻找市场机会。

（3）通过市场细分寻找市场机会。

房地产营销人员通过市场细分，即按照消费者需求的差异性将市场划分为若干个子市场，可以从需求中发现尚未满足或尚未完全满足的市场。房地产营销人员不仅要善于寻找和发现有吸引力的市场机会，还要善于对所发现的各种市场机会加以评价，以确定企业的营销机会。

4. 评价市场机会

不同的市场机会可以为企业带来的利益大小也不一样，即不同市场机会的价值具有差异性。为了在复杂的营销环境中找出价值最大的市场机会，房地产开发企业需要对市场机会的价值进行评价分析。

（1）市场机会的吸引力。

这是指企业利用该市场机会可能创造的最大利益，它表明房地产开发企业在理想条件下充分利用该市场机会的最大极限。反应市场机会吸引力的指标主要有市场需求规模、利润率以及发展潜力等。

市场需求规模是指市场机会当前所提供的、待满足的市场需求总量的大小，通常用产品销售数量或销售金额来表示。事实上，由于市场机会的公开性、市场机会提供的需求总量往往由多个企业共享，特定企业只能拥有该市场需求规模的一部分。因此，这一指标可以由企业在该市场需求规模中当前可能达到的最大市场份额代替。尽管如此，若提供的市场需求规模大，则该市场机会使每个企业获得更大需求份额的可能性也大一些。因此，该市场机会对这些企业的吸引力在不同程度上显得更大一些。

利润率是指市场机会提供的市场需求中单位需求量在当前可以为房地产开发企业带来的最大利益（这里主要是指经济利益）。不同经营现状的企业，其利润率是不一样的。利润率反映了市场所提供的市场需求在利益方面的特性。它和市场需求规模一起，决定了房地产开发企业当前利用该市场机会可创造的最高利益。

发展潜力反映市场机会为企业提供的市场需求规模、利润率的发展趋势及其增长速度。发展潜力同样也是确定市场机会吸引力大小的重要依据，即使企业当前面临的某一市场机会所提供的市场需求规模很小或利润率很低。但由于整个市场规模、该企业的市场份额或利润率有迅速增大的趋势，则该市场机会对企业来说仍可能具有相当大的吸引力。

（2）市场机会的可行性。

市场机会的可行性是指房地产开发企业把握市场机会并将其转化为具体利益的可能性。从特定企业角度来讲，具有吸引力的市场机会并不一定能成为本企业实际的发展良机，具有大吸引力的市场机会必须同时有其强可行性，才能成为企业高价值的市场机会。市场机会的可行性是由房地产开发企业所面临的内部环境条件和外部环境状况两方面所决定的。

房地产开发企业的内部环境条件是指企业能否把握市场机会的主观决定因素，它对市场机会可行性的决定作用体现在三个方面。首先，市场机会只有适合企业的经营目标、经营规模与资源状况，才具有较大的可行性。同时，即使是同一行业的企业，该市场机会对经营规模大、实力强的企业与对经营规模小、实力弱的企业的可行性也不一样。一个吸引力大的市场机会很可能会导致激烈的竞争，所以，它对实力较差者来说，可行性程度并不高。其次，市场机会必须有益于企业内部差别优势的发挥，才具有较大的可行性。所谓“企业内部差别优势”，是指该房地产开发企业具有比市场中其他企业更优越的内部条件，如大量的土地储备、良好的员工素质、雄厚的资金实力、良好的企业声誉等。企业应对自身的优势和弱点进行正确分析，了解自身的内部差别优势所在，并据此更好地分析市场机会的可行性大小。此外，企业还可以有针对性地改进自身的内部条件，创造出新的差别优势。再次，房地产开发企业内部的协调程度也影响着市场机会可行性的大小。市场机会的把握程度是由房地产开发企业的整体能力决定的。针对某一市场机会，自由企业的组织结构及所有部门的经营能力都与之相匹配，该市场机会对企业才会有较大的可行性。

企业外部环境从客观上决定这市场机会对企业可行性的大小。外部环境中每一个宏观、微观环境要素的变化，都可能使市场机会的可行性发生很大的变化。例如，某房地产开发企业已经进入一个吸引力很大的市场，在前一段时间里，由于该市场的产品符合企业的经营方向，并且企业由此也获得了相当可观的利润。然而，企业当前许多外部环境要素已发生或即将发生一些变化。比如，随着原来的竞争对手和潜在的竞争者逐渐进入该产品市场，并采取了相应的工艺革新，使该企业的差别优势正在减弱，市场占有率正在下降。经济适用房的大量建造，使顾客因此对原产品的定价已表示不满，但降价意味着利润率的锐减。政府即将通过的关于发展钢铁工业及其相关制造业的产业政策可能会使房地产开发所需的钢材价格上涨，这也将意味着利润率的下降。针对这些情况，该企业决定逐步将一部分资金转投其他产品，即部分撤出该产品市场。这表明，尽管企业的内部条件没变，但由于决定市场机会可行性的一些外部因素发生了重要变化，也使该市场机会对该企业的可行性大为降低。同时，利润率的下降又导致了市场吸引力的减弱。吸引力与可行性的减弱最终使原市场机会的价值大大减小，导致企业部分放弃了当前市场。

2.4.2 机会—威胁矩阵图分析法

对于房地产企业来说，并不是所有的市场机会都是有价值的，也并不是所有的环境和风险都很严重。企业需要对所能预见的机会和威胁加以分析和鉴别，以便采取适当的决策。机会—威胁矩阵图分析发便是很适用的一种方法。

房地产经营者对市场环境威胁的分析主要从两方面考虑，一是分析市场环境威胁出现的可能性；二是分析市场环境威胁对企业的影响程度。这时可以利用威胁分析矩阵，将这两个方面结合起来进行分析，如图 2-2 所示。

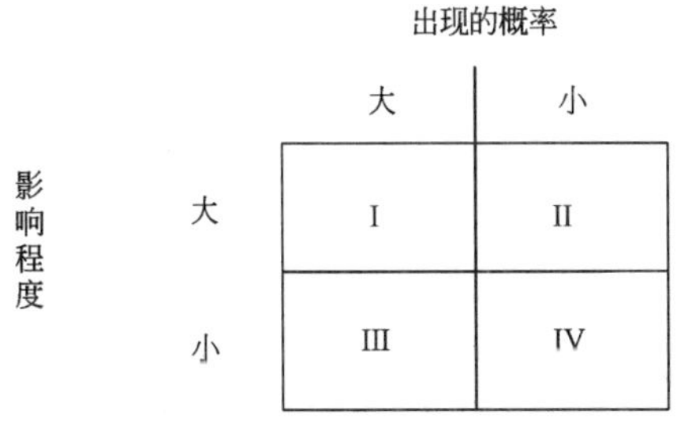

影响程度 \ 出现的概率	大	小
大	I	II
小	III	IV

图 2-2　威胁分析矩阵

对于第I象限的威胁，也就是出现概率大、影响程度高的威胁，企业必须高度重视并制定相应的措施，避免受到损失或将损失降到最小程度；对于第II象限和第III象限的威胁，企业要给予充分的重视，制定好应变方案。因为第II象限的威胁虽然出现的概率低，但一旦出现，将给企业的营销活动带来特别大的危害。第III象限的威胁虽然对企业的影响不大，但出现的概率大。对于第IV象限的威胁，企业应注意其变化，当第IV象限的威胁向其他象限转移时，应制定对策。

房地产营销者对市场机会也要从两个方面进行评价，一是市场机会给企业带来的潜在利益的大小；二是市场机会出现概率的大小，如图2-3所示。

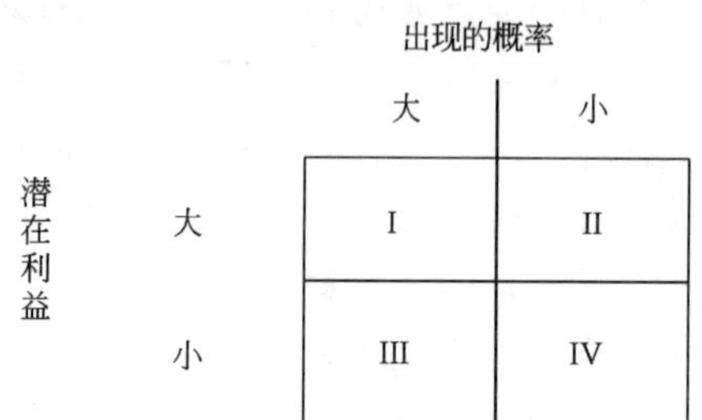

图2-3　机会分析矩阵

在图2-3的四个象限中，第I象限的市场机会潜在利益大，成功的概率高，企业应全力发展这一机会；第II象限的机会虽然出现的概率小，但一旦出现，会给企业带来很大的潜在利益；第III象限的机会，虽然潜在的利益小，但出现的概率大，因此，对这两个象限的机会，企业要注意制定相应的对策；对于第IV象限的机会，主要是观察其发展变化，并根据情况及时采取措施。

2.4.3　SWOT分析法

房地产营销者对营销环境进行分析，关键在于对企业内部的优势和劣势与外部的机会及威胁的情况进行综合分析。

SW是指房地产企业内部的优势和劣势（strengths and weaknesses），OT是指房地产企业外部的机会和威胁（opportunities and threats），SWOT分析法即优势、劣势、机会、威胁分析法，是对企业内环境进行综合分析的一种方法。

优势是企业相对于竞争对手而言所具备的技术能力、资源及其他特殊强势因素，有助于企业增强自身的市场竞争力。

劣势是严重影响企业经营效率的技术能力、资源、设施、管理能力以及营销水平等限制因素，需要企业在相应的领域进行变革。

机会是指企业所处环境的有利形势，企业应加以充分利用。

威胁是指企业所处环境的不利因素，这些因素是企业发展的约束和障碍，企业应努力使其负面影响降至最低。其中，优势和劣势是影响企业的内部因素。机会和威胁是影响企业的外部因素。

1. 房地产开发企业内部环境分析（优势/劣势分析）

房地产企业内部的优势和劣势是相对于竞争对手而言的，内部优势包括正确的经营战略、充足的资金来源、先进的技术设备、产品创新能力、成本优势、竞争优势、市场开发能力，管理能力等。内部劣势包括模糊不清的战略方向、恶劣的竞争地位、落后的研究开发、低下的利润水平、不良的市场形象、竞争劣势、成本劣势等。评价企业内部的优势和劣势时，不仅要从资金、技术、产品、市场等单方面进行评价，还要对各项因素进行综合评价。先选定一些因素评价打分，然后根据每个因素的重要程度进行加权，根据各因素的加权值之和来确定企业是处于优势还是劣势。如果企业本身有优势，宜采取发展型战略，否则，宜采取稳定型或紧缩性战略。

对任何一个房地产开发企业而言，不应试图去纠正它的所有劣势，但也不是对其优势不加利用，而是应该清楚，它究竟是应只局限在已拥有的机会中，还是获取和发展一些优势，以找到更好的机会。

竞争优势从根本上说是企业自身的一种能力，因此，它根源于企业内部。从企业内部来看，竞争优势是企业一系列政策措施执行的结果，而这些政策措施的制定与执行都源于企业的审时度势、运筹帷幄的能力。企业竞争能力的大小决定了制定与执行的水平，也因此决定了企业在市场中的竞争地位。从企业经营活动的过程来看，这种能力不仅包括对所处环境的认识能力以及在此认识基础上进行战略决策的能力，而且还包括在执行战略与策略过程中对企业资源的调动与协调能力以及对环境变化的应变能力。竞争优势最终在市场上直接表现为更大的市场份额、较高的消费者忠诚度、超过行业平均水平的利润率以及在媒体上的综合排名靠前等。

房地产开发企业在分析、获取和发展自身优势时，应抓住认识能力、决策能力、协调能力以及应变能力这四个重点。

①认识能力。房地产开发企业必须对所处的内、外部环境有清醒的认识，不仅要正确评价自身所处的市场地位，而且要对潜在的市场需求及产业结构变化具有敏锐的洞察力。

②决策能力。在较为真实、完备信息的基础上，制定企业发展战略，确定战略重点，并围绕重点展开一系列策略研究，并最终细化为执行计划。

③协调能力。在计划的执行过程中，需要对企业的物质资源、人力资源、金融资源以及渠道资源等进行调动和协调。计划的实施和战略目标的实现最终落实在每一个微小的经营环节上。因此，在计划合理，可行的情况下，人员的综合素质在这一过程中显得尤为重要。

④应变能力。随着自身经营行为的进行，竞争对手必然会作出反应，整个市场

结构相应发生改变。不仅如此，企业内部资源状况也在发生变化，这就要求企业能够及时对内、外环境的变化作出准确的判断、并前瞻性地制定竞争战略，直至调整战略目标。

在产业结构稳定的前提下，房地产开发企业的竞争优势取决于企业在产业中的相对地位。而企业要获取有利的竞争位置，就要实施基于价值链的正确战略。房地产开发企业为了能在竞争中获胜，并不需要从原料来源到售后服务的每一个环节都明显走到竞争者前面。竞争优势战略的关键在于选择战略重点，即企业向市场提供某种价值，同时也必须决定放弃某些业务，以便在关键性职能上占有明显的优势。

2. 房地产开发企业外部环境分析（机会/威胁分析）

外部环境可能会给房地产企业带来机会。例如，宽松的政策、快速的市场增长、技术的进步会促使企业降低成本、增加销售量。外部环境也可能会给房地产企业带来威胁，例如，新竞争者的加入、市场增长缓慢，不利的政府政策、衰退的经济周期、消费者需求的变化、建筑材料价格上涨等。房地产企业也要对各项环境因素进行综合评价，以确定是机会还是威胁。

在对内外环境进行分析评价的基础上，房地产企业就可以根据得分来判定企业属于哪种类型。

在 SWOT 分析图（图 2-4）中，处于第 I 象限的房地产企业，具有强大的内部优势和众多的环境机会，宜采用发展型战略，如开发市场，增加产量；处于第 II 象限的房地产企业，外部有机会而内部条件不佳，宜采用扭转型战略，即扭转企业内部的劣势以利用外部的机会；处于第 III 象限的房地产企业，外部有威胁且内部条件不佳，应设法避开威胁，消除劣势，采用防御性战略；处于第 IV 象限的房地产企业，拥有内部优势而外部存在威胁，宜利用优势开展多种经营，分散风险，寻求新的发展机会。

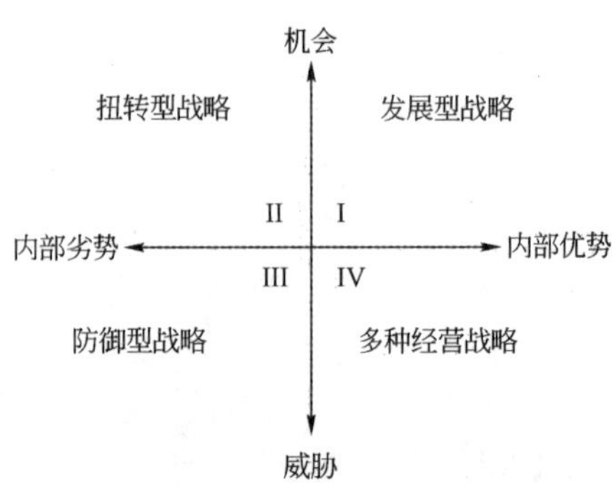

图 2-4 SWOT 分析图

[案例] “翠柳新城”项目 SWOT 分析

1. 扬州市概况

扬州市是江苏省辖市，位于江苏省中部，南临长江，北接淮水，中贯京杭大运河，是一座历史文化与现代化工业科技交相辉映的滨江开放城市。扬州市全市面积 6638km^2，人口 467 万，其中市区面积 973km^2，人口 108 万。扬州属亚热带湿润气候区，四季分明，气候温和，年均气温 15℃，年降水量 1030mm，年日照时间 2140h，全年无霜期 222 天。地势平坦，90％以上是平原。境内长江岸线 80 多 km，水深江阔，岸线稳定；扬州为苏北门户，市场兴旺、流通业发达，是承南启北的重要的货物和信息集散地。扬州是一座具有 2500 多年历史的历史文化名城，地处江苏省腹部，气候条件宜人，是长江与京杭大运河交汇处的沿江重要城市，也是扬州地区的政治文化中心。扬州以其位于沿江的优越区位条件，稳定的农业、特色的工业、丰富的物产资源和人文的优势，1998 年被国务院批准为开放城市。2001 年全市实现生产总值 510 亿元，其中第一产业增加值 67.5 亿元，第二产业增加值 244.5 亿元，第三产业增加值 198 亿元，财政收入 40.7 亿元，社会消费品零售总额 165.7 亿元。扬州市是全国卫生城市、园林城市、中国优秀旅游城市、全国双拥模范城市和全国生态示范城市。

扬州市水陆交通基础设施优良，运输便捷。南京到扬州汽车只需一个多小时，上海到扬州火车只需 3 个多小时，北京至扬州火车只需 10 个多小时。

港口：现有万吨级码头泊位 9 个，可停靠 5 万吨级船舶。目前在扬州港开展国际集装箱运输业务的船务公司近 30 家，如中远、中海及 MAERSK、OOCL、HMM、EVG、CMA、ZIM、HJ、KL 等国内外著名船务公司，这些公司的泊船每周由近 30 个航次停靠扬州港，根据客户的不同需要，定时、定点地把出口集装箱送达世界各地。同时扬州港又是长江中上游和苏北、鲁南、皖北等地区货物的重要中转口岸，年完成货物吞吐量 700 万吨左右。扬州宜港岸线 47km，已开发利用 17km。

公路：京沪和宁通高速公路连接全市，构成一横一纵“T 型”高速公路骨架。长江北岸正在建造“防洪、运输”双功能的沿江高等级公路，将三港（南通港、扬州港和南京港）三桥（江阴大桥、润扬大桥和南京大桥）和三市（南通市、扬州市和南京市）连成一片。扬州西北绕城高速公路，全长 34.96km，东与京沪高速公路淮江段相连，与润扬大桥相接，于 2004 年 12 月底完成全部工程，与润扬长江公路大桥同步建成通车。

水路：扬州处于我国东西大动脉（长江）和南北大动脉（京杭大运河）交汇处，在历史上就是著名的水运中心。境内航道纵横，现有航道 184 条，2163km，其中等级航道 819.2km。京杭大运河扬州段全长 143.3km，终年可通行千吨级船舶，北通江苏的淮安、宿迁、徐州，山东的济宁、聊城、德州，河北的沧州及天津、北京等地；南往江苏的镇江、无锡、苏州和浙江的杭州等地。

铁路：与京沪、宁西主干线相连的宁启铁路，2002年元月动工建设，2004年4月18日通车，宁启铁路贯穿扬州城，西连京沪线，东接新长线，拥有始发到上海、北京、广州、西安、武汉的五条黄金线路，通达全国。扬州将成为苏中交通枢纽。

大桥：扬州至镇江的润扬长江公路大桥已竣工通车，现今从扬州通过大桥至镇江只需10min。润扬大桥建成通车后，扬州到苏南地区的距离大幅减小，与南京“一小时都市圈”的建设和以上海为中心，加快发展长江三角洲的建设目标更加靠拢，扬州作为苏中城市的区位优势更加明显。

机场：扬州4C级民用机场项目正在争取立项，计划留有4A级机场项目发展余地，该项目建成营运后，将和国内航线联网。

改革开放以来，特别是党中央实施“建设浦东，推动长江三角洲和长江沿江地区开放与经济发展”战略以后，扬州的经济和社会事业得到了迅速的发展，扬州的知名度和城市规模不断扩大，城市人口也不断增加，目前扬州总人口467万人，其中城区108万人，住房供需矛盾也相应突出起来。加之一些知名度较高的单位纷纷迁至扬州，外地企业家和一些台商、日商看准扬州未来的发展前景，赶来兴办企业和第三产业，他们占有扬州第三产业半壁江山，他们既需要店面房经营也需要住房安置家庭。扬州的交通和城市环境在发展，扬州市民对住房的要求也越来越高，与住房达到小康水平的要求相差较远，住房困难有待解决。因此，本项目不仅可以满足本市居民的要求，也能满足外地人在扬州投资居住的需求。

2. 地块概况

此地块位于扬州市西区，南依扬城大动脉——文昌西路，向东到市中心文昌阁，向西便是国展中心和火车站，东靠风景秀丽的新城河。扬州新城西区是一座兼具古城文脉和现代气息的生态现代化新城，区域集科教文化、行政办公、商贸、居住功能为一体。文昌西路延伸工程东至贾七路，西至西北绕城公路，全长3.85km，道路规划宽110m，是扬州东西向的主干道，是西部连接润扬大桥、宁启铁路火车站、西北绕城公路的主干道。据了解，该区东至贾七路，北至宁启铁路、扬治路一线，西至西北绕城公路，南至文汇西路延伸线，面积约10km^2，是城市总体规划确定的西部新市区的重要组成部分。有些专家认为，与“西区”相比，新城西区更体现了先进的设计理念和鲜明的扬州特色，而且较好地传承古城的历史文脉和风格。在西区“今天”发展的这个时期里，有一个改变扬州房地产生态的可信概念，那就是“经营城市”以及由此引发的土地拍卖。新城西区的升值潜力股，被广大开发商所看好，市区一家调查公司通过分析认为，由于扬州城市建设重心西移，因此楼盘素质和数量以西区为最高和最多，楼盘的密度也最高，销售情况良好。四季园、新城、康乐、宝带、翠岗等20多个新兴楼盘，扩大了城市的新版图，新城西区已成为扬州房地产业的新高地。有关专家认为，目前进行的沿江开发不仅没有影响，相反更有利于西区房地产业的发展。一是为众多拥挤在西区的开发公司寻找了新出路，二是对西区高房价起到抑制作用。西区板块和沿江板块将形成呼应态势。西路与沿江板块有一个自然融合的过程，这种融合主要是通过经济联动及道路、公交的交通互通形成。2001年扬州城按照“西进南下”的城市发展战略，拉开城市建立新区的建设框架，当年兴建了六个园区，占地40km^2。建成后新城市组团为东西宽约50km、南北约20km的沿江锥形带状。按新的规划，西区中的经济开发区和一些工业园区，本身就是沿江板块中的重要组成部分。沿江开发和西区建设，是现代城市化中的两种新样式，它们从不同角度支撑着扬州城市的未来走向。而本项目位于西区的黄金地段，未来销售前景十分看好。

3. 本项目紧邻城西大型居住区“翠岗小区”，完善的外部配套设施使小区占尽先机

(1) 购物：本市最大的大型仓储式购物中心——“广润发”；

(2) 商业中心：“来鹤台商业广场”；

(3) 幼儿园：小区内部幼儿园；

(4) 学校：翠岗中学；

(5) 医院：新区医院；

(6) 公交线路：13路、20路、22路、66路。

为创造现代社区生活典范，小区为业主精心准备了现代化生活必需的服务中心：如社区综合服务中心、高级沐浴中心、综合健身会所等。

从上面的区位分析可以看出，本区的最大优势便是交通方便，主干道经过这里，有数条公交路线在家门口往返穿梭，距离火车站也不远。从这里到西区中心十分方便，即使是到市中心文昌阁也在20min之内（公交）。更何况随着周边环境的改善，西区住宅大量开发，附属设施将十分完善。由于市政府规划中的西区中心来鹤台广场近在咫尺，大型超市广润发也在周围，预计不久此区域还会进一步升值。

其优势主要有：交通方便，设施齐全；地理经济区位优良，位于市区副中心区，有很大的优势；地价相对偏低，可以降低开发成本，增强楼盘的竞争能力；常住人口和流动人口多，有效需求大；周围是扬州市新的商业和办公中心，有多家大型单位；周边竞争对手较多，但由于市场定位不同，难以形成大的威胁。

劣势方面主要有：周围绿化率低，环境质量一般；车流、人流量大，旁边有主干道，噪声大。

本章小结

房地产企业的市场营销活动总是在一定的社会经济环境中进行的。对房地产市场营销环境的分析，是企业制定正确的营销战略和策略，实现企业的经营目标的首要环节。房地产市场营销环境是指与房地产开发企业营销活动有潜在关系的所有外部力量和相关因素的集合，它是影响企业生存和发展的各种外部条件。

一般来说，房地产企业的营销环境由宏观环境和微观环境构成。

房地产市场营销的宏观环境包括人口环境、经济环境、自然环境、技术环境政治法律环境和社会文化环境。本章主要从人口规模和人口增长、人口结构、人口分布和地理迁移、家庭规模与结构四个方面进行了人口环境的分析；经济环境对房地产市场的影响从消费者实际收入状况、消费支出模式、房地产金融状况、房地产市场供求和竞争状况等方面进行；自然环境的优劣对房地产企业的营销活动也有着直接的影响，良好的环境会给房地产产品带来附加的增值性，相反，自然环境差将会使房地产商品的价格大打折扣，给房地产企业的营销活动带来困难；另外，房地产企业要开发出适销对路的商品，还必须从建筑设计、材料选用、施工组织、内部管理、营销服务等技术方面，不断提高，不断创新；政治法律环境主要通过对房地产关系的调整，把与房地产相关的人们或企业的行为限制在符合国家和社会需要的秩序范围内，对房地产营销产生影响；社会文化环境作为对人类生存的必要条件，对人类的衣、食、住、行种种行为产生巨大影响，对房地产市场营销的影响主要体现在消费者的文化教育、职业、社会阶层、宗教信仰、传统习惯、价值观和审美观等方面。

房地产市场营销的微观环境是指与房地产开发企业紧密相连并直接影响其营销能力的各种参与者。这些参与者包括房地产企业、供应商、营销中介商、顾客、竞争者和公众。

本章最后介绍了两种常见的市场营销分析方法，即机会一威胁矩阵图分析法和SWOT分析法，通过分析上述各种宏观环境和微观环境，了解企业在市场上的优势、劣势、机会与威胁，从而制定相应的对策，使企业能够顺利发展、实现目标。

思考题

1. 什么是房地产营销的宏观环境？它包含那些环境因素？
2. 什么是房地产营销的微观环境？它包含哪些环境因素？
3. 各种宏观环境如何影响房地产市场，以及影响房地产公司市场营销策略？
4. 各种微观环境因素如何房地产市场，以及影响房地产公司市场营销策略？
5. 影响我国房地产市场营销的法律环境主要包括哪些内容？

6. 社会环境包括哪些要素？各要素对房地产市场营销分别有哪些影响？

7. 如何分析人口因素对房地产市场营销的影响？

8. 什么是SWOT分析方法？试举例说明某一具体项目如何运用SWOT方法进行分析。

参考文献

[1] 姚玲珍．房地产市场营销．上海：上海财经大学出版社，2003.

[2] 吴翔华．房地产市场营销．南京：东南大学出版社，2005.

[3] 尹军，尹丽．房地产市场营销．北京：化学工业出版社，2005.

[4] 于颖，周宇．房地产市场营销．大连：东北财经大学出版社，2004.

[5] 叶剑平．房地产市场营销．北京：中国人民大学出版社，2000.

[6] [美] 菲利普·科特勒．赵平，王霞等译．市场营销原理（第11版）．北京：清华大学出版社．

[7] 陈放．房地产营销．北京：蓝天出版社，2005.

[8] 郑华．房地产市场分析方法．北京：电子工业出版社，2003.

[9] 楼江．房地产市场营销理论与实务．上海：同济大学出版社，2003.

[10] [美] 阿德里安娜·施米茨，德博拉·L·布雷特．北京：中信出版社，2003.

[11] 李东．房地产市场营销．上海，复旦大学出版社，1999.

第3章 房地产市场调查和市场预测

3.1 房地产市场调查概述

市场调查是现代市场营销中重要组成部分，是适应市场经济发展需要的产物。在小商品经济条件下，商品生产的规模很小，市场范围也小，商品供求关系比较稳定。因此，不需要对市场进行深入细致的调查。到了20世纪30年代，特别是二次世界大战以后，市场竞争日益激烈，商品销售已成了突出的矛盾。因此，企业不得不对市场进行经常性的分析和研究。房地产市场中的商品，由于其位置固定、生产周期长、投资大、使用寿命长的特点更需进行市场调查。科学细致的市场调查将自始至终地影响房地产开发企业的全部经济活动，是房地产企业经营活动中重要的一环。

3.1.1 房地产市场调查的含义

房地产市场调查是房地产开发项目营销决策的基础，它运用科学的方法，有目的地系统收集、记录、整理有关房地产市场的各种信息和情报资料，分析研究房地产市场调查营销环境及其发展趋势，以期对房地产开发项目的营销活动起到指导作用。

3.1.2 房地产市场调查的重要性

随着商品经济的进一步发展和市场的扩大，市场调查是现代经济的必然要求。随着我国改革开放的深入和加入WTO后，为使企业经营活动立于不败之地，就必须经常深入的进行市场调查，搞清市场脉络和市场发展动向，掌握市场发展规律，抓住市场出现的有利时机，及时果断、科学决策，使企业获得最大的效益。房地产市场由于影响因素众多，发育还不很健全，因此，它的变化规律性较弱。要想充分了解市场，必须进行市场调查，只有进行充分的市场调查，企业才不至于决策失误。市场调查的作用主要表现在以下几个方面。

1.市场调查是了解市场的重要手段

市场调查是认识市场的过去、现在和将来的重要手段。市场的供求规律受商品供应量与商品购买力两个方面因素影响。一方面，可通过现有房地产存量、每年竣工量的调查，了解房地产供应总量与供应结构；另一方面，可通过对购买力、人口、消费水平及其他因素的调查，了解房地产需求总量与需求结构。据此可制定合理开发计划，合理、均衡地组织市场供应，正确地制定企业发展计划。

2.市场调查是进行经营决策的基础

现代企业管理的重心在经营，经营的重点在决策。信息是经营决策的前提，只有通过市场调查收集到齐全准确的信息，企业的生产经营决策才能切合实际，才能减少失误，把风险降到最低点。房地产商品投资巨大，不慎重的决策将会给企业带来巨大的损失，这种损失又是一般企业所承担不了的。因此，在决策过程中一定要慎之又慎，要以市场为导向，在充分调查的基础上才能进行决策。

3.市场调查是调整修正计划的重要依据

通过市场调查取得有关情报资料，了解了供求的实际情况，可以检查房地产开发企业的战略计划是否得当，在哪些方面尚有疏漏需进一步改进。同时也可以了解到市场环境是否发生了变化，出现了新情况，以便对营销策略做一修改。凡此种种，均需在市场调查的基础上进行，因市场的变化而变化，才能使房地产开发企业的计划和战略得以顺利施行。

4.市场调查是改善经营管理的重要工具

在商品经济条件下，企业经营的好坏和经济效益的高低是要通过市场来检验。我国目前有不少房地产开发公司，不懂市场规律，不重视市场调查，盲目经营，致使企业严重亏损。在瞬息万变市场中，在竞争日趋激烈的条件下，房地产开发企业必须注意市场动向，研究消费行为和消费心理，分析供求关系，制定符合市场规律的营销策略。

3.1.3 房地产市场调查的基本原则

市场调查是一项复杂而细致的工作过程，在市场调查过程中建立一套系统科学的程序。是市场调查顺利进行、提高工作效率和品质的重要保证。市场调查的步骤应按照调查内容的繁简、精确程度、调查的时间、地点、预算手段以及调查人员的学识经验等条件具体确定。但不论市场调查的规模大与小，内容多与少，都应该遵循下述基本原则，即调查资料的准确性和时效性，针对调查主题的全面性和经济性，以及调查的创造性。

1.准确性原则

调查资料必须真实地、准确地反映客观实际。科学的决策建立在准确的预测的基础之上，而准确预测又应依据真实的市场调查资料。只有在准确的市场调查资料的基础上尊重客观事实，实事求是地进行分析，才能瞄准市场，看清问题，做出正确的决策。

2.时效性原则

一份好的调查资料应该是最新的。因为只有最新的调查资料，才能反映市场的现实状况，并成为企业制定市场经营策略的客观依据。在市场调查工作开始进行之后，要充分利用有限的时间，尽可能在较短的时间里搜集更多的所需资料和信息，避免调查工作的拖延。否则不但会增加费用支出，而且会使决策滞后，贻误时机。因此，市场调查应该顺应瞬息万变的市场形势，及时反馈信息，以满足各方面的需要。

3.全面性原则

这一原则是根据调查目的，全面系统地收集有关市场经济信息资料。市场环境的影响因素很多，既有人的因素、也有经济因素、社会因素、政治因素等，甚至有时国际大气候对市场环境也有较大影响。由于各因素之间的变动是互为因果的，如果单纯就事论事地调查、而不考虑周围环境等因素的影响，就不能把握事物发生、发展甚至变化的本质，就难以抓住关键因素得出正确的结论。这一点，在房地产市场调查方面体现得尤为突出。房地产开发不可能离开一个城市的社会、经济发展状况，因此一个完整全面的市场调查应包括宏观的背景情况，如社会政治经济环境、自然环境、区域因素以及整个市场的物业开发量、吸纳量、需求量、总体价格水平、空置率等内容，还应包括对消费者的调查、对竞争对手与竞争楼盘的调查等内容。

4.针对性原则

对于特定项目市场调查，还应遵循“针对性”原则。比如在房地产市场调查中，不同物业的目标客户群体是不同的，不同客户群体对房屋的偏好各异，比如中等收入家庭购房时更关注价格，而高收入家庭购房时则会更注重环境与景观等。市场调查的目的，就是要准确把握住不同客户群体间方方面面显著或是细微的差别，最终抓住目标客户群。这也是物业销售成功的关键之一。

5.科学性原则

由于主观、客观方面的原因，人们很难避免在调查中出现的偏差。一个科学、合理的调查方法将会最大限度的减少这种偏差。科学的调查方法除消除调查过程中可能产生的偏差之外，还能起到事半功倍的效果。一个科学的调查方法，一定是中心明确、重点突出，其调查出来的结果一定能全面、系统、准确的反映事物的本来面目，这对了解市场真实情况大有好处。科学的调查方法包括两个方面，一是先进的科学调查手段；二是科学调查方法的设计。有时调查方法设计得合理，可以弥补调查手段的落后，两者有机结合能缩短调查所需的时间，节省调查所需的经费，最大限度、准确、快捷的获取反映事物本质的有价值的信息。

6.创造性原则

市场调查是一个动态的过程，虽然有科学的、程序化的步骤，但任何环节都需要创意的帮助。市场调研的创造性思维，不能仅仅在调查开始前的头脑风暴会议上出现，而应该贯穿于整个调研设计和实施过程中。有创意的调查人员，总是能十分敏锐地捕捉那些有价值的信息，不让它们失之交臂，抓住它们，并深入地挖掘它们。创造性调查的特点之一，是根据调查中发现的有价值的信息，提出一个很有创意的假设，然后运用各种调研方法进一步去证明这种假设是否确实存在；创造性调查的特点之二，是抛开那些传统的、先入为主的思维方式、采用准确直接的调查新手段、新方法。

3.1.4 房地产市场调查的内容

房地产业是一个综合性非常强的行业，这决定了房地产市场调查也是一个综合分析的过程。一般说来，房地产市场调查的内容主要包括以下几个方面：

1.宏观环境调查

市场环境总是处在不断的变化之中，总是不断地在产生新的机遇和危机，对市场敏感的企业家往往能够从不同角度看清这些变化，将这些变化看成是企业发展的新机遇。而房地产市场调研最重要的任务，就是要摸清企业当前所处的宏观环境，为科学决策提供宏观依据。房地产市场宏观环境主要包括：

①经济环境。主要包括国民经济发展状况、产业结构的变化、城市化的进程、经济体制、通货膨胀的状况、家庭收入和家庭支出的结构等。

②政策环境。主要包括与房地产市场有关的财政政策、货币政策、产业政策、土地政策、住房政策和户籍政策等。

③人口环境。主要包括人口的总量、年龄结构、家庭结构、知识结构以及人口的迁移特征等。

④房地产市场环境。主要包括房地产开发项目的供给调查分析、需求调查分析、价格走势分析等。

另外，宏观环境还包括文化环境、行业环境、技术环境以及对城市发展概况的描述等。在房地产市场研究中，对于同一城市的同一类项目而言，该部分内容在接近的时点上基本一致，可参考以往类似的调查研究结果略作改动。若项目处于一个陌生的城市，则对该部分内容的调查是不可或缺的。

2.区域环境调查（中观）

区域环境调查是指对项目所在区域的城市规划、景观、交通、人口构成、就业中心、商圈等区位条件进行分析、对项目地块所具有的区位价值进行判断。具体包括：

①结合项目所在城市的总体规划，分析项目的区域规划、功能定位、开发现状及未来定位。

②进行区域的交通条件研究。

③对影响区域发展的其他因素和条件进行研究，如：历史因素、文化因素、发展水平等。

④对区域内楼盘的总体价格水平与供求关系进行分析。

3.项目微观环境调查

项目的微观环境调查又称为项目开发条件分析。其目的是分析项目自身的开发条件及发展状况，对项目自身价值提升的可能性与途径进行分析，同时为以后的市场定位做准备。具体包括：

①对项目的用地现状及开发条件进行分析。

②对项目所在地的用地环境进行分析。主要指地块周围的物质和非物质的生活配套情况，包括：水、电、气等市政配套，公园、学校、医院、邮局、银行、超市、体育场馆、集贸市场等生活配套情况，以及电气、卫生、景观等生态环境，还包括由人口数量和素质所折射出来的人文环境等。

③对项目的对外联系程度、交通组织等进行分析。

4.消费者调查

市场营销的目的是为了满足目标消费者的需要和欲望。但是要了解消费者并不简单，消费者对自己的需要和欲望的叙述是一回事，实际行为可能又是另外一回事，有时他们往往会由于一些原因在最后一刻改变主意，有时也可能连他们自己也没有意识到一些潜在的欲望和需要。这些都需要研究人员来加以分析和引导。

一般而言，我们研究买家时需要回答六个问题（5w+1h）：

第一，哪些客户来买房地产？（who）

第二，客户购买什么样的房地产？（what）

第三，客户为什么要买？（why）

第四，客户如何购买房地产？（how）

第五，客户什么时候买房地产？（when）

第六，客户在哪里买房地产？（where）

具体说来，我们对消费者的调查，则包括以下几个方面：

（1）消费者的购买力水平。

消费者的购买力水平是影响住房消费最重要的国素，它直接决定了消费者的购房承受能力，消费者购买力水平的主要衡量指标是家庭年收入。

（2）消费者的购买倾向。

消费者的购买倾向主要包括物业类别、品牌、户型、面积偏好、位置偏好、预期价格、物业管理、环境景观等。

（3）消费者的特性。

主要包括：消费者的年龄、文化程度、家庭结构、职业、原居住地等。

一般说来，在未确定目标消费者之前，可通过二手资料的收集对房地产市场的消费者做一个普遍、粗略的了解；在确定了目标消费者之后，则主要是通过问卷调查的形式就想要了解的问题对目标调查对象进行访问。

5.竞争楼盘调查

竞争楼盘调查包括对这些楼盘进行营销策略组合的调查与分析，包括：产品、价格、广告、销售推广和物业管理等方面。具体说来，主要包括：

（1）产品。

①区位。

a. 地点位置，是指楼盘的具体坐落方位，同本项目相对距离以及相邻房产的特征。

b. 交通条件，是指地块附近的交通工具和交通方式，包括城市铁路（地铁）、公路、飞机等。交通条件一方面表示地块所在区域与周边各地的交通联系状况，表明出进的方便程度；另一方面，一个地区的交通状况也可左右着该地区的未来发展态势。

c. 区域特征，是指相对聚集而产生的、依附于地域的特有的一种物质和精神形态，主要取决于地域的经济发展水平、产业结构、生活水准、文化教育状况等。

d. 发展规划，是指政府对城市土地、空间布局、城市性质的综合部署和调整，是一种人为的行为。

e. 周边环境，是指开发地块周围的配套情况，还包括由人口数量和素质所折射出来的人文环境和生态环境。

②产品特征。

a. 建筑参数（规划指标）。主要包括该项目总建筑面积、总占地面积以及容积率等，是由规划管理部门确定的，也是决定产品形态的基本数值。

b. 面积户型。主要包括各种户型的使用面积、建筑面积、使用率以及面积配比、户型配比等。

c. 装修标准。一是公用部位的装修，包括：大堂、电梯厅、走道以及房屋的外立面，二是对户内居室、厅、厨卫的处理。

d. 配套设施。分两大部分：一是满足日常生活的最基本设施，如水电、燃气、保安、车库、便利店和中小学等；二是为住户专门设立的额外设施，如小区会所等相关的娱乐设施。

e. 绿化率。绿地的多少越来越受到购房人的重视，成为判断房屋品质的一条重要标准。

③公司组成。

一个楼盘主要的营运公司就是开发商、设计单位、承建商和物业管理公司这四家，它们分别负责项目的投资建设、建筑设计、工程建造和物业服务。四家公司的雄厚实力和有效联合是楼盘成功的保证，而其中开发商的实力是最为关键的。

④交房时间。

对期房楼盘而言，交房日期是影响购房人购买决策的重要因素。

(2) 价格。

一般从单价、总价和付款方式来描述一个楼盘的价格情况。

①单价。

它是楼盘各种因素的结合反映，是判断一个楼盘真正价值的指标，可以从以下几个价格来把握：

a. 起价，一般是楼盘最差房屋的销售价格。

b. 平均价，指总销售金额除以总销售面积得出的单价。

c. 主力单价，是指占总销售面积比例最高的房屋的标定单价，这才是判断楼盘客户地位的主要依据。

②总价。

虽然总价是销售价格和销售面积的乘积，但单价反映的是楼盘品质的高低，而总价反映的是目标客户群的选择。通过对楼盘总价的调查，能够掌握产品的市场定位和目标市场。

③付款方式。

这是房屋总价在时间上的一种分配，实际上也是一种隐蔽的价格调整手段和促销工具。延长付款时间，可以缓解购房人的付款压力，扩大目标客户群的范围，提高销售率。付款方式不外乎有下面几种类型：

a. 一次性付款。

b. 按照工程进度付款。

c. 按照约定时间付款。

(3) 广告。

广告是房地产促销的主要手段，对楼盘的广告分析是市场调查的重要组成部分。

①售楼部。这是指实际进行楼盘促销的主要场所。其地点选择、装修设计、形象展示是整个广告策略的体现。

②广告媒体。这是指一个楼盘选择的主要报刊和户外媒体，是其楼盘信息的主要载体。在实际工作中，选择的媒体应与产品的特性相吻合。

③广告投入强度。从报纸广告的刊登次数和篇幅、户外媒体的块数和大小，就可以判断出一个楼盘的广告强度，它体现了该楼盘所处的营销阶段。

④诉求点。广告的诉求点，也就是物业的买点，它反映了开发商想向购房人传达的信息，是产品竞争优势的展示，也是目标客户群所关心的问题。

(4) 销售情况。

销售情况是一个楼盘最难取得准确信息的指标，主要包括：

①销售率。这是一个最基本的指标，它反映了一个楼盘被市场的接纳程度。

②销售顺序。这是指不同房屋的成交先后顺序，可以按照总价的顺序，也可以按户型的顺序或是面积的顺序来排列。从中可分析出不同价位、不同面积、不同户型的房地产单元被市场接纳的程度、它反映了市场需求结构。

③客户群分析。通过对客户群职业、年龄、家庭结构、收入的统计，可以反映出购房人的信息，从中分析其购买动机，找出本楼盘影响客户购买行为的因素，以及各因素影响力的大小。

通过对单个楼盘的调查，可以分析竞争对手产品规划的特点、价格策略、广告策略和销售的组织、实施情况，以此为基础可制定出本公司项目的营销策略和相应的对策。

(5) 物业管理。

包括物业管理的内容、管理情况、管理费用以及管理公司等：

竞争楼盘调查表详见表 3-1、表 3-2 与表 3-3。

竞争楼盘调查表（原始调查表） 表 3-1

楼盘名称		调查日期	
楼盘类型		售楼电话	
楼盘位置			
周边环境及社区配套			

续上表

<table>
<tr><td colspan="2">交通状况</td><td colspan="7"></td></tr>
<tr><td colspan="2">开发商</td><td colspan="7"></td></tr>
<tr><td colspan="2">物管公司</td><td colspan="7"></td></tr>
<tr><td colspan="2">建筑设计公司</td><td colspan="7"></td></tr>
<tr><td colspan="2">施工单位</td><td colspan="7"></td></tr>
<tr><td colspan="2">总占地面积</td><td colspan="3"></td><td colspan="2">总建筑面积</td><td colspan="2"></td></tr>
<tr><td colspan="2">绿地率</td><td colspan="3"></td><td colspan="2">容积率</td><td colspan="2"></td></tr>
<tr><td colspan="2">建筑特色</td><td colspan="7"></td></tr>
<tr><td colspan="2">项目开发进度、规模、配套</td><td colspan="7"></td></tr>
<tr><td colspan="2">销售时间</td><td colspan="3"></td><td colspan="2">交房时间</td><td colspan="2"></td></tr>
<tr><td colspan="2">推出时间</td><td colspan="7"></td></tr>
<tr><td colspan="2">车位</td><td>数量</td><td colspan="2"></td><td colspan="2">价格（租售）</td><td colspan="2"></td></tr>
<tr><td colspan="2">总建筑面积</td><td colspan="3"></td><td colspan="2">公摊系数</td><td colspan="2"></td></tr>
<tr><td colspan="2">物管费用</td><td colspan="3"></td><td colspan="2">总户数</td><td colspan="2"></td></tr>
<tr><td colspan="2">交房标准</td><td colspan="7"></td></tr>
<tr><td colspan="2">规模（栋数、层数）</td><td colspan="7"></td></tr>
<tr><td rowspan="4">户型特征</td><td>户型</td><td colspan="2">一室一厅</td><td colspan="2">二室一厅</td><td>二室二厅</td><td>三室二厅</td><td>四室以上</td></tr>
<tr><td>套数</td><td colspan="2"></td><td colspan="2"></td><td></td><td></td><td></td></tr>
<tr><td>户型面积</td><td colspan="2">79m² 以下</td><td colspan="2">80～99m²</td><td>100～119m²</td><td>120～149m²</td><td>150m² 以上</td></tr>
<tr><td>套数</td><td colspan="2"></td><td colspan="2"></td><td></td><td></td><td></td></tr>
<tr><td colspan="2">主力户型描述</td><td colspan="7"></td></tr>
<tr><td colspan="2">热销户型描述</td><td colspan="7"></td></tr>
<tr><td colspan="2" rowspan="2">销售价格（套内面积）</td><td colspan="2">起价</td><td colspan="2"></td><td>单层增价</td><td colspan="2"></td></tr>
<tr><td colspan="2">最高价</td><td colspan="2"></td><td>均价</td><td colspan="2"></td></tr>
<tr><td colspan="2">销售情况</td><td colspan="7"></td></tr>
<tr><td colspan="2">广告情况</td><td colspan="7"></td></tr>
<tr><td colspan="2">按揭、付款方式与优惠</td><td colspan="7"></td></tr>
<tr><td colspan="2">抗性</td><td colspan="7"></td></tr>
</table>

竞争楼盘可量化统计表　　表 3-2

权　重	序　号	楼盘名称	楼盘名称	楼盘名称	备　注
位置 0.5	1				
价格 0.5	2				
配套 0.4	3				
物业管理 0.3	4				
建筑质量 0.3	5				
交通 0.3	6				
城市规划 0.3	7				
楼盘规模 0.3	8				
朝向 0.3	9				
外观 0.1	10				
室内装饰 0.2	11				
环保 0.2	12				
发展商信誉 0.1	13				
付款方式 0.2	14				
户型设计 0.1	15				
销售情况 0.1	16				
广告 0.1	17				
停车位数量 0.1	18				
合计					

本调查表摘自：石旭升主编．地产诡计．广州：广东经济出版社，2000。

竞争楼盘指标衡量标准一览表　　表 3-3

定级因素	指　标	分　值
位置	A 距所在片区中心区的远近；B 商业为临街或背街；C 写字楼为临街或背街；D 住宅为距所在片区中心区的远近	A 最差（远）1；B 很差（远）2；C 一般 3；D 很好（近）4；E 最好（近）5
价格	A 百元以上为等级划分基础；B 商铺、写字楼、豪宅、普通住宅等级依次减少；C 价格是否具有优势	A 最高 1；B 很高 2；C 一般 3；D 很低；4E 最低 5
配套	A 城镇基础设施：供水、排水、供气、供电；B 社会服务设施：文化教育、医疗卫生、文娱体育、邮电、公园绿地	A 最不完善 1；B 不完善 2；C 一般 3；D 很完善 4；E 最完善 5

续上表

定级因素	指标	分值
物业管理	A保安；B清洁卫生；C机电；D绿化率及养护状况；E物业管理费（元/月）；F是否人车分流；G物业管理商资质	A最差1；B很差2；C一般3；D很好4；E最好5
建筑质量	A是否漏水漏雨；B门窗封闭情况；C内墙；D地板；E排水管道	A最差1；B很差2；C一般3；D很好4；E最好5
交通	A大中小巴士路线数量；B距公交站远近；C站点数量；D大中小巴舒服程度	A最少（远）1；B很少（远）2；C一般3；D很多（近）4；E最多（近）5
城市规划	A规划期限（远中近期）；B规划完善程度；C规划所在区域重要性程度；D规划现状	A最不完善1；B不完善2；C一般3；D很完善4；E最完善5
楼盘规模	A总建筑面积（在建及未建）；B总占地面积；C户数	A最小1；B很小2；C一般3；D很大4；E最大5
朝向	A按方向；B按山景；C按海景；D视野	A西（西北、西南）1；B东（东南、东北）2；C北（东北、西北）3；D南（东南、西南）5
外观	A是否醒目；B是否新颖；C是否高档；D感官舒适程度	A最差1；B很差2；C一般3；D很好4；E最好5
室内装修	A高档；B适用；C功能是否完善；D质量是否可靠	A最差1；B很差2；C一般3；D很好4；E最好5
环保	A空气；B噪声；C废物；D废水	A最差（少）1；B很差（少）2；C一般3；D很好（多）4；E最好（多）5
发展商实业及信誉	A资产及资质；B开发楼盘多少；C楼盘质量；D品牌	A最差1；B很差2；C一般3；D很好4；E最好5
付款方式	A一次性付款；B分期付款；C按揭付款；D其他	A最差1；B很差2；C一般3；D很好4；E最好5
户型设计	A客厅和卧室的结构关系；B厨房和厕所的结构关系；C是否有暗房；D使用率大小	A最差1；B很差2；C一般3；D很好4；E最好5
销售情况	A销售进度；B销售率；C尾盘现状	A最差1；B很差2；C一般3；D很好4；E最好5
广告	A版面大小；B广告频率；C广告创意	A最差(小)1；B很差(小)2；C一般3；D很好（大）4；E最好（大）5
停车位数量	A停车位数量；B住户方便程度	A最差(少)1；B很差(少)2；C一般3；D很好(多)4；E最好(多)5

本调查表摘自：石旭升主编．地产诡计．广州：广东经济出版社，2000。

对竞争楼盘的调查，应特别注意保证楼盘基本数据的准确性。最后还应对竞争楼盘进行综合对比分析。然后根据竞争楼盘可量化统计表，得出拟建项目的价格定位等。这一点的运用将在本章案例中阐述。

6.竞争对手调研

包括竞争对手的单位数，竞争单位的产品市场占有率、生产能力、技术水平、地理位置、产品质量、数量、品种、规格、成本、价格、服务项目、销售渠道、推销方式、营销组合策略以及销售绩效；开发新项目的动向；潜在竞争对手出现的可能性。

3.1.5 房地产市场调查的类型

通常情况下，人们按照房地产企业进行市场调查的目的，把房地产市场调查大致分为以下几种类型。

1.探索性调查

探索性调查是为了确定企业的发展方向、投资经营方向，或者是为了发现问题而进行的一种初步的定性调查。对于后者，也有人称之为诊断性调查。

当调查者对所要调查的问题的关键或范围尚不明确时，可先对周围市场环境中的一般现象作一般性了解，以找出关键所在，明确调查对象，确定调查重点，从而为进一步调查做准备。

如某一企业在近期内商品房滞销，但滞销的原因尚不清楚，是经济大气候造成的还是广告宣传不力造成的？是价格偏高还是质量有问题？是地理位置不好还是市场上又出现了新的竞争对手？这就要通过探索性调查发现关键原因所在，然后再进行更加深入具体的调查。

探索性调查可以利用现成资料或向有关专家咨询，以及询问用户或潜在消费者等，以求尽快地发现关键问题。

简言之，探索性调查要解决的是“做什么”的问题。

2.描述性调查

描述性调查是为了揭示与被调查问题相关的因素的一种调查。它要描述哪些因素存在相关关系，而不追究何是因，何为果。这种调查一般要对资料进行收集、记录、整理和分析，对已找出的问题或假设存在的问题的性质、形式、存在、变化等具体情况做出现象性或本质性的描述。它比较精细、严密，是使用最多的一种调查方法。

如假设已查清企业商品房滞销是出于产品价格偏高，居民购买力下降等因素造成的，在此基础上可对调查的问题进行描述，如对商品房价格构成进行描述分析，对消费者现实购买力水平及变化、消费者对商品房价格的承受能力等进行具体描述。

与探索性调查相比，描述性调查一般较为严格规范，有详细而周密的调查方案设计调查的结果相对来说也比较实用。

简言之，描述性调查要解决的是“是什么”的问题。

3.因果性调查

因果性调查是为了找出现象的原因和结果之间的相互联系而进行的调查。描述性研究给出的是问题中各因素的关联现象，因果性研究则要找出产生这种现象的原因，找出诸现象因素之间的因果关系，并对诸因素之间的主从关系、自变量与因变量的关系进行定量的研究和定性的分析，以便对“因”加以控制，获得好的“果”。

如要找出是什么原因造成商品房价格过高，是成本较高造成的还是企业预期利润过高造成的？还是摊派过多、税费过重造成的？对这些因素都要加以分析，从中找出何为主要原因，何为次要原因，哪些是原因，哪些是后果等。

简言之，因果性调查要解决的是“为什么”的问题。

3.1.6 房地产市场调查的局限性

房地产市场调查的结论不是完美无缺的，就像其他工作一样，房地产市场调查也不可避免地会有错误、误差和疏忽。房地产市场调查的局限主要表现在：一是被访问者出于这样或哪样的原因，有时不能真实反映被调查者内心真实的想法和偏好，况且，就是在调查时能表达他们内心的想法，经过一段时间后他们也可能改变自己的意愿；二是由于调查者个人的知识和经验方面的原因，决定他们能否判断哪些调查是有效的，哪些调查是无效的；三是问卷设计是否合理，样本是否具有针对性，抽样方法是否正确、资料的整理、统计与分析是否科学、回访是否及时等因素都会影响到调查结果的系统性和准确性。总之，不管怎样，对方案的严密设计和细心实施的目的就是为了避免较大的误差和疏忽。如果在调查或结束之后发现了细小的错误，就应当考察它们对调查信息有什么影响。不能仅仅因为一些细小的错误就贬低或抛弃调查结果。应对错误的情况进行修正处理。即使没有发现错误或疏忽，调查完全按所设计的方案进行，结果也不能指示或决定最终答案。必须参考经验和其他信息来进行综合评价，人类的感性判断有时是必要的。对调查的结果要认真思考、理解，必要时需作进一步的调研和分析。调查结果是重要的决策参考依据。但并不等于准确地给出了决策答案。

3.2 房地产市场调查的程序与方法

3.2.1 房地产市场调查的程序

房地产市场调查的程序，是指从调查准备到调查结束全过程工作的先后次序。

在房地产市场调查中，建立一套系统的科学程序，有助于提高调查工作的效率和质量。通常，一项正式调查的全过程一般可分为：调查准备、调查实施以及分析总结三个阶段，每一个阶段又可分为若干具体步骤，如图 3-1 所示。

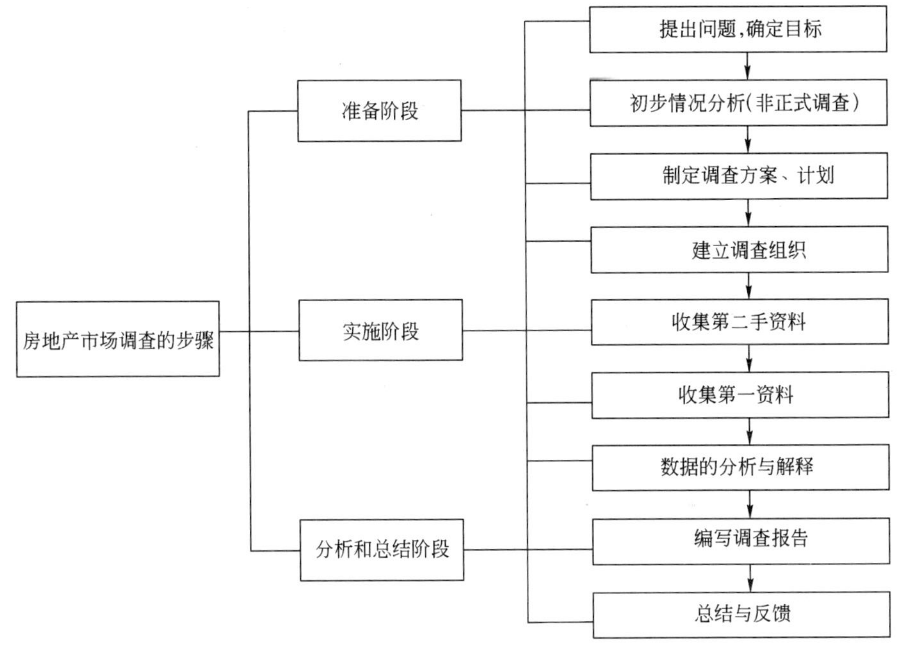

图 3-1　房地产市场调查程序

1.准备阶段

房地产市场调查准备阶段是调查工作的开端。准备是否充分．对于实际调查工作和调查的质量影响很大。一个良好的开端，往往可收到事半功倍之效。调查准备阶段，重点是解决调查的目的、要求，调查的范围和规模，调查力量的组织等问题。在此基础上，制定一个切实可行的调查方案和调查工作计划。这个阶段的具体工作步骤如下：

(1) 提出问题，明确目标。

市场调查的一个重要作用就是帮助人们确定需要解决的问题。只有当需要调查的问题被仔细、准确地定义以后，才能设计研究计划，获取切合实际的信息。在对需要调查的问题进行定义的过程中，确定所要调查项目的目标也是一项重要的工作。每一项目应含有一个或多个目标。在这些目标未被明确确定之前，是无法进入下一步的研究的。

房地产市场调查也不例外。任何偏离主题的调查都不能成为有效的调查。因此，在每次起草调查提案之前。调查人员首先要知道自己要干什么，要对调查目的与目标十分明确。

（2）初步情况分析和非正式调查。

调查人员对初步提出来需要调查的课题，要搜集有关资料做进一步分析研究，必要时还可以组织非正式的探测性调查，以判明问题的症结所在，弄清究竟应当调查什么。探测性研究资料的收集具有较大的灵活性。已出版的文献、个别访谈、反面佐证案例等，都是行之有效的资料来源。另一方面，如果调查的问题能够准确、清晰地得到定义，就可以直接作描述性或因果关系调查。同时，要根据调查的目的，考虑调查的范围和规模多大才合适，调查的人员、时间和费用负担是否有保证。如果原来提出的课题涉及面太宽或者不切实际，调查的范围和规模过大、内容过多，无法在限定时间内完成，就应当实事求是地加以调整。

（3）制定调查方案和工作计划，拟订调研计划书。

对房地产市场调查课题经过上述分析研究之后，如果决定要进行正式调查，就应制定调查方案和工作计划，即拟订调查计划书。

房地产市场调查方案是对某项调查本身的设计，目的是为了调查有秩序、有目的的进行，它是指导调查实施的依据，对于大型的市场调查显得更为重要。调查方案设计的内容如下：

①为完成调查的课题需要收集哪些信息资料。

②怎样运用数据分析问题。

③明确获得答案及证实答案的做法。

④信息资料从哪里取得，用什么方法取得。

⑤评价方案设计的可行性及核算费用的说明。

⑥方案进一步实施的准备工作。

房地产市场调查工作计划是指在某项目调查之前，对组织领导、人员配备、考核、工作进度、完成时间和费用预算等做出安排，使调查工作能够有计划、有秩序地进行。以保证调查方案的实现。调查计划表如表 3-4 所示。

调查计划表 表 3-4

项　　目	内　　容
调查目的	为何要做此调查，需要了解些什么，调查结果有何用途等
调查方法	采用询问法、观察法或实验法等
调查区域	被调查者居住地区、居住范围等
调查对象、样本	对象的选定、样本规模等
调查时间、地点	调查所需时间、开始日期、完成日期、地址等
调查项目	访问项目、问卷项目（附问卷表）、分类项目等

续上表

项　　目	内　　容
分析方法	统计分析和预测方法等
提交调查报告	报告书的形式、份数、内容、中间报告、最终报告等
调查进度表	策划、实施、统计、分析、提交报告书等
调查费用	各项开支数目、总开支额等
调查人员	策划人员、调查人员、负责人姓名和资历等

2.实施阶段

房地产市场调查方案和调查计划经论证确定后，就进入了调查实施阶段。这个阶段的主要任务是组织调查人员深入实际、按照调查方案或调查提纲的要求，系统地收集各种资料和数据，听取被调查者的意见。这一阶段的具体步骤如下：

（1）建立调查组织。

房地产市场调查部门，应当根据调查任务和调查规模的大小，配备好调查人员，建立房地产市场调查组织。调查人员确定后，需要集中进行学习。对于临时吸收的调查人员，更需要进行短期培训。学习和培训的主要内容包括：

①明确房地产市场调查方案。

②掌握房地产市场调查技术。

③了解与房地产有关的方针、政策、法令。

④学习必要的经济知识和业务技术知识等。

（2）收集第二手资料。

房地产市场调查所需的资料，可分为第一手资料和第二手资料两大类，第一手资料是指需要通过实地调查才能取得的资料。取得这部分资料所花的时间较长，费用较大。第二手资料是指企业内部记录成已出版的外部记录。取得这部分资料比较容易，花费较少。在实际调查中，应根据调查方案提出的内容，尽可能组织调查人员收集第二手资料。收集第二手资料，必须保证资料的时效性、准确性和可靠性。对于统计资料。应该弄清指标的含义和计算的口径，必要时应调整计算口径，使之符合调查项目的要求。对于某些估计性的数据，要了解其估算方法和依据以及可靠程度。对于某些保密的资料，应当根据有关保密的规定，由专人负责收集、保管。

（3）收集第一手资料。

经常遇到的情况是，为解决问题所需的资料并不能完全地从内部记录或已出版的外部记录中获得。因此调查必须以第一手资料为基础，第一手资料是专门为项目调查研究而收集的。收集第一手资料常要回答下面几个问题：是通过观察、实验、还是询问来获得资料？问卷采取封闭式还是采取开放式结构？是将调查目的直截了当地告诉被访问者还是对他们隐瞒调查目的？

在收集第一手资料的过程中，还必须伴随着对调查样本的设计和样本的采集。在房地产市场调查中，广泛采用的是抽样调查法。因此，调查人员在样本设计过程中必须考虑以下问题：

①调查总体。调查总体又称为母体，是指要调查的对象的总和。明确调查总体有助于保证抽样的规范和样本的合格。

②样本单位。样本单位就是抽样的基本单元，有时是个人，有时是家庭，有时是公司等。

③抽样框。抽样框是代表调查总体对象的样本列表。完整的抽样框中，每个调查对象应该出现一次，而且只能出现一次。很多时候，由于调查人员无法获得完整的抽样框、从而导致了抽样误差的产生。

④抽样设计。抽样设计作为调查设计的有机组成部分，是根据调查方法的不同而采取的不同抽样技术。抽样调查法要求抽选出的样本必须是母体的浓缩，要能代表母体的特征。为此，第一，要有足够的容量；第二，要有正确的样本抽取法，才能把调查误差降低到最低限度。抽样调查方法主要分为两大类：一类是随机抽样，另一类是非随机抽样。

⑤样本规模。样本规模是指所抽取的样本量的多少。“样本量越多，调研精度越高”，这个命题是正确的，但往往被很多人误解。实际上，即使在最理想的情况下，统计精度也只是与样本量的平方根成正比。而对于一个特定的抽样调查，在达到一定的样本量后，再增加样本量对提高它的统计精度就起不了多大作用，而现场调查费用却会成倍增加。因此，样本规模的确定原则是控制在必要的最低限度。但最低限度的样本量到底是多少，常常困扰着调查设计者，对这个问题的回答还是应该回到调查目的上。即只要样本量足够让调查者发现问题或获知解决问题的信息，那就应该说，达到了调查者希望的最低限度的样本量。

3.分析和总结阶段

房地产市场调查资料的分析和总结阶段，是得出调查结果的阶段。这一阶段的工作如果抓得不紧或者草率从事，会导致整个调查工作功亏一篑，甚至前功尽弃。它是调查全过程的最后一环，也是调查能否发挥作用的关键环节。这一阶段有以下具体步骤：

（1）数据的分析与解释。

数据分析包括对采用的抽样方法进行统计检验，以及对数据的编辑、编码和制表。编辑就是对问卷表进行纵览的过程，以保证问卷的完整、连续；编码就是对问题加以编号，以使资料更好地发挥分析作用；制表就是根据某种指标对观察得到的数据进行分类和交叉分类。

在大多数研究中，都要涉及编辑、编码和制表程序。而统计检验作为一种独特的抽样过程和数据搜集工具，往往仅应用于某些特殊的研究。在可能的情况下，统计检验一般都在数据收集和分析之前就进行了，以保证所得到的数据与意欲研究的问题密切相关。

（2）编写调查报告。

调查报告主要归纳研究结果并得到结论，提交给管理人员决策使用。很多主管人员都十分关心这一报告，并将它作为评价研究成果好坏的标准。因此，调查报告必须写得十分清楚、准确。无论你的研究做得多么深透、高明，如果没有一份好的研究报告，都将会前功尽弃。

调研报告的主要内容包括：

①调查目的、方法、步骤、时间等说明。

②调查对象的基本情况。

③所调查问题的实际材料与分析说明。

④对调查对象的基本认识，做出结论。

⑤提出建设性的意见和建议。

⑥统计资料、图表等必要附件。

房地产市场调查报告的结构多种多样，没有固定的格式，一般由导言、主体、建议与附件组成。导言部分介绍调查课题的基本状况，是对调查目的简单而基本的说明；主体部分应概述调查的目的，说明调查所运用的方法及其必要性，对调查结果进行分析并进行详细说明；附件部分是用来论证、说明主体部分有关情况的资料，如资料汇总统计表、原始资料来源等。

（3）总结反馈。

房地产市场调查全过程结束后，要认真回顾和检查各个阶段的工作，做好总结和反馈，以便改进今后的调查工作。总结的内容主要有以下几个方面：

①调查方案的制定和调查表的设计是否切合实际。

②调查方式、方法和调查技术的实践结果，有哪些经验可以推广，有哪些教训应当吸取。

③实地调查中还有哪些问题没有真正搞清，需要继续组织追踪调查。

④对参加调查工作的人员做出绩效考核，以促进调查队伍的建设，提高调查水平和工作效率。

3.2.2 房地产市场调查的方法

1.房地产市场调查常用方法

房地产市场调查主要是进行一手资料和二手资料的收集和分析。其中二手资料的收集主要是查阅现有的文档，除了包括企业内部的会计账目、销售纪录、成本资料、楼盘规划以及客户反馈纪录等以外，还有年鉴类的出版物和一些专用的房地产数据库。总的来说，对于二手资料的调查比较方便，时间也较短。一手资料或称原始资料，是指调查人员通过现场实地调查所收集的资料，真实、针对性强，但收集的过程长、投入的成本高而且资料较为零碎，需要整理，为了提高一手资料的调查效率，我们必须找到适当的调查方法才能达到事半功倍的效果。一手资料的收集方法主要包括访问法、观察法、定性研究法和实验法。

(1) 访问法。

访问法是通过直接询问被调查者的方式了解市场情况和客户需求的一种方法。采用访问法进行调查时，通常要将需要了解的信息做成问题的形式列在表中，按照表格的顺序和要求询问被调查者，所以通常又被称为调查表法。根据调查人员与被调查者接触方式，访问法又可以分为人员访问、电话访问、邮件访问和网上访问四大类型。

①人员访问。

人员访问是指房地产调查人员直接与被调查者面对面交谈以收集资料的一种调查方法，又称面谈调查，是市场调查中较为灵活和通用的一种调查方法。这种方法也可分为两种方式：一种是入户面谈，指调查人员根据调查方案，依照事先拟定好的问卷或调查提纲顺序，到被调查者家中或单位中对被调查者进行面对面的直接访问；另一种是拦截式面谈调查，指调查人员根据调查方案，在指定的地点如商场、展览会上，按照指定的调查程序在路人中选取访问对象，进行较为简短的调查。另外也可以在事先选定的场所如教室或展厅内，根据一定的程序组织被选中的调查者按照一定的程序和要求集中进行问卷测试调查。

人员访问由于采用与客户面对面交谈的方式进行调查，所以需要调查者具有一定的技巧，使被调查者能够较为真实地表达他对调查问题的看法。这就需要房地产市场调查人员在进行面谈调查之前统一培训，研究客户心理，妥善处理调查时出现的各种情况。

人员访问的方法有很多优点。它非常灵活，交谈时的主题和时间安排都可以根据具体的客户情况进行改变。调查人员可以采取灵活委婉的方式，层层深入地了解被调查者的信息，同时被调查者对问题存在疑问或不清楚的时候可以随时向调查人员咨询，有利于资料的顺利收集。其次，人员访问法一般拒答率较低，面对面地访问往往会对被访问者产生一定的压力，使他们较为认真地回答问题。同时面对面的调查气氛比较轻松，适于进行深度调查，并且随意联想，会收集到意想不到的信息。

当然人员访问也会有一定的缺点。首先人员访问需要调查人员准备大量的访问材料，而且往往需要对调查人员进行事前培训，另外还需要很多交通费和其他费用，成本高。其次，它对调查者的素质有较高要求，调查人员的访问技巧和应变能力是制约调查质量的两个重要因素。第三，由于人员调查往往是一对一进行的，因此需要大量的时间，调查周期长。另外，人员调查匿名性差，对于一些比较敏感性或者涉及隐私的问题，面对面调查不易获得较为详实的信息。最后，人员调查管理比较困难，调查者的主观因素易影响到调查的结果。有的素质低的调查人员为了减少调查周期，随意破坏样本的随机性或者其他的质量要求，对调查的结果造成坏的影响。

②电话访问。

电话访问是通过在电话中与选定的被调查用户交谈以获得市场信息的一种方法，它是一种间接的方法。电话访问前，需要对调查人员进行培训，使其口齿清楚、语气亲切、语调随和，可在不长的时间（15 分钟左右）内完成调查。调查人员需要根据被调查者的情况进行安排，如果对象是上班族则应把调查时间安排在晚上或者休息日，如果是老年人则可以把调查时间安排在白天。调查人员还需要在电话调查前设计好问卷调查表，由于受到通话时间和记忆规律的限制，大多采用是非选择法向被调查者询问。这样可以保证调查的顺利进行。

电话调查覆盖面广，只要有电话的地区就可以使用。它取得信息快，节省调查的时间和经费，调查人员坐在办公室里面就可以完成。被调查人员没有心理压力，可以畅所欲言。但电话调查也有很多缺陷。由于被调查者的状态无法确定，可能正在工作或者忙其他事情，因此拒答率高。由于电话访谈的时间限制，谈话不可能深入进行。有时因为无法出示调查说明、照片、图表等背景资料，也没有过多时间逐一在电话中解释，被调查者可能因不了解调查的详尽确切的意图而无法回答或错误回答。因此电话访谈只适合于某些目的较为明确简单并且急需得到结果的房地产市场调查，如房地产公司调查购房者对房屋的满意度，居民购买房屋的价格信息等。

③邮寄访问。

邮寄访问是房地产市场调查中一个比较特殊的收集资料的方法。它是将调查者事先准备好的调查问卷邮寄给被调查者，再由被调查者根据要求填写好后寄回的一种调查方法。它的特点是调查范围广、成本低。它在能够通邮的地区都可以实施。它给了被调查者充分的考虑时间，避免受到时间限制，也不受调查人员的倾向影响。它可以节省调查人员的数量，不需要对调查人员进行专门的培训。

邮寄调查法的缺点是征询问卷回收率一般偏低，许多被调查者对此不屑一顾。由于调查的问卷和回执都要通过邮寄，信息反馈时间长，影响资料的时效性。它无法确定被调查者的性格特征，也无法评价其回答的可靠程度，如被调查者可能误解问题意思、填写问卷的可能不是调查者本人等。另外它要求被调查者有一定的文字理解能力和表达能力，对文化程度较低者不宜使用。

房地产市场调查人员如果需要用邮寄访问的方法时，需要采用一些附加的措施提高问卷调查的回收率和时效性。可以采用电话跟踪提示或者抽奖刺激等方式，使被调查者在短时间内给予回答。同时还需要注意很多细节问题，如附上回信的信封和邮票等。

④网上访问。

网上访问是随着因特网兴起而出现的一种新型的访问形式。它有很多种形式，调查人员可以发邮件给被调查者或者将问题答卷放在网上供被调查者填写。它有很多优点，访问速度快，省去了出版印刷的时间。其次，它费用低，这是网络提供的好处之一。第三，它的匿名性很好，对于一些敏感性的话题，被调查者可以不暴露自己的身份，给出自己的想法。另外，由于现在网络技术和计算机技术的飞速发展，网络问卷也可以制作得非常精致，而且可以根据不同的情况随时调整问题的顺序和数量。

当然，由于目前我国的网络事业发展还不够充分，大多数的家庭还对网络存在着不信任的心态，同时，网络信息的真实性和准确性也不能够保证，因此虽然它是以后调查的趋势，但目前房地产调查人员对其结果还只能用于参考。

(2) 观察法。

观察法是指调查者凭借自己的眼睛或摄像、录音等器材，在调查现场进行实地考察，记录正在发生的市场行为或状况，以获取各种原始资料的一种非介入式调查方法。这种方法是指调查人员不与被调查者正面接触，而是在旁边观察。这样做被调查者无压力，表现得自然，因此调查效果也较为理想。观察法有四种形式：

①直接观察法。

直接观察法就是调查人员去现场直接察看市场情况。例如，派调查人员去房地产展销会或到各大楼盘的售楼部，观察顾客对哪些房地产产品最喜欢，对哪些房地产产品不感兴趣；又如，要了解一个楼盘的实际入住情况，可以在白天观察该小区楼宇的空调安装数量，或者在晚上观察该小区住户的亮灯数量；又比如，要判断一个顾客的收入水平与购买能力，可观察其来看楼时采用的交通工具等。

②亲身经历法。

亲身经历法就是调查人员亲自参与某项活动，来收集有关资料。如调查人员要了解某代理商服务态度的好坏和服务水平的高低，可以佯装顾客，到该代理商处去咨询、买楼等。通过亲身经历法收集的资料，通常信息都是真实的。

③痕迹观察法。

调查人员不是直接观察被调查对象的行为，而是观察被调查对象留下的一些实际痕迹。例如，想了解一个商场的销售情况，调查人员不需要在每个柜台上调查具体的销售情况，可以观察从商场门口出来的客户手中是否有商场提供的纸袋或塑料袋即可。

④行为记录法。

有些情况下，为了降低调查者的记录负担，可以通过录音机、摄像机、照相机及其他一些监听、监视设备记录客户的行为。如现在的电视节目收视率的调查中，调查公司经过用户同意在居民家庭的电视机里安装上电子记录器，这些记录器同计算机系统相连，每隔一段时间扫描一次，每个家庭收看电视的情况就会被记录下来，再对这些资料加以汇总分析，就可以确定出哪个时间段、哪个节目最受欢迎，可以确定广告播出的黄金时间与频道。在房地产市场调查中，也可以采用这种方法，用录音机和摄像机将客户问的问题和参观楼盘时的行为记录下来，分析客户购房的心态，有针对性地进行楼盘营销的策划。在使用这种方法时，应尽量保证观察的隐蔽性，提高资料的可信度。

由于观察法是一种非介入式的资料收集方式，可以避免语言交谈中的障碍、暗示以及情感等因素的干扰，因此相对而言通过观察法收集到的资料更加真实、具体、客观，可靠性更强；另外观察法也比较灵活，只要有观察设备，就随时可以进行调查，不会受客户时间的限制。然而，观察法也有它的缺点，由于它不与客户进行交流，无法深入探究客户的态度和动机，只能获得表面性的资料；调查人员也需要进行培训，具备较高的业务水平和敏锐的观察力；同时，观察法还需要一些观察器具和较长的观察时间，因而花费较大。所以，观察法最好是和其他的调查方法一起使用。

(3) 定性研究法。

定性研究法是对研究对象质的规定性进行科学抽象和理论分析的方法，这种方法一般选定较小的样本对象进行深度、非正规性的访谈，发掘问题的内涵，为随后的正规调查作准备。目前国内常用的定性研究法有：焦点小组座谈会、深度访谈法、投影技法以及一些案例的研究。

①焦点小组座谈会。

焦点小组座谈会就是以会议的形式，就某个或几个特定的主题进行集体讨论，集思广益的一种资料收集方法。一般由主持人引导对某个主题进行深入的讨论。它在国外已经得到广泛的应用，目前在国内也逐渐开始采用这种调查研究的方法。在使用焦点小组座谈会方式进行调查时，应注意以下几点：

a. 必须确定好主题。主题一般由项目调查的要求而定，不要太窄或太宽泛。

实际调查时，可以把一个较大的主题分解为若干个问题，根据与会者的情况制定讨论主题大纲，便于会议控制。

b. 与会者要经过挑选。不能太多也不要过少，成员太多不容易控制局面，而且个体发表看法的时间和机会也相对少，可能调查的结果只是其中一部分活跃分子的意见，不具有广泛性；如果参加人员太少，可供利用的信息、经验、才能也越少，不便于问题的深入讨论和多方位发掘。另外，在选择小组成员时应尽量使同一小组成员为同一层次或社会背景的，尽量不要把不同生活方式和不同知识水平的人放在同一组中，这样难以形成共同讨论的气氛。

c. 小组的座谈次数不能太少。根据项目调查的要求，尽量多的组织会谈，同时保证与会人员不同，使每次会议都有新的发现、新的见地，有利于讨论问题的深入和意见的交融。

d. 要对会议加以控制，鼓励参加者畅所欲言，但要防止偏题，讨论中要使主题平滑过渡，也要避免会议上出现的从众心态。

e. 要对每次会议的结果进行评价，供下一次会议参考，以便进一步的讨论。

焦点小组座谈法的特点在于它所访问的不是独立的被调查者，而是同时访问若干个被调查者，通过与若干个被调查者的集体座谈来了解市场信息。因此，小组座谈过程是主持人与多个被调查者相互影响、相互作用的过程，要想取得预期效果，还需要主持人要做好座谈会的各种准备工作，熟练掌握主持技巧，并且要求有驾驭会议的能力。

②深度访谈法。

在市场调查中，常需要对某个专题进行全面深入的了解，同时希望通过访问、交谈发现一些重要情况，要达到此目的，仅靠表面观察和一般的访谈是不够的，这就需要采用深度访谈法。深度访谈法是一种无结构的、直接的一对一的访问，在访问过程中，由掌握高级访谈技巧的调查员对调查对象进行深入的访谈，用以揭示被访者对某一问题的潜在动机、态度和情感等。此方法最适于做探测性调查。

③投影技法。

焦点小组座谈会和深层访谈法都是直接法，即在其调查过程中调查人员明显地向被调查者表露调查目的，但这些方法在某些场合却不太合适，比如对那些动机和原因的直接提问，对较为敏感问题的提问等。此时，研究者主要采取在很大程度上不依赖于研究对象自我意识和情感的新方法。其中，最有效的方法之一就是投影技法，又称为投射法。它用一种无结构的、非直接的询问方式，可以激励被访者将他们所关心话题的潜在动机、态度和情感反映出来。例如，欲了解调查对象对某个新推出楼盘的看法时，你可以这样问他“这是个新推出的楼盘，如果您的朋友有意购房，你认为他会对这个楼盘感兴趣吗?”研究者可以从被访者如何把他自己投影到这个第三者身上，来揭示出被访者的真实想法，因为有时一些深层次的真实原因，单靠信息的收集和直接的访问是不能发现的。

（4）实验法。

实验法是将调查范围缩小到一个比较小的规模上，进行实验后得出一定结果，然后再推断出样本总体可能的结果。它是一种特别的调查与观察活动，在过程中，调查者可以控制实验环境，使其得到一个理想的调查结果。

实验包括三个基本部分：实验对象称为“实验体”，实际上引入的变化称为“处理”，“处理”发生在实验对象上的效果称为“结果”。例如，在调查房地产广告效果时，可选定一些消费者作为调查对象，即“实验体”，对他们进行广告宣传，广告宣传对消费者产生影响，即“处理”，然后根据消费者对广告的接受的效果来看楼盘销售量的变化，即“结果”，研究房地产广告投放量变化和广告用词、语气对楼盘销售的影响，并将它与未投放广告的区域进行比较，指导广告营销。当然，由于市场情况受多种因素的影响，在实验期间消费者的偏好、竞争者的策略都可能有所改变，从而影响实验的结果。即使如此，实验法在研究因果关系时仍能提供询问法和观察法所无法得到的材料，它具有独特的使用价值和应用范围。特别值得一提的是，试销是一种重要的实验方法，一项新产品或服务在推向扩大的市场之前，先在局部区域推广或测试。在投入大笔资金之前，局部区域的推广将有助于消除可能出现的问题。

2.房地产市场调查创新方法

（1）主题式调查。

精心设计调查有导向性主题，通过公开有奖征询征集（征文）公众的意见，来获取需求信息。如重庆百年世家房地产公司通过征文主题“我理想中的家”来展开调查，同时也是一种颇有成效的营销策划活动。

（2）论坛式调查。

通过举办论坛，吸引消费者与社会各界的目光，借助公众的看法评述来达到市场调查的目的。如：有的房地产公司通过广告开展良心定价，让大众通过信件、网络、邮件等方式参与拟售项目定价，最终达到拟售项目定价目的。

（3）记者式调查。

由企业赞助，组织媒体记者联盟，有针对性设计调查内容，借助记者采访，宣传新闻的权利，达到调查的目的。记者式调查较适用于对竞争项目的调查。

与记者结盟同行，名义高举采访大旗，实质暗渡陈仓，猛挖底料，让调查对象目标防不胜防。

3.3 房地产市场调查技术

3.3.1 抽样调查

抽样调查是按照一定的规则，从应调查对象总体中抽取一部分样本进行调查的方法。抽样调查科学性、理论性、准确性都很强，本书只介绍市场调查中常用的几种抽样调查方法：

(1) 简单随机抽样。

就是从总体中按随机原则抽取样本的方法，其最大特点是抽样者不作任何有目的选择，完全排除人为干扰，使每个个体被抽中的机会都相等，用纯粹偶然的方法抽取样本。简单随机抽样可人工进行，也可用计算机进行，任何一个种类的计算机都有产生随机数的功能。事先将样本全部编号，令计算机输出随机数，相对应编号的样本即为随机抽样得到的样本。

(2) 分类随机抽样。

为避免简单随机抽样的样本过于集中与某一层次的缺点，事先把被调查总体按不同特征进行分类，然后在各类中采用简单随机抽样方法，使样本的代表性增强。

例如：某房地产开发公司拟对当地居民购买商品房的能力进行调查，该地有5万户居民，若对5万户居民进行普查，费时、费力、耗资也大，决定采用分类随机抽样调查，因购房能力取决于经济收入，故按经济收入的高低分层。该地区经济收入高的有1万户，收入中等的有3.2万户，收入低的有8000户，从中抽取1600户进行调查。则各层应抽取的样本数为：

高收入层：$n_1=\frac{n_i}{N}n=\frac{10000}{50000}\times1000=200$ 户

中等收入层：$n_2=\frac{n_i}{N}n=\frac{32000}{50000}\times1000=640$ 户

低收入层：$n_1=\frac{n_i}{N}n=\frac{80000}{50000}\times1000=160$ 户

知道了各层应抽的样本数后，再在各层中按简单随机抽样法抽取样本。这种方法简单易行，分配合理，计算也方便。

(3) 分群随机抽样。

是指把被调查总体分成若干群体，每个群体之间有不同特性，然后对不同群体采取简单随机抽样的方法。

(4) 等距抽样。

将样本按先后顺序或某种规则排列好，然后等距离的抽取样本。这种方法样本采集范围广，覆盖面大，但缺点是样本数量较多。

（5）非随机抽样。

是指根据调查人员分析、判断和需要来进行的抽样，虽然有一定的主观性，但在样本少，调查人员判断得准的条件下，这种抽样可达到省时、省钱，效果好的目的。常用的有任意抽样、判断抽样、配额抽样。

①任意抽样。当欲选样本特性与总体特性没有显著差异时选取的办法，它就是调查人员任意选择样本的方法。它允许调查人员的主观偏好，因此不同于随机抽样。这种分法偏差较大，调查结果可信度低，一般只能用于非正式调查。

②判断抽样。即根据调查人员对调查对象的了解，分析判断选择一些具有代表性样本的方法。它特别适用于特殊需要的调查。

③配额抽样。是指调查者根据规定的控制特性，以及事先确定和分配的数额选取调查对象的方法。

（6）固定样本连续调查。

该方法是用随机抽样法确定固定样本，然后对其展开连续性调查。固定样本连续调查，对了解事物的全过程大有好处。但在市场调查中，这样的固定样本必须有多个才能反映事物的整体性质。

3.3.2 问卷设计

通过前面调查方法的介绍，我们可以看出设计一个由一系列问题和选择答案组成的表格可以使被调查者用来较为方便地表述其对问题的观点，提高调查的效率，这就是调查问卷。一个成功的问卷设计应该具备两个功能：一是能将所要调查的问题明确地传达给被调查者；二是设法取得对方合作，最终取得真实、准确的答案。但在实际调查中，由于被调查者的个性不同，文化程度、理解能力、道德标准、生活习惯、职业、家庭背景等都有较大差异，加上调查者本身的专业知识和技能高低不同，这都将会给调查带来困难，并影响调查的结果。

1.问卷设计的基本要求

一份完善的问卷首先必须明确调查主题，重点突出，避免模棱两可的问题，也可以把主题分解为更详细的若干个子题目，分别做成具体的询问形式供被调查者回答。

其次，问卷的设计要能比较容易地让被调查者接受。由于问卷调查对于被调查者来说通常是一种额外的负担，他们既可以采取合作的态度配合调查；也可以拒答或者胡乱回答，因此，请求合作就成为问卷设计中一个十分重要的问题。在问卷说明中要亲切、温和，提问部分要自然、有礼貌，并具有一定的趣味性，问卷设计应适合被调查群体的身份、水平，应承诺替被调查者保密。也可以采用一些物质奖励，最终使被调查者能自愿参与，认真填好问卷。

问卷设计要求版面整齐、美观、条理清楚，以提高回答问题的效果。问卷中的问题一般将容易回答的问题放在前面，提问的内容逐步复杂深化。核心问题和重要问题在前面，专业性强、敏感性的问题放在后面。问题陈述尽量通俗易懂，并尽量缩短时间，防止被调查者出现反感情绪。

2.调查问卷的基本结构

（1）问卷的标题。

问卷的标题应开门见山，简明扼要，易于引起回答者的兴趣。使被调查者见到标题就能对将要调查的内容有个大致的了解，以免因被调查者的怀疑而拒绝回答，例如："居民住宅消费倾向调查"，"××商业中心投资需求调查" 等，而不是简单采用"问卷调查"这样的标题。

（2）问卷说明。

问卷说明常常以简短的书信形式出现，旨在向被调查者说明调查的目的、意义。问卷说明一般在问卷开头、通过它可以使被调查者了解调查目的，消除顾虑，并按一定的要求填写问卷。问卷说明可采取两种方式：一是比较简洁、开门见山的方式；二是在问卷说明中进行一定的宣传，以引起调查对象对问卷的重视。

（3）被访者基本情况。

这是指被访者的一些主要特征，即背景资料。如在消费者调查中，消费者的性别、年龄、民族、家庭人口、婚姻状况、文化程度，职业、单位、收入、所在地区等。通过这些项目，便于调查资料进行统计分组、分析。在实际调查中，列入哪些项目，根据调查目的、调查要求而定，并非多多益善。

（4）调查的内容。

调查的主题内容是研究者所要了解的基本内容，也是调查问卷中最重要的部分。它主要是以提问的形式提供给被访者，这部分内容设计的质量直接影响整个调查的价值。主题内容主要包括以下几方面：

①对人们的行为进行调查。包括对被访者本人行为进行了解或通过被访者了解他人的行为。

②对人们的行为后果进行调查。

③对人们的态度、意见、感觉、偏好等进行调查。

（5）编码。

编码是将问卷中的调查项目变成代码数字的工作过程，大多数市场调查问卷均需加以编码，以便分类整理，易于进行计算机处理和统计分析。所以，在问卷设计时，应确定每一个调查项目编号和为相应的编码做准备，与此同时，每份问卷还必须有编号，即问卷编号。此编号除了顺序号之外，还应包括与该样本单位有关的抽样信息。

3.调查问卷的提问形式

调查问卷的形式主要有两类：封闭式提问和开放式提问。

（1）封闭式提问。

封闭式提问是指事先已设计出了问题的各种可能的答案，被调查对象只要或只能从中选择一个或几个现成答案的提问方式。这种提问方式便于统计，但回答的伸缩性较小。

a. 二项选择法。提出一个问题，仅有两个答案可供选择。而且这两个答案是对立互斥的，非此即彼，被调查对象只能在两者中选择一个做出回答。例如：

请问您是否打算在 3 年内购房？

□是　□否

b. 多项选择法。提出一个问题，给出两个以上的答案，被调查对象可从中任选一项或几项作为回答。例如：

请问你一般从哪里获得购房信息？

□报纸　□网络　□房交会　□传单　□户外广告　□朋友介绍

c. 填入式问题。填入式问题一般只针对有唯一答案的情况。对于答案不唯一的情况，则应设计成开放式问题。例如：

你家庭人口____人，家庭年收入______万元。

d. 顺位式问题。顺位式问题是在多项选择的基础上，要求被调查者对询问问题的答案，按照自己的想法和喜好顺序排列。例如：

决定你购房的因素按顺序依次是什么？

□价格　□位置　□景观　□配套设施　□户型　□交通状况　其他：

e. 态度评价题。对提出的问题，给出程度不同的答案，被调查者从中选择同意的一个做出回答。例如：

在购买商品房时，您认为品牌的重要性如何？

□很重要　□一般　□不重要

f. 语义差别题。语义差别题是列出两个语义相反的词，让被调查者做出一个选择，从中发现客户群体的态度。例如：

请问你对××楼盘的看法？

□建筑新颖　□建筑风格陈旧；□品位高　□品位低；□价格合理　□价格偏高

（2）开放式提问。

开放式提问是指对所提出的问题，回答没有限制，被调查者可以根据自己的情况自由回答。此种提问方式，答案不唯一，不易统计和分析。

a. 自由式。被调查者可以不受任何限制回答问题。例如：

在你的印象中，哪家物业管理公司的服务最好？

b. 过滤法。过滤法是指最初提出的问题较为广泛，离主题较远，再根据被调查者回答的情况逐渐缩小提问范围，最后有目的地引向要调查的某个专题性问题。例如：

请问你最近 1 年打算购房吗？

□是 □否。如果是，您打算购买____m^2 的建筑面积。

调查问卷示例详见本章附录 1。

3.4 房地产市场调查报告的撰写

3.4.1 房地产市场调查报告的基本要求

编写房地产市场调查报告。应当注意以下几个问题：

(1) 坚持实事求是的原则。

调查报告要如实反映市场情况和问题，对报告中引用的事例和数据资料，要反复核实，必须确凿、可靠。

(2) 要突出重点。

调查报告的内容必须紧扣调查主题，突出重点。条理清楚，语言准确精炼，务必把所说的问题写得清楚透彻。

(3) 结论明确。

调查结论切忌模棱两可，不着边际。要善于发现问题，敢于提出建议，以供决策参考，结论和建议可归纳为要点，使之更为醒目。

(4) 印刷精美。

调查报告应完整、装订整齐，印刷清楚，精致美观。

3.4.2 房地产市场调查报告的基本结构

1.宏观环境调查

(1) ××市宏观经济的现状以及发展趋势。

①××市宏观经济的发展及现状

②宏观经济发展面临的各项因素调查分析

③宏观经济未来发展预测

④宏观经济发展对本项目开发时机的影响评估

(2) 人口环境调查分析。

①××市人口现状及各区分析

②人口增长、收入增长及人口素质发展

③本项目所在地及周边地区人口因素分析

(3) 社会及文化环境调查分析。

(4) 行业环境调查分析。

①政府的行业管理水平及管理能力

②城市规划

③行业管理方式

④产业结构发展

(5) 政策环境调查与分析。

①土地政策

②住房政策

③旧城改造政策

④与房地产有关的金融及财政政策

⑤户籍政策

(6) ××市房地产市场供求分析。

①供给分析。房屋竣工面积和开工面积的调查分析，房地产投资额的调查分析，房屋类型的调查分析，主城各区开发量、物业类型、开发特点等比较。

②需求分析。销售面积的调查分析，供需比分析，商品房住房空置率分析，城市人口数量、家庭构成、家庭收入，住房消费恩格尔系数，价格走势分析。分不同物业形态（如高层、多层、商业用房、写字楼、车位等）的价格走势调查分析。

(7) 近期房地产市场描述。

各区典型在售楼盘的价格，不同类型的在售楼盘所占比例，未来价格走势预测。

2.区域环境调查（拟开发项目所在区域）

(1) ××区的总体规划。

①住宅规划

②配套设施规划

③交通规划

(2) ××区的功能定位。

(3) ××区房地产市场发展趋势分析。

①商品房需求量预测

②商品房供给量预测

③价格走势预测

(4) ××区在售楼盘分析。

①不同类型的在售楼盘个数，所占比例。

②典型在售楼盘特点（如主力户型、面积、价格分布等）。

3.项目微观环境调查

（1）项目地块环境分析。

①地块现状综述

②地块周围景观

③地块环境卫生、社会治安情况

④地块周围的交通条件

⑤配套设施条件

（2）项目地块的 SWOT 分析。

①优势分析

②劣势分析

③机会分析

④威胁分析

（3）地块分析结论。

4.消费者调查

主要调查消费者购买物业的倾向，具体包括户型、面积偏好、位置偏好、预期价格、物业管理、环境景观、家庭收入、首付款的比例等。

5.竞争楼盘调查

对位置、价格、配套物业管理、建筑质量、交通、城市规划、楼盘规模、朝向、外观、室内布置、环保、发展商信誉、付款方式、户型设计、销售情况、广告、停车位数量等指标进行调查，并根据竞争楼盘量化统计表进行分析。

6.竞争对手调查

包括竞争对手的单位数，竞争单位的产品市场占有率、生产能力、技术水平、地理位置、产品质量、数量、品种、规格、成本、价格、服务项目、销售渠道、推销方式、营销组合策略以及销售绩效；开发新项目的动向；潜在竞争对手出现的可能性。

最后得出结论及建议。

3.5 房地产市场预测

3.5.1 房地产市场预测的含义

房地产市场预测是指通过对房地产市场的调查和目前销售情况的分析、判断，以及对未来销售趋势的估计做出对某一种房屋类型的市场潜力的预测，以指导房地产企业开发适销对路的房屋，减少生产的盲目性。

3.5.2 房地产市场预测的内容

房地产市场预测的内容包括以下方面：

1.预测特定城市房地产市场的未来前景

房地产开发商应在对影响房地产市场变化的各种因素进行综合分析的基础上，确定未来一个时期内某市对各类房屋市场需求变化的基本趋势，观察其是呈上升还是下降趋势，是平稳上升（或下降）还是波动地上升（或下降）。经过几年开发以后，可以测定房地产竣工、出售或出租的市场需求趋势。在此基础上再分别预计或推测各类房屋市场的需求容量，为房地产开发商决策时确定是否进入某市房地产市场、进入哪些房地产市场、或是扩大（或缩小）开发规模等提供依据。

2.预测房地产市场价格的变化

价格反映着各方面的经济关系，影响房地产市场供求关系的变化，决定着房地产开发经营企业的盈利和亏损。房地产开发企业进行市场预测不能忽视市场价格的变化。进行市场价格预测，首先应在本市或地区经济发展、收入增长、各产业经营规模扩大或盈利增长可能性等的基础上，预测未来一个时期内社会可以承受和愿意接受的各类房屋的价格水平。其次，应在估计未来时期地价上涨幅度、前期开发费用增长水平、建筑造价、各项配套工程费、各种税费变化情况的基础上，预测某类房屋或某一开发项目的成本水平。通过成本与价格比较，预计盈利的可能性，探索降低成本的可能性，确定是否扩大开发建设规模。

3.预测各类房屋供给的增长和市场占有率的变化

房地产开发企业预测本市或地区未来一个时期内各类房屋供给的增长，可以推测未来市场供求关系状况，从而能够预计未来市场竞争的程度。作该方面的预测，首先要了解现有房地产开发企业的数量、开发能力、本企业开发的商品房销售量、销售额市场占有率。其次，根据各企业市场竞争优势及其变化，预计新开发企业进入市场的可能性及其规模、社会资源流向房地产市场的规模、各企业资金筹措渠道的变化。在此基础上，预测本市或地区未来时期房地产开发能力的增长数量，本企业应采取的各项竞争措施对市场占有率的影响，未来一个时期的开发规模等。

3.5.3 房地产市场预测的方法

1.定性预测方法

所谓定性预测方法，就是依靠熟悉业务知识，具有丰富经验和综合分析能力的人或专家，根据已经掌握的历史资料和直观材料，运用人的知识、经验和分析判断能力，对事物的未来发展趋势做出性质和程度上的判断。然后，再通过一定的形式综合各方面的判断，得出统一的预测结论。

定性预测偏重于事物发展性质的分析，它是一种很实用的预测方法，也是市场预测中应用较广泛的基本方法。

由于定性预测方法更重视事物发展趋势、方向、重大转折点的分析，因此，它较适用于下列情况的预测：国民经济形势发展，经济政策的演变，市场总体形势的变化（如卖方市场向买方市场的过渡），科学技术发展与实际应用对市场供求的影响，新产品开发，新市场开拓，企业经营环境分析和战略方向决策，企业市场营销组合及对市场销售的影响等。

(1) 经验估计法。

经验估计法，是指营销管理人员或聘请的专家，根据营销经验、专业知识和分析判断能力，依靠对客观情况的充分了解和尽可能详尽的市场信息资料，运用科学的逻辑思维方法和一定的数学手段，对市场未来趋势做出客观的判断。

经验估计不等于单凭经验预测未来。丰富的经验是宝贵的，但在新技术革命和信息时代，单凭经验很难把企业经营得充满活力。现代企业领导者，必须具备广博的知识，具备强烈的信息意识，善于搜集、组织和利用信息．并能加以扩展、引申和分析处理，形成对决策有效的新信息。

对历史和现状资料能准确和充分了解，对市场信息能广泛掌握和迅速反应，是利用经验法预测未来的前提和基础。所以称其为经验估计法，是因为这类方法比较多地依靠人的思考、推理、判断和综合分析能力，它与定量预测方法的主要区别在于后者比较多地依靠数理统计方法。常见的经验估计法有以下几种。

①决策层评判意见法。

这种方法就是由企业最高决策层将与市场经营有关或熟悉市场情况的各职能部门负责人(包括房地产销售中心、客户服务中心、财务部、项目发展部、市场研究等部门主管）和业务骨干召集起来，让大家对市场的发展趋势或某一重大市场问题发表意见，做出判断。然后，将各种意见汇总起来，进行分析研究和综合处理，最终得出市场预测结果。运用这种方法时，一定要注意活跃思想，充分听取各方面意见，估计可能发生的各种情况。

使用这种方法的优点是迅速、及时、经济。由于集中了各方面熟悉市场情况的有经验的中高级管理人员的意见，出此，可以发挥集体的智慧．使预测结果比较准确可靠，无需大量的统计资料和复杂计算，更适合于对那些不可控制因素较多的市场情况进行预测。市场情况有变化可以立即修正。缺陷是易受主观因素影响，缺乏量化指标与准确测算。

②专家意见法。

前面的方法是充分利用了企业内部智力资源进行的预测。优点是他们熟悉专业知识、熟悉专业市场，研究问题可以做到精细深入。问题是长期从事某项专一的工作和业务，容易形成固定的思维程序和观念，容易出现片面性，身居局部世界，容易出现“当局者迷”的现象。

采用专家意见法时，可请比较客观和清醒的“局外者”参与预测，可以避免出现局限性和片面性，使预测尽可能客观、准确和全面。

专家意见法就是依靠专家的知识、经验和思维判断能力，对历史和现状进行分析综合，对未来发展做出个人判断的一种预测方法。专家意见法的实施有三种具体形式：

a. 个别专家预测法。聘请市场顾问或个别征求专家意见。但片面性与局限性问题仍然不可避免。

b. 专家集体会议法。组成有关各方专家的委员会或工作组。这有利于集中各方面专家的专业知识和各种意见。有利于克服片面性与局限性。

c. 德尔菲法。这是一种常用的预测方法。其基本特点是，由企业有选择地聘请一批专家，通常是7～20人．由预测主持人与他们建立联系。德尔菲法的突出特点是：一是反馈，每个专家在多轮讨论中，可以多次提出和修正自己的意见、又可以多次听取其他专家的意见，形成多次双向反馈；二是匿名，专家讨论问题时，采取背对背方式，这样可以消除主观的和心理上的影响，使讨论结果比较客观。

（2）调查预测法。

调查预测法，是企业营销管理人员组织或亲自参与市场调查，并在掌握第一手市场信息资料的基础上，经过分析和推算，预测市场未来发展趋势的方法。

调查预测法更注重市场信息资料的搜集、整理、分析和推算，较少有个人的主观判断，可以在一定程度上减少主观性和片面性。客观性强和针对性强是调查预测法的两大优势。

①用户调查预测法。

预测者直接向用户了解需求与购买意向的第一手资料，分析用户需求的变化趋势，预测市场销售前景。

需求预测和销售预测仅是预计和推测消费者在一系列特定条件下可能做什么的技术。就是说，最有价值的信息来源于买主。与买主的直接接触，可能会得到购买量的准确数字，还可以询问有多少购买者指向特定企业产品或品牌，对产品有哪些意见，哪些因素影响他们对供给者的选择等。

需求预测和销售预测仅是预计和推测消费者在一系列特定条件下可能做什么的技术。就是说，最有价值的信息来源于买主。与买主的直接接触，可能会得到购买量的准确数字，还可以询问有多少购买者指向特定企业产品或品牌，对产品有哪些意见，哪些因素影响他们对供给者的选择等。

②展销调查预测法。

这是房地产企业常用的了解市场行情的预测方法。它通过产品展销这一手段，直接调查顾客的各种需求，了解顾客对产品的各种反映。得到的第一手资料，往往是十分宝贵的。特别是对新开发楼盘销售前景的预测。展销调查预测法是十分有效的。展销调查预测法将销售与调查预测相结合，便于对消费需求、购买能力、购买意向等多方面情况进行分析研究。展销调查期间要采取多种手段积极地与顾客接触，诸如印刷和发放调查表，有计划地采访各类顾客，召集顾客座谈会，详细记录顾客的意见或抱怨等。

2.定量预测方法

在历史统计数据已经较完备、准确，市场发展变化的环境和条件比较稳定，产品处于生命周期的成长期或成熟期。预测对象与某些相关因素之间呈现比较明显的因果制约关系，或预测对象随时间推移呈现比较明显的趋势性变化等情况下，应用定量预测技术是比较适宜的。定量预测方法，是利用已经掌握的比较完备的历史统计数据，凭借一定的数理统计方法和数学模型，寻求有关变量之间的规律性联系，用于预计和推测市场未来发展变化趋势的一种预测方法。

（1）时间序列预测法。

市场的变化总是随着时间的推移由盛至衰或由衰至盛，周而复始，不断替代，并不停留在同一水平上。市场潜力预测要关心随时间的延续，市场出现的变化趋势。实际数据既受偶然性因素的作用而产生随机变动，也反映本身的规律，从数据中寻找一段时间内规律性变化的特征是时间序列预测方法所要解决的问题。

①移动平均法。

实际数据点的自然分布，能真实反映时间序列的发展过程，但其掺杂了多种变动因素。

移动平均法是取预测对象最近一级实际值（或历史数据）的平均值作为预测值的方法。它的基本思想是：每次取一定数量周期的数据．进行平均。

a.一次移动平均法。如果时间序列数据具有明显的水平变化趋势，我们可以使用一次移动平均法进行预测。

一次移动平均法计算公式为：

$$M_t^1 = (Y_t + Y_{t-1} + \cdots + Y_{t-N+1}) / N \qquad (3\text{-}1)$$

式中：M_t^1——第 t 期的一次移动平均值；

Y_t——第 t 期实际值；

t——周期序号；

N——计算移动平均值选定的数据个数。

一次移动平均值法一般用于近期预测，其预测公式为：$Y_{t+1}=M_t^1$。

b. 二次移动平均法。如果时间序列数据具有明显的线性变化趋势，则不宜使用一次移动平均法预测，原因是滞后偏差将使预测偏低。二次移动平均是在一次移动平均的基础上再进行计算。其计算公式为：

$$M_t^2=(M_t^1+M_{t-1}^1+\cdots+M_{t-N+1}^1)/N \quad (3\text{-}2)$$

式中：M_t^1——第 t 期的一次移动平均值；

M_t^2——第 t 期的二次移动平均值；

t——周期序号；

N——计算移动平均值选定的数据个数。

线性预测模型为：

$$Y_{t+T}=a_t+b_tT \quad (3\text{-}3)$$

二次移动平均值不可以直接用于预测，它被用来计算参数 a_t、b_t。计算公式：

$$a_t=2M_t^1-M_t^2;\ b_t=2/(N-1)(M_t^1-M_t^2)$$

［例 3-1］ 已知某开发商某年住宅近 10 个月的销售记录，如表 3-5 所示，请用移动平均法预测下 2 个月的销售量（$N=3$）。

某开发商近 10 个月的住宅销售量 表 3-5

时间序号（t）	实际销售量 Y_t（万 m^2）	一次移动平均值 M_t^1（万 m^2）	二次移动平均值 M_t^2（万 m^2）
1	226		
2	214		
3	231		
4	231		
5	258		
6	234		
7	238		
8	252	241.33	
9	254	248.00	
10	257	254.33	247.89

从表中数据可以看出，实际数据具有较明显的线性增长趋势，应选用二次移动平均法进行预测。

表中一次移动平均值的计算为：

$$M_{10}^1=(Y_{10}+Y_9+Y_8)/3=(257+254+252)/3=254.33$$

同理：$M_9^1=(Y_9+Y_8+Y_7)/3=(254+252+238)/3=248.00$

$$M_{18}^1=241.33$$

二次移动平均值的计算为：

$$M_{10}^2=(M_{10}^1+M_9^1+M_8^1)/3=(254.33+248.00+241.33)/3=247.89$$

参数计算：$a_{10}=2M_{10}^1-M_{10}^2=2\times254.33-247.89=260.77$

$$b_{10}=2/(3-1)\times(M_{10}^{1}-M_{10}^{2})=254.33-247.89=6.44$$

预测模型：$Y_{t+T}=260.77+6.44T$

11 月份的预测：$Y_{11}=260.77+6.44\times1=267$（万 m^2）

12 月份的预测：$Y_{12}=260.77+6.44\times2=273$（万 m^2）

②指数平滑法。

指数平滑法是在移动平均法的基础上发展起来的，也是移动平均法的改进。移动平均法假定近期 N 个数据是同等重要的，即移动平均值是等权系数 $1/N$ 的加权平均值。但是，越近期的数据其信息越新，在预测中也应更受重视。基于这种思想。指数平滑法对数据的重要程度（权数）按时间的近远给予逐渐减弱的影响。

如果时间序列数据无明显的趋势变化，可以使用一次指数平滑法进行预测。

指数平滑法计算公式为：

$$F_t=aY_t+(1-a)F_{t-1} \tag{3-4}$$

式中：F_t——第 t 期的预测值；

Y_t——第 t 期的实际值；

t——周期序号；

a——是平滑系数，$0<a<1$。

一般情况下，观察值呈较稳定的水平发展，a 取 0.1～0.3 之间；观察值波动较大时，a 取 0.3～0.5 之间；观察值呈很大波动时，a 取 0.5～0.8 之间。

初始值 $F_0=Y_t$ 的确定。经过多期平滑，特别是观察期较长时，F_0 的影响作用就相当小，故在预测实践中，一般采用这样的方法处理；当时间序列期数在 20 个以上时，初始值对预测结果的影响很小，可用第一期的观察值代替，即 $F_0=Y_1$；当时间序列数在 20 个以下时，初始值对预测结果有一定影响，可取前 3～5 个观察值的平均值代替，如：$F_0=(Y_1+Y_2+Y_3)/3$。

［例 3-2］ 已知某城市 2004 年 1 至 6 月住宅平均销售价格统计如表 3-6，请用指数平滑法预测 2004 年 7 月份该市的住宅均价。($a=0.5$)

某城市 2004 年 1 至 6 月住宅平均销售价格及其计算表 表 3-6

月　份	t——周期序号	Y_t——月价格	F_t——指数平滑	预测值
	0		(2000+2300+2500)/3=2267	
2004 年 1 月	1	2000	0.5×2000+(1−0.5)×2267=2133.5	2267
2 月	2	2300	0.5×2300+(1−0.5)×2133.5=2216.75	2133.5
3 月	3	2500	0.5×2500+(1−0.5)×2216.75=2358.38	2216.75
4 月	4	3000	0.5×3000+(1−0.5)×2358.38=2679.19	2358.38
5 月	5	3300	0.5×3300+(1−0.5)×2679.19=2989.59	2679.19
6 月	6	3600	0.5×3600+(1−0.5)×2989.59=3294.80	2989.59
2004 年 7 月	7			3294.80

（2）回归预测分析法。

回归预测是以相关原理为基础的预测方法。由于预测对象受某些因素的影响，这些因素的变化将导致预测对象的变化。回归预测的基本思路是，分析预测对象与有关因素的相互关系，用适当的回归模型描述出来，然后再预测其未来的发展趋势。这种方法与时间序列预测方法的区别很大，时间序列预测把时间作为唯一的自变量，回归预测可在很大的范围内选择自变量，是用数学模型精确地表述预测函数。

①一元线性回归预测。

一元线性回归预测模型的数学表达式是一元线性方程。其特点是，预测对象只受一个相关因素的影响。且两者呈线性相关关系。其基本公式为：

$$Y=a+bX \tag{3-5}$$

式中：a、b——回归系数；

X——自变量；

Y——因变量；

$b=L_{xy}/L_{xx}$；

$L_{xx}=\sum(X_i-\overline{X})^2$；

$L_{xy}=\sum(X_i-\overline{X})(Y_i-\overline{Y})$；

$L_{yy}=\sum(Y_i-\overline{Y})^2$；

$a=\overline{Y}-\overline{bX}$。

相关系数：$r=L_{xy}/\sqrt{L_{xx}}\sqrt{L_{yy}}$

$0\leqslant|r|\leqslant1$，$|r|$愈接近1，说明x与y的相关性愈大，预测结果的可信度愈高。一般可用计算出的相关系数r与相关系数临界值r_c相比较，r_c是由样本数n和显著性水平x两个参数决定的，可查阅相关系数临界值表。只有当$|r|>r_c$时，用回归方程描述y和x的关系才有意义。

［例3-3］ 1986—1995年我国房地产开发企业的统计资料如表3-7所示。试建立一元回归方程，并预测$X_0=5.1$亿m^2时的销售收入是多少？并检验其线性效果$r_c=0.576$。

1986—1995年我国房地产开发情况 表3-7

年　代	1986	1987	1988	1989	1990	1991	1992	1993	1994	1995
开发面积（亿m^2）	0.65	0.76	1.03	1.01	0.88	1.27	1.90	3.65	3.75	4.86
销售收入（亿元）	110	110	148	164	202	244	450	856	1019	1302

将以上数据带入上述公式计算得：$Y=-102.11+284.72X$；其中$r=0.995>r_c=0.576$，表明线性回归显著。故将$X_0=5.1$亿m^2代入得$Y=-102.11+284.72\times5.1=1349.96$亿元。

②多元线性回归预测。

在复杂多变的动态经济环境中，预测对象往往受多个因素的共同影响，这就需要运用多元线性回归预测的方法进行多因素分析。

多元线性回归的基本公式为：

$$Y=a+b_1X_1+b_2X_2+\cdots+b_mX_m \tag{3-6}$$

多元线性回归计算比较复杂，一般需要借助于计算机；但在多元线性回归预测中，二元线性回归预测运用比较多，故在这里进行重点介绍。其一般形式为：

$$Y=a+b_1X_1+b_2X_2+e \tag{3-7}$$

式中：　　Y——因变量；

a、b_1、b_2——回归系数；

e——随机误差。

$$b_1=\frac{S_{1y}S_{22}-S_{12}S_{2y}}{S_{11}S_{22}-S_{12}S_{21}};b_2=\frac{S_{2y}S_{11}-S_{21}S_{1y}}{S_{11}S_{22}-S_{12}S_{21}}。S_{11}=\sum(X_{1i}-\overline{X}_{1i})^2$$

$$S_{22}=\sum(X_{2i}-\overline{X}_{2i})^2，S_{12}=\sum(X_{1i}-\overline{X}_{1i})(X_{2i}-\overline{X}_{12})=S_{21}$$

$$S_{1y}=\sum(y_i-\overline{y}_i)(X_{1i}-\overline{X}_{1i})，S_{2y}=\sum(y_i-\overline{y}_i)(X_{2i}-\overline{X}_{2i})$$

求得的线性回归模型需要对其显著性进行检验，其检验系数 $r=\frac{(S_{1y}b_1+S_{2y}b_2)}{\sum(y_i-y_i)^2}$，若 $r>r_c=0.576$，则认为线性回归显著。

[例 3-4]　已知某小城镇历年人口变化情况，人均储蓄和每年住宅竣工面积如表 3-8 所示，试运用二元线性回归预测模型预测 1993 年住宅竣工面积（已知 $X_1=60$，$X_2=57$），并检验其有效性。

某城镇有关预测原始数据　　表 3-8

年　份	年竣工面积（万 m^2）Y_i	人口数（万人）X_1	人均储蓄（百元）X_2
1981	9.00	12.10	48.20
1982	9.50	12.90	48.90
1983	10.00	13.80	49.54
1984	10.60	14.80	50.25
1985	12.40	16.40	51.02
1986	16.20	20.90	51.84
1987	17.70	24.20	52.76
1988	20.10	28.10	53.69
1989	21.80	30.10	54.55
1990	25.30	35.80	55.35
1991	31.30	48.50	56.16
1992	36.00	54.80	56.98

按照上述公式，其详细计算过程如表 3-9 所示。

多元线性回归相关系数计算表 表 3-9

年份	Y_i	X_{1i}	X_{2i}	S_{11i}	S_{22i}	S_{12i}	S_{1yi}	S_{2yi}	$(y_i-\bar{y})^2$
1981	9.00	12.10	48.20	194.14	17.95	59.03	86.96	86.96	86.96
1982	9.50	12.90	48.90	172.48	12.51	46.45	77.88	77.88	77.88
1983	10.00	13.80	49.54	149.65	8.39	35.44	69.31	69.31	69.31
1984	10.60	14.80	50.25	126.19	4.78	24.56	59.68	59.68	59.68
1985	12.40	16.40	51.02	92.80	2.01	13.65	35.11	35.11	35.11
1986	16.20	20.90	51.84	26.35	0.36	3.06	4.52	4.52	4.52
1987	17.70	24.20	52.76	3.36	0.10	−0.59	0.39	0.39	0.39
1988	20.10	28.10	53.69	4.27	1.57	2.59	3.15	3.15	3.15
1989	21.80	30.10	54.55	16.54	4.47	8.59	12.08	12.08	12.08
1990	25.30	35.80	55.35	95.39	8.49	28.45	48.65	48.65	48.65
1991	31.30	48.50	56.16	504.75	13.86	83.65	168.35	168.35	168.35
1992	36.00	54.80	56.98	827.52	20.64	130.70	312.41	312.41	312.41
Σ				2213.45	95.13	435.58	1389.46	279.69	878.46

其中：$\bar{y}_i=18.33$，$\overline{X}_{1i}=26.03$，$\overline{X}_{2i}=52.44$，

$$b_1=\frac{1389.46\times95.13-435.58\times279.69}{2213.45\times95.13-435.58\times435.58}=0.497$$

$$b_2=\frac{279.69\times2213.45-435.58\times1389.46}{2213.45\times95.13-435.58\times435.58}=0.665$$

$$a=\bar{y}_i-b_1\overline{X}_{1i}-b_2\overline{X}_{2i}=18.33-0.497\times26.03-0.665\times52.44=-29.48$$

则 $Y=-29.48+0.497X_1+0.665X_2$

将 $X_1=60$，$X_2=57$ 带入得 $Y=38.25$（万 m^2）

检验其有效性：由 $r=\sqrt{\dfrac{1389.46\times0.497+279.69\times0.665}{878.46}}=0.999>r_c=0.576$

可知，其线性回归显著。

（3）非线性回归预测。

在现实经济环境中，各因素对产品需求或销售量的影响，不一定呈线性关系，因此，有时就需要采用非线性回归预测方法。

常用的非线性回归模型有：

指数模型：$Y=ab^x$；

幂函数模型：$Y=aX^b$；

对数模型：$Y=a+b\lg x$；

倒数模型：$Y=a+b\frac{1}{X}$；

本方法在此不详述。

［案例］　重庆市××项目市场调查报告

1. 宏观环境调查

(1) 重庆市宏观经济的现状以及发展趋势。

重庆地处长江流域经济带和西南区域经济圈的结合部，是一座已拥有3000多年历史的文化古城。全市幅员面积8.24万km^2，辖40个区县，有54个民族，人口3130万（2003年年底）。在1997年，重庆成为继北京、天津、上海之后中国的第四个直辖市。从此，重庆的经济飞速增长，重庆市民生活水平不断提高。GDP是衡量一个国家和城市经济的发展水平的重要指标，代表了区域经济与国家经济的发展程度。直辖后，重庆市人均GDP和GDP增长状况如图3-2所示。

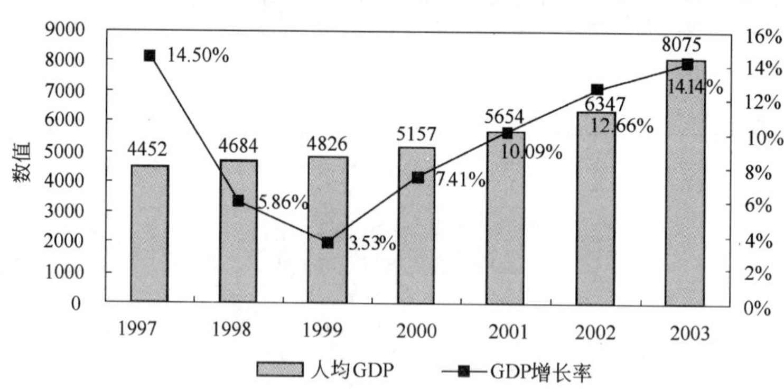

图 3-2　重庆市历年来人均GDP和GDP增长情况

从上图可以看出，自1999年以后，GDP增长率几乎逐年呈直线增长，截至2003年底，人均GDP达到了8075元。根据世界银行的研究表明，住宅需求与人均GDP的水平有关，当一个国家的人均GDP在300美元时，住宅产业开始起步，在600～800美元时，进入高速发展期，到1300美元时，进入稳定的快速增长期，到8000美元左右，进入住宅产业平稳期，超过13000美元时，住宅产业开始衰退。

按照这种观点，当前，重庆市房地产业正处于稳定的快速增长期。

重庆是一个重工业的城市，新兴工业比较缺乏，在新一轮的经济增长中处于劣势，再加上直辖以后，重庆进行经济产业结构的调整，使得经济结构更加能够适应未来经济的发展，所以在直辖后的一段时间可能产生经济的缓慢的增长。但随着重庆的基础设施的建设，经济产业结构的调整，在西部城市中的区位优势的逐步体现，为重庆经济的发展注入了新的活力，在2000年以后均以高于全国经济发展速度进行着快速的发展。

所以我们完全有理由相信，随着重庆经济产业结构的调整，基础实施的投资，重庆在西部城市发展中的优势和重要性的体现和国家对西部经济发展的政策支持，重庆的经济应该会得到更好的发展。

按照重庆市“十一五规划纲要”，今后若干年，重庆市的GDP平均增长率将不低于8%，根据这种增长趋势，要到2031年，重庆市的人均GDP才能达到8000美元左右，此时进入住宅产业平稳期，所以重庆市的住宅产业还有30多年的黄金发展期，故本项目的开发从宏观经济层面来说恰是时候。

(2) 人口环境调查分析。

2003年末，全市户籍人口为3130万人，比上年增加17万人，常住人口2777.47万人，常住人口城镇化率为41.9%，比上年末提高了20%。全年人口出生率9.89‰，死亡率为7.20‰，人口自然增长率2.69‰。根据国际经验，当经济进入长期持续稳步增长的时期，城市化也将进入一个快速发展的时期。世界银行对全世界133个国的统计资料进一步表明，人均国内生产总值低于300美元的低收入国家，城市化水平（即城市人口所占比重）仅为20%；当人均国内生产总值从700美元提高到1000美元和1500美元、经济步入中等发展国家行列时，城市化进程加快，城市人口占总人口比重将达到40%～60%；而当经济高度发展，城市化水平达到70%以后，城市化发展的速度将趋缓。美国著名学者诺瑟姆把一个国家和地区的城镇人口占总人口比重的变化过程概括为一条稍被拉平的S型曲线，并把城镇化过程分成3个阶段，即城镇化水平较低、发展较慢的初期阶段，人口向城镇迅速集聚的中期加速阶段和进入高度城镇化以后城镇人口比重的增长又趋缓慢甚至停滞的后期阶段。按照这一理论，重庆市当前城镇化水平正处于加速阶段，故未来对住宅的需求是强劲的。

城乡居民生活水平继续提高。全年城市居民人均可支配收入8094元，比上年增长11.8%；城市居民人均消费性支出7118元，比上年增长11.9%，其中，交通与通信支出增长28.5%、居住支出增长24.7%、衣着支出增长18.8%。城市居民恩格尔系数为38.0%，比直辖前下降了12.2%。其历年来城市居民恩格尔系数如图3-3所示。

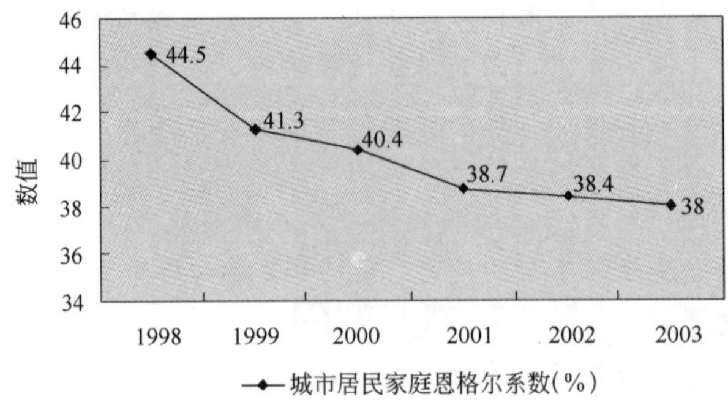

图 3-3　重庆市历年来城市居民恩格尔系数

由上图，根据恩格尔系数判定标准，2001 年重庆城市居民恩格尔系数已经低于 40%，所以，从总体来说，重庆市城镇居民平均生活水平已经达到富裕水平。

(3) 社会及文化环境调查分析。

本项目地处重庆市沙坪坝区，沙坪坝区经过 50 多年的建设，已成为重庆市"都市发达经济圈"的重要支撑区和科教文化中心，综合经济实力居全市前列。该区名校云集，有重庆大学、第三军医大学、西南政法大学、重庆师范大学、四川外语学院、解放军重庆通信学院、重庆工程技术学院和重庆一中、重庆南开中学、重庆七中、重庆八中、树人小学、沙坪坝小学等。全区大学在校生已逾 8 万，该区有着浓厚的文化氛围。本项目紧邻重庆大学，项目周边地区人口素质高，收入稳定且高收入人群占有相当大的比例，而周围的居住环境急需改善，为了工作生活的方便或者为了子女的入学，很多人都希望到该区购房，住房需求非常旺盛。

(4) 行业环境调查分析。

(略)

(5) 政策环境调查与分析。

(略)

(6) 重庆市房地产市场供求分析。

①供给分析。

2003 年，全市商品房新开工面积 2090.23 万 m^2，同比增长 43.3%，商品房施工面积 4627.89 万 m^2，同比增长 24.4%，商品房竣工面积 1676.97 万 m^2，同比增长 30.6%。商品住宅竣工面积占商品房竣工面积 75.6%，比 2002 年提高 2%。历年来重庆市商品房竣工面积和新开工面积如图 3-4 所示。

从上图商品房的供给我们可以看出，竣工面积和新开工的面积历年来都在增长，但新开工面积增长更快。从而加剧了房地产市场的竞争。

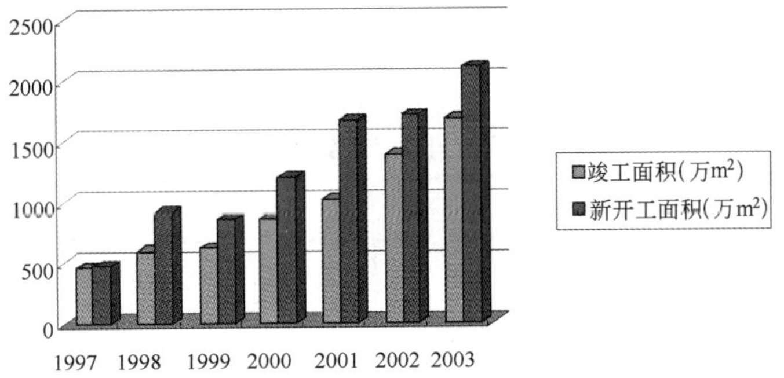

图 3-4 重庆市历年来商品房竣工面积和新开工面积对比图

2003 年重庆市全社会累计完成固定资产投资 1269.35 亿元，同比增长 27.5%，房地产开发完成投资 327.89 亿元，同比增长 33.3%，占固定资产投资 25.83%。历年来重庆市全社会固定资产投资及房地产开发投资完成情况如图3-5所示。

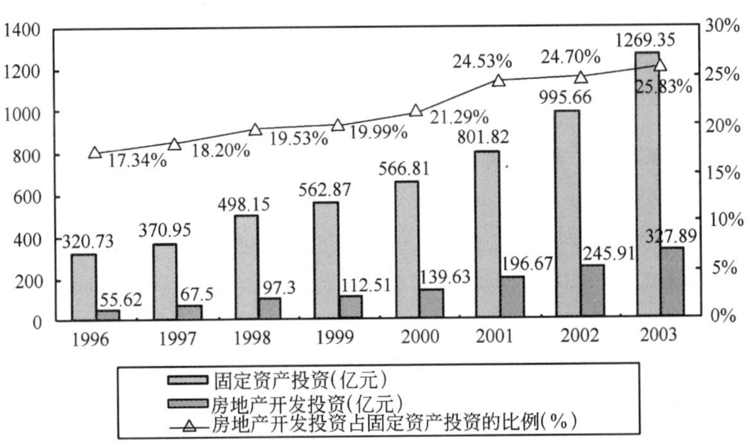

图 3-5 历年来重庆市全社会固定资产投资及房地产开发投资完成情况

近三年来，房地产开发投资增长率占 GDP 的增长率的比值分别为 4.09、1.93、2.38，近三年来平均为 2.80。业内共识认为，近 3 年房地产开发投资增长率占 GDP 的增长率的比值在 2 左右比较合适。从房地产开发投资占固定资产投资比例来看，自 1996 年以来，其比例年年增长，2003 年达到了 25.83%，8 年来平均为 21.4%，业内一般认为，房地产开发投资占固定资产投资比例在 20%左右是比较合适的，故从房地产开发投资来看，虽然存在一定的投资过剩的问题，但总的来说还是良性的，还没有造成房地产投资过热的情况。

②需求分析。

2003 年底，重庆市商品房销售面积为 1316.83 万 m^2，而竣工面积为 1676.97 万 m^2，供需比为 1.27。历年来重庆市商品房销售面积及其供需比如表 3-10 所示。

历年来重庆市商品房销售面积及其供需比情况一览表 表 3-10

年 份	1996	1997	1998	1999	2000	2001	2002	2003
竣工面积（万 m^2）	351.77	460.26	598.63	619.56	849.42	1020.63	1390.73	1676.97
销售面积（万 m^2）	141.05	260.78	416.82	429.98	579.96	746.05	1016.58	1316.83
供需比	2.49	1.76	1.44	1.44	1.46	1.37	1.37	1.27

从表中我们可以看出，自 1996 年以来，供需比总体来说逐年下降，这是一个利好的因素，说明开发的房屋正在被消化，但 2003 年的供需比为 1.27，仍然略微偏高，一般供需比在 1.1 左右是比较合理的，所以在开发房屋的时候，仍需仔细研究，开发出消费者受欢迎的物业。

从空置率来看，截止 2003 年底，全市商品房空置面积为 551.28 万 m^2，比上年下降 1.5%，减少了 8.3 万 m^2。空置一年以上的住宅面积为 110.85 万 m^2。重庆市历年来商品房空置面积增长率如图 3-6 所示。从图中看出，空置率的增长率是在逐年下降的，特别是 2003 年，增长率为负，说明空置的房屋正在被消化。当然，适当的空置率是合理的，因为有的物业属于自然老化的空置，而要提防由于设计缺陷而产生的人为的空置。

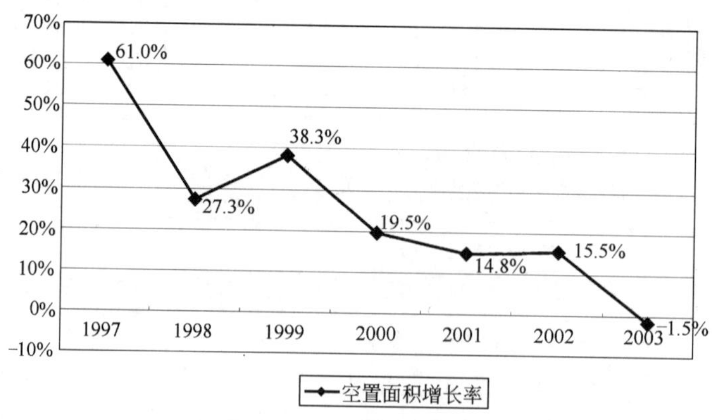

图 3-6 重庆市历年来商品房空置面积增长率

目前重庆商品房供给结构与需求结构存在矛盾，绝大部分空置房存在户型设计老化、配套设施不齐全等问题，自然为市场摈弃。因此空置房增加，多因商品房自身设计缺陷及定位不准确造成。

2003年，重庆市城镇居民家庭人均可支配收入为8093元，该年重庆市平均房价为1596元/m^2，按照一个家庭平均3口人计算，70m^2的文明入住标准，2003年重庆市的房价收入比为4.6，根据世界银行统计，发展中国家的房价收入比在4.1～6.1之间是比较合理的。按照这一标准，重庆市今后几年对住房的消费将会形成强劲的需求。当然，这是全重庆市的情况，主城区的房价收入比要远大于4.6。

从房价走势来看，2003年重庆市平均房价1596元/m^2，而增长率仅为2.6%，比1998年低了8.3%。历年来商品房价格走势如图3-7所示。

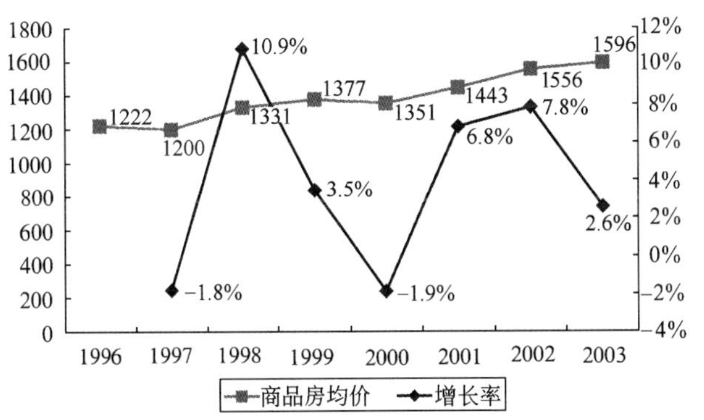

图3-7　重庆市历年商品房价格走势

从图中看出，虽然历年来商品房价格都在增长，但其增长率变化很没有规律，为了找出未来房价的增长趋势，我们需要对数据进行处理，现对房价增长率取对数，我们就能看出，未来房价的增长趋势将变缓，但仍然保持着不小的增长。其预测结果如图3-8所示。

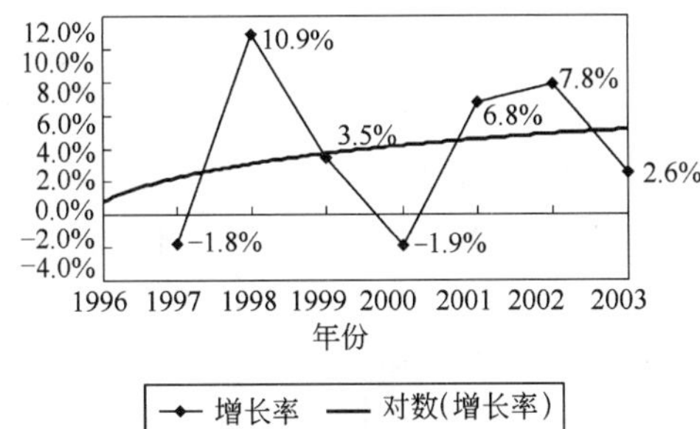

图3-8　重庆市历年来房价增长走势图

从城市居民人均住宅支出占全年总消费支出的比例来看，住宅支出占总消费支出的比重由1999年的8.19%上升至2003年的11.6%，可见居住消费支出的比重正在逐步提高，人们在居住消费方面的投入越来越多，预计今后两年住宅消费支出的比重还将稳步提高。

(7) 近期房地产市场描述。

2003年主城区商品房销售成交面积1645.26万m^2，比上年上涨35.5%。2003

同期上涨5.5%；空置房一年以上的商品房面积为259.92万m^2，减少3.99万m^2。供应量与销售量创楼市历史最小距离。各区典型在售楼盘的均价示意图如图3-9所示。从图中看出，渝中区作为重庆市经济、政治、贸易中心，其楼价多年来都高居榜首，沙坪坝区的均价也远高于重庆市主城区均价，从长远来看，不论是宏观价格趋势还是由于沙坪坝区由于可供开发用地减少，未来该区价格都有很大程度的上升空间。

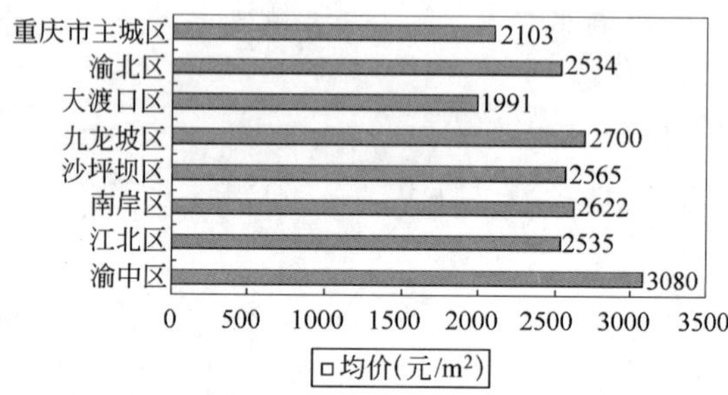

图3-9 各区典型在售楼盘的均价示意图

（资料来源：数据来源于中国最权威的房地产网站“搜房”www.soufun.com。虽然笔者是通过在互联网上收集二手数据的方法进行数据采集，但是由于“搜房”网站本生就是一个虚拟的房地产交易市场，其本身就作为众多购房者和房地产企业的沟通媒体，所以其数据是具有可信度的。）

2. 区域环境调查（拟开发项目所在区域）

（1）沙坪坝区的总体规划。

东部城区：沙区政府对东部城区的规划是要将这60km^2的区域做强做靓。要完善功能，增强势力，提升形象，增强辐射，聚集和带动作用，把东部城区建设成为沙坪坝区的都市核心区，全区经济社会发展的“火车头”。城市建设过程中的主要项目有：三峡广场中心区、重庆大学国家大学科技园、重庆井口工业园、梨树湾温泉、滨江路沿线景观建设带、嘉陵路南侧片区改造、磁器口古镇、清水溪景观带。

西部新城：沙区政府对西部新城的规划是要将这560km^2的区域做大做优。要作为重庆市“特大城市空间拓展战略”的重要内容，加快推进工业化和城市化进程，努力将西部新城建设成一座现代化科教新城，成为中国西部一道靓丽的风景线。以下列为主要项目：重庆市大学城、西永科技产业园、土主现代物流园、第三产业服务区、生态旅游观光区、回龙坝纺织工业园、重庆曾家现代都市农业示范区、青凤工业园。

中部歌乐山、中梁山：沙区政府对中部歌乐山、中梁山的规划是要将这60km^2的区域做特做精。要完善总体规划，挖掘丰富的抗战文化、巴渝文化和红岩文化资源，加快开发生态旅游业，完善旅游服务功能，建设成为一流的休闲度假带。以下列为主要项目：天池旅游度假区、歌乐山绿色屏障保护工程、中梁镇天然草场、歌乐山生态文化园区。

在配套设施规划方面，沙坪坝区原有的配套设施已经非常完善，学校、超市、医院、娱乐设施都很健全，未来主要拓宽以三峡广场为中心的商业、餐饮、娱乐设施等为主体规划，使得配套设施的辐射面更加广泛。

在交通规划方面，一是修建三峡广场的地下交通，避免车辆过于繁忙所造成的交通拥挤，二是规划轨道交通一号线，沿途经过朝天门—两路口—大坪—石桥铺—沙坪坝—双碑，以及轨道交通五号线，沿途经过中梁山—上桥—沙坪坝—新牌坊—童家院子。

(2) 沙坪坝区的功能定位。

沙坪坝区主要规划为四大功能区域：

①文化旅游区。

规划范围内的北端，保留部分原有的旧式建筑，并与磁器口古镇的历史文化特色相呼应，加上拟建的主题酒店、博物馆及古董小摊档，将这个小区改造为旅游胜地。

②休闲娱乐区。

位于高家花园大桥以北的小区，兴建一座功能齐全的康体场地，提供文化娱乐空间。

③科研商业区。

由高家花园大桥延伸至下中渡口区内的南端是已批核的大学园规划发展，区的北部为科研孵化中心，商业建筑大楼及科学馆。

④优质住宅区。

位于大学园以南的位置，优质住宅区内包括多座中至高层住宅及多层商住楼，让住户可享受便利的零售设施。

(3) 沙坪坝区房地产市场发展趋势分析。

①商品房需求量预测。

由于影响房地产市场供求的因素很多，不确定性很大，想要准确预测房地产市场是相当困难的，只能通过分析影响房地产市场的因素大致把握市场的走势。因此，对于商品房的需求预测，本报告采用回归分析与经验判断相结合的方法来预测。

自1999年以来，沙坪坝区商品房销售面积逐年增长，特别是2002年，增长率较上年为86.97%，2003年下降为21.32%，由于国家对房价出台了一系列的控制措施，购房者在一定程度上会持观望态度，加上重庆市主城区自2000年以来，房价飞速上涨，已经部分超过了居民的经济承受能力，未来几年，沙区商品房销售面积绝对量还会增长，但增长速度会有所下降。根据一元回归预测，得出2004年沙坪坝区商品房销售面积为133.22万m^2，2005年根据2000—2003年重庆市主城区商品房销售面积增长率运用经验判断，2005年沙区商品房销售面积增长率将不会低于20%。

②商品房供给量预测。

从表3-11可以看出，从2002年开始沙坪坝区商品房竣工面积在加速增长。本研究认为，2002年、2003年沙坪坝区施工面积均同比增长了15%以上，所以我们有理由相信，这一趋势将不会停止，通过回归分析，运用回归方程$y=27.579x+9.661$（$x=1$、2、3、4、5、6、7；$r=0.923>r_c=0.576$）可以预测2004年、2005年坪坝区商品房竣工面积。

重庆市沙坪坝区房地产市场的供需情况及预测 表3-11

年份	竣工面积（万m^2）	竣工面积增长率（%）	商品房销售面积（万m^2）	商品房销售面积增长率（%）	需求供给比（需求量/供给量）
1999	51.67		27.7		0.54
2000	59.01	14.21%	39.69	43.29%	0.67
2001	64.07	8.57%	50.27	26.66%	0.78
2002	136.34	112.80%	93.99	86.97%	0.69
2003	150.9	10.68%	114.03	21.32%	0.76
2004	175.14	16.06%	133.22	16.83%	0.76
2005	202.71	15.74%	159.87	20.00%	0.79

③价格走势预测。

价格是市场供求的反映，从目前来看，市场供需两旺，短期内价格将继续上升，近3年来，重庆市主城区商品房价格均保持了年8%的增长，加之沙坪坝区作为重庆市经济、文化较发达的城区，可供开发用地减少，而需求仍然较之强劲，故未来几年，价格还有上升的空间。

(4) 沙坪坝区在售楼盘分析。

①旭东．家天下。

项目概况：旭东·家天下位居沙坪坝东部新城、滨江路开发板块，紧邻沙区商业中心腹地，步行至三峡广场仅10min。项目总建筑面积36016m^2，1145套。该项目户型有1室2厅1卫1厨的41.02m^2，3室2厅2卫1厨的85.42m^2，2室2厅1卫1厨的59.11m^2，3室2厅2卫1厨的87.17m^2，2室2厅1卫1厨的78.62m^2五种户型。项目均价3000元/m^2。

项目特点：

a. 地段优越。项目位于沙坪坝次商业中心区，地段优势明显。

b. 交通便利，配套设施齐全。该项目由汉渝路、嘉陵路、滨江路等组成的发达交通网络让生活便捷快速。周边拥有中小学如实验中学，一中，树人小学，实验一小；综合商场如沙重百，明日百货，新世纪百货超市；医院如沙区中医院，肿瘤医院等。

c. 户型实用，可供选择范围宽。户型从一室二厅的 41.02m^2 到 3 室 2 厅 87.17m^2 的可供选择的有五种户型，面积使用率高，实用。

②时代菁英。

项目概况：

该项目交通便捷，与重庆七中为邻，和重大学子相伴，近邻嘉陵江畔，功能配套完善。时代菁英占地 2 万 m^2，总建面 8 万 m^2，拥有 3000 多 m^2 的中庭绿化。项目总套数 462 套，由一室一厅、一室两厅、小两室两厅等多种户型，套内从 30～60m^2，并有少量 3 室及 4 室的户型。项目均价 3400 元/m^2。

项目特点：

a. 地段优越。项目地处沙坪坝区名校附近，周边居民收入较高，对住房的需求强劲。

b. 配套设施齐全。小区内部配套有：幼儿园、羽毛球场、游泳池、自助银行、自助洗衣店、休闲茶楼、文化网吧；中小学有：重庆七中，重庆一中，南开中学；综合商场有：明日百货，沙重百，新世纪百货；银行有：招商银行，交通银行，建设银行，工商银行；医院有：肿瘤医院。

c. 户型精致，适合客户需要。该项目基本所有户型属于小户型，主要面向以出租收取租金的投资者和为了方便子女上学的购房者。项目周边在校的大学生约 5 万人，为房屋出租提供了一个极大的市场。加之重庆七中，重庆一中，南开中学就在项目附近，很多家长为了子女入学也会在此购房。

3. 项目微观环境调查

(1) 项目地块环境分析。

项目位于沙坪坝区学府路，紧邻重庆七中、重庆大学，占地面积 80 万 m^2，拟开发总建筑面积 25 万 m^2，项目所在地除了紧邻学府路一侧由于紧邻公路，噪声大，环境较差，其他地段呈阶梯状分布，有着较好的景观。项目地处三峡广场附近，周围交通四通八达，未来，轻轨也将从项目不远处经过。当前，项目周边还存在大量破旧房屋，卫生环境较差，但周边旧城改造即将启动，从长远看，这一片区将是高尚住宅的集居地，项目周边配套设施齐全，有大学，如重庆大学，重庆师范大学等；中小学如重庆七中，重庆一中，南开中学；综合商场如明日百货，沙重百，新世纪百货；银行如招商银行，交通银行，建设银行，工商银行；医院如肿瘤医院。

(2) 项目地块的SWOT分析。

优势(S):项目地处沙区各名校附近，当地的人均收入都很高，交通方便，配套完善。项目临主干道，有利展开宣传	劣势(W):项目周边环境不大好，开发成本高，价格竞争力弱
机会(O):教师住房紧张，为了子女入学方便，外来购房者多。	威胁(T):竞争激烈，特别是重大花园的新建，将分流较多客户

(3) 地块分析结论。

该项目地块面积较大，可塑性强，更主要的是项目地块所处的位置决定了项目面临着一个庞大的消费市场，这为项目的成功销售找到了可靠的购买客户。项目周边环境较差可以通过修建绿化带来解决，小区内部配套幼儿园、会所、游泳池、羽毛球场、篮球场等来提升整个项目档次。总之，该地块条件比较优越，是值得开发的地块。

4. 消费者调查

本次对消费者的调查总共收回了500份有效调查问卷，其中在套型方面，选择平层的占了65%，错层的占了22%，跃层的占了13%；在户型方面，两室和三室仍是消费者选择的主流户型，住房面积在60～80m^2、80～100m^2和100～120m^2的小高层房屋尤为受到青睐，分别占被调查人数的24%、30.5%和20%，将近60%的消费者对住宅单价的承受力在2000～3000元/m^2，总价承受力在20～30万元的最多；在位置偏好方面，被调查者首选沙坪坝区的占13%，其次选沙坪坝区的占18%，再选沙坪坝区的占17%，均位居主城区九大城区第三；对理想的客厅面积调查方面，16～20m^2的占了22%，21～25m^2的占了24%，26～30m^2的占了30%；对理想的主卧面积调查方面，11～20m^2的占了50%，21～25m^2的占了35%。

5. 竞争楼盘调查

本项目选择了6个典型的竞争楼盘作为参考样本，以期通过量化分析求出拟建项目的均价，竞争楼盘原始调查表见附录3，下面根据原始调查资料，给竞争楼盘量化打分，其计算如表3-12所示。

竞争楼盘可量化统计表 表3-12

权重(W_i)	序号	旭东·家天下(F_1)	时代菁英(F_2)	升伟·新天地(F_3)	学府苑(F_4)	学林雅园(F_5)	恒鑫花园(F_6)	本项目
位置0.5	1	3	5	4	5	4	3	4
价格0.5	2	5	3	2	2	4	4	5
配套0.4	3	4	5	5	5	4	4	3

续上表

权重（W_i）	序号	旭东·家天下（F_1）	时代菁英（F_2）	升伟·新天地（F_3）	学府苑（F_4）	学林雅园（F_5）	恒鑫花园（F_6）	本项目
物业管理 0.3	4	4	5	5	5	5	4	4
建筑质量 0.3	5	3	5	5	5	4	4	4
交通 0.3	6	4	5	4	5	4	4	3
城市规划 0.3	7	3	4	5	5	5	4	3
楼盘规模 0.3	8	4	3	5	3	4	4	4
朝向 0.3	9	5	3	5	4	3	5	3
外观 0.1	10	4	4	4	3	4	4	4
室内装饰 0.2	11	4	4	5	5	4	3	3
环保 0.2	12	5	3	5	4	4	5	2
发展商信誉 0.1	13	3	4	4	5	5	5	4
付款方式 0.2	14	5	5	5	5	5	5	5
户型设计 0.1	15	5	3	4	3	4	4	4
销售情况 0.1	16	5	5	5	5	4	5	4
广告 0.1	17	5	4	5	4	4	4	4
停车位数量 0.1	18	3	3	4	3	3	5	3
合计		74	73	81	76	74	76	66
均价（元/m^2）		3000	3400	3500	3500	3200	3100	

根据表 3-11 各分项得分，按照楼盘因素定级公式 $P=\sum W_i^* F_i$（P——总分；W_i——权重；F_i——分值）可计算出加权后楼盘的得分，计算结果如表 3-13 所示。

竞争楼盘可量化加权后楼盘得分统计表 表 3-13

项　　目	旭东·家天下	时代菁英	升伟·新天地	学府苑	学林雅园	恒鑫花园	本项目
加权后楼盘得分	17.8	18.2	19.3	18.7	18.1	17.9	16.3
均价	3000	3400	3500	3500	3200	3100	

我们认为，楼盘的得分越高其楼盘的素质就越高，那么楼盘相应的价格就越高，按照这一原则，运用一元回归公式 $Y=a+bX$（Y——楼盘均价，X——楼盘

得分)，通过最小二乘法确定 a 和 b 后，将本项目得分带入公式即可确定本项目的均价。本项目经过计算得公式为 $Y=-2663.64+324.38X$，将 $X=16.3$ 带入得 $Y=2624$ (元/m^2) 的均价，在实际定价中，建议本项目均价为 2600 元/m^2。

6. 竞争对手调查

(略)

7. 结论及建议

(1) 沙坪坝区房地产市场供求状况。

从供求分析可以看出，未来沙坪坝区供给和需求都会增加，但供给量相对过剩，从短期来看，住宅市场看好。

(2) 项目开发受到的主要风险。

一是近期内，土地价格可能有升高的风险，如果不能在地价升高之前拿到地，将会导致开发成本的大幅增加；二是项目周边待拆迁的破旧房屋很多，如果在 1 年内这些房屋还没有拆迁，将会影响本项目的形象，最终对本项目销售造成影响；三是项目一侧正对着公路，噪声大，卫生环境差；最后，该地段入住房地产企业增多，竞争加剧。

为了避免或减少以上风险，一是组织人员尽快办理系列土地审批手续，早日将土地拿到；二是通过新建绿化带，隔声墙，减小项目环境带来的负面影响；三是适当通过价格策略来避免过渡的竞争。

(3) 根据竞争楼盘调查分析，按照稳健原则，本项目在开发第一年内可实现均价 2600 元/m^2，其次，根据历年来重庆市主城区价格上涨趋势判断，在未来 2 年，可达到年增长率 8%的水平。

(4) 根据消费者调查分析，结合该区部分购房者为了出租投资这一特点以及满足人们生活需要的最佳设计原则，建议户型及面积配比如表 3-14 所示。

户型及面积配比 表 3-14

户型	建筑面积 (m^2)	主卧面积 (m^2)	次卧面积 (m^2)	儿童房 (m^2)	厨房 (m^2)	卫生间 (m^2)	观景阳台 (m^2)	客厅开间 (m)	客餐厅面积 (m^2)	所占比例 (%)
三室二厅双卫 (平层/错层)	90～100	15	10	9	6.5	4～5	7.5	4.2	25～35	20
	100～120	18	12	9	6.5	4～6	7.5	4.2	30～38	25
二室二厅 (平层)	70～85	12～15	10	—	6	4～5	7	3.9	25	40
二室一厅 (平层)	60～70	12	10	—	6	4	7	3.9	25	10
一室一厅 (平层)	40～50	10	—	—	4～6	3～5	5	3.9	15	5

本章小结

市场调查是企业了解目标市场需求和竞争对手行动的有效手段，市场调查的基本原则包括：准确性原则、时效性原则、全面性原则、针对性原则、科学性原则与创造性原则。

房地产市场调查的主要内容包括：宏观环境调查、区域环境调查、项目微观环境调查、消费者调查、竞争楼盘调查、竞争对手调查六个大的方面。

房地产市场调查的程序，是指从调查准备到调查结束全过程工作的先后次序。一项正式调查的全过程，一般可分：调查准备、调查实施以及分析总结三个阶段。具体来说，又可分为：提出问题、初步情况分析、制订调查方案、建立调查组织、收集第二手资料、收集第一手资料、数据分析与解释编写调查报告、总结与反馈等几个环节。

房地产市场调查的方法多样，调查方法是否得当，对调查结果有很大影响。其方法主要包括：房地产市场调查常用方法和房地产市场调查创新方法。具体来讲，常用方法有访问法、观察法、定性研究法和实验法。创新方法有主题式调查、论坛式调查以及记者式调查。

房地产市场预测是通过对资料数据和人的经验判断，然后做出对某一种房屋类型的市场潜力的预测，以指导房地产企业开发适销对路的房屋。在房地产市场预测中，预测的重要内容有预测特定城市房地产市场的未来前景；预测房地产市场价格的变化；预测各类房屋供给的增长和市场占有率的变化。

房地产市场预测的方法很多，根据问题的需要可以恰当选用其预测方法，概括来说可以分为两大类，一类是定性预测，一类是定量预测。定性预测又主要包括经验估计法和调查预测法，定量预测主要包括时间序列预测法、回归预测分析法和非线性回归预测等，但是在实际预测中，需要将定性预测与定量预测结合起来，经验判断和数据统计分析预测相结合。

1. 房地产市场调查步骤有哪些？

2. 房地产市场调查内容有哪些？

3. 房地产市场预测的方法有哪些？

4. 撰写一份市场调查报告，报告内容不需要面面俱到，但要针对你所需要调查项目的主要内容为你的客户提出针对性的投资建议。

参 考 文 献

[1] 潘蜀健，陈琳．房地产市场营销．北京：中国建筑工业出版社，2003.

[2] 吴翔华．房地产市场营销．南京：东南大学出版社，2005.

[3] 谢绍志．房地产开发经营管理务实全书．合肥：安徽音像出版社，2003.

[4] 李小宁，金帆．房地产开发立项、项目管理与营销策略务实全书．北京：当代中国音像出版社，2003.

[5] 楼江编．房地产市场营销理论与实务．上海：同济大学出版社，2003.

[6] 马连富．现代市场调查与预测．北京：首都经济贸易大学出版社，2002.

[7] 车礼，胡玉立．市场调查与预测．武汉：武汉大学出版社，2005.

[8] 重庆市统计局．重庆统计年鉴1999～2003. 北京：中国统计出版社，2003.

第4章 房地产市场供求分析

供求关系是影响房地产价格最重要的因素，房地产建设周期较长，从立项到竣工交付使用一般至少在两年以上，因而，其供给往往滞后于需求，由此形成的供求不平衡，造成房地产商品价格往往发生巨大的周期性波动。因此，科学地分析、预测市场供给与需求，并寻找投资机会，在房地产市场营销中就显得举足轻重。

4.1 房地产市场供给分析

房地产供给，可以分为宏观和微观两个层次。从宏观的角度来看，房地产的供给是指房地产总供给量，是指在某一时期内，在某一价格水平下，全社会房地产供给的总量，其中，分实物总量和价值总量，由房地产一级市场、二级市场和三级市场的供给量之和构成。从微观的角度讲，房地产的供给是指生产者在某一特定的时期内和某一价格水平条件下，愿意而且能够提供的某一地区和品种的房地产商品量。

4.1.1 房地产市场供给分类及其特征

房地产的供给可以分为住宅、写字楼、商业物业、工业与仓储物业、休闲、娱乐、宾馆物业等类型，各类物业形态都有其不同的特征：

1. 住宅

住宅是供人们日常生活居住的房屋，是最重要的生活资源之一。是人们从事社会、经济、文化活动的最基本的物质前提。在城市中，住宅一般要占房屋总量的一半以上。

住宅是房地产投资中的最大类别，包括出租性住宅和出售性住宅，出租性住宅是指由开发商经营，把住宅的使用权分期出租给住户的住宅；出售性住宅是指通过一次性付款或分期付款把住宅产权让渡给住户的住宅，是房地产投资的主要对象。随着城市化的进展及居民对改善居住条件的强烈愿望，在现在及今后相当长时期内，住宅将始终成为房地产投资的首选对象。

从物业形态上来看，住宅可分为普通住宅、高级住宅及别墅等，其区分的主要因素有装修及设计的标准、档次、面积、功能、材料和设备等。住宅项目的关键是市场定位的准确、配套设施的完善、营销力度的到位。

尽管近几年我国住宅建设一直保持较快的增长速度，城镇人均居住面积有了较大增长。但与发达国家相比，与国内日益增长的住房需求相比仍有较大差距。目前，美国的人均居住面积是60m^2，欧洲国家基本在30～50m^2，人口密度最大的日本也达到了31m^2，而我国人均住房建筑面积为20.4m^2。因此，住房消费仍有较大的空间。

我国现在正处在城市化高速发展的阶段。发达国家的城市化程度超过了70%，我国城市化程度只有约40%，这与我国的工业化水平相比是滞后的，20年之内我国城市化水平至少要翻番，我国的城市人口要增加一倍。根据我国政府经济与社会发展远景规划，未来10～20年，城市化进程需进一步加快，将从2001年的37.7%将增加到50%左右，城市人口将增加2亿多。新增的城市人口意味着新增的潜在住宅需求。

我国地区经济发展水平存在巨大差异，这为国内房地产业的长期发展和结构调整提供了广阔空间。根据发达国家的经验，人均GDP达到8000美元以上时，房产需求增长开始明显放慢，在8000美元以下时，房地产一般保持着旺盛的发展态势。目前我国人均GDP平均只有1000美元左右，其中东部沿海一些发达地区人均GDP已经达到5000美元，而西部的大部分落后地区只有300～500美元。随着西部大开发战略的实施，中西部发展加快，房地产业特别是住宅投资在从东部沿海发达地区向西部推进的进程中，因行业成本降低会保持持续和稳定的发展。

随着经济发展和人们生活水平的提高，我国住房正在从生存型向舒适型转变。人们从当初只是购买住房，逐步发展到间接地购买周围的环境，包括绿色、蓝天、空气、阳光等自然环境及基础设施、购物、交通、文化、教育、物业管理等社会和人文环境。而收入差距的拉大又形成了具有不同消费能力的阶层分化，我国住房消费市场细分化趋势更加明显。工薪阶层较注重住房建筑质量、户型、地段、交通、物业管理等；事业成功人士及高收入阶层开始追逐环境质量、生活品位及个性化等。因此，住宅市场细分为住宅建设结构调整和消费增加提供了空间。

城市规划调整，城市规模扩大，城市交通等市政基础设施建设加快直接促进住宅建设快速发展。轨道交通的延伸相对缩短了郊区和城市之间的距离，没有拥堵的麻烦，又可以在郊区享受到低密度、高品位和低价位的住宅。

房地产业在国民经济发展和人民生活中起着重要作用。我国政府对住宅投资和市场发展一直十分重视，采取了一系列扶持政策。近年来，政府针对购房者买卖房屋出台了一系列利好政策。主要有：公积金贷款利率下调、契税下降、银行开通转按揭业务、推出个人住房贷款政策性贴息业务，房地产业是资金密集型产业，金融扶持政策，对房地产业和住宅建设十分重要。

2. 写字楼

写字楼主要用于商务活动与行政办公。在商业新兴城市，写字楼成为越来越重要的一种房地产物业类型。随着大量的企业在城市中开设办事处或者分公司，将需要大量的办公场所，由此形成了办公楼宇投资热。在大中城市，根据商务写字楼的装修、服务等档次，可将其分为甲级、乙级以及一般写字楼。

由于写字楼一般是租赁经营，租赁效益的好坏不仅取决于楼宇自身的环境条件及结构，还取决于宏观经济环境及区域经济环境，经济景气循环所导致的写字楼的需求量大小、写字楼的使用率高低以及物业的管理水平。

写字楼投资者一般以出租的方式租给商务用户供其办公使用，少量出售给商务用户，也有部分公司购买写字楼自用。因此，对写字楼的投资需求从属于对写字楼的使用（承租或自用）需求。

写字楼使用者，分为国内需求主体和国外需求主体两类。国内需求主要包括一些金融机构、集团、公司、地方政府企事业单位办事机构、中央、国家机关事业单位。国外需求则包括：台资合作企业、独资企业、国外驻各城市的办事机构。

分析写字楼的需求，必须首先对国际、国内经济发展动态进行细致的分析。由于写字楼多为内销项目，在国内经济趋于活跃时，写字楼的需求上升，在国内经济转冷时，写字楼的需求下降。对于一些高档甲级写字楼，面向外资机构，其需求分析就必须联系全球经济趋势，在全球经济增长增速时，大量新的外商进入，高档写字楼需求旺盛，在全球经济趋缓时，使外资企业纷纷收缩在华业务，对写字楼需求大幅下降。

由于写字楼的不同档次和特征，其使用对象也是各不相同的，写字楼需求分析的一项重要的工作就是客户市场细分。

随着市场的不断发展．客户也在不断成熟，在选择写字楼楼盘时更加谨慎。同时，写字楼市场正在分化成很多细分市场，而每一个细分市场都有其自身的期望、观念、偏好以及购买标准。

写字楼的设备、设施是否齐全、先进，内、外装修豪华程度，所处区位及坐落位置，智能化办公条件构成写字楼的使用价值。具有良好的室内、外设施、上下楼电梯设备、空调、消防设施、电话、通讯、网络设备及其他设施，从而便于商务办公使用的写字楼具有较高的投资价值。

但对于商务写字楼而言，好的物业管理对提升其价值也有一定的影响。如良好的中央空调，按时、集中供冷、供热，健全的安全保卫、书信收发，良好地绿化环境、保洁措施等，有条不紊的物业管理，使写字楼能充分发挥其使用功能，能够提升其使用价值。

3. 商业物业

商业用房市场是地区房地产市场的重要组成部分之一。一般来说，商业建筑的规模等级是根据其建筑面积和营业额的大小来划分的。按商业物业和店铺的建筑面积将其划分为大、中、小三种类型。从其服务功能上，又可分为大型商场、专业市场和住宅小区商业物业三种。

（1）大型商业物业。

大型商业物业一般是指建筑面积在 10000m^2 以上的商业建筑，通常分布在城市一级或二级商业中心内，该类建筑的装修和设备都比较高档；一般都是将商场各营业层拆零销售。然后再成立一家管理公司进行统一管理。投资者可以自己经营，也可以委托商场进行统一招商。选择这类商业物业最重要的是看发展商的实力和信誉。

（2）中型商业物业。

中型商业物业一般是指建筑面积在 5000～10000m^2 的商业建筑，通常分布在城市二级或三级商业中心内。该类建筑的装修和设备为中档水平，中型商业物业很多为专业市场，一般都是开发商拿到一块商业地块，根据规划要求或市场情况作出市场定位，关键是定位准确，市场推广能力强。

（3）小型商业物业。

小型商业物业一般是指建筑面积在 5000m^2 以下的，分布在城市各级商业中心内。尤其是居住小区内的商业建筑，如便民连锁超市、临街商业物业等。小型商业物业很多位于规模较大、配套成熟的住宅小区，居住人口多，目标客户群较大，投资这种住宅小区的路铺、街铺，其人流、车流较为稳定，商业物业可自己经营或是出租经营。是中小型投资者的一个不错的选择。

从房地产的角度，商业物业作为不动产，应该考虑到不动产的特性，最主要的是地段。包括所在的区位、交通条件、市政配套等，由此分析项目的增值潜力。如果区位好，交通便利，市政配套成熟，那么就要考虑项目的价格水平，是否还有足够的上升空间。

其次，从商业的角度，项目所在周边地域的商业状况；包括商业氛围、商业形态等，是商铺投资时需考虑的另一重要因素。成熟的商业物业要求有方便的交通、成熟的市政配套、固定而且知名的商业圈、具有鲜明特点的商业形态以及稳定的客流。一般来说，应该选择在行业内有较大知名度的企业，或者在一定区域内有垄断地位的商业设施，也就是说该项目的辐射面要广。这样的选择可以保证稳定的高回报。

4.工业与仓储物业

工业与仓储房地产是企业用于生产活动、仓储活动的用房。是一种类似于机器设备的生产资料需求，只有经营者预期通过经营可以获得足够商业利润的情况下，才会产生对工业与仓储物业的需求。

工业与仓储物业房地产有两个特点，一是占地面积大，房地产价值也大；二是工业用房因其原有结构、布局的特殊性而难于改变用途。由于上述特点，工业用房地产交易范围也较狭窄，交易不活跃，用工业用房地产清偿债务时，其变现能力较差，变现速度慢。

工业与仓储物业直接服务于工业生产，因此，此类物业的投资价值直接取决于工业、仓储的成本—效益核算。一般来说，工业与仓储物业的投资必须考虑其带来的工业成本增加或减少量，具体包括：

取得生产原料的成本，其中原料成本及运输成本与工业用地区位选择有着极大的关系，如果为减重行业（如采油、采煤、炼钢行业），工业与仓储用房宜选在靠近原料产地，如果为增重行业（如饮料加工行业），工业与仓储用房宜选在靠近销售产地。此外，工业与仓储物业的投资还须考虑当地人力成本，包括当地劳动力的质量及供给状况，气候条件，地质、水文条件以及采光、采暖、制冷、动力等能源成本。

当一个地区的经济发展水平较高时，工业品往往呈现较快速度上涨的趋势，从而引致对工业与仓储物业的需求量放大，这时对工业与仓储物业的需求增长也较高，各类工业与仓储用房的销售量和出租量也呈上升势头，反之，当地区经济处于衰退时期时，则对工业与仓储物业的需求量会缩小。

地区工业经济状况分析通常要考察地区经济增长率、储蓄水平、消费水平、投资水平、人均收入水平、就业状况、一般物价水平、行业发展状况、优势产业和劣势产业等指标及其变化趋势。

工业与仓储物业建成后，要面对一般的租用者，其经营或销售的产品和劳务的类型关系到经营者能否获得足够的收益，而这种经营领域与地区经济的发展和区域的集聚状态之间有着十分密切的关系。考察各类地区经济指标的历史、现状及其发展趋势，可以确定待开发的工业与仓储物业的日后的经营领域，使工业与仓储物业本身的租赁或销售有足够的需求支撑。

5.休闲、娱乐、宾馆物业

休闲、娱乐、宾馆物业种类繁多，投资特性差异很大，没有固定的消费对象，无明确的租约保证，需求很不稳定，竞争相当激烈且与经济景气状况息息相关。

休闲、娱乐、宾馆物业具有较大的需求弹性，其需求与人口、商业统计变量密切相关。休闲、娱乐、宾馆物业的区位价值十分重要，必须十分注重服务的可及性，投资时，要首先考虑该物业的地点及交通便利等因素。其区位价值包括可达性、便利性、易接近性、潜在顾客光顾频率等，具体而言，要考察该休闲、娱乐、宾馆物业周边的交通线路．如公路、公交线、地铁、轻轨，该物业是否处于交通枢纽区、平均交通流量如何、消费者如何到达本物业等。

由于休闲、娱乐、宾馆设施往往具有专用性，因此，在进行休闲、娱乐、宾馆物业的投资前，要着重分析该项设施本身的潜在消费者的基本特征和规模，以及在一定的价格水平下可能的销售量。

4.1.2 影响房地产市场供给因素分析

影响房地产市场供给的因素主要有房地产商品价格、房地产开发成本、政策因素、房地产开发商对未来的预期等。

1. 房地产商品价格

房地产租金和售价的涨跌是房地产市场供求关系变动的反映，同时，又会反过来影响下一时期的供给与需求。房地产与其他商品一样，一般情况下，价格越高，开发商获利可能愈多，供给量也越多。虽然，房地产的短期供给价格弹性小于一般工业产品。但是其长期供给是富有弹性的。随着价格的波动和时间的变化，供给也会相应变化。这在现实中，表现为房地产供给的滞后性，房地产价格上扬，市场房屋供应量不会马上增加，往往在短期内只是引起一级房地产市场上土地需求的上升。一个生产周期后，才显现增量房地产供应量的增加。当市场供过于求，房屋空置面积增多时，价格上涨会被抑制或下调，供给的减少，短期内表现为初始投入或开工的减少，在建工程继续进行，经过一个生产周期后，才显现出供给量的下降。

土地价格是通过影响房屋成本进而影响开发商的利润来影响房屋供给的。各级政府除通过土地批租量来调控房地产市场供给量外，通过调整地价也能调节房地产的开发量。

2. 房地产开发成本

微观经济组织开展经营活动的主要目的是为了获取利润。在买方市场条件下，房地产开发成本的高低，决定着开发利润的多寡。在房地产的开发过程中，开发商在这一过程中投入大量资金、劳动力、技术和其他生产要素，这些生产要素价格发生变化势必影响开发成本的变化。如果相关生产要素价格上升，开发成本就会增加，在房价不变或增加少于成本的增加时，开发利润势必下降，房地产供给量则可能相对减少；反之，则房地产供给量有可能相对增加。但是，开发成本的升降，并不一定能完全决定房地产供给总量的增加或减少，这主要是因为房地产的利润率通常很高，当开发成本增多而又未能使房地产利润率下降到低于社会平均利润率时，进入房地产业的投资便不会减少，房地产供给量也同样不会减少。有时，房地产价格上涨速度常常超过开发成本的上涨速度，房地产供给量并不随开发成本增加而减少。只有在房地产价格不变，或开发成本上升速度超过价格上涨速度，且房地产业利润率处于正常水平（社会平均利润率与行业风险报酬率之和）时，开发成本上升才会使房地产供给量呈现出减少的趋势。

3. 政策因素

政府的土地供应计划、财政金融政策，都会影响房地产市场的供给。在计划中扩大土地供给量，地价就可能下降。房地产开发成本就可能减少，以后的房地产供给量就会增加。反之，紧缩土地供给量，地价就可能上升，房地产开发成本就可能增加，房地产供给量增多的势头便可能被抑制。

政府也可以通过税收、财政补贴和政府投资等财政政策对房地产的供给进行调节。在其他条件不变的情况下，提高房地产业的税率，可以起到抑制房地产投资、减少房地产供给量的作用；反之，则起到增加房地产供给量的作用。财政补贴可看作一种负税收，与税收的作用正好相反。如对房地产企业开发普通居民住宅予以低息财政贷款和银行贷款贴息，就会降低开发成本，调动企业从事普通住宅投资的积极性，促使普通住宅供给量的增加。在企业不愿进入或无力开发的房地产项目上，通过政府直接投资，也能有效地增加房地产市场供给量。

房地产开发离不开金融的支持，金融政策对房地产市场供给量有着重大的影响，其手段主要是贷款规模、贷款投向、利率水平等。房地产开发的规模、速度和总量，除受到土地供给的制约外，还受到房地产投资来源的制约。房地产业是资金密集型行业，其发展需要大量资金。这些发展资金不可能完全通过企业自筹来解决，它只能是其中的一部分，其他的资金主要是通过金融市场这一筹资渠道来筹集，不同的金融政策将直接影响开发商通过金融市场筹资的难易程度和成本高低。

4. 房地产开发商对未来的预期

对房地产未来的预期一般是根据其发展周期来进行的。房地产的经济周期与宏观经济发展周期之间存在着相关性，只是房地产经济发展周期略领先于宏观经济发展周期。房地产开发商往往以房地产经济波动周期为重要依据，作出房地产开发项目的报建、动工、施工和销售时间等决策。

影响房地产需求的经济指标，主要包括当地 GDP 总量与发展速度、竣工商品住宅平均造价、商品住宅销售价格、商品住宅投资额、完成拆迁建筑面积、全市基础设施投资和利率等。

房地产商品供给量与价格的关系可以用房地产的供给曲线来表示（图 4-1），由于价格上升，刺激供给上升，价格下降，导致供给下降，因此，房地产商品的供给曲线是一条向右上方倾斜的曲线。由价格变化导致的供给量的变化称为房地产供给量的变化，当除价格以外的其他因素发生变化时，房地产供给曲线本身向左上或右下方移动，由 S 变为 S' 或 S''（图 4-2），这称为房地产供给的变化：

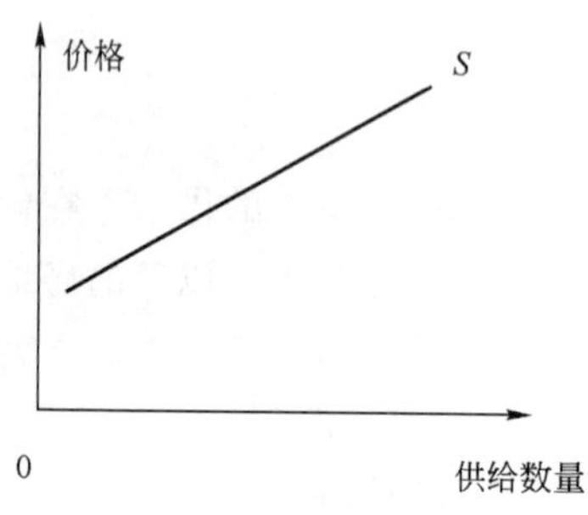

图 4-1　房地产的供给曲线

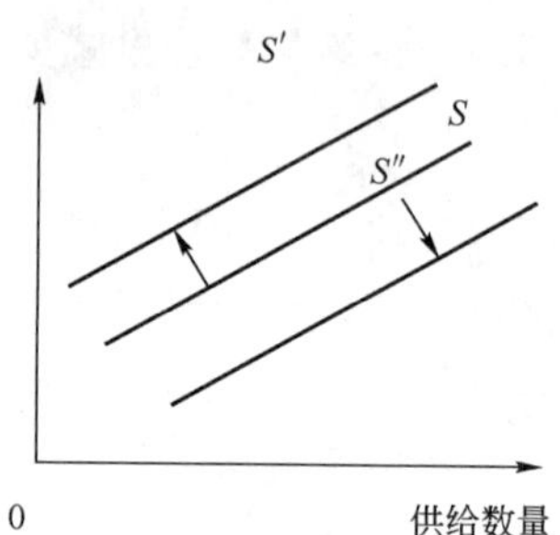

图 4-2　房地产供给曲线的变动

4.1.3　房地产市场供给弹性分析

经济学意义上的弹性是指在价格的作用下，商品供给与需求变化的伸缩程度。某种商品的价格变化会引起供给量与需求量的变化，或者商品的供给与需求变化因为价格的变化而扩张或收缩，经济学家称之为供给弹性与需求弹性。

当商品的供给量/需求量随价格变动而发生较大变动时，这种商品称为是富有弹性的，或者称为对价格的变化相对敏感；反之，这种商品称为是缺乏弹性的，或称为对价格的变化相对不敏感。房地产商品与其他商品一样，在市场的供求关系中，不断受到供给弹性与需求弹性的作用和影响，运用弹性原理，可以帮助我们弄清哪些因素对房地产商品的开发成本构成影响，从中找出价格构成中有弹性或无弹性的要素。

这里，首先分析房地产商品的供给弹性。

1. 房地产供给弹性的影响因素

影响房地产供给弹性的因素比较复杂，归结起来，主要有：

（1）生产的难易程度。

一般而言，投资少，生产周期短，技术含量不高的劳动密集型产品供给较容易，当价格变动时，其产量变动的速度快，因而供给弹性大；反之，投资规模大，生产周期长，技术含量高的产品，较难生产，当价格变动时，其产量变动比较缓慢，因而供给弹性小。房地产商品属于后者，其投资较大，生产周期较长，技术含量较高，因而其供给弹性较小。

(2) 商品增产后成本增量的大小。

如果商品增产后，成本增量大，意味着厂商增产后的负担大，即使价格上涨，厂商增产的可能性也较小，即供给弹性小；反之，如果成本增量小，则有利于增加生产，供给量对价格的反映较敏感，即供给弹性大。房地产成本中较大的一块是土地成本，在房地产产量增加时，地价上升较快。因此，房地产总体成本上升较快，使得房地产的供给弹性较小。

(3) 调整生产时间的长短。

房地产业调整产量，需要时间，时间因素对房地产供给弹性的影响很大。在短期内，土地、生产设备、劳动等生产因素无法大幅增加，从而供给无法大量增加，供给弹性也就较小；尤其在超短期内，房地产供给只能由存货来调节，供给弹性几乎是零；在长期内，房地产的要素供给可以有较大增加，生产能力可以提高，因此，供给弹性在长期内会增大。

2. 房地产供给弹性的计算

房地产供给弹性是指在其影响因素变化时，供给量变化的具体量度。主要指房地产的供给价格弹性。

房地产的供给价格弹性表示在一定时期内，房地产商品供给量的变动对于房地产商品价格变动的反映程度。即，表示在一定时期内当房地产商品的价格变化的1%时所引起的房地产商品供给量变化的百分比。其公式为：

$$E_s = (\Delta Q/Q)/(\Delta P/P) \tag{4-1}$$

式中：E_s——房地产商品供给价格弹性的弹性系数；

ΔQ——房地产商品供给变动量；

Q——房地产商品供给量；

ΔP——房地产商品的价格变动量；

P——房地产商品的价格。

调查显示，在一定时期范围内，通过上式计算得出的房地产商品的短期供给价格弹性通常较小。相对而言，房地产商品的需求弹性较大，由此造成房地产商品供求弹性的不对称性，即供给弹性小而需求弹性大。当房地产需求增大时，拉动其市场价格急剧上升，但由于受到土地和资金等资源在数量或时空上的制约，此时短期供给无弹性，无法相应地增大供给，加剧了供求矛盾。房地产价格会持续上涨，此时在为自身消费而形成的真实需求中，不可避免地加入了大量的为谋求差价利益的投机需求，从而推动房地产价格的虚高，产生房地产泡沫。

4.2 房地产市场需求分析

房地产需求是指在一定的时期内，在某一价格水平下，房地产的消费者在市场上所愿意而且能够购买的房地产数量。它包括对住宅、写字楼、商业用房、工业厂房和其他物业的生活性消费、生产性消费和投资性消费的需求。

4.2.1 房地产市场需求因素分析

房地产市场的需求影响因素主要有房地产价格水平、居民可支配收入、国家宏观政策、房地产消费者对未来的预期、城市人口数量和结构等。

1. 房地产价格水平

房地产同其他生活消费品一样，在通常情况下，社会总需求量与其价格水平之间存在着反向变动的关系。需求是价格水平的函数，当房地产价格水平上升时，其需求下降；反之，则增加。需求量变动对价格变动的敏感程度可用需求价格弹性表示。

2. 居民可支配收入

居民收入，尤其是居民的可支配收入，是决定家庭一切消费需求的最重要因素。房地产作为高价值的耐用商品，需要消费者支付的资金数额大，要求消费者必须具有良好的收入水平。人均可支配收入水平的高低，直接决定消费购买力的大小，进而决定市场需求的大小。房地产需求与居民的人均可支配收入呈正相关关系，一国居民消费的恩格尔系数高低更能说明居民花在吃、穿以外商品的消费比例。

收入对需求的影响可以用收入弹性来表示。一般来说，房地产需求的收入弹性与一国或一个地区的经济发展水平，也就是国民收入水平有着密切的联系。不同的经济发展阶段和水平，其房地产需求的收入弹性是不同的，这主要是居民消费结构变化在起作用。

在发达国家，人们认为房地产需求对收入是缺乏弹性的。然而，在我国现阶段，随着住房制度改革的深化和居民收入水平的不断提高，城镇居民在解决了温饱问题并拥有了必要的家用电器之后，正在把消费热点逐步移向住房，居民住房支出的比重也在不断增加。因此可以这样说，在我国现阶段，房地产需求对收入是富有弹性的，这是收入增加和消费结构变化共同作用的结果。正确认识这一点，有助于从理论上弄清为什么住宅业将成为我国国民经济发展的新经济增长点。

房地产价格和国民收入水平共同作用于房地产市场需求。按照国际通用惯例，一般房价是家庭年收入的 3～6 倍时，住房的消费才能正常进行；否则，住房的消费就不能正常进行。

3. 国家宏观政策

政策因素对房地产的生产性需求和消费性需求都有重要影响。影响消费性需求的政策主要有住房政策、财政政策和货币政策。长期以来，我国实行的是低租金实物福利性的住房分配制度，租金相对于收入来说是很低的。在这种条件下，“等、靠、要”的住房消费观念严重制约着住房市场的发育。单位能无偿分房，租金又如此之低，使得即使有购买能力的职工也不会主动去买房。因此，进行住房制度改革，彻底抛弃住房旧制度，实现住房商品化和社会化，住房分配实行以按劳分配为主的货币工资分配方式，同时，实施合理的财政和货币政策，建立起具有社会保障性质的、以中低收入家庭为对象的经济适用住房供应体系，就成为我国当前的紧迫任务。这样，一来可以使职工对福利性实物分房的依赖丧失，被迫转向自行买房：二则可以通过给予财政住房补贴，加强银行住房消费信贷的发放力度，提高居民住房购买力，将巨大的潜在需求转化为现实的有效需求。另外，从 1994 年以来，我国已多次降低了银行存贷款利率，对提高房地产有效需求，也产生了直接的影响。

4. 房地产消费者对未来的预期

投资行为或消费行为，不仅受现实经济形势的影响，同时，也受各市场主体对未来经济发展预期的制约。需求行为是否实现，或在什么时候实现，取决于需求者对上述经济外部环境的判断，特别是对未来经济发展形势的预期。不同的预期会产生不同的现实需求。需求者对未来经济形势的预期，同样也将直接影响对房地产的需求。从房地产的投资需求来看，如果预期未来经济形势不好，则目前市场对土地的需求量和可作为投资的物业的需求量就会减少，购买意愿下降，更多的购买者会选择持币待购，而不是购买，更多的潜在需求难以转化为现实需求。反之，如果预期未来的经济形势上升，投资者期待经济回升后可获得更多的超额利润使投资者的购买意愿上升，会有更多的购买者选择购买，而不是持币待购，更多的潜在需求转化为现实需求，刺激当前的土地和物业需求。

对于以消费为主要目的住宅需求者来说，更关心近期投入的最小化，而不是远期收益的最大化。因此，对住宅价格涨跌的预期，将左右住宅消费者的购买行为。当预期住宅价格将要下跌时，尽管市场上住宅的价格已经很低，购买者往往仍会选择持币待购，使有效需求作为潜在需求沉淀下来。在这种情况下，需要政府采取措施进行干预，刺激市场的有效需求。

当预期住宅价格将要上涨时，情况会向相反的方向发展，需求则会增加。

5. 城市人口数量和结构

城市人口的数量和增长速度决定市场对住宅客观的需要与发展速度。而城市的人口结构和家庭结构又影响住宅的结构。家庭的小型化、分散化速度越快，对住宅的需要量也就增长越快。人口的增加和家庭小型化，拆迁、结婚、改善住房条件等所造成的对住宅需要量的增加，将使房地产市场需求结构中住宅的需求比例上升。

影响房地产需求的经济指标，主要包括当地 GDP 总量与发展速度、人均 GDP、人均城乡居民储蓄存款、城市居民家庭人均可支配收入、利率、商品住宅销售价格、人均居住面积、非农业人口比重、住房公积金与商品住宅贷款累计余额等。

在这些指标中，人均居住面积、人均可支配收入和非农业人口比重，对商品住宅销售面积的影响更大一些，而价格因素的影响基本不显著。这说明目前房地产市场的需求对价格因素并不敏感，而是受其他因素的影响更大一些。

人均居住面积指标是一个影响最显著的指标，这表明影响当前市场需求的主要因素，还是基本的内生消费需求，长期的计划体制下居民的生活性住房需求一直受到压制，随着房地产的市场化进程的发展，巨大的内生需求逐渐由潜在需求转化为实际需求，因而，带来了商品住宅销售面积逐年的快速增加，其结果是居民的人均居住面积随之快速增加。可以预见的是，这一因素还将在很长一段时间内主导房地产市场需求，在市场上还存在着巨大的潜在的生活性住房消费需求，这部分需求还将在以后的很多年中逐步释放出来。

人均可支配收入的增加也是影响商品住宅消费的一个主要因素。收入水平的增加，使得居民对住宅的需求数量和档次都发生了变化，带动需求的增加。

非农业人口比重是一个重要的城市化指标。随着城市化进程的加快，大量农业人口转成非农业人口，从而，带来了大量的住房需求，这类商品住宅需求，在未来几年中将逐步体现出来。

房地产商品需求量与价格的关系可以用房地产的需求曲线来表示（图 4-3），由于价格上升，导致需求下降，价格下降，刺激需求上升，因此，房地产商品的需求曲线是一条向右下方倾斜的曲线。由价格变化导致的需求量的变化称为房地产需求量的变化，当除价格以外的其他因素发生变化时，房地产需求曲线本身向左下或右上方移动，由 D 变为 D' 或 D''（图 4-4），这称为房地产需求的变化。

4.2.2 房地产市场需求弹性分析

房地产开发的目的是获取期望收益，实现开发目的必须要满足市场需求。房地产的需求是指消费者在特定时期、一定价格水平上愿意购买的房地产商品数量。一

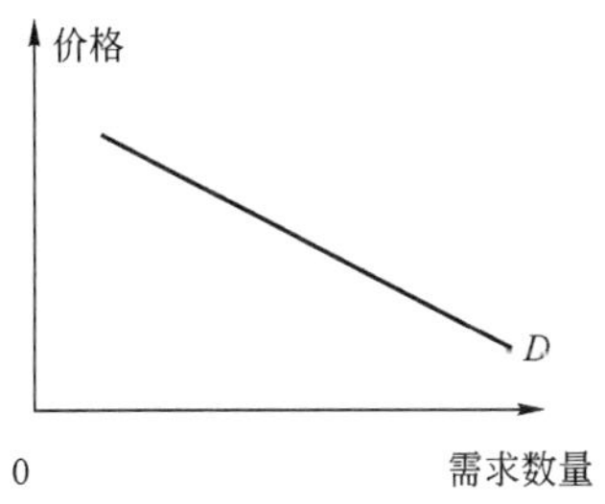

图 4-3 房地产的需求曲线

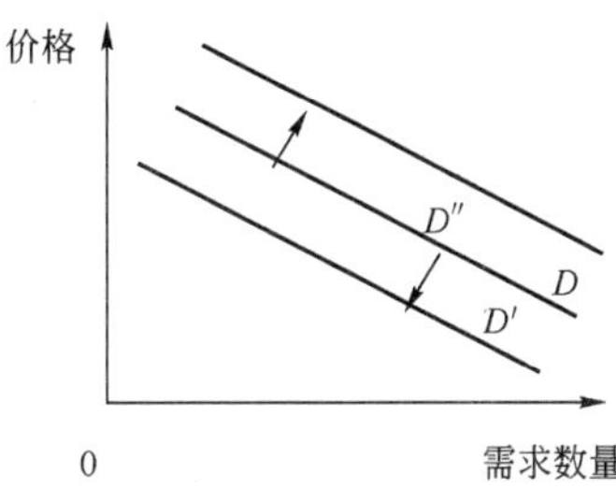

图 4-4 房地产需求曲线的变动

个地区所有的消费者的需求量之和是该地区的需求总量。由于房地产商品的特殊性，需求呈明显的区域性，并且与消费者的偏好和城市住宅制度有较强的关系。

1. 房地产需求弹性的影响因素

微观经济学认为需求由价格、收入、替代品、偏好、预期等几个因素决定。显然，这几个因素的变化将导致需求的变化，从而影响房地产的销售量和开发商的收益。所以，需求的变化是房地产投资风险的因素之一，无论是政策风险、经济波动风险或区位风险等，都是通过影响房地产的有效需求来影响房地产投资收益的。有效需求是一定时期消费者正在或准备购买的房地产商品数量。

弹性是衡量房地产需求对其决定因素变动的反应程度，弹性的大小取决于许多形成个人欲望的经济、社会和心理因素。影响房地产需求弹性变动因素主要有：

(1) 房地产商品价格。

房地产商品价格与需求量呈反比。

(2) 收入水平和消费结构。

居民收入与需求量成正比，而消费结构中有多少用于房地产商品也直接影响需求量。一般来说，恩格尔系数在40％～50％之间的消费结构房地产需求会达到15％。

(3) 替代品。

一般而言，房地产商品是不可替代的，是生活的必需品。但是，房地产本身是耐用品，当其价格过高时，消费者将紧缩人均居住面积，减少其正常的需求量。

(4) 偏好。

不同的消费者有不同的偏好，经济实力不同的人对房屋的偏好不同。一般居民对房屋的要求是安全、耐用，而经济更好的人士更在乎环境、社区的文明程度等因素。

(5) 消费者预期。

消费者对未来的预期将影响有效需求的实现。房地产市场常出现当房价下跌时，消费者预期价格还会再降，从而持币观望。

（6）国民经济波动。

国民经济波动与房地产需求呈正相关关系，当经济处于扩张阶段，对房地产的需求上升，反之则需求下降。

（7）城市化水平。

城市规模扩大和人口的增加，将使需求增加。

2. 房地产需求弹性的计算

房地产需求弹性是指在其影响因素变化时，需求量变化的具体量度。主要包括价格需求弹性和收入需求弹性。

（1）房地产需求价格弹性。

房地产需求价格弹性是衡量房地产价格的变动对需求量变动的影响。其公式为：

$$E_d = (\Delta Q/Q)/(\Delta P/P) \tag{4-2}$$

式中：E_d——房地产商品需求价格弹性的弹性系数；

ΔQ——房地产商品需求变动量；

Q——房地产商品需求量；

ΔP——房地产商品的价格变动量；

P——房地产商品的价格。

需求价格弹性的一般规律有：

①必需品倾向于缺乏弹性，而奢侈品倾向于富有弹性。

②有相近替代品的物品富有弹性。

③小范围的市场需求弹性往往大于大范围的市场，因为小范围市场的物品更容易找到相近的替代品。如普通商品房的市场范围比别墅的市场范围大，因此普通商品房的弹性较小，别墅的弹性较大。

④物品随时间的变长而需求更富有弹性。分析需求曲线可发现，价格对需求曲线存在较大影响：随着价格的不断增大，弹性随之而增大；随着价格的不断降低，弹性随之而减小。因此，所有的投资者都面临一个问题：给商品定多少价格才能实现销售收入最大。矛盾是显而易见的：提高价格时，消费者数量减少；随着价格的不断提高，需求弹性不断增大。当弹性大于单位弹性时，提高价格的结果是使总收入减少；不断降低价格时，弹性随之而减少，当小于单位弹性时，降低价格的结果是使总收入减少。

价格弹性特点是：需求曲线越趋于平坦，弹性越大；反之，需求曲线越陡峭，弹性越小。

（2）房地产需求收入弹性。

房地产需求收入弹性是指收入变动的比率所引起的需求量变动的比率。其公式为：

$$E_i = (\Delta Q/Q)/(\Delta Y/Y) \tag{4-3}$$

式中：E_i——房地产商品需求收入弹性的弹性系数；

ΔQ——房地产商品需求变动量；

Q——房地产商品需求量；

ΔY——消费者可支配收入的变动量；

Y——消费者可支配收入。

房地产需求的收入弹性与一国或一地区经济发展水平相关，不同的国家或地区的值各不相同。当 E_i 的值介于（0，1）之间时，说明需求缺乏弹性。当 E_i 的值大于 1 时，说明需求富有弹性。我国学者推断中国房地产需求的收入弹性较大，因为城镇居民在解决温饱后将把消费热点转移到住宅消费。

调查显示，房地产价格的变化，以及人均收入的变化，对我国商品房的需求量影响明显，因此，价格和收入是形成商品房风险的重要因素。通过对房地产需求弹性的分析，可得出结论：我国商品房的需求价格弹性、需求收入弹性都比较强。

4.3 房地产市场空置分析

房地产业作为我国经济的支柱产业，对拉动国内消费需求和提高国民经济增长速度都具有重要作用。从 1999 年开始，我国房地产业，特别是住宅产业呈现了明显的发展势头。然而在房地产产业繁荣的背后，商品住宅空置面积也在加速上升。房地产空置问题是动态的房地产市场不均衡的结果，过高的商品住宅空置面积不但会造成社会资源浪费，而且还会增加产生经济危机、金融危机的风险，必须加以重视。

4.3.1 空置的概念

空置（vacancy）包括房主房空置和出租房空置，一般是指可用于出售、出租但尚未出售和出租的房屋。房地产市场是一个动态的不均衡市场，空置问题是房地产市场不均衡的结果。对空置问题国内外房地产界还没有形成统一的理解和共识。国外学者将建筑物建成后一定时期（通常是一年），建筑物的整体和部分未得到使用，处于等待出租或出售的状态称为空置。反映房地产市场空置问题的最基本指标是空置量和空置率。空置量是指某一时刻空置房屋的数量，是绝对指标。空置率是指某一时刻空置房屋套数占全部房屋套数的比例。

从1994年起我国每年都统计空置商品房量，其计算方法是将每年截止到12月31日已经竣工的而未售出的商品房统计为空置商品房，是一个时点指标，并没有把已售出但没有入住的商品房及租出却空闲下来的计算在内。

目前空置率计算方法尚未统一，在房地产领域主要有三种方法：一是将空置量与全国的存量房总数对比；二是将空置房与五年的累计增量房对比；三是将空置房与当年的增量房对比。国外空置率是把增量房和存量房中的空置房作分子，分母是全社会的增量房和存量房总和，国际上空置率的警戒线一般在10%～13%。

根据我国现行要求，一般把竣工一年以内没有销售或出租的商品房视为待销商品房；竣工一年以上3年以内还没有销售或出租的商品房视为滞销商品房；竣工3年以上仍然没有销售或出租的，基本上是产品品质（户型，地段、环境等）问题，竞争力不足，这部分商品房应当视为空置积压房。根据国内多数学者看法，我国商品房空置面积的概念应是竣工3年以上仍然没有销售或出租的空置积压房面积和存量商品房中重新空置面积之和。

4.3.2 衡量空置的有关指标

要对我国城市商品房空置现象进行监测，必须建立一套存量商品房空置率指标。这套指标应由多个具体指标组成。包括城市商品房空置率（α），用以反映城市商品房空置量占城市商品房总量的比率；城市商品房待销率（β），用以反映当期商品房未销售且未出租情况；增量房空置率（γ），以此考察增量商品房转化为空置房的潜在发展趋势；以及综合以上三个指标的综合指标（δ）。

1.城市商品房空置率（α）

城市商品房空置率的计算公式为：

$$\alpha = k/z \times 100\% \tag{4-4}$$

式中：α——城市商品房空置率；

k——城市商品房的空置面积；

z——城市商品房总量面积。

空置面积中包括新建面积在3年以上没有销售或出租的部分，也包括存量商品房中重新空置的那部分未得到使用的情况，不包括拆迁还建、统建代建、公共配套、企业自用及周转房等不可销售和出租面积。这个指标局限于城市商品房，主要是用来反映城市商品房的使用情况，为考察城市是否需要商品房和需要多少商品房提供科学依据。可以看出，这个指标与国外同类指标的差异不会很大，因此，我们可以借鉴国外经济高速发展时期的数据横向比较来确定它的合理空置率区间；也可以通过我国这些年来的房地产数据纵向比较以确定它的合理空置率区间。

2. 城市商品房待销率（β）

城市商品房待销率的计算公式为：

$$\beta = d/j \times 100\% \quad (4\text{-}5)$$

式中：β——城市商品房待销率；

d——报告期待销商品房面积；

j——报告期竣工商品房面积。

待销商品房面积可用当年竣工面积减去当年销售和出租面积，排除不可销售和出租面积粗略得到。这个指标用来反映新建商品房的销售和出租情况，可以看出，城市商品房待销率是可以反映商品房当年的积压情况的，这个数据越大，说明房地产发展的潜在风险会越来越大。

3. 增量房空置率（γ）

增量房空置率的计算公式为：

$$\gamma = (d + b + k)/(x + k) \times 100\% \quad (4\text{-}6)$$

式中：γ——增量房空置率；

d——报告期待销商品房面积；

b——报告期滞销商品房面积；

k——报告期空置商品房面积；

x——报告期新建商品房面积。

空置房可以看成是以往年份的增量部分，因为仍然在参与市场的流通．故可以作为当期增量房的一部分加在分母当中：建立这个指标，以此监测增量房对市场的反应度，它是整个房地产业在经济短周期内繁荣或萧条的晴雨表。

4. 综合指标（δ）

要考察我国房地产市场发展的情况，就既要考虑存量商品房的使用情况，也就是存量商品房中空置率的大小；又要考虑增量房的销售出租情况，也就是滞销房、待销房对空置率的影响。因此可以综合这些因素，利用上述三个指标变量的几何平均数建立一个商品房空置综合指标（δ）为：

$$\delta = \sqrt[3]{\alpha\beta\gamma} \quad (4\text{-}7)$$

由于我国各个地区发展极不均衡，我国东部、中部、西部城市发展不平衡，大、中、小城市房地产发展处在不同的层次。不同城市房地产市场的效率不同，各种物业的空置成本不同，需求波动的幅度不同，上述指标只是一个全国城市的平均标准。这个指标合理空置率的大小是要随着所研究城市的地域性、层次性而改变。只有建立了不同物业、不同种类城市的空置率预警指标才对每一类城市的相关物业具有较强的指导意义。

4.3.3 我国房地产市场空置现状、成因及对策

我国目前城市土地和房产利用的现状是：一方面由于人口众多，用地和房产十分紧张，另一方面土地资源的浪费和房产的闲置又十分严重。由于我国国民经济的持续发展、城市化水平不断提高、居民住宅不断得到改善，以及城市建设步伐加快等四大支柱支撑房地产的发展，在今后很长一段时间内，我国房地产市场应该不会发生长期饱和。目前，全国城镇住房市场潜力巨大，虽然政府采取了多项措施拉动内需，但房地产空置率仍然偏高，房价仍然偏高，高空置率并没有制约高房价。我国房地产市场是处于从不成熟向成熟方向过渡的市场。近年来，房地产开发行业的暴利导致价格脱离市场基础持续上涨，抑制了人们的消费，空置率逐年升高，而空置率并没有反过来影响房价，出现了高空置率和高房价并存的现象。

1. 房地产高空置率的成因

造成目前房地产商品高空置率的成因是多方面的，主要原因有：

（1）房地产投机活动膨胀。

房地产作为一个先导性产业，一定程度的超经济发展是很正常的，但目前我国房地产却出现了过热的势头，其主要原因就是投机活动的介入。房地产本身的特点导致了房地产投机行为的产生。土地作为一种自然资源是不可再生的，随着经济的发展和人口的增长，可供开发的土地资源越来越少。经济学的常识告诉我们，当某种商品存在市场短缺时，该市场就存在获取暴利的基础。正是由于日益上涨的投机活动，在很大程度上导致了空置商品住宅的存在。因为投机活动在哄抬房价后，并没有成为最终的消费者，它不但没有消化空置商品住宅量，而且待房价高到一定程度时投机者要出售其投资性购买的住房，从而会导致更严重的商品住宅积压。而当投机商从某城市撤资时，当地商品住宅的空置面积也跟着不断上升。虽然现在国家有关部门和部分地方政府已制定了诸如“禁炒令”之类的法规限制投机炒房，金融部门也提高了向房地产行业提供信贷的门槛，但投机炒房到目前为止还未真正杜绝。

（2）房地产商品供给结构不合理。

对于目前房地产的供求状况，与全国城镇居民对住房的绝对需求相比，现有的供应量并没有过剩，但是从结构上分析，真正适合广大中低收入阶层的购买力，与他们的购买水平相适应的商品房供应不足。但是，由于房地产市场的不成熟和一些企业受利益的驱动，片面追求投资的高额回报，一些企业对高档写字楼、高档别墅情有独钟，结果造成在有限的区域内高档物业过剩。即使在同类物业中，结构性过剩的问题同样存在。在住宅建设中，一些黄金地段集中了很多开发商，而在一些相对偏一点的地段，由于价格水平还不高，少有开发商去投资，造成了地区性的结构失衡。

（3）房价偏高造成房地产商品有效需求不足。

这主要表现为居民的住宅购买力水平低，以及居民储蓄存款用于住宅消费的比例较低。

我国目前还是发展中国家，改革开放使居民的收入水平得到了迅速提高，但是，由于我国的国民经济正处于由传统产业向现代产业的过渡阶段，居民之间的收入差距在扩大，中低收入家庭日益成为城市居民中的主体。据中国社会调查事务所目前在北京、上海等城市开展的专项调查，人们对住房的需求，包括居住和投资的意识明显增强，但大量被调查者认为，使他们的需求得不到满足的主要原因是与收入相比房价过高，最迫切的要求是降低房价。

据调查显示，在当前我国居民储蓄存款中，大量储蓄存款的持有者属于中高收入者，他们大多已有面积较大的住房，一般不考虑购买商品住宅。而急需购买住房的需求者并不持有足够的储蓄存款。由此可见，真正用于住宅消费的居民储蓄并不多。

(4) 房地产商品销售障碍。

由于开发商片面追求利润而压低成本，造成施工队伍层层转包，在施工中偷工减料，加上开发商和监理单位监督不力，造成了很多严重的质量问题，在相当的程度上打击了一部分人的购房热情。

售中及售后开发商的短期行为使消费者丧失购买信心，在商品住宅销售时，部分开发商为获取超额利润通过虚假广告欺骗、坑害消费者；一些物业管理公司对业主巧立名目乱收费，对公用设施如地下室进行二次销售等这些恶劣行径令消费者望而却步。

2. 减少房地产空置的对策

减少房地产空置的对策主要包括：积极消化存量空置房地产商品、有效控制增量空置房地产商品数量。

(1) 积极消化存量空置房地产商品。

要积极消化存量空置房地产商品，必须首先建立合理的房地产价格体系，进行分割，分段租售，改变功能出售，搞活房地产二级市场，并提高居民有效支付能力，提高居民的房地产消费积极性。

①建立合理的房地产价格体系。

从影响房地产销售的因素分析，可以看出房价是房市发展的关键，现实的市场状况也充分说明这个问题。住房具有很强的地域性，各地因经济发展水平和居民消费水平不同，房价也会有较大差异，但与当地居民消费水平相适应、购买能力相匹配的原则却是一致的。因此，地方政府应进一步加强住房价格调控，清理整顿建设项目收费，建立合理的住房价格体系。

②分割，分段租售，改变功能出售。

对于规模较大的商业和办公楼宇，可以采用整体分割，分段出租、销售，改变功能，逐步消化。由于很多商业和写字楼集中上市造成的积压空置情况，因过去达企业大面积购房或租赁已很少有，取而代之的是大量中小企业，所以为了适应这种变化，可以将写字楼整体分割，分段出售。

③搞活房地产二级市场。

在商品房市场中，一级市场起导向作用，引导人们向住房商品化、社会化迈进。二级市场则决定着商品房市场的繁荣与萧条。如果没有二级市场的驱动作用，一级市场就活跃不起来。住房一级市场属于增量市场，而住房二级市场属于存量市场，两者之间的关系犹如一条河里的上游水和下游水。下游水如果流淌不畅，上游水就会由于得不到及时疏通而被抬高水位，造成堵塞。同理，住房级市场如果发展缓慢，就会造成住房一级市场的大量新房空置。因此必须加快开放和搞活住房二级市场。

④提高居民有效支付能力。

随着国家取消福利分房决定的公布，各大城市已先后宣布停止福利分房，并制定了相应的住房补贴标准，但有关标准似乎都是针对国家机关工作人员的，且真正落实兑现的并不多。对主要缺房者企业职工特别是困难企业职工怎么补贴，缺乏指导性和强制性的政策。因此必须采取措施及时把本该属于劳动者住房消费的部分纳入劳动者工资，以提高劳动者的购房支付能力。

⑤提高居民的房地产消费积极性。

要提高居民的消费热情，广开就业门路，切实抓好再就业工程，努力解决下岗职工再就业，维持城镇居民收入的相对稳定性是至关重要的一环。此外，消费者购买商品房心存疑虑，还有商品房市场存在太多的虚假成分的因素，要恢复消费者的信心，必须有实际行动。如天津市采取了“商品房以租代售，先试租住，再定购房”的措施，为消化积压商品房创造了良好的政策环境。

（2）有效控制增量空置房地产商品数量。

有效控制增量空置房地产商品数量，必须做到强化国家宏观调控。抑制房地产投机，适当控制房地产开发利润率，降低房地产生产成本，提高质量，并积极推动住宅产业化的发展。

①强化国家宏观调控，抑制房地产投机。

金融工具是国家宏观调控的重要手段，在当前房地产过热，投机行为盛行的情况下，提高贷款利率，可起到一定的抑制效果；同时控制流向房地产的资金总量，减少房地产的信贷规模，严格发行房地产股票、债券的审批程序，控制资金体外循环健全我国房地产税制，建立适应社会主义市场经济的要求，并能有效发挥宏观调控作用的新的房地产税制体系，抑制房地产投机行为。

②适当控制房地产开发利润率。

房地产行业历来部被人们公认为暴利行业。在有关部门公布的年度十大暴利行业中，房地产行业名列前茅。长期以来，房地产开发企业的利润率始终高于社会其他行业的平均利润率。这样一来，一些房地产开发企业对于投资的预期回报率期望很高，造成价格严重脱离消费者的支付能力，使一些商品房价格居高不下。所以必须把房地产行业利润率控制在合理的范围内。

③降低房地产开发成本，提高质量。

开发商普遍认为工程成本主要含在施工阶段，只要加强监控就可节约成本。为了做到这一点，费尽心血，采取多项措施来降低成本，但成效却并不大。问题的关键在于开发商忽视了对设计阶段的监控。研究结果表明，房地产项目初步设计阶段，影响工程造价的程度为75%，施工图设计阶段，影响工程造价的程度为25%～35%，施工开始，通过技术措施节约工程造价的可能性为5%～10%。这些数据充分说明开发商成本控制见效甚微的原因。设计单位往往对造价的控制意识不强，房地产开发企业应该在设计阶段就加强成本控制。

规划设计是提高商品房质量的首要环节。在商品房的规划设计方面还存在很多问题，从总的方面来讲，就是牺牲环境和功能，片面讲究经济效益。当前空置的商品房中很大部分是由于规划设计不合理造成的。相反有一些商品房地理位置不优越，大环境不是很好，但规划设计合理，营造了舒适的小环境，销路却很好。开发商品房应多在规划设计上下功夫，开发出适合老百姓需求的住房。对设计不合理的空置房，开发商应在技术允许的范围内优化设计，或重新定位，使其成为适销对路的商品房。

④积极推动住宅产业化的发展。

长期以来我国住宅建设的发展水平不高，住宅质量达不到设计要求和用户要求、使用功能差的问题一直得不到解决，而住宅建造的大量投入又使成本居高不下。住宅产业化旨在以标准化、工厂化大量生产的方式建造住宅，通过集约化的设计与施工，改善生产的条件与环境，提高住宅质量和住宅功能，同时使住宅的生产成本降低，使住宅真正达到物有所值，为住宅成为消费热点提供必要的条件。因此，住宅产业发展能有效降低房价，提升住宅功能和质量，能够引导住宅产业的健康发展，从而减少由于传统住宅生产方式的弊端导致的空置率问题。

4.4 房地产市场价格分析

4.4.1 房地产市场价格分类及其特点

房地产价格的概念十分广泛．它是建筑物价格和土地价格的统一，包括总成本和利润两部分。房地产价格种类繁多．不同的价格所起的作用不尽相同，估价的原则、依据和考虑的因素也不尽相同。

从价值角度考虑可以把房地产价格分为：市场价格、理论价格、评估价格等三种价格。市场价格是指房地产交易双方的实际成交价格；理论价格是指房地产的公允价值，其含义是预计一宗物业在竞争性的公开市场上于某个时点能够成文的合理价格；房地产评估价格是房地产估价部门对一宗房地产价值的评估。

房地产价格的估定方法有很多，最基本的三种方法分别为成本法、收益法、市场比较法，其中市场比较法应用最为广泛．它评估房地产价值的基础是房地产的实际成交价格。

房地产价格与一般物价既有共同之处，也有自身特有的属性。首先，土地作为自然物，其价格不由生产成本决定；其二，房地产商品具有巨大的保值性与增值性，房地产的保值性与增值性集中体现在土地上，而土地具有永续性，其本身不存在折旧。

4.4.2 房地产市场价格构成分析

房地产商品的价格主要由土地成本、建设成本、各类费用、各种税金和房地产开发企业利润五部分构成。

1. 土地成本

房地产开发的土地成本包括土地使用权出让费、拆迁补偿费等。不同的时期、不同的城市以及同一个城市的不同地段土地成本占商品房价格的比例也各不相同。

2. 建设成本

建设成本包括建筑安装工程费、配套公建及室外配套工程三部分。其中配套设施费包括管道、线路、绿化等设施和物业用房、幼儿用房等费用。配套设施费有逐年增加之势，这可能与绿化、景观、电子监控等增设有关。

3. 各类费用

各类费用主要包括各类勘察设计费、各类管理费用、各类政府收费、各类间接开发费用、投资利息等。

(1) 各类勘察设计费。

具体为规划设计费、施工图纸设计费。

(2) 各类管理费用。

具体为工程招标管理费、交易信息咨询费、施工企业管理费、质量监督费、造价管理费、劳保费、监理费等，约为造价的4.5%。

(3) 各类政府收费。

具体为综合开发管理费、规划管理费、土地测绘费、消防审查费、设计审查费、人防异地建设费、基础设施配套费、新型墙材费、散装水泥费、施工图审查费、水增容费、电增容费、煤气开户费、中水处理费等。

(4) 各类间接开发费用。

包括工资、职工福利费、折旧费、修理费、机物料消耗、办公费、低值易耗品、降温取暖费、水电费、劳动保护费、差旅费、财产保险费、检验试验费、周转房摊销等，约占商品房成本的3%～5%。

(5) 投资利息。

房地产企业在项目开发中对取得的贷款必须支付利息。假设某多层住宅建设周期为14个月，1～3年房地产贷款基准利率为年息5.76%，利率上浮5%，土地成本、开工前的各种费用在开工前一次投入，税金和间接开发费用不计利息，建设成本所需资金平均投入，而负担的投资利息约为157.22元。

4.各种税金

与商品房价格有关的税金为营业税、城市维护建设税、教育费附加、印花税以及土地契税等。

5.开发企业利润

开发企业项目毛利润一般在20%左右，项目净利润一般在10%～15%之间。

在房地产价格构成中，能计入房地产生产成本的有征地费、拆迁安置费、土地勘察前期工程费、住宅建筑安装工程费、小区公共配套设施费、管理费和贷款利息等。

总起来说，房地产商品价格可以用下面公式表示：

住宅商品房价格＝土地成本＋建设成本＋各类费用＋各种税金＋开发企业利润

4.4.3 影响房地产市场价格的因素

影响房地产价格的因素有很多，包括供需因素、经济因素、人口因素、物理与环境因素、社会因素、政策因素、心理因素、品牌因素、国际因素、不确定因素等。在这些因素之中，有的仅直接影响到某一具体房地产的价格，有的则在总体上影响某地区、某类房地产的价格水平，这些因素相互作用，形成具体的房地产市场价格。

1.供需因素

商品的供求关系对商品价格具有重大影响。当供不应求时，市场价格会上涨，从而导致供给量增加，需求量减少；当供过于求时，市场价格下跌，从而导致供给量减少而需求量增加。房地产市场同样受市场规律的支配。

2.经济因素

影响房地产价格的经济因素主要有国民经济发展水平、物价因素、城市化率等方面：

（1）国民经济发展水平。

国民经济发展水平对房地产需求的作用主要来自投资规模和国民收入水平。改革开放以来，随着国民财富的增加，必然会引起房地产需求的增加，而 GDP 的快速增长也促进了我国房地产业的发展。我国房地产需求呈快速增长状态，根据供求理论可以知道，房地产价格受这一因素的影响将呈上升趋势。

（2）物价因素。

物价上涨一般导致房地产价格上涨。物价与房地产价格互为因果关系。从一段较长时期来看，房地产价格的上涨率要高于物价和国民收入的增长率。

目前，我国人均 GDP 已达 1000 美元左右，居民收入的增加导致了消费结构的变化。人们的消费由以前的吃、穿转向了住、行、文化、娱乐等方面，房地产成为了重要的消费需求。因此我国的房地产需求量在不断增大，导致房地产价格上涨。在某些地区，住房从基本消费变成了投资或投机，致使房价一路上涨，并有进一步上升的可能。

（3）城市化率。

城市化率是指非农业人口占总人口的比例，目前，我国城市化率约 40%，根据近几年城市人口的增长率来看，每年不低于 1%。按此增长率的速度，到 2020 年，我国城市化率要达到 55%至 70%。也就是说，按照我国 2020 年 15 亿人口来计算，我国城市人口大概为 8.25 亿～10.5 亿，这意味着在未来几年内将有 3 到 6 亿农民从农村迁移到城市。城市化的发展对我国房地产需求的增长影响巨大，仅从这一因素来看，我国房地产需求的潜力是非常大的。这也势必对我国房地产价格的走势产生重大影响。即城市化水平的发展将促进房地产价格的上升。

3. 人口因素

随着人口数量的增长，外来人口的迁入，对房地产的需求必然增加，从而促使房地产价格上涨。反映人口数量的相对指标是人口密度，人口密度从两方面影响房地产价格。一方面，人口密度提高有可能刺激商业、服务业等产业的发展，提高房地产价格；另一方面，人口密度过高，人口、车辆骤增，街市人流拥挤、交通阻塞、空气污染等越发严重，生活环境有恶化趋势，有可能对房地产发展产生负面影响，房地产价格有降低的可能。

4. 物理与环境因素

物理与环境因素主要指反映房地产自身的物理性状与周围环境的因素对房地产价格的影响，如房地产的地质、地形、位置、通风、采光、建筑物外观、配套设施等。如临湖、沿江的地产最贵，地理位置好，价格就相当高；地段相对较偏僻的房产价格就低。

房地产周围的地理环境状况，是否有环境污染、声音污染等，周围的交通、购物等是否便利等也影响房地产价格。还有，诸如小区的环境、运动设施等都成了购房者考虑的重要因素。

5. 社会因素

影响房地产价格的社会因素主要是指政治安定状况、社会治安程度等。一般来说，政治安定、社会治安良好，会造成房地产价格上涨，反之，如果政治不安定、社会动荡，会造成房地产价格低落。

6. 政策因素

影响房地产价格的制度、政策因素主要包括土地使用制度与政策、住房制度与政策、城市发展规划等方面。

(1) 土地使用制度与政策。

在我国，土地拍卖制度正在日趋完善，在科学合理的土地制度和政策的保证下，可以制约开发商或投资者的积极性，带动土地价格适度涨落。目前国内商品房价格上涨除原材料价格上涨外，很主要的原因就是土地价格的上涨。

(2) 住房制度与政策。

合理的住房制度可以使房价一收入比保持合理，这能够促进房地产市场的繁荣。在经济运行中，要对房地产市场经济活动进行监督和调控，政府就要制定一些政策、法律和法规。政府住房政策对房地产价格的作用很大，随着福利分房制度的取消，与房地产市场完善。越来越多的购房者进入房地产市场，以前没有住房但近几年收入较高的阶层成为购房的主力军。

(3) 城市发展规划。

城市发展规划对房地产价格都有很大的影响，特别是城市规划中的规定用途、容积率、绿化率、建筑高度等指标，对房地产价格的影响很大。

7. 心理因素

每个城市的居民都有不同的购房心态，很多人购房的从众心理比较重，“人气”越旺的房产，购房者越活跃，相反，就越冷淡。

8. 品牌因素

在房地产市场中也同样存在品牌的竞争。在消费者心中认为大企业有实力，信誉良好，质量有保证，他们的楼盘房价虽高，但销售情况很好。小的房地产企业在激烈的竞争中，很多逐渐被淘汰出局。人们购房也开始注重房产的品牌。

9. 国际因素

我国的经济发展状况会受到国际形势的影响，房地产市场同样会受到国际经济状况、军事冲突、政治对立、经济竞争的影响。

10. 不确定因素

影响房地产价格的因素除了上述几类之外，还有一些其他不可预见的因素，如出现自然灾害、突发事件等，有的房地产商发生资金调度困难，也可能出现将手中的房地产以低价出售等情况。

在房地产市场上，当房地产供给量与需求量相等时，就实现了房地产市场的均衡。房地产市场的均衡价格是其供给曲线与需求曲线的交点，如图 4-5 所示，房地产的供给曲线 S 与需求曲线 D 交于 E 点，E 点所对应的价格 P_E 就是此时房地产的均衡价格，E 点所对应的数量 Q_E 就是此时房地产的均衡产量。

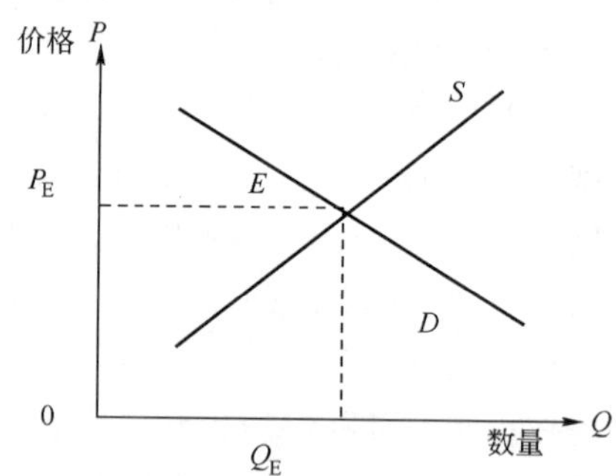

图 4-5　房地产均衡价格的决定

4.4.4　我国房地产市场价格现状及应对措施

近 10 年来，我国房地产价格定位的发展，大体经历了以下阶段：从 1998 年至 2000 年，我国房地产市场正处于复苏阶段，商品房的售价基本是以成本为基础，加上合理的利润。2001 年至 2003 年，商品房的售价在相当程度上是和市场供求联系在一起，既反映房地产成本，又反映房地产供求。

2004 年以来，我国房地产价格迅速上涨。这集中表现在：一方面是接近 30% 的房地产投资增长速度；另一方面又是不断攀升的房价。统计资料显示，2004 年新建商品房平均销售价格上涨 14.4%，其中商品住宅上涨 15.2%，创下 1998 年以来房价的最高涨幅。

1. 近年来我国房地产价格迅速上涨的特征

近年来我国房地产价格的这一轮迅速上涨具有以下特征：

(1) 房地产价格持续上涨

据国家统计局统计，2004 年全国商品房价格大幅上涨，商品房平均销售价格同比增长 14.4%，涨幅比 2003 年提高 10.6%。2005 年、2006 年房价涨幅有所回落，但 2005 年全国 70 个大中城市商品房平均销售价格上涨幅度仍为 7.6%，2006

年全年价格涨幅仍达5.5%；其中，2006年第四季度，全国70个大中城市房屋销售价格上涨5.3%，新建商品住房销售价格同比上涨6.2%；房屋销售价格涨幅比第三季度低0.2个百分点；环比上涨0.5%，涨幅比第三季度高0.1个百分点；新建商品住房销售价格与去年同季相比，经济适用房、高档住房销售价格分别上涨1.5%和6.6%，涨幅比第三季度有所降低；而普通住房销售价格则上涨6.5%，涨幅比第三季度高0.4%；非住宅商品房销售价格同比上涨4%，涨幅与第三季度基本持平。从总体上看，截至2006年，我国房地产价格上涨依然较快，价格仍处在高位，与普通消费者的承受能力仍有较大差距。

(2) 房地产价格上涨趋势呈蔓延态势

据国家发改委、国家统计局对35个大中城市的调查显示：2003年35个大中城市仅有上海、宁波和青岛三个东部城市的房屋平均销售价格涨幅在10%以上，而2004年，35个大中城市中就有9个城市房屋销售价格涨幅在10%以上，它们分别是青岛、南京、杭州、沈阳、济南、宁波、上海、成都、重庆等城市，房价的上涨趋势从东部地区向中西部地区蔓延开来。2006年，在宏观调控措施影响下，房屋销售价格涨幅仍然较快的城市有深圳、北京、福州、厦门等城市，仍然呈蔓延态势。

(3) 土地交易价格的涨幅较快

2002年至2004年，我国土地交易价格涨幅分别为6.9%、8.3%、10.2%，与同期房屋销售价格涨幅的3.4%，4.8%、9.7%相比，土地交易价格的涨幅持续高于同期房屋销售价格的涨幅。2004年土地交易价格增幅为10.2%，达到历年最高。2005年一到四季度，全国土地交易价格价格分别比2004年同期增长7.8%、10.7%、9.8%、7.9%；2006年第四季度土地交易价格又比2005年同期增长6.1%。显示出，我国土地交易价格涨幅依然较快。

2. 房地产价格迅速上涨的成因分析

造成这一轮房地产价格迅速上涨的成因，主要有地产市场需求增长强劲，市场需求过旺，房地产市场供求矛盾突出，供应结构不合理，土地价格上扬，房地产开发成本上升，房地产行业盈利能力和价格控制能力较强等原因。

(1) 房地产市场需求增长强劲，市场需求过旺

近年房地产市场需求增长强劲，市场需求过旺。2006年1至11月，全国商品房销售面积4.6亿平方米，同比增长12%。其中，商品住房销售面积4.16亿平方米，同比增长12.6%。房地产市场需求增长强劲的原因主要有：

首先，经济持续快速健康的发展和人民收入水平的提高，增强了居民的实际购房能力。其次，为鼓励居民住房消费，实施积极的税收政策和金融政策有效激发了购房需求，支持住房市场上合理需求的增加；第三，城镇化进程加速、大规模城市

改造和居民拆迁，使住房的被动性需求增加；最后，商品房投资和投机需求的增加是导致房价上升的重要原因，我国的投资渠道很少，储蓄投资与住房投资相比收益较小。因此，居民的闲散资金大部分就流向商品房市场，近年来，我国房地产贷款增速进一步提高，开发贷款增速较快。2006 年末，全国商业性房地产贷款余额 3.68 万亿元，比年初增加 6653 亿元。其中，房地产开发贷款余额 1.41 万亿元，比年初增加 2996 亿元，增速比上年同期快 10 个百分点；购房贷款余额 2.27 万亿元，比年初增加 3630 亿元，增速比上年同期快 3.3 个百分点。大量资金的进入，导致对住房的投资增加，而近年房价的快速上升也吸引了投机者的入市，使得房地产市场上购房需求增加。

(2) 房地产市场供求矛盾突出，供应结构不合理

2000 年以来，全国商品房销售面积增幅连续 5 年大于竣工面积增幅，2004 年以来采取的紧缩信贷和紧缩土地供应的宏观调控政策，限制了商品房的供应数量，更加剧了商品房市场的供求矛盾。

除供给总量存在不足外，商品房市场还存在供应结构不合理的现象。具体表现在以下三个方面：一是目前存量房市场发展缓慢，供给短缺，住宅市场主要以增量开发为主，大多数城市的存量房交易量仅在 10％～30％之间。此次宏观调控中政府采取行政手段限制期房转让，意在减少短期炒楼行为，调节供求矛盾，但期房不能交易，使得本来就发展滞后的存量住房市场供应量更加下降，加大了住房供需缺口，导致存量住房和增量住房的价格上涨，进一步推动了房价的上扬。二是流动人口的大量存在，决定了住宅租赁市场的需求旺盛。但租赁市场的低效导致大多数居民还只能通过买房解决居住问题，导致住宅增量市场的需求过度旺盛；三是商品房增量市场中中小套型、中低价位普通商品住房和经济适用住房供应比例偏低。

房地产市场的结构性矛盾导致我国住房销售上升的同时，商品住房空置面积也在上升，2005 年以来房地产空置率快速上涨，截至 2006 年 11 月底，全国商品房空置面积 1.24 亿平方米，同比增长 7.9％；其中，商品住房空置面积 6723 万平方米，同比增长 6.4％。

(3) 土地价格上扬，房地产开发成本上升

国家宏观调控后，开发商拿地的成本大幅度增加。与此同时，国家采取的暂停半年农用地转用审批、土地整顿、提高征用土地费用标准等措施，在遏制房地产等用地快速扩张势头、挤出土地交易环节价格泡沫的同时，也推动了土地价格的上扬。土地交易价格上涨自然增加了住房开发成本，总体上拉动了商品房价格上升。另一方面，房屋品质提高，钢材、水泥等建材价格上涨，贷款利率调整、融资成本加大等多种因素影响下，开发建设成本明显增加，对房价的上涨起到了推波助澜的作用。

(4) 房地产行业盈利能力和价格控制能力较强

目前，我国房地产行业盈利能力和价格控制能力较强。房地产宏观调控提高了房地产行业的准入门槛，提高了行业的集中度。“2006 中国房地产百强企业研究”报告显示，房地产百强企业 2005 年总体资产规模水平呈上升趋势，并出现了一批大型企业。其中，总资产规模超过 100 亿元的有 15 家，超过 200 亿元的有 7 家。百强企业 2005 年实现销售额 2384 亿元，占全国市场份额的 18.06%；比 2004 年的 13.49%、2003 年的 8.43%有较大幅度上升。在“百强”企业中，综合实力排名前十位的企业 2005 年实现销售额 686.62 亿元，占全国市场份额的 5.2%，分别较 2004 年、2003 年增长了 35.84%、92.45%，市场份额呈现逐年递增的趋势。研究显示，中国房地产行业资源开始逐渐向大型房地产企业集中。百强企业 2003—2005 年连续 3 年的年均销售额增长率为 61.4%、年均主营业务收入增长率为 49.35%、年均净利润增长率为 50%，增长率处于 30%～50%的企业最多。行业的盈利能力不仅没有削弱，反而有逐渐增强的趋势。

3.解决房地产价格上涨过快的政策措施

根据国际经验，当人均 GDP 处于 1000 美元至 8000 美元之间，是房地产需求迅猛扩张的时期。目前，我国人均 GDP 为 1000 美元左右，开始进入房地产需求迅猛扩张期。同时，中国正处在城市化快速发展阶段，无论是从新增城市人口的角度看，还是从城市居民改善住房的角度看，未来数十年，我国房地产业都面临着一个巨大的发展。要保持房地产业的持续、健康发展，就必须解决目前房地产价格上涨过快的现象。针对我国房地产投资过热、房价增长速度较快的问题，我国政府在 2003 年对金融信贷实施了宏观调控，随后一系列的宏观调控政策相继出台：2004 年以来，又采取了紧缩信贷、紧缩土地供应、运用市场化方式加息、提高住房信贷利率等政策，房地产投资规模过大和房地产价格上涨过快问题被列为重点调控对象，七部委联合下发了《关于做好稳定住房价格工作的意见》。在宏观调控措施影响下，房地产投资过热现象得到了一定抑制，但要让这些政策、措施落到实处，发挥应有的作用，还必须在以下方面进行努力：

(1) 坚持住房市场化方向，进行结构调整，缓解房地产供需矛盾

政府当前调控住房供应的主要任务就是要通过调整住房供应结构，以结构优化促进总量调整。一方面，适当控制别墅和高档住宅等项目建设，加快中低价位普通商品住房建设，加强经济适用住房建设和管理。另一方面，通过税收和金融政策，鼓励和支持普通商品房建设，抑制大户型高档住房建设。由于住宅档次的需求随区域、群体差异而有所不同，各地政府也就应差别化调整住房结构，引导住宅市场的健康发展。同时，为适应现代化建设发展，各地政府应确定好经济适用房的建设量，坚持住房市场化，更多地发展普通商品住房。

(2) 加强土地管理，降低房地产总成本

政府应对建设用地总量进行严格控制，抓好闲置土地清理和利用。严格执行闲置土地的开发期限，打击开发商囤积土地的行为，加强土地增值税的征收，限制以投机为目的的土地交易；盘活土地存量市场，通过对土地存量和增量的调控来控制土地供应。针对不同结构的住房商品应采取相应的土地出让方式，如对于普通商品住房的供应，建议通过招标方式而不是拍卖方式出让土地，避免土地供应价格上涨推动普通商品房价格的上扬；确定合理的土地价格，对竞拍土地的最高报价采取限制措施，防止土地价格的过快上涨，以保持房价的平稳。

(3) 发展多元化融资渠道，加快房地产金融创新

政府出台的新房贷政策限制了投机，同时也限制了住房金融的融资途径。为了增加住房的有效供给和有效需求，政府应鼓励发展多元化的住房融资渠道，加快金融创新步伐。支持各种中外金融机构推出证券、基金、信托投资等金融品种向社会直接融资，推出多样化的个人住房抵押贷款方式以满足不同层次收入家庭的住房需求。对房价比较高的地区发放住房补贴、推行住房公积金制度等措施增加个人购房的即期支付能力。

(4) 完善信息发布制度，推行即时合同备案与实名制购房

尽快建立房地产信息发布制度，正确引导新闻媒体的舆论导向。通过定期和不定期的信息发布，为政府实施科学决策提供服务，引导开发商理性开发，购房者理性消费。逐步对房价的心理预期恢复正常，防止房价的大起大落，保证我国房地产市场快速、健康、协调发展；已经建立房地产信息系统的城市，要通过网上签约等措施，抓紧推行预（销）售房屋的即时合同备案和实名制购房措施。

(5) 加强监督管理，加大政策执行力度

政府应继续执行各项宏观调控政策和加大政策执行力度，尤其是要加强对房地产开发经营管理的政策监督、市场整顿力度、立法执行力度和土地制度执行力度。目前没有发生房价大幅上涨的地区，地方政府和有关部门同样应对房地产市场予以重视，警惕房地产投机资金的区域性转移。在“有保有压、区别对待”的原则下，防止住房开发投资规模和价格增长出现反弹，尽快使住房价格上涨过快的现象得到有效的控制。

[案例]　CREIS 中房指数北京 2005 年 5 月月度报告

2005 年 5 月北京住宅指数为 1202 点，比 4 月指数上升 11 点。Hedonic 指数 2005 年 5 月则是下降了 2 点，反映了北京住宅市场纯粹供求关系的变化，2005 年 5 月北京住宅指数与 Hedonic 指数（Hedonic 指数是指剥离物业等特征对于房价的影响，得到只受时间影响的纯粹价格指数），及其与 2005 年 4 月的对比如表 4-1 所示。

2005 年 5 月北京住宅指数与 Hedonic 指数 表 4-1

住 宅 指 数			Hedonic 指 数		
↑	4 月	5 月	↓	4 月	5 月
11	1191	1202	2	535	533

数据来源：中国房地产指数系统（CREIS）。

受国家对房地产业宏观调控政策的影响，北京的住宅指数有所回落，5 月份虽然比 4 月份上升了 11 点，但仍低于年初 1～3 月份的指数水平。另一方面，在住宅指数上升的同时，Hedonic 指数却略有下降，表明 5 月住宅指数主要是受区位好或结构、环境特征比较好的高品质楼盘的拉动而上升的。自 2005 年 1～5 月北京住宅指数与 Hedonic 指数及其的变化曲线如表 4-2 与图 4-6 所示。

2005 年 1～5 月北京住宅指数与 Hedonic 指数 表 4-2

	北京住宅指数	Hedonic 指 数
2005 年 1 月	1224.15	511.28
2005 年 2 月	1221.90	507.49
2005 年 3 月	1227.51	524.03
2005 年 4 月	1190.74	535.11
2005 年 5 月	1201.56	533.38

数据来源：中国房地产指数系统（CREIS）。

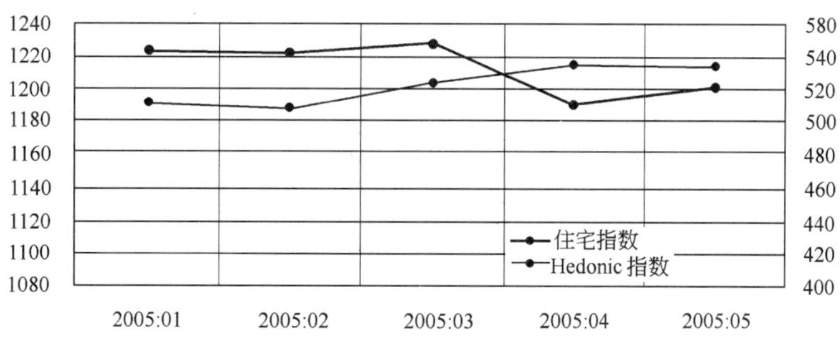

图 4-6 2005 年 1～5 月北京住宅指数与 Hedonic 指数

数据来源：中国房地产指数系统（CREIS）

从更长时期的变化来看，自 2000 年 12 月至 2005 年 5 月北京住宅指数的变化曲线如图 4-7 所示。

1. 北京住宅指数持续走强的原因

分析 2000 年以来，北京住宅指数持续走强的原因，主要有：

(1) 地区经济环境的良好势头是强大的后盾。

北京市 2005 年 1～4 月份经济各指标的同比增长，以及 4 月的环比增长表明北

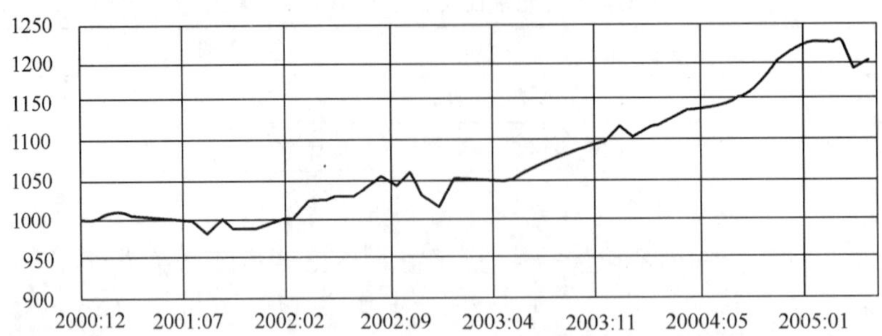

图 4-7　2000 年 12 月至 2005 年 5 月北京住宅指数

数据来源：中国房地产指数系统（CREIS）

京经济发展高速而稳定。经济水平的增长，2008 奥运会的临近，奥运经济拉动投资吸引力的增加，人民生活水平的不断提高，可支配性收入的增加都为住宅市场提供了强有力的需求保障。人们对生活品质的要求越来越高，也在带动北京商品住宅的品质提高。

(2) 政策是市场变化的重要原因。

在 2005 年初 3 月份的两会上决定把稳定房价作为今年全国工作重点以后，关于房地产行业的宏观调控政策纷纷出台。在 5 月份，11 日国务院办公厅转发了建设部等七部委《关于做好稳定住房价格工作的意见》。目前开发商和购房者对于宏观调控中的房地产市场普遍持观望的态度。从图 4-6 和图 4-7 中可以看到，虽然中房住宅指数有所上升，但反映市场供求关系变化的纯粹价格指数——Hedonic 指数是小幅下降的。5 月全市商品住宅的预售登记套数和成交面积均减少 4 成多，除了登记数为零的区域，其他区域均有明显减少。同时市场也相对平静，多楼盘对外叫价小幅增长，也没有对市场影响较大的楼盘出入市。

2. 商品房市场与商品住宅市场

(1) 商品房市场。

2005 年 1～4 月份实现总施工面积 6670.2 万 m^2，同比增长 10.03%；新开工面积 512.1 万 m^2，同比下降 17.24%；竣工面积 516.5 万 m^2，同比增长 60.45%；销售面积 498.6 万 m^2，同比增长 32.36% ；销售额 272.90 亿元，同比增长 54.22%。

2005 年 4 月实现总施工面积 1061 万 m^2，环比下降 46.02%；新开工面积 176.7 万 m^2，环比下降 36.11%；竣工面积 202.9 万 m^2，环比增长 72.93%；销售面积 144.8 万 m^2，环比下降 21.19%；销售额 88.5 亿元，环比增长 13.96%。

(2) 商品住宅市场。

2005 年 1～4 月份实现投资 134.44 亿元，同比增长 2.47%；施工面积 4555.9

万 m^2，同比增长 8.89%；新开工面积 334.1 万 m^2，同比下降 28.4%；竣工面积 399.5 万 m^2，同比增长 57.0%；销售面积 463.3 万 m^2，同比增长 31.2%；销售额 236.52 亿元，同比增长 50.6% 。

2005 年 4 月商品住宅新开工面积 110.6 万 m^2，比去年同期下降 54%，比 3 月份下降 41%。2005 年 4 月商品住宅销售面积为 136.1 万 m^2，比 3 月份减少 38.5 万 m^2；2～4 月商品住宅的销售面积、竣工面积均比去年同期有所增长。2005 年 4 月，商品住宅开发投资额为 50.8 亿元，与 3 月基本持平，但比去年同期有所降低；2～4 月份，商品住宅的投资额基本与去年持平，与此相反的是，商品住宅 2～4 月份的销售额却比去年同期有大幅增长，其中 2、3 月份的销售额同比增长率都超过了 60%。

3. 分区域商品住宅情况分析

2005 年 5 月，北京市商品住宅预售登记共 13302 套，其中朝阳区有 7239 套，约占总套数的 55%，独占鳌头。5 月份，商品住宅预售登记套数比 4 月份减少 12161 套，其中朝阳区，比 4 月份减少 3404 套。

从表 4-3 可以看出，2005 年 5 月北京市商品住宅中，朝阳区的对外叫价最高。以下按价格高低依次为：海淀、顺义、其他、昌平、丰台、大兴、通州。“其他”区域中涵盖商品住宅叫价高、中、低的区县，如价高的东城、居中的宣武、较低的房山等；因这些区县商品住宅量较少，故不独立出来统计。

北京市各区域 2005 年 5 月与 2005 年 4 月商品住宅对外叫价表 表 4-3

区　域	2005 年 5 月对外叫价（元/m^2）	2005 年 4 月对外叫价（元/m^2）
朝阳	9329	9308
海淀	8958	8776
丰台	5631	5657
通州	3831	3824
大兴	5491	5423
昌平	6562	6407
顺义	8191	7966
其他	7012	7182
全市	7324	7294

数据来源：中国房地产指数系统（CREIS）

与 4 月份相比，北京市商品住宅对外叫价在 5 月小有增加，增加 30 元/7m^2。就各区域来看，除了丰台、其他区域略有下降外，其他各区也是小有增加。

本章小结

房地产价格受到房地产供求关系的重要影响。房地产供给，可以分为宏观和微观两个层次，从宏观的角度来看，房地产的供给是指房地产总供给量，是指在某一时期内，在某一价格水平下，全社会房地产供给的总量，具体可分为住宅、写字楼、商业物业、工业与仓储物业、休闲、娱乐、宾馆物业等类型。影响房地产市场供给的因素主要有房地产商品价格、房地产开发成本、政策因素、房地产开发商对未来的预期等。房地产需求是指在一定的时期内，在某一价格水平下，房地产的消费者在市场上所愿意而且能够购买的房地产数量。它包括对住宅、写字楼、商业用房、工业厂房和其他物业的生活性消费、生产性消费和投资性消费的需求。房地产市场的需求影响因素主要有房地产价格水平、居民可支配收入、国家宏观政策、房地产消费者对未来的预期、城市人口数量和结构等。

房地产的供给价格弹性表示在一定时期内，房地产商品供给量的变动对于房地产商品价格变动的反映程度。房地产需求弹性是指在其影响因素变化时，需求量变化的具体量度。主要包括价格需求弹性和收入需求弹性。房地产商品的供给弹性通常小于其需求弹性。

房地产市场是一个动态的不均衡市场，空置问题是房地产市场不均衡的结果。一般将建筑物建成后一定时期内，建筑物的整体和部分未得到使用，处于等待出租或出售的状态称为空置。反映房地产市场空置问题的最基本指标是空置量和空置率。衡量房地产空置的主要指标有城市商品房空置率、城市商品房待销率、增量房空置率等。

房地产价格的概念十分广泛，它是建筑物价格和土地价格的统一，包括总成本和利润两部分。从价值角度考虑可以把房地产价格分为：市场价格、理论价格、评估价格等三种价格。房地产商品的价格主要由土地成本、建设成本、各类费用、各种税金和房地产开发企业利润五部分构成。影响房地产价格的因素有很多，包括供需因素、经济因素、人口因素、物理与环境因素、社会因素、政策因素、心理因素、品牌因素、国际因素、不确定因素等。

思考题

1. 房地产市场供给有哪些类型？各有什么特征？
2. 影响房地产市场供给与需求的因素各有哪些？
3. 为什么说，通常情况下，房地产商品的供给弹性小于其需求弹性？
4. 衡量房地产空置的指标有哪些？各有什么特点？
5. 房地产市场价格由哪些部分构成？影响房地产市场价格的因素有哪些？你认为应该怎样解决目前我国房地产价格上涨过快问题？

参考文献

[1] 饶高营．影响房地产价格因素的研究，中国住宅设施，2006（3）．

[2] 上海房地产波动规律研究课题组．上海房地产市场特征研究．上海房地产，2003（7）．

[3] 唐啸峰．对我国房地产开发市场需求弹性的分析．蜀都房地产，2000（5）．

[4] 李建国，陈章喜．城市商品房空置的预警指标设计．统计与决策，2004（3）．

[5] 欧阳新．我国商品住宅空置率现状研究与对策．市场周刊，2004（8）．

[6] 谢水万．浅谈房地产投资中的几个理论问题．经济咨询，2005（3）．

[7] 陈薇薇．商品房价格构成分析．上海房地产，2005（9）．

[8] 吕天宇．浅析商品房价格构成及其走势．山东房地产，2005（4）．

[9] 郑思齐，刘洪玉．如何正确衡量房地产价格走势．中国房地产，2003（3）．

[10] 孔煜，魏锋，任宏．调控我国房地产价格的政策选择．价格理论与实践，2005（9）．

[11] 许经勇，马原．当前房地产价格走势与宏观调控策略选择．经济学家，2005（5）．

[12] 赵丽一．CREIS中房指数2005年5月月度报告．卓越理财，2005，（7）．

[13] 周江，陆红生．浅析我国房地产经济波动的特征和成因．中国软科学，2001（7）．

[14] 中国房地产估价师协会．房地产估价理论与方法（第二版）．北京：中国物价出版社，2003.

[15] 高鸿业．西方经济学（微观部分）（第三版）．北京：中国人民大学出版社，2004.

[16] 刘碧云．经济学．南京：东南大学出版社，2002.

[17] 曹振良，等．房地产经济学通论．北京：北京大学出版社，2003.

[18] [美] 麦肯齐，贝兹著．张友仁译．房地产经济学（第四版）．北京：经济科学出版社，2003.

[19] [美] 卡恩等著．张红译．房地产市场分析：方法与应用．北京：中信出版社，2005.

第5章 房地产客户购买行为分析

现代营销观念的核心是满足消费者的需求，但要了解消费者心理及其购买行为并不容易。研究消费者购买行为，首先要掌握购买者需求及其行为模式。然后，再进一步研究影响购买者行为的各种因素。最后，具体研究购买决策过程的各个阶段。对房地产消费者需求及其行为的研究是房地产企业市场研究的核心内容，也是房地产企业制定市场营销计划的出发点，更是房地产市场营销活动成功与否的关键。

5.1 房地产客户购买行为模式

房地产消费者购买行为是指消费者个人或家庭为了满足自己物质和精神生活的需要，在某种购买动机的驱使下，用货币换取所需房地产商品的活动。

人的行为是受人的思想、情绪、感情、能力和行为动机等心理活动支配的，心理学家认为，人们行动的动机是一种内在的心理活动过程，看不见、摸不着，消费者购买行为源于购买动机，而购买动机又产生于需要，需要又是由内、外部刺激引起的。

营销刺激是指房地产企业销售活动的各种可控因素，即“4P”，产品、定价、销售渠道和促销。其他刺激指购买者所处的环境因素（如政治、经济、技术、文化、社会）的影响，如国内政治经济形势变化，币值的波动，失业率的高低等，这些外部刺激通过购买者的心理活动产生反应即购买行为。

购买者的行为模式由三部分组成，如图 5-1 所示。第一部分包括企业内部的营销刺激和企业外部的环境刺激，它们共同作用于消费者以期引起消费者的注意；第二部分包括购买者特征和购买决策过程。不同购买者因其特征不同，对同一种刺激的理解和反应也不相同，因而会产生不同的购买行为。购买者的决策过程也会影响购买者的最后决定；第三部分是购买者的反应，是消费者购买行为的外显部分，是前面各种因素综合作用的结果。

作为一种人的有意识的行为，完整的房地产购买行为研究通常包括以下六项内容：

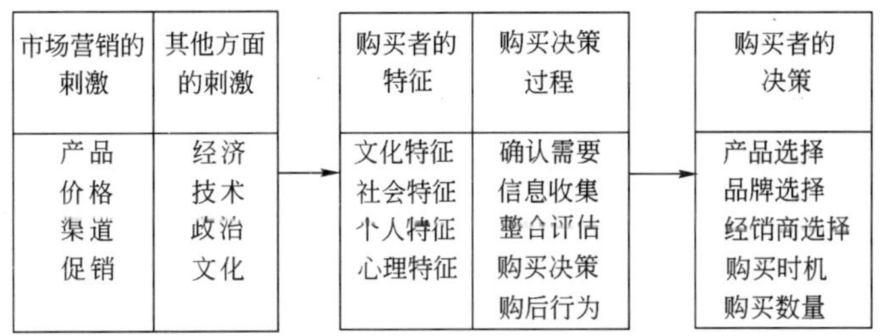

图 5-1 购买者行为模式

5.1.1 哪些客户来买房地产（who）

这是指房地产商品的购买者是谁，即购买主体（organizations）和购买行为的人，也是支付货币、换取房地产商品的人。

1. 购买主体

从房地产商品本身出发，即要将房地产卖给什么样的消费对象，解决一个消费者层次定位的问题。例如，高档商住楼经营的对象主要是在这一地区设立办事处或分公司的外省市的大型企业。商住楼既可以办公，又可以解决外地工作人员的住宿问题，而高档又决定了必须具有一定实力的较大企业。又比如高标准的公寓主要面向的消费者对象可能是高收入阶层，如外资企业的高级职员、成功的企业家等。同时由于房地产商品所具有的价值高的特点，在购买行为的过程中还存在许多参与者，这里的重点是对消费者和购买行为进行描述的第一步，也是最重要的一步。它为房地产营销人员进行营销策划、划分最终的目标市场提供了依据。

2. 购买主体类型

由于消费者所受的教育、文化修养、处事方式存在差异，即使确定了主要消费对象，这些消费对象的各个个体之间也存在很大的差异。因此，仅仅确定主要消费者还是远远不够的，还应该对消费者进行分类，以便在活动中采取正确的策略来加以突破。一般来说，房地产商品的消费者可以大致划分为以下几类。

①成熟稳健型。这类消费者通常具有丰富的房地产知识和投资经验，对房地产商品本身以及市场信息相当了解，与营销人员洽谈时，深思熟虑，冷静稳健，遇到疑点，一定会追根究底，不容易被营销人员说服。在对待这类消费者时，要实事求是，以获取消费者的理性信任。

②谨慎小心型。这类消费者的特点是仔细地研究售楼书等文件，对营销人员的介绍和提问，反应冷漠，出言谨慎。对待这类消费者，营销人员先不要急于推销楼盘，态度要诚恳、亲切，消除消费者的怀疑，先争取消费者的信任和依赖感，然后

再向消费者介绍楼盘的情况，可以事半功倍。

③犹豫不决型。这类消费者往往对楼盘的要求并不高，但优柔寡断，反反复复，觉得这个也不错，那个也可以。对待这类消费者时，营销人员的态度要坚决、以专家的自信帮助消费者下定决心。

④欠缺经验型。这类消费者往往初次购房，对房地产可能一无所知，由于缺乏经验、信心不足、也不易作出决定。对待这类消费者时，营销人员要细致耐心，不厌其烦地向消费者解说，提供具有说服力的证据，态度尤其要诚恳，以免消费者产生压迫感和恐惧感。

5.1.2 客户购买什么样的房地产（what）

这是指消费者想要购买哪种套型、式样、价格等的房地产商品，即购买对象(objects)。由于消费者所处的社会环境、经济条件不同以及心理因素的作用，消费者所需购买的房地产也是多样的。例如，新婚夫妇可能需要一室一厅，三口之家可能需要二室一厅等，同时由于受到经济条件的制约，在购买房地产的区位上也会有所选择。例如，在商业活跃，规模迅速扩大时，市场可能对商业用房的需求上升。地区经济发展水平迅速提高时，市场可能对办公用房的需求上升。当居民生活水平迅速提高时，市场对住宅的需求上升。从房地产市场方面看，有住宅、商场、写字楼、宾馆、厂房等多种类型的商品，每一种类型又可细分为其他许多种类。通过对消费者需要购买什么样的房地产的研究分析，可以使房地产企业及时正确了解消费者的需求，适时推出合适的房地产商品。

5.1.3 客户为什么要买房地产（why）

这是指房地产消费者的主导动机或真正的动机是什么，即购买原因（objectives)。不同的房地产消费者购买房地产的动机不同，就是同一个消费者，在不同时期购买房地产的动机也不相同。为什么要购买这一区位、这一类型的房地产，消费者购买房地产，除了满足生理的、自然的需要外，社会因素、经济因素、心理因素又在起着什么样的作用呢？房地产市场营销人员必须熟悉消费者购买动机的形成过程，才能有针对性地引导他们购买自己公司的房地产产品。

为了帮助市场营销人员了解一般消费者购买产品的动机，我们将它分为与产品有关的动机和与购买者有关的动机两类。

①产品动机。消费者决定购买房地产商品的原因可以从“感情”和“理智”两方面来分析。感情动机是指由生理的与精神的感觉、感情所引起的购买愿望。它大致可归纳为以下几种情感：骄傲与野心，竞争或好胜，尝新的欲望，舒适的欲望，娱乐的欲望，感官的满足，种族的保存，占有欲，好奇心与神秘感的满足以及个人

特殊的偏好等。理智动机是指由实际利益引起的购买动机。它同感情动机的主要区别就在于，它应用的是判断力或推论，而不是凭借感情。理智动机主要考虑使用方便、可靠、服务良好、经济耐用等。

②地点动机。地点动机是指消费者为什么选择这区位的房地产产品而不涉足其他区位的产品动机。它主要考虑以下内容：地点便利、节省时间、配套设施良好、质量优良、样式新颖、售后服务良好、提供优惠的信用条件、炫耀身价等。

5.1.4 客户如何购买房地产（how）

这是指房地产消费者购买商品时的货币支付方式，即购买方式（operations）。消费者可以选择一次性支付或分期付款的方式，并可选择现金支付或银行转账支付等。不同的货币支付方式，房地产消费者所承担的商品价格也不一样。消费者购买房地产的方式，不仅会影响市场营销活动的状态，而且还会影响房地产产品的设计以及营销计划的制定。例如，消费者拥有足够的支付能力，会一次性付款。而当消费者支付能力不足时，消费者将以分期付款或按揭方式购买。消费者的具体购买方式受到许多因素的影响，房地产企业营销人员应对这些购买方式有充分的考虑和预算。

5.1.5 客户在什么时候买房地产（when）

这是指消费者将在什么时间购买房地产，即购买时间（occasions）。消费者购买商品往往有一定的时间性、季节性，房地产商品的购买时间一般与购买者的工作性质和生活习性、季节变化等有直接联系。研究消费者在什么时候购买或者是在什么时候更愿意表示购买的愿望，有助于营销策划人员选择最合适的时机将楼盘推向市场。例如，夏天天气炎热，消费者不太愿意冒酷暑外出选购。双休日、节假日，询问、选购房地产的消费者要较平时多许多。在元旦、春节、劳动节、国庆节前后结婚的人较多，在这之前的几个月，年轻人可能购买婚房。每年的年中和年末，企业发奖金，消费者可能持有较多货币，在这之后的几个月春秋两季为房地产销售的旺期，可以在这个时期举行一定规模的楼盘促销活动。当然也要充分考虑竞争对手推出楼盘的时间。作为房地产企业的营销人员应及时把握时机，在销售旺季采取有效的促销和推销活动，扩大产品销售量。

5.1.6 客户在哪里买房地产（where）

这是指什么样的购买场所和环境最能促进房地产消费者的购买行为，即购买地点（outlets）。房地产商品具有价值量大和固定性的特点，在多数情况下，消费者都最终会倾向于到现场进行实地了解、查看。因此，施工现场的环境（如建材放置井井有条会使消费者感觉管理井然有序，对质量也就有了信心）、接待中心的布置（给消费者营造一种随和、轻松的氛围，有利于增强消费者对营销人员所介绍内容的信任程度）、样板房的设计（样板房是消费者对未来房地产商品的透视，良好的设计效果会提高消费者购买的欲望）、现场所分发的广告宣传资料（现场资料则对一些尚无法目睹的内容进行补充介绍）都会对消费者的购买决策起到影响作用，这些都是房地产企业营销人员需要重点研究的问题。

另外，房地产的买卖交易，可以根据实际需要，在合适的地方完成，如有的在房地产开发经营企业接待中心，有的在房地产交易所，有的在商品房展销会上，有的还可能在交易双方任意选择的一个地点。这些都需要房地产企业营销人员灵活加以选择。

5.2 影响房地产客户购买行为的主要因素

房地产消费者的购买行为取决于他们的需求和欲望，而人们的需求和欲望以至消费习惯和行为，是在许多复杂因素的影响下形成的。这些因素可以分为文化因素、社会因素、个人因素、心理因素和经济因素等。

5.2.1 文化因素

文化（culture）是人类在社会发展过程中所创造和形成的价值观、信仰、态度、道德、习俗以及其他精神财富的总和，包括人类的各种行为模式。文化因素对消费者的购买行为具有最广泛、最深远的影响。不同的文化会产生不同的审美观念、不同的消费心理，形成不同的生活方式、对产品的不同态度和不同的购买习惯，因此会产生不同的购买行为。例如，南方人比北方人讲究风水，尤其是在广东、福建、海南等地。香港、马来西亚、新加坡的企业依靠风水先生测算办公地点以求财运。

亚文化（subculture）是为某个群体所奉行的文化。每种社会文化都包含若干种亚文化。亚文化主要有四种类型，即由于民族不同而形成的民族亚文化；由于宗教信仰不同而形成的宗教亚文化；由于种族不同而形成的种族亚文化；由于地域不同而形成的地理区域亚文化。每种文化群体内部都包含若干个亚文化群。亚文化群是在共享整体文化要素的同时，还共享他们独特文化要素的相同的人群。不同的亚文化在语言文字、价值观念、生活习俗、艺术及审美观念等方面都存在很大差异。而在同一亚文化群内部，人们的态度、价值观念和购买决策等方面则具有相似性。

文化和亚文化因素都会对消费者行为发生直接或间接的影响。因为人的行为大部分是后天学习而来的，不像低级动物完全受本能支配。人们从小就在一定的文化环境中成长，自然形成了一定的观念和习惯。而这些受文化影响的行为规范、道德规范、社会习俗都实实在在地影响着消费者的购买行为。对文化的不了解或者有悖文化而行，将意味着整个营销活动的失败。

5.2.2 社会因素

任何一个房地产消费者都生活在一定的社会环境中，他们的购买行为不可避免地要受到社会因素的影响。

1. 相关群体

群体是指具有共同追求目标或兴趣相互依赖的两个或两个以上的人。相关群体（reference groups）是指对消费者的行为和态度产生影响的群体。根据相关群体与消费者关系的密切程度，可将相关群体分为两种类型：一是个人具有成员资格并受到直接影响的成员群体，如家庭成员、亲朋好友、同事等；二是并非具有成员资格，但愿意归属并间接接受影响的理想群体，如社会名流、明星等。任何一个消费者都是处于一定的社会关系之中，从属于一定的相关群体，消费者往往与相关群体具有某些相似的态度和购买行为，这或者是因为消费者相信在群体影响下做出购买决策可以减少失误，或者是希望通过与群体的交往来提高自我形象。群体的结合越紧密，交往越有效，相关群体对消费者的购买行为影响也就越大。

相关群体对消费者购买行为的影响主要表现在三个方面：

①相关群体为消费者展示出新的行为模式和生活方式。

②相关群体影响到消费者对产品的态度。

③相关群体引起人们仿效的欲望，从而导致人们对房地产商品选择的一致化，导致消费者的从众行为。

鉴于相关群体对消费者购买行为的影响，房地产营销人员应重视对消费者所属的相关群体的研究，充分利用各种相关群体的影响作用，尤其要充分发挥相关群体中意见领袖的示范带头作用，有效地推销自己的产品。

2. 家庭

家庭（family）是以婚姻、血缘和有继承关系的成员为基础组成的社会生活的基本单位。家庭是社会的细胞，对人的影响最大。人们的价值观、审美观、爱好和习惯多半是在家庭的影响下形成的。家庭也是一种最重要的相关群体，对其成员的购买行为具有强烈和持续的影响。住宅是以家庭为单位购买和消费的，不同的家庭有不同的购买行为。

家庭因素对消费者购买行为的影响主要表现在以下几个方面：

(1) 家庭结构和生命周期。

按照家庭成员的构成不同，中国目前的家庭主要有扩展家庭、核心家庭、夫妻家庭、单亲家庭等几种形式。核心家庭即由父母和子女构成的家庭；扩展家庭主要是指三代同堂的家庭；夫妻家庭是指由夫妻双方组成的家庭；单亲家庭是指由父亲或母亲与未婚子女构成的家庭。不同结构的家庭对住宅的面积、居室、客厅、卫生间的需求都不相同。

家庭生命周期是一个家庭在建立发展过程中所经历的阶段。家庭生命周期可以分为单身期、新婚期、满巢期、空巢期和鳏寡期。

单身期是指已经成年，但尚未结婚这一阶段。这些单身消费者多与父母同住，没有经济负担，主要是积蓄资金为结婚购房做准备。

新婚期是指结婚以后尚未生育这一阶段。这些消费者家庭人口少，收入水平不高，是单室和双室住宅的主要购买者。

满巢期是指从第一个孩子出生到最小的孩子也长大成人这一阶段。中国城镇家庭基本是独生子女家庭，在这一阶段，孩子逐渐长大成人，消费者的收入也达到高峰，因此对住宅的面积和套型的要求也发生了变化。同时，也是积极储蓄，为子女结婚购买房子做准备。

空巢期是指子女成家立业，组成了新的家庭，只剩下父母二人这一阶段。这一阶段，由于子女另过，所以消费者住宅需求面积减小，但需求户数增加。

鳏寡孤独期是指夫妻中一人去世，只剩下一方的这一阶段。有些老人由于生活能力下降而不得不转向依靠子女。这一阶段对住宅户型的需求也发生了变化。

(2) 家庭购买决策。

住宅作为一种昂贵的特殊商品，消费者在购买之前一般要经过慎重的考虑才能作出购买决策。家庭成员对住宅购买决策影响的大小，在不同类型的家庭和不同的房地产商品的购买中是不同的。美国社会学家根据家庭权威中心的不同，把家庭决策分为四种类型：丈夫主导型、妻子主导型、共同决定型和各自决定型。住宅的购买决策基本属于共同决策型，但是其中有到底夫妻中哪一方对购买决策有较大影响力的问题。因此，房地产营销人员要对各家庭在购房决策时的作用进行认真细致的调查研究，采取行之有效的促销方法，以便对在购买决策中起决定作用的决策者施加影响。

3. 角色和地位 (role and status)

角色是指一个人在不同场合的不同身份，不同的社会地位，因而有不同的需要，购买不同的房地产。一个人在一生中会参加很多群体，如家庭、社会、各种组织机构等，他在不同群体中的身份和地位是不同的。房地产营销人员要善于识别房地产购买者因身份和地位的差异而造成的购买行为的差异，因人而异地采取营销策略。

4.社会阶层（social class）

社会阶层是指由具有相似社会经济地位、价值观念和生活方式的人们所组成的群体。人类社会的一切形态中都存在着社会阶层，每一阶层的成员都具有类似的价值观、兴趣、爱好和行为方式，因而有着较为一致的购买行为。而不同社会阶层的消费者，购买行为则存在着很明显的差异。

房地产营销人员应对消费者所属的社会阶层进行研究，为不同阶层的消费者提供不同档次、价位、结构和套型的房地产，满足他们不同的需要。另外，在营销策略方面也要注意以下几点：

（1）细分市场。不同社会阶层对于产品的使用和品牌的选择存在很大的差异，特别是在我国，消费者由于职业、受教育程度、地域等的差异导致人均收入不平衡，形成了低收入阶层、中等收入阶层和高收入阶层等各种社会阶层。房地产营销人员必须根据不同的社会阶层，进行市场细分，开发、生产不同档次、标准的房地产商品，以满足各社会阶层的需求和偏好。

（2）媒体的接触和广告信息的接受。不同的社会阶层接触的媒体也不尽相同，因此，房地产公司的营销人员在细分市场并确定目标市场之后，要有针对性地选择适合目标市场的媒体渠道作为本公司房地产商品的宣传渠道，以产生广泛的影响。

5.2.3 个人因素

消费者购买决策要受其个人特征的影响，特别是要受到他的年龄、职业、生活方式以及自我观念的影响。

1.年龄和家庭生命周期

就购买力而言，可将年龄结构分为如下几个阶段：27～35阶段；36～55阶段；56以上阶段。一般而言，27～35阶段的青年消费者，由于经济能力有限，往往购买小户型的住宅；36～55阶段的中年消费者经济实力强，购买力大，往往购买舒适、宽敞的住宅；56岁以上的老年消费者对住宅的兴趣下降，往往可能将现有的住宅调小。

年龄结构对住房消费的影响，还表现在住房消费方式上。例如，青年消费者可能选择租赁的方式，即使是购房也多选择分期付款的方式；而年长者经济实力强大，多选择一次性付款购房的方式。

家庭生命周期对研究消费者及其行为也具有重要的意义，不同阶段的消费者，在购房时对住房的属性要求也不相同，如区位、外观、室内设计、户型、楼层、质量、通风、朝向、采光等要求，营销者只有明确自己的目标市场处于生命周期的什么阶段，并根据目标顾客的生命周期特点，开发适销对路的房地产产品，拟定适当的营销计划，才能取得成功。

2. 职业

职业对消费者的购买行为有着重要影响。一个人的职业会促成对商品和服务的不同需求和欲望。消费者所从事的职业不同，其社会地位和职业声望也不同，因此，对房地产产品有着不同的评估标准。例如拥有较高社会地位的消费者，个人收入高，工作环境好，往往购买高档住宅，以显示自己的身份和地位。房地产营销人员应根据目标顾客的职业特点开发不同的房地产，并留意是否存在巨大的职业群体需要某些特定的供不应求的产品，从而可以有针对性地制定营销计划，建造有巨大市场潜力的房地产产品。

3. 生活方式

生活方式就是人们根据个人的中心目标或价值观来支配时间、财富以及精力的特定习惯和倾向性方式。消费者的购买行为要受到生活方式的影响，不同的消费者，即使是处于相同的社会阶层，有着相同的职业和收入，也可能有着不同的生活方式。不同的生活方式导致消费者对房地产的选择也不相同，因此，房地产营销人员可以从消费者个人的生活方式角度衡量，从中勾勒出消费者的行为模式，据此分析消费者的需求差异，从而争取对本企业有利的营销机会。

4. 个性与自我理念

个性是指一个人身上经常地、稳定地表现出来的心理特点的总和。它是导致一个人对其客观环境做出一贯、持久反应的明显心理特征。如热情、开拓、冒险、独立或者孤僻、保守、谨慎、顺从等。不同个性的消费者对房地产产品的要求各异，对企业广告宣传的反应态度也截然不同，如自信独立、个性明显的消费者不易受广告的影响，并且购买决策时间较短。房地产营销人员应充分了解自己的客户，特别注意消费者在个性上的差异和目标顾客的个性特征，针对消费者的个性制定不同的营销策略。

与个性相关的另一个概念是自我理念（自我形象）。它包括自我估价、他人评价以及自己渴望与追求的理想形象。一般来说，人们总是希望保持和增强自我形象，并且倾向于选择符合或能改善自我形象的产品。因此，房地产企业营销人员应密切注意个人收入、存款和利率等因素的动向，并积极塑造与目标顾客自我形象相符的房地产产品，及时调整营销战略，保持企业产品对目标消费者的吸引力。

5.2.4 心理因素

消费者的购买行为受到其心理因素的影响，主要包括以下几个方面。

1. 需求

需求是指人们在个体和社会生活中感到某种欠缺而力求得到满足的一种心理状态。需求是消费者购买行为的根源，所以房地产企业想要使顾客产生购买行为，必须千方百计地唤起顾客对房地产产品的需求。

美国心理学家亚伯拉罕·马斯洛（Abraham Maslow）提出了著名的“需求层次论（hierarchy of needs)”。这一理论根据消费者主观因素和客观条件的不同，将人类的基本需求分为生理需要、安全需要、社会需要、尊重需要和自我实现需要。这些需求相互联系，依次由低级向高级发展。处于最低层次的生理需要是人类维持基本生存所必需的各种物质上的需要，包括衣、食、住、行等方面的需要；安全需要是与人类为了免遭身体和心理伤害有关的需要，包括对保健、保险和保安的需要；社会需要是感情和归属方面的需要，包括与同事、伙伴保持良好的关系，得到别人的友爱，希望被某些群体所接纳和承认，得到他人的友谊和帮助，也能帮助他人，希望爱人和被人所爱；尊重需要是人类对自尊心和荣誉感的追求，人们希望得到他人的重视和尊敬，希望自己有一定的身份和地位；自我实现需要是人类最高层次的需要，是指一个人需要从事自己最适宜的工作，发挥自己最大的潜力，成就自己所希望实现的目标，成为自己所期望的人。

根据马斯洛的“需求层次论”，我们发现人的各种需求具有以下特点：

①人类本身是有需求和欲望的，并且只有尚未满足的需要才能引起行为动机，已满足的需要不会产生行为动机。

②人的需要是由低级向高级发展的，只有满足了低层次的需求，才会产生更高一层次的需求。

③当各层次需求全部满足或部分满足之后，人类开始追求各层次需求的质量水平。

④各层次的需求可能交替出现，它们具有交替发展和波浪式发展的本质。

马斯洛认为，每个人的行为动机一般是受到不同需要支配的，因此，他的需求层次理论可以帮助房地产营销人员了解目标顾客的需求层次，不断发现消费者未被满足的需要，并最大限度的满足他们，根据目标顾客的需求层次提供适宜的房地产产品，或者将营销刺激集中于多层次的消费需要，以获得最大成功。另外，房地产消费需求除了具有层次性的特征外，还具有多样性、发展性、无限性、伸缩性和可诱导性等特征，房地产企业应根据消费者的需求发展变化合理调整产品结构，满足不同消费者的需求。例如，高收入消费群体的需求层次高，需求内容更加复杂，心理需要和社会需要所占的比重越来越大，他们购买住宅不仅要舒适、宽敞、气派，还要能显示自己的身份和地位，房地产企业满足他们对高档住宅的需求。

2. 动机

动机是刺激与反应的中间变量，是一种控制行为的内在力量，推动人们为达到特定目的而采取行动，它是行为的直接原因。

为了帮助市场营销人员了解一般消费者购买产品的动机，我们将它分为三大类：

①生理性购买动机。生理性购买动机是房地产消费者由于生理需要而产生的购买动机。例如，青年消费者为了结婚而准备的新房。生理性购买动机在消费者购买行为中所起作用的大小，与消费者的收入水平有直接关系，消费者收入水平较低时，其消费活动首先要满足生理性需求。在购买住房时，则注重住房的实际效用，而不大考虑其他因素。而当消费者的收入达到一定水平时，其生理性购买动机逐步减弱，而心理和社会性购买动机会逐步增强。

②心理性购买动机。心理性购买动机是房地产消费者由于心理需求而产生的购买动机。由于消费者心理活动的复杂性、心理性购买动机比生理性购买动机更为复杂多变难以掌握、心理性购买动机又可分为感情动机、理智动机和品牌动机。

感情动机是由房地产消费者的情绪和情感变化而引起的购买动机，它包括情绪动机和情感动机。情绪动机是由消费者的喜、怒、哀、乐等情绪触发的动机，它具有冲动性、即景性和不稳定性的特点。情感动机是由消费者的道德感、理智感和美感等人类高级情感触发的心理性购买动机，它具有相对的稳定性和深刻性。

理智动机是消费者在对房地产商品的认识、分析和比较基础上产生的购买动机。受理智动机支配的消费者注重房屋质量，讲究商品房的实际效用，注重商品房的价格是否合理，辅助服务是否完善，追求安全便利，他们往往选择性价比高的房地产产品，其购买行为具有客观性、周密性和控制性的特点。

品牌动机是房地产消费者为了表示信任而产生的购买动机。当房地产企业具有了良好的信誉、优质的产品、物业管理和合理的价格，消费者就会对该企业形成一种信任感和品牌意识，从而引发行为动机。这类消费者是企业最有利的支持者，他们不仅自己购买企业的产品，还会在其他消费者中起到很好的宣传作用。因此，房地产企业要努力开发特色产品，不断提高产品质量，树立良好的企业形象，打造品牌以优势，以吸引更多忠诚的顾客。

③社会性购买动机。社会性购买动机是由社会性因素而引起的购买动机。每个消费者都是生活在一定的社会环境之中，消费者的购买动机不可避免地受到科学文化、经济状况、社会阶层、相关群体、风俗习惯等因素的制约和影响。

在了解了消费者购买动机的分类之后，房地产营销人员在研究消费者的购买动机时还要注意以下几点：

一是现实的房地产商品购买行为大都是在各种购买动机共同驱使下进行的，单纯受某一种购买动机影响而产生购买行动的行为已不多见。因此，房地产营销人员应研究分析顾客的各种购买动机，以便采取措施，强化消费者的某一优势动机，进而使其产生购买行为。

二是购买动机的产生至少需要两个条件，需要和具有满足需要的对象。消费者的购买动机是在需要的基础上产生的，但是只有当需要被强化到一定程度，在客观上又有满足的对象时，需要才能转化为动机，成为购买行为的原因。因此，房地产企业要分析消费者对商品房的要求和期望，以便对本企业的产品进行合理的市场定位，使其推出的楼盘与消费者的需要想吻合。

3. 感观知觉

人们的需要受到激励形成动机，但付诸行动还要看他对客观环境的感官知觉。两个具有相同购买动机、受到相同外界刺激的消费者，由于他们对外界的感观知觉不同，可能导致不同的购买行为。

感性认识过程是一个有选择性的心理过程，包括选择性注意、选择性曲解和选择性记忆。

①选择性注意。在现代社会中，每个人每天都面对着各种各样来自外界的刺激，但并不是每一种刺激都能引起人的注意的，通过研究发现，那些与目前需要有关的、与众不同的或预期出现的刺激物往往更能引起人的注意，这便是选择性注意。

②选择性曲解。人们面对外界的客观事物，不一定都能正确认识、如实反应，往往是先按照自己的意思来理解客观事物，潜意识的把外界输入的信息与头脑中早已存在的模式想结合。这种按个人意愿曲解信息的倾向叫做选择性曲解。

③选择性记忆。人们对所了解的信息不可能全部记住，而往往只会记住那些符合自己态度和信念的信息，这就是选择性记忆。

上述三种感观知觉过程告诉我们，房地产营销人员必须突破牢固的知识壁垒，针对不同的消费者设计不同的营销策略。而作为房地产开发企业则务必不断改善房地产的内在质量和外观设计，特别是在广告宣传上要有特色，从而激发消费者的购买行为。

4. 态度与价值观

态度和价值观是人们通过成长和实践获得的，它是人对于客观事物所持的较长时期的评价、感觉以及行动倾向。心理学家认为态度是由三个因素组成的：认识因素、情感因素和行动因素。这三个因素相互关联，并且构成对某一事物的整体态度。一旦个人态度形成之后，个人很难察觉其态度的来源或是形成原因，但是个人态度却对个人的思考及行为有很大的影响。作为房地产公司的营销策划人员，应充分认识到态度在市场营销中的作用。例如，公司在市场营销中，必须了解消费者对其产品和服务的态度，并使其产品配合消费者的态度。态度可以用来衡量品牌的市场占有率，当消费者对某家公司的态度良好时，其产品的出售率则较高，反之则较低。

价值观念是指导个人行为和影响态度的一种标准。价值观念是以两种不同的层次存在的，即总体的价值观念和某一范围的具体的价值观念。总体的价值观念是抽象和概括的。某一范围的具体价值观念是在特定的处境或活动范围通过体验而获得的。市场营销策划人员应充分了解消费者这两种价值观念的分布，洞察消费者总体的价值观念，并使本公司的产品去迎合此种价值观念，同时，应设法去改变消费者的具体观念，使得自己的产品在众多消费者心目中占有良好的地位。

5.2.5 经济因素

经济因素对于购买行为的影响更为直接。经济状况取决于消费者的可支配收入（高低水平、稳定性、收入时间等）、储蓄与资产（多寡、流动性如何等）、负债（多寡、期限、付款条件等）因素。在经济情况一定的条件下，购买能力取决于消费者对消费与储蓄的态度。个人的购买能力，在很大程度上制约着个人的购买行为。概括地说，影响房地产消费者购买行为的主要经济因素：一是房地产价格；二是消费者收入；三是宏观因素的影响。

1. 房地产价格

房地产价格的高低是影响房地产消费者购买行为的最关键、最直接的一个经济因素。一般情况下，相同质量、区位、结构的房地产产品，价格低的一定比价格高的更能吸引消费者。由于房地产产品高价值的特殊属性，其价格往往占消费者家庭年总收入的几倍甚至几十倍，因而，房地产价格对于中、低收入阶层的消费者而言，更是特别关心的一个因素。

2. 消费者收入

收入是决定房地产消费者购买行为的根本因素，如果房地产消费者仅有购买欲望、动机，但没有一定的收入，购买行为也无法真正实施。既有购买需要，又有购买能力，才能实现房地产消费者的购买行为。消费者收入决定个人和家庭的购买能力，因此，营销者必须研究个人或家庭可支配收入的变化情况以及人们对消费开支和储蓄及买房居住和租房居住的态度等。当一个人或家庭的年收入与房价比例在1∶6～1∶3之间，那么这个人或家庭就有能力购买商品房。

房地产消费者的收入，取决于其所从事的职业性质，工资水平、工作能力等，但最根本的还是取决于他所处的社会经济发展状况及前景。如果一个地区的经济发展前景预测不佳，则房地产企业有必要调整产品开发战略，采取必要的应变措施。

3. 宏观因素

消费者一般都是在可支配收入的范围内考虑以最合理的方式安排消费，以便有效地满足自己的需要。收入较低的消费者往往比收入较高的消费者更为关心价格的高低，消费者对消费与储蓄的态度，不仅受收入水平和消费习惯的制约，而且受利率高低、物价稳定程度和商品供求状况等因素的影响。房地产企业应密切注意个人收入、存款和利率等因素的动向，以便及时调整营销战略，保持本企业商品对目标消费者的吸引力。

5.3 房地产客户购买决策过程

5.3.1 客户购买决策过程的参与者

住宅消费通常是以家庭为单位进行的，但购买决策一般是家庭中的某一个或几个成员。在一个家庭的购买活动中，个人分属不同角色，起不同作用。因此，在房地产产品购买过程中，一般有五个主体。

①倡导者，最初提出购买房屋的人。

②影响者，直接或间接影响最后购买决策的人。

③决策者，对部分或整个购买决策，如是否购买、如何购买、何处购买和何时购买等，有权作出最后决策的人。

④购买者，实际执行购买决策的人。

⑤使用者，实际使用和消费该房屋的人。

当然，在实际购买活动中，也有五个行为主体同属一人的，如单身个人购买。但因房地产不是一般消费品，购买者一般特别谨慎，往往要牵涉到两三个以上的行为主体，由此可见房地产购买行为过程的复杂性。

5.3.2 客户购买决策过程的主要步骤

客户购买决策过程是指消费者在购买房地产时所经历的若干阶段。决策过程是由一系列相关联的活动构成的，研究、分析这个过程，目的在于使房地产企业营销人员针对决策过程中不同阶段的主要问题和矛盾，采取相应的商品促销措施，取得良好的销售业绩。按照美国管理学家菲利普·科特勒的划分方法，我们把购买决策过程分为五个步骤：即确认需要、搜集信息、整合评估、购买决策和购后行为。

1. 确认需要

需要是消费者购买行为的根本原因，只有当消费者对房地产产生需要的时候，才有可能产生购买动机和购买行为。这种需要，可能是由内在的生理活动引起的，也可能是受外界的某种刺激引起的，又可能是由内外两方面的因素共同作用的结果。对于因内部原因如寒冷、遮风避雨等引起的需求，房地产企业一般难以发挥其影响力；而对于因外界刺激如收入增加、价格下降、消费潮流等引起的需求，房地产企业可以通过有效的促销措施来增加消费者的购买兴趣，特别可以由房地产企业的广告、优良的产品质量、适宜的价格加深对某种房地产商品的需要的认识。

现代市场营销观念十分注意唤起需求和刺激消费者需求。房地产企业应不失时机地采取适当的措施，唤起和强化消费者的需求。

2. 搜集信息

在大多数情况下，已经认识的需求并不能很快得到满足，消费者由于对所要购买的商品缺乏了解，为了做出正确的购买决策，实现购买行为效益最大化，消费者要搜集相关信息作为购买决策的依据。对房地产营销人员来说，这一环节的主要任务就是了解消费者所要求助的信息来源以及这些信息来源对购买决策的相对影响程度。信息来源主要有以下几个方面：

①个人来源。即从家庭成员、亲朋好友、邻居、同事及权威行家人士等途径得到的信息。通过个人人际关系搜集来的信息影响力最大，最有说服力，也最具评估作用。

②经验来源。即通过自身实际使用、消费而获得的信息。通过操纵、实验和使用产品的经验而得来的信息比较真实可靠。

③公众来源。即从大众传播媒介如电视、广播、报纸、杂志和消费者组织等途径得到的信息，此信息源往往具有导向功能。

④商业来源。即从广告、推销员、经销商、产品介绍、图片报道、样品房、透视图、鸟瞰图、展销会等途径得到的信息。此信息源最为广泛，信息量也最大，一般仅起扩大公众影响力的作用。

消费者获得的信息主要来自商业来源和公众来源，但是信任度最高的还是个人来源和经验来源。不同的信息来源对消费者的购买决策有着不同的影响。商业和公众来源起着宣传的作用，而个人和经验来源则起着鉴定和评价的作用。根据每一种信息来源在影响消费者购买决策方面所起的不同作用，房地产营销人员应该依据调研结果拟定宣传计划，设法扩大对自己有利信息的传播，以便进一步引导消费者的购买行为。

3. 整合评估

消费者搜集到各种信息之后，要对各种信息加以整合评估，有的信息可能是重复的，有的甚至是相互矛盾的，只有对大量的信息加以整合、分析、评估之后才能做出最正确的选择。整合评估的内容包括以下几个方面：

①商品属性。消费者不仅要了解房地产商品质量的优劣，还要比较各种商品的不同属性。包括房地产的区位、样式、工程质量、室内设计、价格、环境和物业管理等。

②属性权重。不同的消费者对房地产各种属性的重视程度不同，因此要将各种商品属性按照重要程度进行排序，建立心中的属性等级。

③品牌信念。这是指消费者对某房地产品牌优劣程度总的看法，不同的消费者对不同品牌的房地产有不同的偏爱。

④效用函数。效用函数即房地产商品对消费者需求的满足程度，它表明某房地产商品的某些属性达到何种水平消费者才能接受。

⑤评价模型。这是指消费者对不同的房地产商品进行评价时所选择的程序和方法。

消费者的比较和评价，实质是房地产企业产品之间的直接较量，是产品争夺消费者的竞争。企业要针对消费者的心理，强调自己的特色，如优惠的付款方式、独特的设计风格，以获得消费者的青睐。此外，房地产企业还应进一步了解哪些其他品牌也进入消费者的选择考虑范围之中，以便熟悉竞争状态并加强广告宣传规划和经营策略的制定与实施。

4. 购买行动

消费者对所掌握的信息资料进行分析整合评价以后，就会对某种房地产形成偏好，产生购买意图，进而产生购买行动。但是，消费者在购买过程中，如果受到某些因素的影响，即使有购买意图也可能推迟或者放弃。从购买意图转化为购买行为，其间要受到两个因素的影响：一是他人态度；二是意外情况。

①他人态度。例如，某人已经准备购买某房地产开发公司的房屋，但他的朋友使用之后表示对该房地产开发公司的服务不满意，这样就很容易影响消费者的购买意图。

②意外的环境因素。购买意图是在预期家庭收入、预期价格和预期获益的基础上形成的。如果发生了意外情况——收入的意外支出或房产涨价，则很可能改变购买意图。

针对以上的因素，营销人员应设法尽量减少消费者所承担的风险，促使消费者做出最后的购买决定并付诸行动。

5. 购后行为

消费者在使用和消费已购房地产商品后，会产生两种行为：一是购后的满意程度；二是购后的活动。

①购后的满意程度。消费者的满意程度，取决于消费者对房地产产品预期性能及其房地产产品使用中的实际性能与获得的服务之间的对比，也就是说如果购后在实际使用中符合预期的效果，则感到满意。超过预期，则很满意，未能达到预期，则不满意或者很不满意。实际和预期的差距愈大，不满意的程度也就愈大。

②购后活动。购房者购后的满意程度，决定了其对这一房地产企业产品的态度，并且还会影响到其他潜在的购买者。如果消费者对所购商品感到满意，他可能以后还会购买，同时会积极向别人推荐；如果消费者对所购商品感到不满意，不仅他自己不会再买，还会劝阻他人购买。由此可见，消费者对企业产品的评价，会给企业带来重大影响。因此，房地产营销人员必须重视消费者的购后感受，采取各种措施，提高顾客的满意度。

提高消费者满意程度的途径主要有两个：一是提高产品质量，加强物业管理，提高房地产的实际性能；二是降低消费者对本企业产品的预期性能。这就要求房地产企业在进行广告宣传时，不能过分夸大本企业产品的优点，而要实事求是，甚留有余地地进行宣传，使消费者产生合理的预期。

［案例］　市区住宅——美国旧城广场

1. 项目描述

作为开发的前期工作，该项目于 1995 年完成了市场分析报告。当时，旧城广场规划为一个包括 400 套单元的销售型住宅社区，其场地包括 3 个城市地块。每个地块都有在高台的停车场上面精心布置的中心广场，广场四周有一系列相互连接的建筑，这些建筑包括联排别墅和塔式公寓。旧城广场在发售时，采用可选的租赁/购买方案，即如果那些首次购房的人因支付不起首付款而无法进入产权市场时，可以先租用两年，其租金的一部分可以累计为首付款。该项目不是面向低收入家庭，所以这两年租赁期的租金要比市场水平略高。标准的市场租金认购标准通常用来检验销售期间各种购买者的收入水平。

2. 项目情况与相关信息

旧城广场项目有几个积极的位置因素，可能会对市场需求产生影响。该项目相邻的一个主要就业中心，这个就业中心容纳了超过 60000 名白天上班的工作人员，而且近年内还会有大量的办公物业将要兴建。该项目场地处在海湾地区快速交通系统中，为通往旧金山提供了非常便利的交通。该项目地块中，将建成一系列的城市设施，如购物、餐饮、溜冰场及大型的健身俱乐部。而在穿过旧城广场第一块地的街道对面，一个多功能的项目也在计划兴建，该项目将包括生活/工作单元、特殊食品和零售空间及批发面包店。

另外，邻近旧城广场几个街区的奥克兰唐人街也是市场需求的来源。该社区包括高密度的已开发的居住物业，而且在每幢楼房下面的街道都是非常兴盛的、具有民族特色的零售店铺。不过，许多规划和开发商都认为唐人街的居民不会跨过主干道，来旧城广场定居。

最后，该项目位于奥克兰旧区的办公/零售区以西，中间仅隔一个建筑群。该办公/零售区由古老的两层的维多利亚式建筑构成，微观非常漂亮，并被修缮一新。在80年代，奥克兰旧区对办公物业的吸纳一直比较强，但对零售物业的吸纳却非常缓慢。该项目的出租人控制该项目以后，就使用了一个新的租赁战略来扩展零售物业的组合，服务范围业扩大到游客和附近唐人街居民。这个战略成功地降低了空置率，也因为每周都有增长的农产品市场，奥克兰旧区获得了区域性关注。

3. 市场研究的目的

为了使出租人满意，旧城广场的开发商在开发时，要考虑下面几个关键问题：

①目标市场定位在哪里（如果是首次购房者、空巢者、奥克兰市居民还是旧金山居民)?

②奥克兰城区的市场自有住宅的需求有多大?

③在先租后买融资方面是否存在市场利率?

④项目中应该加入什么样的设施来使吸纳率达到最大化?

要回答这些问题，除了完成正常的关于人口统计、竞争性供给和需求因素的市场分析之外，还要进行更加深入的分析。分析需要确定住宅单元的属性，并辨别特定的目标市场人群。要完成这些额外的分析目标，就要进行一系列基本调查，包括不同潜在目标市场的两个聚焦群体及对奥克兰市区写字楼职员的书面调查。

4. 传统的市场研究构成

旧城广场项目的市场分析仍然要从传统的分析步骤开始，如人口统计分析、竞争性供给分析及在目标价格范围内的总体住宅需求分析。经过以上这些分析可以说明，奥克兰这个主要市场区域具有这样的特点：人口相对稳定、家庭规模小、收入接近中等水平、租用住房家庭集中且住宅价格和租金不高。总之，奥克兰人口统计结果说明，该市非常适合中等定价的、销售用的多户住宅，就像该项目拟建的一些住宅那样。旧城广场的开发商认为大量的中等收入的、租用住房的家庭是先租后买潜在需求的主要来源。研究还着重指出，超过8000户中等收入的租用住房家庭住宅诸如Lake Merritt这样的附近城市社区中，预计这些家庭是潜在购买者的重要来源。

关于竞争性供给，当时奥克兰市市场中新的联排公寓非常有限。只有一个名为Parkwood联排公寓的新项目算得上潜在的竞争者。该项目提供了新建的、定价不高的联排别墅，市场吸纳的速度适中。不过Parkwood项目的位置也是一个主要的劣势。该场地上原有的公寓群曾毁于1991年的奥克兰山大火。这段历史使当地居民对该场地未来的防火安全有所怀疑。另外一个拟建项目（已经进入营销阶段），Park Bellvue Towers，是从高档租赁住宅向联排公寓的转化项目，可以不被认为是竞争对手。因为该项目设计的是高端产品，位置在 Lake Merritt，且拟采用的定价较高。

5. 深入的基础研究

通过初步的市场分析，可以确定两个独特的目标市场：(1) 城市居民，尤其是在奥克兰城区 Lake Merritt 附近居住的租户；(2) 在奥克兰城区工作、在其他地方居住的、在工作地点附近寻找住处的居民。后者应该对旧城广场项目的潜在兴趣很强，因为在对北加州城区联排公寓的购买者调查者发现，在决定住宅地点时，购买者首先考虑的是能否尽可能地缩短自己到城区上班的时间。

6. 对城区写字楼员工的调查

为了了解目标市场对拟建项目的意见和兴趣，本分析还对奥克兰城区的员工进行了书面调查，来获得广泛的样本。

(1) 方法。

该调查方法包括：选择雇主进行电话联系、联系公司人力资源或公共关系经理来参与、发放预先印制的调查表格给联系人员、让联系人员以个人名义将表格发放给该组织的所有员工、让联系人员在指定期限收集表格。将联系人员提交的表格整理成数据库。该调查得到了 10 家公司和政府管理部门的配合，共收到了 400 份有效调查表格。

参与的雇主的选择是基于系统考虑的、对市区内 10 家最大的雇主都发出了邀请，其中两家答应并参与了调查。此外，在该项目周围五幢建筑以内，对拥有10～250 名员工的雇主进行随机抽样，该样本的选取基于 Dun&Bradstreet 的数据。大约有 20 家雇主被随机选中，根据这种方法联系后，其中 8 家同意参与。

调查时首先拟定了草稿，对三户租户家庭进行了预备调查。该调查设计为正好印满法律文书用纸大小的纸张的两面，这样不会显得问卷过长，也便于回答。该调查包括了广泛的题目，包括以往购买与住宅位置决策、当前利率与未来购房计划、对拟建项目的兴趣与意见、喜欢的项目设施及家庭人口基本数据。

通过一个简单的数据库，将这些数据输入进去并组织成表格。数据组织成表格时根据反馈情况分成了三类：完全反馈、完全反馈并对旧城广场住宅项目感兴趣及那些对项目感兴趣、收入超过 30000 美元、当前为租户的反馈者。

(2) 调查结果。

从员工调查得出如下结果：

①调查反馈者概况。

a. 调查共收回有效问卷 400 份。206 位反馈者（占总数的 52%）愿意考虑购买该项目的住宅，其中，180位的家庭收入在30000美元以上。有64位反馈者构成兴趣且符合条件的子集（占所有调查反馈者的16%）。

b. 在所有感兴趣的反馈者中，有56%的人拥有自己的住宅。大多数住在单户住宅中，且家里雇有两名服务人员。两口之家是主要的家庭构成形式，大多数反馈者的年龄为35～44岁。

c. 有关人口概况的一个有趣特征是，206位感兴趣的反馈者中有105位家里有小孩，包括32户单亲家庭，73户家庭由夫妻和小孩组成。这一结果很令人惊奇，因为在北加州，城市公寓通常都从其他市区吸引大量的有小孩的家庭。这一结果部分是由于问卷中对该项目兴趣的上下文所带来的影响，这些问题是在问五年之内的迁居计划之后提出的。这些有孩子的家庭中一部分会陷入孩子长大、离开家庭的问题，这意味着家庭将成为空巢，因此他们要寻找能够减少交通时间或降低住宅费用的住处。

d. 所有感兴趣的反馈者的收入都集中在中等水平，33%的家庭收入位于30000～50000美元之间。不过，这206户感兴趣的家庭中有75户家庭的收入在70000美元或70000美元以上，其中还有28户家庭收入为100000美元或100000美元以上。

e. 这些感兴趣又满足收入条件的租户家庭与所有感兴趣的反馈者在某些关键的人口统计特点方面存在着一些差别，这是很正常的。例如，感兴趣且满足收入条件的家庭主流为只有一个人工作的家庭，而且家庭人口数量的分布也趋向于一个人的家庭。然而，在64个感兴趣且满足收入条件的租户家庭中，有24个（占36%）有小孩，其中的13个家庭由夫妻和孩子构成。这64个感兴趣且满足收入条件的租户家庭中，收入在30000～50000美元之间的家庭占比例最大，有37户；有11户家庭的收入在70000美元或70000美元以上。

②以往的购房行为。

a. 该调查表开始设计了一些问题，询问被调查者以往的购房情况，来检验社区条件对选择住宅的影响程度，并可以了解没有这种先租后买方案缺乏首付款的影响。总体上，34%的感兴趣的反馈者和59%的感兴趣且满足收入条件的租户家庭在过去的5年中考虑过购买住宅，但没有付诸实施。在购买没有付诸实施的原因中，没有足够的首付款最常见。在那些感兴趣且满足收入条件的家庭中，有33%的家庭是因此而没有购买住宅。影响这类家庭购买住宅的第二个主要原因是他们认为“那房子太贵了”。这两项结果给旧城广场提供了明确的市场定位，即有可能提供零首付、可支付价格的住宅。

b. 前述购房者中有90%以上认为，阻碍购房的原因分别为：社区外观和安全、单元价格与面积、外部形象和单元安全特点。

c. 步行上班也是一个重要的因素，尽管该因素不像上述因素那样被广泛提及。

（3）未来迁居和购买计划。

a. 总体上，在所有的感兴趣的反馈者中，有63%的人说他们计划在未来的五年内迁居：而感兴趣且收入符合条件的64名反馈者中，有53人打算迁居。尽管大多数人希望购买一个单户住宅，但在感兴趣且收入符合条件的家庭中，还有35%打算购买新型住宅或者公寓。

b. 在户型方面，无论是“所有感兴趣的”还是“感兴趣且符合条件的”家庭，都最喜欢三室/两卫的户型。在所有感兴趣的反馈者中，有46%喜欢三室住宅，而在感兴趣且符合条件的反馈者中，这一比例为39%。在感兴趣且符合条件的反馈者子集中，两室的某些组合（有一个或者两个卫生间）被证明为最受欢迎的（这组中有40%的人喜欢两室住宅）。

（4）对旧城广场项目兴趣的影响因素。

a. 旧城广场吸引市区写字楼上班的人最突出的因素是可以步行上班。调查中问及对步行上班的青睐情况，有89%的感兴趣的反馈者给出了积极的反应。

b. 显然，旧城广场提供的先租后买方案也是影响对旧城广场兴趣的主要因素。当问及这个方案能否使反馈者更着重考虑该项目时，76%的感兴趣的反馈者和超过92%的感兴趣且符合条件的租户都回答了“是”。再考虑到过去5年的购房经历中，没有足够的首付款是阻碍购房的最主要因素，那么该项目的这一特点显然会非常受欢迎。

c. 调查还说明，这一些潜在的购买者不会使用先租后买方案，这是由于他们的收入相对较高、原有住宅拥有产权。还有一定数目的潜在的感兴趣购买者没有表示在过去购房中是首付款影响了购买。

（5）影响旧城广场看法的社区因素。

在调查中，反馈者被要求对影响老城广场吸引力的一系列因素进行排序。结果有90%的反馈者认为社区外观和安全是非常重要或比较重要的。60%～90%的反馈者提到的因素为（降序排列）社区设施属性、到达反馈者工作地点的距离、学校质量以及到达家庭其他成员工作地点的距离。

（6）期望的项目设施。

a. 在所有感兴趣的反馈者中，至少有90%认为大套内面积和高质量的外部形象很重要。停车位的种类和数量被88%的反馈者提及，随后是被50%的反馈者提及的壁炉，之后是健身房、社区内商店以及社区内儿童监护。只有35%的反馈者认为游泳池和温泉是项目的重要内容之一。

b. 根据不同设施特点被提及的频率发现，壁炉虽然对一些人来说很重要，但并不是对所有的人来说都是很重要的。所以，如果壁炉的费用不能另计的话，可以仅在较贵的住宅中安装壁炉，作为溢价的一部分。

c. 建议此项目采用健身房，这是因为，尽管旧城广场与一个全套服务的健康俱乐部仅有一墙之隔，但对最初的购买者来说，一个小社区健身房可以很好地减少他们对夜晚穿越不熟悉社区的疑虑。

7. 结论

对在城区工作的人们的调查说明，部分人员对在旧城广场项目购买住宅有很强烈的兴趣。调查数据说明购买者基本上是由单身、夫妇和有小孩的夫妇所构成。对于这些潜在的购买者来说，社区外观和安全是影响购买的最大障碍。对许多潜在的购买者来说，单元设施应包括一个额外的阁楼、壁炉和一个健身房。根据调查，社区内儿童监护中心、游泳池和温泉的需求不大，不足以被该项目采用。

本章小结

房地产消费者购买行为是指消费者个人或家庭为了满足自己物质和精神生活的需要，在某种购买动机的驱使下，用货币换取所需房地产商品的活动。

对房地产客户的购买行为进行分析，是房地产企业制定市场营销计划的出发点，也是房地产市场营销活动成功与否的关键。

本章首先介绍了房地产客户购买行为模式的六要素，即“5w1h”；接着主要对影响房地产客户购买行为的相关影响因素进行了详细分析，这些因素包括文化因素、社会因素、个人因素、心理因素和经济因素等，其中文化因素对消费者的购买行为具有最广泛、最深远的影响，社会因素对消费者的购买行为不可避免地有着最直接的影响，而消费者的年龄、职业、生活方式以及自我观念等个人因素对其购买行为起着决定性作用，心理因素则对购买者的行为和意识起着指导作用，经济因素直接决定消费者的购买能力；最后综合分析了房地产客户购买决策过程的参与者和主要步骤，房地产开发企业应针对客户在购买过程中的角色以及对房地产产品的了解程度判断相应的购买阶段，从而研究分析并采取一定的营销策略与客户进行沟通。

思考题

1. 试析房地产消费者购买行为模式。
2. 房地产消费者购买行为的内容有哪些？
3. 房地产消费者收集信息的主要途径有哪些？
4. 影响房地产购买行为的主要因素有哪些？
5. 文化和亚文化是怎样影响消费者购买行为的？

6. 什么是购买动机？它分为哪些类型？
7. 试述影响消费者购买行为的因素。
8. 简述消费者购买决策过程。
9. 举例说明相关群体是如何影响消费者购买行为的？

参考文献

[1] 姚玲珍．房地产市场营销．上海：上海财经大学出版社，2003.
[2] 吴翔华．房地产市场营销．南京：东南大学出版社，2005.
[3] 尹军，尹丽．房地产市场营销．北京：化学工业出版社，2005.
[4] 于颖，周宇．房地产市场营销．大连：东北财经大学出版社，2004.
[5] 叶剑平．房地产市场营销．北京：中国人名大学出版社，2000.
[6] [美] 菲利普·科特勒．赵平，王霞等译．市场营销原理（第 11 版）．北京：清华大学出版社．
[7] 陈放．房地产营销．北京：蓝天出版社，2005.
[8] 郑华．房地产市场分析方法．北京：电子工业出版社，2003.
[9] 楼江．房地产市场营销理论与实务．上海：同济大学出版社，2003.
[10] [美] 阿德里安娜·施米茨，德博拉·L·布雷特．北京：中信出版社，2003.
[11] 李东．房地产市场营销．上海，复旦大学出版社，1999.

第 6 章 房地产目标市场战略

对于任何一个房地产开发企业来说，面对庞大的且具地域性的房地产市场，都不可能满足该市场上所有客户的需求，而只能满足其中一部分客户的需求。企业只能根据自身的资源，选择力所能及的、能为之最有效服务的目标市场，根据选定的目标市场的需求开发和销售有针对性的产品。例如，国内知名的房地产开发企业万科，把城市的白领阶层作为其目标市场之一，通过在城乡结合部开发“万科城市花园”，以满足目标市场客户的需求，在房地产市场获得了相当的成功。

市场细分是企业获得竞争优势的来源之一。在所选定的目标市场里，企业能利用自己独有的资源很好地满足这些客户的需要，而且客户们也愿意为令他们满意和偏好的产品或服务支付较高的价格。因此，企业将会获得有利的竞争位置和较高的利润。事实上，仅使客户满意并不足以使企业获得竞争优势，而使那些有利可图的客户满意才是企业良好的财务绩效的基础，也是市场细分理论的核心所在。正由于企业只拥有有限的资源，因此，企业应该将它的全部精力都集中在那些最能获得利润最大的地方。

目标市场战略将确定企业的产品或服务的市场焦点。目标市场战略是动态的，必须持续进行客户价值分析，这样才能确保通过实施目标市场战略而获得的竞争优势的持续性。

目标市场战略，即 STP 战略，由三个步骤组成：一是市场细分（market segmentation）；二是目标市场选择（market targeting）；三是市场定位（market positioning）。

6.1 房地产市场细分

6.1.1 房地产市场细分概述

1. 房地产市场细分的概念

市场细分这一概念是由美国市场营销学家温得尔·史密斯于 20 世纪 50 年代中期在《产品差异和市场细分——可供选择的两种市场营销战略》一文中首先提出来

的一个概念，它顺应了二次世界大战后美国众多产品的市场转化为买方市场这一新的市场形势，是西方国家一些企业市场营销实践的经验总结，是现代企业营销观念的一大进步。市场细分这一概念的形成和出现，经历了三个阶段：

（1）大量营销阶段（mass marketing）。

在这一阶段，企业对所有客户不加以区分，大批量生产、分销和促销单一产品，试图以一种产品吸引市场上的所有客户。如福特汽车公司向所有的客户提供黑色T形福特汽车。企业认为，大量营销方式有助于降低产品的成本和价格，从而创造最大的潜在市场。

（2）产品差异化营销阶段（product-differentiated marketing）。

由于科技的进步、科学管理的大量应用，企业生产效率大大提高，随之出现“生产过剩”现象；同时企业间产品同质化现象十分严重，造成企业间竞争激烈，利润下降。于是一些企业开始实行产品差异化营销，向市场提供两种或两种以上在外观、质量、式样、规格等方面有所不同的产品，以便为客户提供多样化的选择，而不是为了吸引不同的细分市场。如通用汽车公司生产不同牌子的汽车。

（3）目标市场营销阶段（targeting marketing）。

随着社会经济的进一步发展、人们收入水平的提高，消费越来越趋向于多元化，产品的差异化营销不能很好地满足客户的需求，于是，目标市场营销应运而生。目标市场营销首先要求分清众多客户之间的需求差别，将市场细分为若干子市场；然后选择其中之一或几个子市场作为目标市场，并为其开发相应的产品和制定市场营销组合。

所谓房地产市场细分，就是指营销者通过市场调研，按照按一定的标准，把房地产整体市场划分成为若干个消费者群的市场分类过程。其中，每个消费者群就是一个细分市场，也称“子市场”。分属于同一细分市场的消费者，他们具有相似的偏好和需求；分属于不同细分市场的消费者则对同一产品的偏好和需求存在着明显的差别。例如，有的消费者购房是改变自身的居住条件，有的消费者是用来做投资，有的消费者用来度假，有的消费者是为父母购买、有的消费者是为子女购买等。据此，从购买动机上可以把房地产市场可细分为五个子市场。当然，对同一产品细分市场的依据很多，细分的结果也不同。

值得注意的是，房地产市场细分不是对房地产产品进行分类，而是对同种房地产产品需求各异的消费者进行分类，是识别具有不同需求和欲望的消费者群的活动。

2. 房地产市场细分的作用

市场细分是一个创新性的营销概念，它为房地产企业开展营销活动提供了新的思路。对企业经营走向成功具有重要的指导作用。

（1）有利于房地产企业选择目标市场，制定和调整营销组合策略。

市场细分后，针对不同细分市场的消费者需求特点及竞争状况，企业可以根据自身的资源，确定自己最合适的服务对象，抓住最有效、最有价值的客户，即目标市场，并正确地制定营销策略。同时，及时跟踪目标市场上消费者的需求发生变化情况，一旦发生变化，企业可迅速改变营销策略，制定相应的对策，以适应市场需求的变化，提高企业的应变能力和竞争力。

（2）有利于房地产企业发掘市场机会，开拓新市场。

通过市场细分，房地产企业可以对每一个细分市场的购买潜力、满足程度、竞争情况等进行分析对比，从而发现并抓住有利于本企业的市场机会，开拓新市场，就有可能迅速在该细分市场取得优势地位。例如，2002 年北京流行小户型，就是通过市场细分，挖掘出的市场机会。小户型主要提供给单身者或者是丁克一族。区位不同，小户型所面对的客户也有所不同。比如 CBD 地区的小户型客户主要是单身的白领一族、丁克一族或投资型客户，能承受较高的单价。而中关村附近的小户型项目，其客户主要为高学历的青年教师、年轻的科研人员和机关工作人员甚至是学生，他们多是用来自住，并且以首次置业的居多。

（3）有利于房地产企业提高资源使用效率，获取竞争优势。

对于庞大的房地产市场来说，任何一个企业的人力、物力、财力等资源都是有限的。通过细分市场，选择了适合自己的目标市场，企业可以集中人、财、物等资源，把其运用在最需要的地方，创造出客户满意的产品和服务，去争取局部市场上的优势，占领自己的目标市场。这对于中小型房地产开发企业尤为重要：追求在相对小的细分市场上占有较大的市场份额。例如，阳光 100 将产品开发聚焦在单一市场上，并将目标客户锁定新兴白领阶层，由此逐渐形成了阳光 100 的产品特征与风格，以及两大主力产品系列：城市近郊地带的大盘开发模式——“阳光 100 国际新城”，以及大城市中心地段精细开发模式——“阳光 100 城市广场”。

（4）有利于房地产企业更好地满足客户需要，提高经济效益。

随着社会经济的发展，消费者需求的异质性会越来越大，对市场细分的要求会越来越高，这样对房地产开发企业来说，意味着经常会有新的市场机会，从而开发新的产品去满足客户的需求。企业通过市场细分，更加准确地认识和把握客户的需要，使开发的产品既能满足市场需要，为客户创造价值，又使企业取得了良好的经济效益。

6.1.2 房地产市场细分标准

按照房地产用途，房地产市场可分为住宅市场和生产经营用房市场。这两类房地产市场中的需求主体不尽相同，因而市场细分的标准是不同的，下面对其分别加以讨论：

1. 住宅市场细分标准

住宅市场细分的标准，即是导致客户需求出现异质性、多元化的因素。这些因素主要有以下四大类：地理因素、人口因素、心理因素和行为因素。

（1）地理因素。

地理因素对住宅消费者需求的影响主要表现为以下几方面：①对于处在不同城市的消费者来说，由于存在气候差异、文化差异、习惯差异等因素，使他们对住宅产品有不同的需求偏好；比如北方地区和南方地区，由于在气候方面存在明显差异，因此，他们在房屋的保温、通风等诸多方面的要求明显有差别。②对处在同一城市的消费者来说，由于房地产的不可移动性，使不同消费者对房屋的地理位置有不同的要求。使房地产市场表现为明显的区域性特点。因此，依据地理因素，我们可以把住宅市场细分为本区域购买者和非本区域购买者，其中非本区域购买者可进一步细分为：本市其他区域购买者、国内其他城市购买者、港台购买者和国外购买者。例如，万科把全国住宅市场分为珠江三角洲住宅市场、长江三角洲住宅市场、环渤海湾区域住宅市场和其他重点城市住宅市场，确定了以珠江三角洲、长江三角洲、环渤海湾区域三大城市经济圈及其他重点城市为中心的发展战略，即“3＋X”发展战略。

（2）人口因素。

人口因素主要有年龄、性别、职业、收入、教育、家庭人口、家庭生命周期、国籍、社会阶层、种族、民族、宗教等。显然，这些人口因素将是决定消费者住宅需求差异性的重要因素。不同年龄、不同性别、不同收入、不同教育背景、不同家庭人口、处于不同家庭生命周期的消费者，对住宅产品有不同的消费需求。依据人口因素来细分住宅市场是房地产企业最常用的方法。

①家庭人口。家庭人口的数量直接影响对住房面积的需求量。

②家庭生命周期。家庭生命周期分为单身期、新婚期、满巢期、空巢期和鳏寡期等几个阶段。处于不同家庭生命周期阶段的消费者对住房的需求不同。

③家庭代际数。是指家庭成员由几代人构成。按照家庭代际数可以把家庭划分为一代家庭（包括单身家庭和夫妻家庭）、二代家庭（核心家庭）和多代家庭（三代及三代以上家庭）。两个家庭如果人口数量相同，但家庭代际数不同，其对住房的需求也有较大的差异。

用人口因素来细分住宅市场，可以是单因素细分，如香港钧濠集团以收入作为细分变量，将深圳的房地产市场细分为高收入、中等收入和低收入三个子市场，通过大量的市场调研、科学分析并结合企业所拥有的资源优势，该集团选择了面广量大的低收入群体作为自己的目标市场。也可用多因素细分，即用两个或两个以上的人口因素来细分住宅市场。例如，小户型公寓的房地产开发商以年龄、家庭生命周期、收入、阶层作为细分变量，并选择了单身白领或新婚夫妇作为目标市场，为其度身打造了小户型公寓，并在产品设计、价格制定、物业管理等方面都迎合目标市场消费者的需求，结果一经推出，即被这一处于饥渴状态的目标市场消费者抢购一空。

（3）心理因素。

人们经常发现，利用地理因素及人口因素进行市场细分后，同一细分市场的消费者对于同类住宅产品的需求并不相同，这其中的奥妙就在于人的心理影响。心理因素主要有：

①生活方式。来自不同文化背景、社会阶层的人们可能各有不同的生活方式，生活方式不同的消费者，对住宅会有不同的需求。如有些人喜欢交际，就可能需要客厅大的住宅；有些人喜欢安静悠闲的生活，就可能需要环境幽雅的住宅。生活方式是个体所表现出来的其对待生活的基本态度与基本看法。它与个体的教育、文化、职业、生存环境、收入等有关。但来自相同的亚文化群、社会阶层、甚至来自相同职业的人们，也可能具有不同的生活方式。

企业可以用以下三个尺度来测量消费者的生活方式：

活动（Activities）——消费者的工作、业余消遣、休假、购物、体育、款待客人等；

兴趣（Interests）——消费者对家居、服装的流行式样、食品、娱乐等的兴趣；

意见（Opinions）——消费者对社会、政治、经济、产品、文化教育、环境保护等问题的意见。

这种尺度又叫 AIO 尺度。企业可详细调查和研究消费者的各种活动、兴趣、意见，从中区分生活方式不同的消费者群体。

②个性。是指消费者个人的性格特征。不同的人往往有不同的个性，如外向、内向、开放、保守、独立、依赖、激进、孤僻、乐观、悲观等。一位美国学者发现，购买汽车的顾客中，有活动车篷汽车的买主与无活动车篷的买主之间，存在一些差别：前者表现较为主动、激进和喜欢社交。不同个性的消费者对住宅的建筑风格、色彩、房屋结构、社区环境等方面有不同的要求。如有些消费者喜欢欧陆风格的建筑、有些则喜欢具有中国地方建筑风格的建筑。

③购买动机。不同的消费者购买住宅的动机不同，因而对住宅的需求也不同。有些人购房是为了改善自身的居住条件，则注重住宅的实用性和性价比；有些人购房是作为投资，则注重住宅的增值性；有些人购房是为了显示自身的成就、地位或经济实力，则注重住宅的豪华性。

（4）行为因素。

房地产消费市场细分的标准，统而言之可分为两大类。一类依据的是消费者的特征，如地理因素、人口因素和心理因素；另一类依据的是消费者的反应，如各种行为因素。西方国家许多学者和企业认为，行为因素是细分市场重要的出发点。行为因素主要有：

①追求利益。不同的消费者在购买住宅时的动机不同，所追求利益也不同。有的注重小区及周边的环境；有的注重配套设施，特别是住宅区附近的重点中小学；有的注重建筑的风格；有的注重升值潜力；有的注重物业管理；有的买房子是作为改善居住条件的第一居所，有的是作为休闲度假的第二居所等。因此，企业可以按照消费者在购买住宅所追求利益的不同来细分住宅市场，这是一个重要的细分变量。

②品牌忠诚度。企业可以按消费者对品牌的忠诚度来细分住宅市场。所谓品牌忠诚，是指由于价格、质量、性能、信誉等因素综合作用，使消费者对某一品牌情有独钟，形成偏爱并长期地购买这一品牌产品的行为。

对住宅产品品牌忠诚度的高低可用以下标准衡量：

a. 顾客重复购买次数。在一定时期内，消费者对某一品牌重复购买的次数越多，说明对该品牌的忠诚度越高；反之，则越低。住宅产品是耐用昂贵消费品，在人的一生中购买的次数有限，但在家庭生命周期的演变中，当消费者需重新购房时，就会购买对品牌忠诚度高的产品，就像美国的普尔蒂公司（Pulte Homes），有近一半的房子卖给了老客户或客户推荐的亲朋好友。而对作为投资品的住宅，消费者则可能在一定时期内多次购买忠诚度高的品牌。

b. 顾客引荐率。在一定时期内，老顾客对某一品牌的引荐率越高，说明对该品牌的忠诚度也越高。若顾客对某品牌的忠诚度高，他就会向其亲朋好友推荐。例如，由第三方公司盖洛普进行的2005年度客户满意度调查显示，2005年内平均每个老客户向6.28人推荐了万科楼盘，实际成交率为20.4%。

c. 顾客购买挑选的时间。一般来说，消费者购买住宅产品所花的时间会比较长，但如果他对某一品牌的忠诚度高，则会大大缩短其挑选时间。

d. 顾客对价格的敏感程度。对于品牌忠诚度高的产品，消费者对价格的敏感度较低；反之，则较高。万科的楼盘往往比周边同类楼盘的价格高，而且还卖得好，关键就在于消费者对万科品牌的认可。

按照消费者对品牌的忠诚度这一变量，可把所有消费者细分为四类不同的消费者群。

a. 坚定品牌忠诚者，即消费者只忠诚于某一固定品牌。

b. 有限品牌忠诚者，即消费者忠诚于二三种品牌。

c. 游移忠诚者，即消费者从忠诚于某一种品牌转移到忠诚于另一种品牌。

d. 非忠诚者，即消费者并不忠诚于某一种品牌而是购买各种品牌。

2. 生产经营用房市场细分标准

生产经营用房市场的购买者与住宅市场的购买者不尽相同，因此，细分市场的依据也不尽相同。除了地理、收入、购买动机、追求利益、品牌忠诚度等这些用于住宅市场细分因素同样可用于生产经营用房市场的细分以外，还有最终用户、顾客规模等常用因素。

(1) 最终用户。

是指最终使用生产经营用房的需求者。这些需求者可分为加工制造企业、商业流通企业、金融服务企业、餐饮服务企业、中介服务企业、文化娱乐企业等。这些最终用户对房地产开发企业的营销组合有不同的要求。例如，商业流通企业与金融服务企业对经营用房的要求是不同的。因此，企业对不同的最终用户要相应地运用不同的市场营销组合策略，以满足不同细分市场客户的需求。

(2) 顾客规模。

是指最终用户对生产经营用房需求量的大小。顾客规模是细分生产经营用房市场的重要变量，按照这一变量，可将生产经营用房细分为大客户、中客户和小客户市场。同样，对于不同的细分市场，房地产开发企业需用有不同的市场营销组合策略，以投其所好。

6.1.3 房地产市场细分方法和程序

1. 房地产市场细分方法

①单一因素法。选用一个因素，对房地产市场进行细分。如根据消费者收入进行细分。

②综合因素法。选用二个或二个以上的因素，同时对房地产市场进行细分。如用消费者收入、性别、职业、受教育程度等因素进行细分。

③系列因素法。选用二个或二个以上的因素，但依据一定的顺序逐次细分房地产市场。细分的过程，也就是一个比较、选择分市场的过程。

2. 房地产市场细分程序

根据美国学者伊·杰·麦卡锡（E. Jerome. MCcarthy）提出的市场细分程序，房地产市场细分程序可分为如下七个步骤。

(1) 为产品选定市场范围。

房地产产品的市场范围依据市场需求而不是产品特性选择。例如，一家房地产公司，打算建造一幢简朴的小公寓对外出租。从产品特性如房间大小、简朴程度看，公司可能会认为其出租对象应以低收入家庭为主。而从市场需求的角度分析，许多并非低收入的家庭也是潜在的客户。如有的消费者在市区拥有宽敞舒适的居室，但又希望在宁静的郊区能再有一套住房，用作周末度假的去处，即所谓的第二居所；也有消费者由于工作单位离家很远，把该公寓作为中午休息或因工作繁忙偶尔居住的一个场所等。总之，公司应把这幢普通公寓看成整个住宅出租业的一部分，而不应孤立地视其为只是低收入家庭居住的房子。

(2) 列举潜在客户的基本需求。

选定了产品的市场范围后，该企业可以通过“头脑风暴法”，从地理因素、人口因素、心理因素和行为因素各个方面，分析潜在客户对产品有哪些方面的需求。这一步骤为以后的深入分析提供一份征询资料。比如，这家房地产公司发现，客户期望通过小公寓满足的需求包括：遮雨避风，停放车辆，安全，经济，设计良好，方便工作、学习和生活，不受外来干扰，足够的起居空间，简洁的内部装潢，良好的公寓管理和维护等。

(3) 调查潜在客户的不同要求。

企业可以依据人口因素，进行抽样调查，向不同的潜在客户征询上述需求中的哪些方面对他们更为重要。这一步骤进行到至少有三个分市场出现为止。比如，这家房地产公司发现，在校外租房住宿的大学生，认为最重要的是遮雨避风，停放车辆，经济，方便上课和学习；新婚夫妇希望遮雨避风，停放车辆，不受外来干扰，良好的公寓管理等；较大的家庭住户要求遮雨避风，停放车辆，经济，有足够的儿童活动空间。这样，不同的客户群体，即若干子市场也就初步显现出来了。

(4) 移去潜在客户的共同需求。

移去上述各子市场中客户的一些共同需求，如遮雨避风，停放车辆，安全等。这些共同需求固然重要，但只能作为市场营销组合决策的参考，不能作为市场细分的基础。

(5) 为不同的子市场暂定一个称谓。

接下来，房地产公司需要对各个子市场剩下的不同要求进行分析，并结合客户群体的特点，暂时为每个子市场取个名称，以能反映各子市场客户的一些重要特征。如：

①好动者。客户年轻、未婚，爱玩好动。

②老成者。比好动者年长、更成熟，收入及受教育程度更高，追求舒适与注重个性。

③新婚者。暂住，将来希望另找住房。夫妻皆有工作，所以房租负担不重。

④工作为主者。单身，希望住所离工作地点近，经济。

⑤度假者。市区有住房，但希望节假日过一点郊外生活。

⑥向往城市者。乡间有住房，但希望能靠近城市生活。

(6) 进一步认识各子市场的特点。

公司还要对每一个子市场的客户需求及行为特征更深入地进行考察，明确各子市场的特点已知那些，还要了解哪些，以便决定各子市场是否需要再度细分，或加以合并。比如，公司通过这一步骤发现，新婚者群体与老成者群体的需求差别很大，应当作为两个子市场。同样的公寓设计，也许能同时迎合这两类客户；但对他们的促销策略，比如广告主题和人员推销方式，可能大不相同。企业要善于发现这些差别。假如他们原来归属一个子市场，现在就应分别开来。

（7）测量各子市场的规模。

通过前六个步骤的分析调查，各子市场的类型基本确定。接下来公司应把每个子市场与人口因素结合，测量各子市场中潜在客户的数量，并进行盈利性分析。没有足够的客户数量，不能给公司带来利润的子市场是要放弃的。

在美国的达拉斯市，一家房地产公司在市场细分并进行评估之后，成功地发展了一套市场营销组合，开发好动者公寓市场。针对这一客户群体的特性，公司除了公寓住房，还提供游泳池、俱乐部、池畔舞会、绿草地等设施和服务项目。为了维护产品形象，公寓管理者坚持新婚住户要尽早搬出，以吸纳新的未婚好动者。结果，公寓总是满客。其他未提供任何服务的公司，却经常为客源发愁。因为他们提供的公寓住房，除了是个遮雨避风的“小盒子”外，再也找不出吸引客户的地方了。

6.1.4 房地产市场细分的有效性

根据上述房地产市场的细分标准及细分方法，对房地产市场进行细分以后，接下来就需要对细分市场进行评估，以确认细分市场的有效性。同时，也为下一步目标市场的选择做好必要的准备。衡量房地产细分市场有效性的标准有：

（1）可衡量性。

是指细分市场的规模和购买力大小是可识别的、可衡量的。如果房地产企业根据某些因素对房地产市场细分后，发现细分市场的大小难以测量，那么，该细分市场也就无任何意义。事实上，房地产市场营销者在经过科学的市场调查以后，不仅要能够预测细分市场的规模，而且还要能够预测在一定条件下该细分市场规模的增长速度。

（2）可进入性。

是指房地产开发企业有能力进入所选定的细分市场。也就是说，企业拥有足够的资源和竞争力来进入该细分市场，而且该细分市场与企业的发展战略相一致。考虑细分市场的可进入性，实际上也就是考虑企业在该细分市场上开展市场营销活动的可行性。显然，对于不能进入或难以进入的细分市场，对于企业来说是没有任何意义的。

（3）可盈利性。

是指房地产企业所选定的细分市场的规模足以使本企业有利可图。如果细分市场小到难以使企业获利，或获利水平非常低，企业机会成本很大，那么这样的细分市场也就无实际意义。

值得指出的是，市场细分绝不是为细分而细分，而是以有助于企业更好地挖掘和利用新的市场机会，选择最有效的目标市场为目的，以充分利用企业现有资源，提供企业的经营绩效，构建企业的核心竞争优势，克服企业劣势，使企业得以快速发展和壮大。

6.2 房地产目标市场选择

目标市场选择，即房地产开发企业选择一个或几个本企业准备进入并为之提供产品和服务的细分市场，房地产开发企业目标市场选择需要与宏观环境、微观环境以及企业所拥有的资源相适应。具体来说，目标市场选择必须与企业的战略目标相一致；必须与企业拥有的资源相匹配；必须能获得足够的潜在效益；目标市场中企业必须具有优势的竞争力。

6.2.1 房地产目标市场模式选择

市场细分并对细分市场进行评估后，房地产开发企业进入STP战略的第二阶段，即要对选择进入哪些目标市场或为多少个目标市场服务做出决策。房地产开发企业有五种目标市场模式可供选择。

1.单一市场集中化

是指房地产开发企业只选择一个细分市场作为目标市场。例如，深圳万科股份公司在1998年4月开发建设了万科俊园，该项目位于深圳市文锦路与爱国路交汇处的北侧，它占地5466m^2，总建筑面积78000m^2，建筑总层数45层，高161m。在该项目的前期阶段，开发商通过市场细分后锁定了深圳市及周边地区拥有千万资产人士的目标市场，虽然这一目标市场十分狭窄，客户群体容量也十分有限，但由于这部分群体存在着有效需求，开发商把握了他们的需求信息，及时开发出他们所需求的物业产品——高层豪宅，结果市场反响热烈，至1999年11月，该项目的销售率已达到83%。

2.选择性专业化

是指房地产开发企业选择若干细分市场作为目标市场，其中每个目标市场在客观上有吸引力，而且符合开发商的目标和资源。例如北京红石实业公司，通过市场细分，选择了其中的两个目标市场，该公司集中有限的资源先后为北京的居家办公目标市场开发了 SOHO 现代城，在海南为金领人士组成的目标市场开发了高档海景别墅。

3. 产品专业化

是指房地产开发企业只开发一种类型的物业产品，并向多个目标市场的客户群体销售这种产品。例如北京市天创房地产开发公司精心打造天缘公寓（高层住宅项目），该项目位于北京市宣武区白纸坊和西二环交汇口，项目总建筑面积 7 万 m^2，公寓的户型面积从 $75m^2$ 到 $193m^2$，涵盖了二室二厅、三室二厅、四室二厅等多种规格，开发商力图通过该物业的开发建设来满足不同目标市场（小康型住宅需求群体、富裕型住宅需求群体、豪华享受型住宅需求群体）的需求。但是，将不同的目标客户群体组合在同一物业内显然无法满足这些目标群体的个性化需求，开发商在选用此模式时要慎重。

4. 市场专业化

是指房地产开发企业为了满足某个目标客户群体的各种需求而开发物业。如万通的定制服务，专门为需要个性化服务的个人或企业量身定制各类物业，以满足这类目标客户的独特需求。

5. 完全市场覆盖

是指房地产开发商通过投资开发各种类型的物业来满足各种目标市场的需求。只有大型的房地产公司才能采用完全市场覆盖战略。例如，美国的普尔蒂公司，向 11 类细分客户提供各种不同类型的住宅，而这个细分基本上涵盖了有能力购房的大部分客户，而且这些客户群分别处在不同的家庭生命周期阶段。

6.2.2 房地产目标市场选择涵盖战略及其选择

1. 房地产目标市场涵盖战略

企业选择目标市场的模式不同，营销战略也就不同。一般来说，有以下三种不同的目标市场选择涵盖战略可供房地产开发企业选择。

（1）无差异市场营销（见图 6-1）

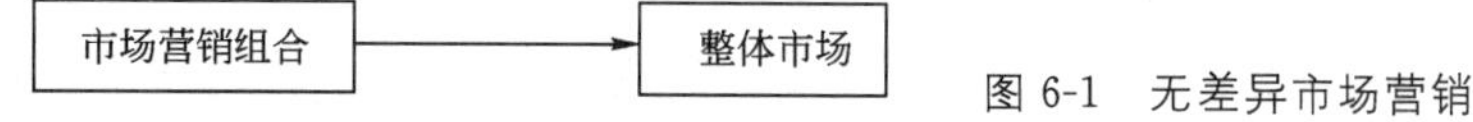

图 6-1 无差异市场营销

无差异市场营销是指企业在市场细分之后，不考虑各细分市场的差异，而只注重其共性，决定只推出单一产品，运用单一的市场营销组合，力求满足尽可能多的顾客需求。

该战略的优点是有利于房地产企业产品开发的标准化、规模化，从而降低开发成本；同时也有利于降低营销成本。缺点是难以满足所有客户的需求；当大多数企业都采用这种战略时，而且竞争就会异常激烈。

（2）差异市场营销（见图 6-2）

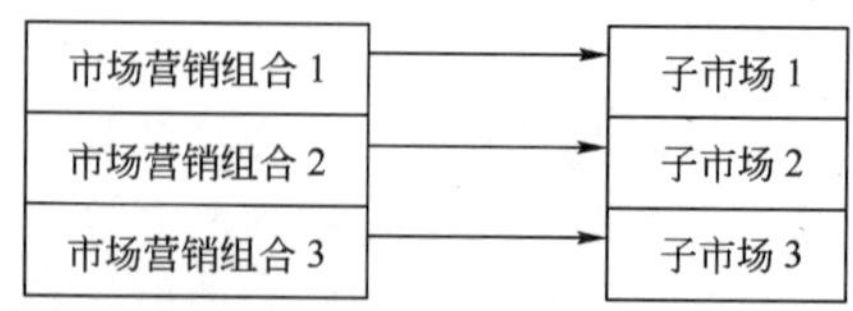

图 6-2　差异市场营销

差异市场营销是指企业决定同时为几个细分市场服务，运用不同的营销组合来满足各细分市场的需求，同时分散经营风险。

该战略的优点是有利于增加销售额，扩大市场分额，更好地满足客户的需求；同时有利于分散经营风险。缺点是实行差异市场营销，为不同的细分市场提供不同的产品和营销组合，会增加营销费用。

（3）集中市场营销（见图 6-3）

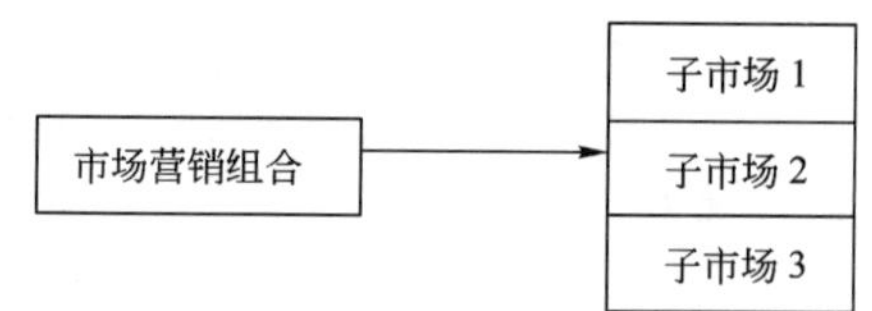

图 6-3　集中市场营销

集中市场营销是指企业集中所有力量，以一个或少数几个性质相似的细分市场作为目标，试图在较少的细分市场上实现较大的市场占有率。这种战略适用于资源有限的中小型房地产企业。

该战略的优点是可以比较准确把握客户的需求，有针对性地采取营销策略；有利于房地产企业集中使用有限的资源，在选定的目标市场上建立优势；同时也有利于节省营销费用。缺点是经营风险较大，由于目标市场范围比较狭窄，一旦消费者偏好等市场情况发生变化，企业就可能陷入困境。

2. 房地产目标市场涵盖战略的选择

上述三种目标市场涵盖战略各有利弊，房地产开发企业在选择目标市场涵盖战略时，应综合考虑如下因素：

（1）企业资源。

如果房地产企业资源雄厚，拥有强大的资金实力、较强的营销能力和管理能力，可以考虑实行差异市场营销；否则，最好实行无差异市场营销或集中市场营销。

（2）产品同质性。

是指产品在性能、质量、特色等方面的差异性大小。对于同质产品，一般宜实行无差异市场营销；反之，对于异质产品，则应实行差异市场营销或集中市场营销。

（3）市场同质性。

如果市场上消费者的需求、购买行为基本相似，对市场营销刺激的也基本相似，则可视为同质市场，宜实行无差异市场营销；反之，市场需求差异较大，市场是一个异质市场，则应采用差异市场营销或集中市场营销。

（4）产品所处生命周期。

处于导入期和成长期的新产品，市场营销的重点是引导和巩固消费者的偏好，宜实行无差异市场营销；当产品进入成熟期后，市场竞争激烈，此时可采用差异市场营销战略，以利于开拓新的市场，尽可能扩大销售。

（5）竞争对手的目标市场涵盖战略。

一般来说，企业的目标市场涵盖战略应与竞争者有所区别，如果竞争对手采用无差异市场营销战略，企业就应采用集中市场营销或差异市场营销战略；如果竞争对手采用差异市场营销战略，企业可进一步细分市场，实行更有效的集中市场营销或差异市场营销；但若竞争对手实力较弱，则可与之采用相同的战略。

6.3 房地产市场定位

在市场细分和选择了目标市场后，接下来就进入到STP营销的最后一个步骤：即市场定位。也就是说，房地产企业要考虑如何为自己的产品在目标市场上进行有效定位的问题。

6.3.1 房地产市场定位概述

1. 房地产市场定位的含义

市场定位是20世纪70年代由美国学者艾尔·里斯（Al. Ries）和杰克·屈特（Jack. Trout）提出的一个重要营销学概念。它是指根据市场的竞争情势、消费者对产品的某种特征或属性的重视程度以及本企业的资源，设计企业的产品和营销组合，从而在目标市场消费者心目中塑造出产品的独特形象和地位。也就是说，市场定位就是通过设计、营造，并通过对消费者的有效传递，为产品争取独特的市场形象，使产品最终迅速为市场所消化并赢得足够或合理的经济与社会效益的营销过程。

2. 房地产市场定位的作用

市场定位是市场营销战略体系中的重要组成部分，它对于企业准确认清自己所处的竞争地位、把握消费者的需求、树立产品的鲜明特色，提高企业在目标市场的竞争力具有重要的意义。具体来说，市场定位的必要性和重要性体现在以下几方面：

（1）市场定位有助于创造差异，构建竞争优势。

市场定位的实质就是使企业取得在目标市场中竞争优势地位。企业在充分分析市场的基础上，在市场定位的统领下，通过在产品主题概念、建筑风格、社区环境、配套、户型结构等方面塑造出特色，并通过向消费者清晰地传达定位的信息，使企业产品的优势及与竞争者的差异性清楚凸现于消费者面前，从而引起消费者注意与兴趣，最终吸引消费者购买企业产品，在竞争中取得优势。

（2）定位是制定各种营销策略的前提和依据。

产品、分销、价格及促销策略直接影响到营销目标的实现，而这些策略的依据是否正确则是其是否有效的关键。只有以定位为制定各种策略的依据，各项手段相互配合，协同向消费者传达产品的定位信息，才能使产品顺利击中目标市场。纲举目张，有定位为前提依据，各项营销手段才能发挥最大效用。也就是说，营销组合策略是定位战略战术运用的结果。

6.3.2 房地产市场定位方式

市场定位是一种竞争策略，它反映了竞争企业或竞争产品之间的竞争关系。房地产企业可根据自身的发展战略、资源状况、区域房地产市场竞争状况等选择下列不同的定位方式。

（1）避强定位。

这是一种避开强有力的竞争对手进行市场定位的方式。企业不与对手直接对抗，将自己的产品置于某个市场的“空隙”，发展目前市场上没有的特色产品，开拓新的市场领域。这种产品定位方式的关键是要确认这一“市场空隙”有一定的容量，这样，房地产开发企业成功的把握就很大。深圳某房地产开发商在20世纪90年代开发了专为单身女贵族们居住的单身女性公寓，其售价在10万元左右。公寓的外观设计、小区绿化、楼幢命名、室内布置、采光安排等，都刻意按照单身女性心理需求和生活习性巧妙策划，并配有封闭式的保安措施。此公寓一推出，即被现代女性们抢购一空。无独有偶，在90年代的上海，某房地产公司也运用类似的思路，在接近市郊的地方针对新婚和待婚的男女情侣开发“鸳鸯楼”。楼盘格局全部是一室一厅的小套间，并根据当代青年人的生活要求安排了多功能阳台、客厅、厨房和小居室，一套房的总建筑面积在40m^2左右。由于交通方便，价格合适，这种“鸳鸯楼”非常畅销。

（2）迎头定位。

这是一种与在市场上居支配地位居的竞争对手“对着干”的定位方式。即房地产开发企业选择与竞争对手重合的市场位置，争取同样的目标顾客。在这种情形下，房地产企业可通过产品、服务、人事和形象的差别化策略，以取得独特的竞争优势。

（3）重新定位。

这是指对那些市场反应差的房地产产品进行二次定位。重新定位的方式有二种：一是发掘现有产品的新用途；二是对现有产品进行改造，改变其原有的用途。

例如，1995年上海“环线广场”项目，位于中山西路、宜山路区域，属于田林地段，定位为住宅。由于土地成本高，房屋售价为6000元/m^2，而田林地段的商品住宅价格为4000元/m^2，所以该项目销售为零，成了真正的“不动产”。无奈，该开发商只有委托上海某房地产中介公司进行销售。该中介公司接盘后，首先进行了市场调研。得知田林地段几乎都是住宅，商住楼集中在徐家汇，所以该地区市场空白点是商住楼。为此，该项目重新定名为“徐家汇环线广场”，而把住宅内部改建成办公室类型。即把住宅楼改成商住楼。结果吸引了一大批客户。

又如，福州市某开发商于1994年在福州市中心建了两栋集商、住、办于一体的高层期房，销售情况很不理想。于是，该开发商委托上海某房地产中介公司进行策划销售。该房地产中介公司经市场调研后惊奇的发现，当时福州市中心的房产均是商（商场）、住（住宅）、办（办公楼）结构，发展商个个期望将三种客源一网打尽。而事实恰好相反，买住宅的觉得楼内有企业办公，人员进出繁杂，影响安全；买办公室的又怕在电梯里遇见买菜的阿婆，影响企业形象。结果反而所获甚微。市中心地段现房销售率仅为30%就证明了这一点。为此，该中介公司将该高层定为纯住宅，并为此增设服务、康乐、生活配套设施。在广告上，该中介公司打出了“福州市第一栋五星级纯住宅”的口号，结果，在该两栋高层奠基时，销售率已达70%，被称为销售奇迹。

再如，深圳的京辰大厦写字楼项目，该项目位于深圳福田区福华路，由深圳市京辰实业发展有限公司开发建设。1995年立项，1996年上半年施工。当项目建至四层时，发展商鉴于当时写字楼市场的严峻形势，决定重新定位，将写字楼改为住宅楼。

当时，深圳写字楼市场仍处于供大于求的大滑坡阶段。1995年深圳市全年共销售写字楼14.4万m^2，仅相当于地王大厦一座写字楼的一半。而新写字楼还在不断兴建，仅福田建成区就有经协大厦、航苑大厦、中银大厦、国际科技大厦、华强佳和大厦、爱地大厦、海鹰大厦等十几幢大型物业，竞争非常激烈。京辰大厦与上述物业相比，没有什么特别优势。

为此，发展商决定重新定位，改写字楼为住宅楼。但此时改为住宅楼，难度不小。一般地说，将住宅改为写字楼难度不大，而将写字楼改为住宅就没那么简单。最后，请东北建筑设计院改设计，把京辰大厦改为一座现代化豪华住宅——京海花园，总建筑面积47000m^2，由4层裙楼和21层塔楼组成，1～4层为大型商场、饮食娱乐和金融商务中心，5～18层为高级住宅，19～20层为超豪华住宅，21层为空中豪华花园“别墅”。该项目于 1998 年 2 月 8 日开始发售，销售均价为 8835 元/m^2，至同年 5 月，销售面积已达 15000m^2，销售率超过 30%。

6.3.3 房地产市场定位策略

在房地产市场定位的实践中，房地产企业至少有如下四种策略可供选择。

(1) 属性/利益定位。

房地产开发商将产品定位在某一特定属性/利益方面的领先者。如广州“颐和山庄”项目，将产品定位在“绿色、空气、空间”为主题的生态型住宅小区，该小区内的大型山顶公园和位于白云山内的优越自然外环境，为目标市场的客户群体创造出其他项目无法比拟的生态和环境方面的利益，成为广州楼市生态住宅的标杆。

(2) 价格/性能定位。

房地产开发商把为目标市场提供性价比更高的物业作为自己楼盘的定位。如南京秦淮城镇开发公司开发的“春天家园”住宅小区，该项目周边楼盘均价在 3000 元/m^2 以上，但春天家园以高于周边楼盘的规划设计水准、工程质量和 2800 元/m^2 的销售价格，为目标市场的客户群体提供了较高的让渡价值。

(3) 针对目标客户需求定位。

房地产开发商在物业产品定位时，根据所选定的目标市场客户的实际需求，开发建设出能满足他们个性化需求的产品。上海鼎邦置业公司在分析上海市虹桥经济技术开发区范围内的外籍人士这一目标市场需求时，发现这些外籍人士十分渴望在上海近郊拥有自己的纯欧式生态住宅，虽然上海市虹桥经济技术开发区附近的别墅供应量较大，但真正能满足外籍人士需求的纯欧式生态住宅的供应量几乎为零。为此该公司根据目标客户的实际需求，在上海虹桥地区购置了 52000m^2 土地，公司的总经理亲赴欧洲，经过多轮考察和三次诚挚的邀请，世界级生态建筑大师西班牙的 MelvinVillarroel 先生最终同意为该项目进行规划设计和景观设计，该项目取名“鼎邦丽池”，大师在 52000m^2 的土地上精心设计了 76 套生态住宅，该项目的销售单价更是创上海虹桥地区楼市新高，在周围其他项目的独立式别墅卖到 15000 元/m^2 的情况下，“鼎邦丽池”的别墅式公寓售价却高达 30000 元/m^2，市场反映异常热烈，实际购买者 100%为外籍人士。

(4) 针对竞争者定位。

房地产开发商直接面对竞争对手，将自己的物业产品定位成在某方面比竞争对手更好一些。上海浦东黄浦江边先后出现了两个高档外销物业“仁恒滨江园”和“世茂滨江花园”，“世茂滨江花园”在开发过程中以“仁恒滨江园”为标杆，力图在项目定位、规划设计、工程建设、景观营造和营销推广方面高出仁恒滨江园一筹，以使同一目标市场的客户群体在购房时先想到

“世茂滨江花园”。

6.3.4 房地产市场定位方法

市场定位是创造产品差异化，从而建立竞争优势的有效途径。正确的市场定位是房地产开发企业在竞争中取得胜势，并赢得利润走向成功的关键；相反，在市场定位上无所作为，或定位不准或错误，则会走向反面。下面以住宅产品为例，阐述市场定位的三层次方法。

1. 住宅产品的功能定位

功能定位是住宅产品定位中的首要环节，也是住宅产品定位中最为重要的一个步骤。住宅产品在设计、开发之前，开发商首先应考虑的是赋予其哪些功能，并以什么样的特色功能来赢得目标消费者的心。这就涉及到产品功能的定位问题。所谓功能定位，简单地说，就是通过对目标市场消费者的功能需求的研究，对住宅产品功能进行创新或对原有产品功能进行强化，使本企业的产品功能与竞争产品的功能区分开来，并给目标市场消费者提供比竞争对手更多的价值和满足，从而在消费者心目中留下深刻印象。功能定位包含两方面的含义：一是功能种类定位；二是功能实现程度的定位。

(1) 住宅产品功能定位的考量点——功能分类。

在对住宅产品的功能进行定位之前，我们有必要先对住宅产品的功能作一系统分析。只有对住宅产品的功能有了全面系统的了解，才有助于功能需求调查和功能分析以及最后的功能定位。住宅产品的功能可以分为以下两类：

①基本功能。住宅产品的基本功能就是为消费者提供一个可居住的空间。消费者购买住宅产品，从根本上来说是为了获得它的基本功能。从目前来看，这一居住空间至少应可细分为互相独立的就寝空间、饮食空间、卫浴空间和起居空间。而是否应设置独立的工作学习空间、储藏空间、甚至健身空间、娱乐空间等则可视目标市场消费者的支付能力和需求而定。

②辅助功能。住宅产品的辅助功能是为了更好的实现居住功能而附加的功能。由于人们物质和精神需求的多样性，自然，人们对住宅产品的功能需求也日趋多样。除了基本功能以外，对住宅产品辅助功能也有很多的要求，如健康功能、社交功能、发展功能、品位功能、享受功能、便捷功能、安全功能、耐久功能甚至商务功能等（见表 6-1）。

应当指出，消费者对住宅产品基本功能和辅助功能的需求会随着时间的推移而有所变化；也会因消费群体的不同而有所不同。作为房地产开发商，应善于把握这种变化和不同。

住宅产品功能分析 表 6-1

基本功能	辅助功能
居住功能：包括就寝空间、饮食空间、卫浴空间、起居空间、工作学习空间、储藏空间、甚至健身空间、娱乐空间等。	安全功能：包括建筑结构安全、建筑防火安全、燃气及电气设备安全、日常人身及财产安全等； 耐久功能：包括结构及设备耐久性、住宅防水、设备及设施防腐性等； 健康功能：包括饮用水质及其他水面水质、室内及室外空气质量、采光、通风、景观、绿化、运动场地、运动设施及有关健康服务等； 社交功能：包括社区公共活动空间、宽带网、会所及社区举办的各种活动等； 便捷功能：包括交通、购物、就医、就学等与日常生活有关的便利性； 发展功能：包括社区提供的或社区附近学习场所（如图书馆或阅览室等）、受良好教育的机会（如社区办的或社区附近的名校、教育培训机构等）、提供身心健康发展的空间等； 品位功能：包括建筑形态美观性和文化性、建筑外立面色彩及材质的美观性、社区的规划设计及景观设计观赏性、社区会所及其他配套设施档次及文化性、社区文化氛围、品牌、物业管理的档次等； 享受功能：包括上述各种功能及住宅的智能化、社区管理的智能化等。

现在，随着住宅产品的不断创新和完善，住宅产品的户型已渐趋成熟，住宅产品竞争已经超越房型竞争而进入到综合品质的竞争时代。这也就是说，住宅产品竞争已经超越了基本功能竞争阶段，进入到辅助功能的竞争阶段。房地产开发商必须把更多的精力集中于把握辅助功能上，深入研究目标市场消费者的需求，进而进行正确的辅助功能定位。

（2）住宅产品功能定位的基准点——消费者。

住宅产品功能定位的基础或着眼点是目标市场的消费者对住宅产品功能的需求，而不是开发商本身。因此，我们在对住宅产品功能进行定位时，首先必须弄清楚：目标市场的消费者需要什么功能、看重什么功能；目标市场的消费者眼中的功能排序是怎样的？即哪个功能最重要，哪个功能次重要，依此类推。只有把握了目标市场的消费者对住宅产品基本功能和辅助功能的需求，才能避免功能过剩或功能不足。功能定位不是哗众取宠，也不是选开发商所看重的功能，否则，就会陷入吃力不讨好的境地。

（3）住宅产品功能定位的参照点——竞争产品。

在研究、把握了目标市场的消费者对住宅产品基本功能和辅助功能的需求以后，接下来我们就需要对竞争产品的功能作一分析。因为只有对竞争产品的功能有了透彻的了解，才有可能使本企业产品的功能定位区别于竞争产品，超越竞争产品。为此，我们需要对竞争产品的基本功能和辅助功能进行分析。如基本功能的特点及满足目标市场消费者的程度等；辅助功能的种类、特点及满足目标市场消费者的程度等；竞争产品的功能定位是什么等。

(4) 住宅产品功能定位的着陆点——企业资源。

最后，住宅产品的功能定位还应该考虑企业所拥有或能拥有的资源。有些住宅产品功能，虽然是消费者比较重视的，而且是竞争产品所欠缺的，但如果受企业土地条件、资金及外部其他条件制约，缺少相应的资源，则该功能也不能成为定位的目标。

(5) 住宅产品功能定位的确定。

在综合分析、评估消费者的功能需求、竞争产品功能以及企业资源的基础上，我们就可以最终确定本企业产品的功能定位。从策略选择上来说，功能定位既可以是重点功能定位，也可以是多功能定位；同时，在定位时，既要避免功能种类上的不足，也要避免功能种类上的过多；既要避免功能实现程度上的不足，也要避免功能实现程度上的过剩。因为功能的实现是要受成本约束的；同时，它又是明显区别于竞争者，且为目标市场消费者所重视的。

2. 住宅产品的形式定位

功能定位确定以后，接下来就需要对住宅的形式产品进行定位，简称形式定位。它是指为了实现住宅产品的功能定位，并使本企业的形式产品与竞争者的形式产品区分开来，房地产开发企业在规划设计、景观设计、社区的基础设施及配套设施、建筑形态、立面色彩、建筑材料、设备、户型、面积、质量、品牌等诸多要素中，选择其中的一些要素，并使其创造出一定的特色，以在目标市场消费者心目中留下独特的印象。也就是说，首先，形式定位应该服从于功能定位需要；其次，形式定位应该是基于目标市场消费者的喜好及需要；再次，形式定位应该满足于竞争的需要。

住宅产品的形式定位与功能定位是相辅相成的。成功的形式定位有利于功能定位的实现，而正确的功能定位则是成功的形式定位的基础。由于同一种功能往往可以有不同的实现方式，而且功能的实现要受制于成本，因此，寻求既省又好的功能实现方式是开发商在进行形式定位时所要解决的问题。

3. 住宅产品的服务定位

同样，住宅产品的服务定位，是为了实现住宅产品的功能定位，房地产开发企业在售前、售中、售后服务以及物业管理中创造出一定的特色，以给目标市场消费者留下深刻的印象。比如现在不少房地产开发企业成立客户服务中心，或成立客户俱乐部，都是在这方面作出的有益尝试。住宅的服务定位与功能定位也是相辅相成的。成功的服务定位有利于功能定位的实现，而正确的功能定位则是成功的服务定位的基础。在住宅的功能、形式产品日趋同质的情形下，独特的服务定位无疑是房地产开发企业取得竞争优势，并走向成功的法宝。

4. 广州“奥林匹克花园”定位分析

广州“奥林匹克花园”位于番禺大石镇，在该项目开发前，其周边已聚集了像“丽江花园”、“广州碧桂园”、“洛溪新城”、“海滨花园”等名盘，可谓强手如林。因此，开发商清醒地认识到要想使“奥林匹克花园”在番禺大石镇占有一席之地，必须出奇制胜。首先，在项目的功能上要有所创新、有所突破。为此，在深入研究目标市场消费者需求的基础上，项目策划者提出把“奥林匹克花园”建成全国首个运动型、健康型生活小区，即把项目的功能定位于“运动和健康”。在项目的形式定位上，“奥林匹克花园”紧扣“运动健康”的功能定位，独具特色。在项目的总体规划上，设计者将小区的道路按奥运五环图形设置，五个环分别代表不同的主题和功能，分别是绿色养生慢跑步径、勇敢者步径、儿童欢乐步径、赤足休闲步径和青年动感步径。并在其所属区域设置相关的项目，在环境等方面进行综合布置，形成各个区域的主题气氛。在小区的配套设施上，“奥林匹克花园”建造了面积达4000m^2的室外游泳池、多个户外网球场、篮球场及一个足球场；建造了奥林匹克大厦，大厦里设有乒乓球馆、羽毛球馆、健身中心、攀岩馆、体适能检测中心、氧吧等；并采用分质供水，将生活用水和饮用水分别用不同管道输送。在项目的服务定位上，“奥林匹克花园”也是紧扣“运动健康”的功能定位，别具一格。“奥林匹克花园”为业主建立了健康管理模式。即通过体适能检测，建立业主健康档案，为每人给出运动配方，指导锻炼，并开设各种培训班；同时为孩子们提供各种专业化训练；还创建以“科学运动、健康管理”为特色的社区文化，定期开展各种形式的运动及康体活动。按五星级的标准建立酒店式服务系统，力求使业主在“奥林匹克花园”感到处处安心、时时舒心、天天温馨。

由于“奥林匹克花园”独特的创新性功能定位，并在形式定位、服务定位上很好地支持了该功能定位，使其轻松地占领了该区域市场的制高点，避开了市场激烈的同质化竞争，再加上营销策略的得当，使其取得了巨大的成功。

在住宅产品的三层次定位中，功能定位是核心，形式定位和服务定位既受制于功能定位，同时又是为了实现功能定位。房地产开发商只有不断在产品的功能、形式、服务上进行独到的定位和创新，才能赢得市场，占领市场。

[案例一]　碧桂园凤凰城的定位之道

凤凰城神话

2002年5月1日，仅仅一天时间，碧桂园凤凰城接待客户就达3.5万人之多，自驾车5000多辆，购房者像买白菜一样下单，当日售出独立别墅260套，联排别墅120套，洋房600套，销量金额达7.5亿。销售榜第二名、同处广园东的"中海康城"销售额没有超过2亿。这在竞争激烈的广州房地产市场绝无仅有，在全国的房产界也是第一次！广园东碧桂园凤凰城轰动了整个广州城。

凤凰城背景

那么广园东碧桂园凤凰城的销售奇迹是如何创造的呢？

碧桂园凤凰城位于广州市东部，离广州市中心30km，坐车30min可达市中心。是碧桂园集团开发的第八个楼盘，也是最大的一个楼盘，占地800万m^2。

碧桂园系列花园规模如表6-2所示。

碧桂园系列花园规模一览表　　表6-2

名　　称	占地面积（万m^2）	名　　称	占地面积（万m^2）
顺德碧桂园	300	佛山碧桂花城	67
广州碧桂园	67	荔城碧桂园	40
华南碧桂园	67	顺德均安碧桂园	133

碧桂园公司是一个怎样的企业呢？碧桂园公司是一个善于制造神话的企业。从顺德碧桂园的"给你一个五星级的家"，创造房地产界最经典的广告语，硬是把一个濒临死亡的楼盘救了回来；到广州碧桂园大战洛溪桥头，以低价、速度、规模及品牌优势，硬是把丽江花园拉下马，创造了公开发售10天就成交2000套，3个多月成交35万m^2的楼市记录。大年初一开盘，打破了春节不售楼的行规。

碧桂园入广州的第一战——"广州碧桂园"的案例最为人津津乐道。

碧桂园在广州的洛溪桥头下，圈地67万m^2，先开发27万m^2，一次投资十几个亿。不做宣传，不做广告，首先是70栋楼同时开建，几百台吊车同时操作，在整个广州和广东造成一种神秘之感。在这样的背景下，很多广州人停止购买，等着看碧桂园有什么新花样。同时碧桂园放出风来，以品牌夺市场，号称价格最低，质量最好，设计最到位。广州碧桂园的入侵，顷刻打破了市场格局和开发推广节奏，改写了大盘常用的稳健长线"持久战"的销售策略，以小型楼盘常用的"闪电式"进攻型策略，在短期内引起市场高度关注，并在品牌形象、规模气势轰炸之下，创造了公开发售10天就成交2000套，3个多月成交35万m^2的楼市记录。

竞争格局

按照广州城市建设总体战略概念，政府提出"南拓北优、东进西联"的战略构想，包括增城、黄埔、广州经济技术开发区等在内的东部地区，将以天河中央商务区为起点拉动城市重心向东扩展。

因此，广州的围城之战早已打响，东南西北一直都有大盘虎视眈眈，特别是在南部，众多房地产大鳄早已是割据一方，形成了所谓的华南板块。2001 年广州的房地产市场是华南板块的天下，“五一”星河湾的“惊艳”，再有 7 月南国奥林匹克花园的“旺销”，8 月锦绣香江的“震撼”，直到 10 月华南新城的“倾城”，造成“广州楼事看华南”的状态，作为华南板块的鼓吹者和炒作者，著名策划人王志纲还据此写了《大盘时代》一书，其中对上述事件有详细记述。华南板块可谓是“牛气冲天”。

2002 年，华南依旧是热点中的热点，除了上年的几个大盘推出二期外，另一大鳄“雅居乐”蓄势待发，准备“五一”全面出击，再续华南辉煌。广州的其他地区虽然也有楼盘偶露锋芒，但无奈势单力薄，无法与整个华南板块抗衡。

《南方都市报》的一篇楼事文章分析认为：“原本，新兴的凤凰城与中海康城极有机会撑起广园东大旗，成为最有希望的板块劲敌，但二者毕竟囿于线状排列分散与时间上的不成熟，板块形象仍不足以撼倒华南，‘广园东’概念未成气候。同样，东圃一带新旧楼盘一箩箩，市政与商业利好不断，在今年也会有所作为，可惜，区域整体素质上的落差又让其稍逊一筹；至于其他板块，想抗衡华南，实际上更加心有余而力不足。”此描述基本上反映了凤凰城开盘前的市场竞争格局。

凤凰城面对的环境是复杂的，对手是强大的，如何在“众目睽睽”之下脱颖而出呢？

市场细分及目标市场的选定

凤凰城在目标消费群的划分上有重大转变，就是由阶层来划分目标消费群转变为以阶段为标准。最先开发的顺德碧桂园，针对的是珠江三角洲先富的阶层，而凤凰城的目标群，则是“大学毕业后五年、成长中、发展型”的人群，他们性格独特，他们向往一种更优雅的生活环境，一种更好的生活方式，但同时对价格又具有很高的敏感性。

在对目标消费群的透彻分析的基础上，凤凰城进行了创造性的定位：“为每个成功的广州人建造满意的房子”，或通俗的表述为“给白领的别墅”。

住上别墅可以说是每个人的梦想，特别是先富起来的广州人，更想拥有自己的别墅，无奈别墅又太贵，不是人人都能拥有的。凤凰城的定位就在于将对别墅的梦想和超低价格有机结合，填补了低价位别墅的空白市场。

凤凰城推出的别墅主要是 town house 式的浪漫阳光别墅，分为北美古典与现代两种风格，面积 160～180m^2，户型多达 9 种，价格仅从 50 万元起。独立式的豪华别墅，建筑风格则以维多利亚式为主，立面效果丰富，营造出极富想像力的建筑造型，面积 220～600m^2，共 22 种户型，价格仅由 100 万元起。

在广州市区，50 万只能买一套 80～90m^2 的房子，而且房子所处的环境，绝没有像凤凰城那边好。

凤凰城的别墅，它的定位既不是郊外荒野的度假型别墅，也不是市区中心那种"只显身份却无法得享优美环境"的住家别墅，而是"度假环境里的常驻别墅"，融合了现代都市生活的时尚便利与郊区生活的恬然写意，生活、休闲、享受得以和谐的统一，人类"回归自然"的梦想在这里可以得以最充分的实现，可以享受到精神的宁静。此外，作为一个现代化的"生活新城市"，凤凰城更营造一种积极健康的、催人向上的社区环境，透射出一种"时代精神"的气息。

凤凰城凭借其低成本优势，可以为消费者提供心动价格的别墅。这正迎合了消费者心理，正如卢泰宏教授所说"房子不仅仅是房子，它是人生孜孜追寻的梦"。

价格是永远的主题，也是定位的主要要素！

营销推广

营销大师舒尔茨说过，营销即传播！由于广州市城市规划整体思路，以及在未来二三年，广深、广惠、广州北三环和广园东等高速及快速路将经过广州东部，广园东将完全与珠江三角洲连成一片，一个半小时可以达到珠江三角洲任何一个城市。众所周知，房产业跟着规划走，往往会起到事半功倍的效果。由于有此优越的位置，所以碧桂园这次打出了"广园东"概念，并将楼盘定名为"广园东碧桂园凤凰城"，这样可以借城市规划的"东风"，一下子就将凤凰城地理位置的优越性定格在消费者大脑中。

同时，凤凰城铺天盖地运用立体化传播，新闻、公关、广告、事件甚至人际传播等手段无所不用，并将其效果发挥至极致。

凤凰城以别墅为主打产品，以"森林—湖泊—新城市"为宣传主线，营造的是"亲和亲人"的全程自然的生态环境。别墅是都市人的梦想，每天在拥挤而污浊的城市，谁不梦想拥有美丽的居住环境。在凤凰城网站的第一句话就是："人应该生活，而不是活着。"

在前期，碧桂园凤凰城大多用新闻的模式，用一种不断制造市场新闻的手段，向市场投放重磅炸弹。甚至在《人民日报·华南新闻》板块上出了两期特刊，一期是 4 月 22 日的"碧桂园创业 10 周年纪念特刊"，另一期是 4 月 27 日的"广园东碧桂园凤凰城特刊"。凤凰城对新闻媒体的巧妙运作，新闻报道导向有利于自身，通过媒体的力量来塑造消费者的观念，最后完全达到了的定位目的，对于华南板块的瓦解逐渐成为大众观点，凤凰城也成为了广州的热点大盘。

凤凰城对于人际传播掌握的也非常好，神秘可以引起大众的兴趣，同以前广州碧桂园做法一样，凤凰城之前让自己一直处于一种神秘的状态中。广园东碧桂园首期 167 万 m^2 从打下第一根桩开始，建筑工地 24 小时灯火通明，1 万多名建筑工人日夜奋战。但是碧桂园凤凰城一直不对外宣传，“埋头苦干，闷声发大财”。关于碧桂园的外围新闻犹如诱饵，勾起大众的极大兴趣。新闻记者的探盘，消费者的揣测，同行的暗访，让凤凰城成为广州市民的一个热门话题。

但是在“五一”前期，凤凰城开盘前展开强势媒体攻势，其广告在传媒密集投放，密集到让人喘不过气来，只要你看报纸、电视，你就躲不到凤凰城广告的袭击。据碧桂园内部人士的说法，单“五一”期间的广告投放额就有 2000～3000 万元。凤凰城的广告在地区上也有选择，楼盘不少的广告出现在增城、东莞、香港各地，实际上凤凰城开售时不少的买家正是来自增城等地。

强势传播的结果，“50 万买别墅”的概念，街头巷尾无人不知！这就导致在“五一”后的第二个星期天依然能看到那样火爆的场面。

[案例二]　美国普尔特 (Pulte Homes) **公司**——客户细分及目标市场的选择

关于 Pulte Homes

普尔蒂公司是美国排名第一的房地产开发商。普尔蒂公司以其独特的理念和卓越的操作流程，取得了自建公司以来连续 220 个季度（55 年）没有一个季度亏损的辉煌业绩。2004 年又由美国 J. D. Power 评选成为全美客户满意度最佳房地产开发商。

Pulte Homes 公司创建于 1956 年，其规模横跨美国各州 40 个市场，已经成为全美首屈一指的住宅建造公司。Pulte Homes 公司主要为顾客提供“量身定制”的个性化服务以及通过其属下的抵押贷款服务公司为购房者提供的各种贷款产品服务，同时向投资者出售抵押贷款和其证券。

Pulte Homes 公司客户细分

传统上，美国房地产业有三种客户细分方法：一是按照购房的次数，将客户分为首次置业、二次置业、三次置业三类。另两者是按照产品类型和零售价格区间划分客户。

Pulte Homes 的客户细分则体现了很强的客户导向。经过长期的客户跟踪和研究，Pulte Homes 发现，影响客户需求有两个最关键的因素：一是客户的生命周期（生命阶段），二是客户的支付能力。这两个因素基本上可以解释大部分的住房购买行为。

前者意味着需求的变化，人生的每个阶段都需要住房，但住房需求是随着人的不同生命阶段而变化的，住房需求对一个学生和一个成年人或者一个家庭而言是大不相同的。后者的主要依据是收入水平，人们总是希望能买他们能够负担得起的住房。在任何情况下，人们不可能去购买他们无力支付的房子。

Pulte Homes 据此开发了客户细分工具，叫做“生命周期与支付能力矩阵”。

运用这个矩阵，结合对不同人群的行为分析，是划分客户群的基础。

Pulte Homes分析了那些处于相近生命阶段人群的需求，使用家庭收入等数据评估了各人群的支付能力。然后据此划分了11类细分客户，包括首次置业者（年轻未婚比较多）、常年工作流动人士、单人工作丁克家庭、双人工作丁克家庭、有婴儿的夫妇、单亲家庭、成熟家庭、富足成熟家庭、空巢家庭、大龄单身贵族、活跃长者。

这个细分基本上涵盖了有能力购房的大部分客户，而且这些客户群分别处在不同的人生阶段，相互间的区别是非常清楚的。这些客户信息对Pulte Homes的制订业务策略、产品策略的重要性不言而喻。

Pulte Homes公司目标市场的选择

通吃上述11类细分客户以确保市场份额的持续增长，占领活跃老年人市场以获得市场领导地位。

Pulte Homes公司认为，在短期内，专注于为单一的客户群服务更为经济，但从长期看会严重阻碍公司的发展，即便一个公司能完全占领一个细分市场，但对整个市场而言，可能只是很小的一部分，把如此多的客户留给别人是不明智的。为了抢占市场份额，必须开发最广大的客户源，服务最广泛的潜在客户群体，必须减少对任何一个单一细分市场的依赖，必须在任何一个子市场中进行最好的投资。

Pulte Homes公司在全国范围内通吃11类客户，但在进入具体的区域市场时则会有不同的侧重，采取区别对待策略。在进入一个区域市场之前，Pulte Homes会进行大规模的市场调查，展开综合的需求分析：发现供需之间最大的差距是什么，确定该区域包含11类客户中的哪些类，其中哪些类具备经济价值。然后购买土地，针对不同客户提供不同类型的住房。

在密歇根州，Pulte Homes发展出了价位在中等到10万美元之间的新产品以适应1～3个目标消费群的需求。在南加州，Pulte Homes提供价格为24万美元的产品给2～4个目标消费群。在亚利桑那州，Pulte Homes兼并了Sivage-Thomas，一个主要提供首次置业住房的公司。在北加州，Pulte Homes满足流动人士的需求。而在所有区域，活跃老年人市场都是开发的重点。

Pulte Homes公司对细分市场选择的全面覆盖策略带来的收益是非常明显的。公司能够面向最广泛的潜在客户群寻求增长机会，开拓多元化的目标客户群降低了经营波动风险。在购买土地之前，Pulte Homes已经规划好每一块土地怎么开发，紧俏的土地资源得以充分利用。

客户的终身锁定

在Pulte Homes，客户细分的作用不仅体现在对客户价值的把握，更重要的还在于指导了后端的精细化运营流程，这特别体现在产品线规划设计和营销活动上。

在产品线规划设计上，Pulte Homes 的做法是用标准化满足个性化。

Pulte Homes 根据客户细分的结果制作出标准化产品说明书，然后在全国不同的市场中进行模拟试验，检验住房标准化是否能够适应每一个目标客户群。目前，Pulte Homes 能够提供 25 种基本设计蓝图。在此基础上，公司为每一类客户量身定制产品，满足个性化需求，比较典型的新产品有复合型消费群社区、中上水平住宅、城市空地应用住宅。

值得赞许的是，Pulte Homes 在产品设计上提出了“价值重塑”概念：在项目开发时通过价值工程减少成本，其中最关键的依据还是对客户的了解和把握。Pulte Homes 反对设计师过分追求完美而忽视成本和效率的作风，主张保留客户的喜好，去除那些增加成本但没有价值的设计环节。根据这一原则，Pulte Homes 在所有区域市场进行检查，确保所有的设计施工方案在设计和建筑可实施性方面的最优化，如果达不到要求，则必须简化方案使其更便于指导高效率、低成本的施工建造。

在营销方面，Pulte Homes 提出以终身服务锁定客户。

Pulte Homes 的 11 类客户涵盖了大部分人生阶段。年龄层比较低的某一类客户再过几年、十几年、几十年就会变成另一类型的客户。Pulte Homes 提出满足客户不同人生阶段的住房需求的战略性描述颇具远见。客户在前一个人生阶段得到了满意的产品和服务，就很可能在以后的阶段不断购买 Pulte Homes 的房子，甚至经常会向他们的家人和朋友提及，品牌的客户忠诚度在口碑的点滴中凝聚而成。

数据表明，到 2002 年，Pulte Homes 的重复购买和转介绍购买达到了销售额的 42%，终身锁定战略初告成功。

Pulte Homes 客户细分之道

①细分标准一定是从客户出发，而不是从产品出发。要选择能够反映客户价值的因素来衡量和区分不同客户的需求。

②对不同客户一定要真正做到区别对待。Pulte Homes 虽然实行“通吃”战略，但它抓住了一个重点，即活跃老年人群体。而且在不同的区域，它会根据严格的市场调查推出针对性的产品。

③客户细分必须能够为运营流程提供指导。任何客户细分的结论，如果不能帮助改善运营流程以提供更好的产品和服务满足客户价值，就没有任何意义。

在精细化运营方面，Pulte Homes 牢牢抓住客户这个中心下工夫。Pulte Homes 提出：一旦加入我们的家庭（购买 Pulte 住房），客户就将享有 Pulte 提供的终生服务！

首先是客户细分。公司根据客户对住房的需求因素，将客户细分成首次置业、二次置业、多次置业、老年人住宅等几类客户；根据不同地域不同类型产品的需求和供应状况，选择性地投资需求和供应差距最大的产品。

第二是客户满意。Pulte Homes 公司在 1993 年建立了客户满意度监测系统(CSMS)：

系统化地调查每一位购房客户；询问他们整个消费体验过程：购买住房、办理贷款、建筑过程及日常服务；相信并且及时对数据进行反应，寻找到问题的根源；目前这个监测系统拓展到了短期、长期满意度的检测。

客户满意战略成效卓著。在 Pulte Homes 公司的客户结构中，转介绍客户和重复购买不断增长，Pulte Homes 已成为客户心目中首选的地产商。

本章小结

房地产目标市场战略包括三个步骤：市场细分、目标市场选择和产品定位。房地产市场细分分住宅市场细分和生产经营用房市场细分。住宅市场细分标准有：地理因素、人口因素、心理因素和行为因素；生产经营用房市场细分标准有一些与住宅市场细分标准相同，如地理、收入、购买动机、追求利益、品牌忠诚度等。此外，还有最终用户、顾客规模等常用因素。运用市场细分的因素对房地产市场进行细分有三种方法：单一因素法、综合因素法和系列因素法；并可按照以下七个步骤进行：为产品选定市场范围、列举潜在客户的基本需求、调查潜在客户的不同要求、移去潜在客户的共同需求、为不同的子市场暂定一个称谓、进一步认识各子市场的特点、测量各子市场的规模。评估房地产有效性的标准有：可衡量性、可进入性、可盈利性。

市场细分及评估后，房地产开发企业要对细分市场进行选择以确定其为之服务的目标市场，有五种目标市场模式可供选择：单一市场集中化、选择性专业化、产品专业化、市场专业化和完全市场覆盖。并有三种不同的目标市场选择涵盖战略：无差异市场营销、差异市场营销、集中市场营销。企业在选择目标市场涵盖战略时，应综合考虑如下五方面的因素，即企业资源、产品同质性、市场同质性、产品所处生命周期、竞争对手的目标市场涵盖战略。

为了在目标市场中取得独特的竞争优势，企业必须进行有效的市场定位，为自己的产品在目标市场创立鲜明的特色和形象。避强定位、迎头定位、重新定位是房地产市场定位的三种方式，而属性/利益定位、价格/性能定位、目标客户定位、针对竞争者定位是房地产企业可供选择的四种定位策略。三层次房地产市场定位方法——功能定位、形式定位与服务定位则为房地产企业进行有效的市场定位提供了一个有力的手段。

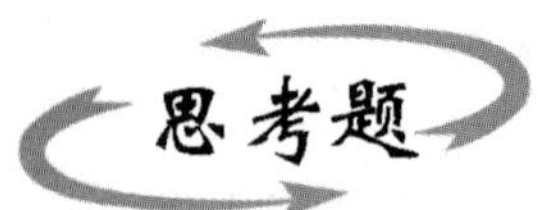

思考题

1. 房地产市场细分有什么作用？

2. 房地产市场细分的标准有哪些？

3. 如何衡量市场细分的有效性？

4. 房地产企业在制定目标市场涵盖战略时应考虑哪些因素？

5. 试运用一定的标准对住宅市场进行细分，并指出各细分市场消费者的主要特征，并对各细分市场的市场潜量进行定性、定量分析。

6. 房地产产品定位的含义与作用？

7. 试撰写一个房地产产品定位的案例。

参考文献

[1] 郭国庆，陈凯．市场营销学通论（第三版）．北京：中国人民大学出版社，2005.

[2] 纪宝成，吕一林．市场营销学教程（第三版）．北京：中国人民大学出版社，2002.

[3] 张永岳．房地产市场营销．北京：高等教育出版社，1998.

[4] ［美］菲利普·科特勒著．梅汝和译．营销管理——分析、计划和控制．上海：上海人民出版社，1996.

[5] 彭加亮．房地产市场营销（第二版）．北京：高等教育出版社，2006.

[6] 克雷格·弗莱舍，芭贝特·本苏桑．王俊杰等译．战略与竞争分析——商业竞争分析的方法与技巧．北京：清华大学出版社，2004.

[7] 吴翔华．房地产市场营销．南京：东南大学出版社，2005.

第7章 房地产市场竞争战略

房地产企业要在房地产市场竞争中取胜，必须建构适合自身的竞争战略，获得竞争优势。房地产企业的竞争优势是指房地产企业在项目策划、开发、建设、营销、服务等过程中持续发展而形成的，能为本企业带来价值增值，支撑企业过去、现在、未来发展，并使企业能够长时间在竞争中取得主动的优于竞争对手的核心能力。房地产企业的核心能力范围很广，既包括项目的开发、建设能力又包括营销能力，既包括项目的盈利能力又包括项目的文化凝聚力，既包括企业组织能力又包括企业管理能力等。

房地产企业之间的竞争可以分为广义与狭义两种。就其广义而言，包括从房地产企业综合竞争力的角度，全面地比较分析其开发项目销售中的价格竞争和质量竞争优势之外，还有新产品、新技术、新渠道、新组织类型和新企业文化等竞争优势。就其狭义而言，主要指所开发项目比其他企业更低的成本或给消费者带来更高的价值，正如美国管理学家迈克尔·波特在其《竞争优势》中指出的：“竞争优势归根结底来源于企业为顾客创造的超过其成本的价值。价值是顾客愿意支付的价钱，而超额价值产生于以低于对手的价格提供的同等效益，或者所提供的独特的效益补偿高价而有余。”

从目前情况看，我国的房地产企业普遍存在着大而不强、小而不专的弊端，同时存在着不容忽视的结构性缺陷。房地产行业具有很强的周期性．一旦到了低谷时期，大量房地产企业赢利模式单一、雷同，缺乏竞争优势的弊病，就会暴露出巨大的风险，因此，房地产企业必须从可持续发展的角度，转换经营模式，实施战略管理，努力发展自身的核心竞争力，打造属于自身的竞争优势，才能在竞争中立于不败之地。

7.1 房地产市场竞争者分析

房地产市场是一个竞争激烈的市场，随着近年来开发项日的日益增多，房地产市场正逐渐转变为买方市场，企业之间的竞争将更趋激烈，俗话说：“知己知彼，百战不殆”，房地产企业要构建属于自身的竞争战略，首先必须从对房地产市场的竞争者分析开始。

7.1.1 识别房地产企业的竞争者

识别房地产企业的竞争者就是要找出那些与本企业提供的房地产产品相类似，所服务的目标顾客较相似，具有竞争属性的其他房地产企业。房地产企业的竞争者主要是指与自身在相同地域、提供相类似房地产产品的其他房地产企业。

任何一企业只要没有在市场上形成独占就定有自己的竞争者。企业竞争者一般分为现实的和潜在的竞争者两类。企业常常将注意力放在现实竞争者身上而对潜在竞争者没有给予足够的重视。而一旦潜在竞争者发力时，其威胁力远远大于现实竞争者。所以，房地产企业应从更开阔的视野在更广泛的层面上识别自己的竞争者。

1. 从房地产行业整体观点来识别竞争者

行业是指提供同类产品或可替代产品的相互竞争的企业集合。各房地产企业同处房地产行业，业内的各企业产品的类似性和可替代性很大，彼此间形成了十分明确的竞争关系。一个楼盘价格的变动，会引起相关楼盘的需求量的变化，房地产企业需要全面、透彻地了解本行业的竞争状况．以制定本企业在房地产业中的竞争战略与目标。

迈克尔·波特在进行行业竞争分析时列出了影响行业竞争的五种基本力量：

（1）同行业内的竞争者。

同行业之间竞争的激烈程度受以下行业因素的制约：①行业发展阶段。新兴行业的竞争缓和，成熟行业的竞争激烈；②行业集中程度。分散行业中企业众多，没有垄断，竞争激烈。集中行业存在垄断，互相影响与协调；③行业的产品差异程度。产品无差异时，价格宣传服务公关等非产品因素竞争较激烈。产品差异性存在时，各企业利用各自差异吸引顾客，竞争相对缓和；④行业的规模状况。行业成员和生产数量稳定时，竞争相对缓和，有许多新成员或其些成员大批量增加产量就容易起激烈竞争。由此可见，房地产业的竞争将比较激烈。

（2）潜在加入者。

当某行业的前景乐观、有利可图时会引来新竞争企业，增加行业生产能力，要求重新瓜分市场份额和主要资源。这些新加入者就会导致行业成本上升，价格下降，利润减少，房地产业当前就处于这样的形势。减少或避免潜在加入者的威胁关键在于有关法规政策、技术、营销资本等行业障碍的设置和行业成员的戒备、抵抗。

（3）替代产品的竞争者。

随着科学技术的发展，替代产品（能满足同一需求的不同性质的其他产品）越来越多。由此引起的竞争将会越来越广泛，但竞争的程度取决于替代产品与原产品的密切程度、替代产品的成本水平和行业获利水平。抵御替代产品竞争的威胁必须全行业采取集体行动，协同应对，如组织行业协会、共同研发新产品，改进产品质量，联合开展持续大规模的广告宣传活动等。

(4) 购买者的成交能力。

行业成员面对购买者，行业内部是卖方之间的竞争，与购买者则是买卖方之间的竞争，并主要集中在价格、产品质量、服务等交易要件等方面，这时企业竞争策略选择是防御，即避开实力强大购买者的威胁。目前，房地产市场正逐渐转变为买方市场，来自购买者的威胁在增大。

(5) 供应商的成交能力。

行业成员面对供应者，在行业内部变成了买方之间的竞争。供应者还是买卖方之间的竞争，竞争的焦点同样是各种交易条件。供应商通过提高产品价格，降低产品质量和服务水平、停止供货等手段对企业施加压力，为此，房地产企业必须注意原材料供应商在交易中的能力和表现，特别是在需求旺盛时，房地产原材料的价格上涨因素。

2.从市场观念方面识别竞争者

企业还应当从市场、从消费者需要的角度来发现竞争者：

(1) 品牌竞争者。

这些竞争者向顾客提供的产品、服务十分相似，价格相近，主要依靠企业品牌号召力（包括市场占有率、顾客忠诚度等来进行竞争），例如可口可乐公司与百事可乐公司之间，多年来依靠的就是品牌竞争。

(2) 成本竞争者。

即以低成本引导的低价格去抢夺顾客，占领市场，如国美公司包销、定制等方式，以低成本进货，低价格出售的策略，快速抢占市场，争夺消费者，从而挑起由商家而不是厂家发起的价格战。

(3) 科技竞争者。

竞争者以自己强大的科技优势为竞争手段，来扩大市场份额，Intel 公司和 AMD 公司就是典型的科技竞争者。

(4) 需要竞争者。

根据顾客的不同需要来提供不同的产品和服务，最大限度地满足顾客的愿望。

总之，房地产商品需求面广量大，但消费者的爱好、需求又各不相同，房地产企业竞争者的范围十分广泛。企业必须分析各个层面的竞争关系，才能真正了解、把握自己的竞争对手，特别是要关注房地产市场潜在竞争者的情况。

7.1.2 确定竞争者的目标与战略

确定竞争者的目标与战略包括分析竞争者的竞争战略与分析竞争者的目标两方面。

1.分析竞争者的竞争战略

房地产业内企业众多，各个企业所采用的竞争战略不一定相同，但一个行业里的某些企业却可能实行相同的或近似的战略，从而形成一个个实行不同战略的群体，这就为识别竞争者的战略提供了一个很好的方法，有助于我们解决以下问题：

①可确定本企业所在的位置。由于同一群体的其他企业是最主要的竞争对手，所以，竞争战略越接近，相互之间的竞争就越趋于激烈。

②可从中选择较易进入的群体。不同战略群体的顾客会有交叉，每个战略群体都试图扩大自己的市场，涉足其他战略群体的领地。所以，通过识别其他竞争者的战略，可以选择一个相对容易进入的群体。

③可为企业决策提供依据。企业要准备进入某一战略群体都必须对这一群体的其他企业进行深入的研究，并使本企业具有更多的策略优势，体现出较强的竞争力这对于新进入该行业的企业来说尤为重要。

④非群体之间也存在竞争。例如，各个群体内企业的促销努力会使消费者群体互相交叉各个战略群体企图扩大自己的市场范围时，必会导致对抗。

要注意的是，由于房地产业具有较强的周期性，房地产企业本身变化也较快，竞争者随着时间的推移而修改其战略，所以企业也必须不断地观测竞争者的战略发展变化。

2.分析竞争者的目标

处于不同地域，为不同目标消费者服务的房地产企业都要为追求最大利润而选择适当的行动方案。但是，在不同的发展时期，面对不同的市场情况，竞争者的目标和目标组合可能是不同的，相应的策略也会不同。所以要注意了解竞争对手的目标及其组合，要知道竞争对手是否满足其目前状况以及对不同的竞争行动的反应如何。例如，某房地产企业以低成本领先为目标，它就会对竞争者实施与降低成本有关的竞争方针、手段作出较为强烈的反应。

7.1.3 评估计竞争者的优势和劣势

“扬长避短”是市场竞争的重要原则之一，也是房地产企业生存与发展的关键所在。这就要求房地产企业准确地掌握竞争者的优势与劣势，其中包括对手的发展战略、决策能力、管理水平、职工素质、技术水平、经营规模、质量、顾客满意程度等诸方面资料以及房地产项目策划、开发、建设、营销等方面的实践，从而制定出战胜竞争对手的战略、策略。

1. 收集相关资料

识别竞争者优势和劣势的关键在于对竞争者近期业务的数据收集，包括开发项目、土地储备、销售额、市场份额、边际利润、投资收益、现金流量、新投资以及生产能力利用的情况等。同时，企业也可以通过与顾客、供应商和交易商进行信息沟通，对竞争者的市场份额、心理份额、情感份额进行调查，以扩大对竞争者的了解。

2. SWOT 分析

企业与其竞争者的综合对比过程，应该始终围绕四个方面展开，即优势(strengths)、劣势（weaknesses)、机会（opportunities)、威胁（threats)，这种对比方式也称为 SWOT 分析．它是通过对企业内部的优势、劣势和外部的机会、威胁进行客观分析，找出企业最关键的优势和机会加以利用，同时也找出影响企业发展的最关键的劣势和威胁，以采取策略加以避免。在寻找竞争对手的弱点时，要注意发现竞争对手对房地产市场或策略估计上的错误，如果发现竞争对手的主要开发项目有某种不符合实际的错误存在，企业就可以利用这一点，出其不意，攻其不备。

7.1.4 判断竞争者的反应模式

房地产市场的每个竞争者都有自己的发展指导思想和行动。所以，估计竞争者可能采取什么行动和做出何种反应，有助于企业正确地选择攻击对象、因素和力度，实现每一次竞争行动的预期目标。竞争者的反应可以受它对各种假设的影响，也可以受它的经营指导思想、企业文化和当前房地产市场特点的影响，还可能受其心理状态的影响。从心理状态角度看，竞争的常见反应类型有：

1. 从容型竞争者

即竞争者对一些特定攻击行为采取漫不经心的态度，或不迅速反应，或反应不强烈。它们可能没有发现对手的新举措，也可能认为房地产消费者仍喜爱自己的房地产商品，还可能是缺乏资金等不愿或无法作出反应，企业对于这类竞争者一定要弄清楚从容不迫的原因。

2. 选择型竞争者

指竞争者只对某些方面攻击作出反应，对其他攻击则无动于衷，一般表现为：对本企业威胁不大的竞争者或影响不大的竞争举措不予理会，对本企业主要竞争对手和严重影响本企业扩大市场的竞争者的行为和措施作出适当的反应。

3. 强烈型竞争者

指对任何进攻都会做出迅速而强烈的反应，这类企业多属实力强大的企业。

4. 随机型竞争者

即很难琢磨和预料它们将采取什么行动，它们在特定场合可能采取反击，也可能不采取反应，许多小企业就是这种类型的竞争者。

房地产企业规模与经营能力相差巨大，市场上既有大型企业，也有中小型开发商；同时，房地产市场投机性很强，外界环境变化很快。因此，企业必须准确判断竞争者的反应模式，有针对性地采取对策，才能在市场竞争中立于不败之地。

7.1.5 选择本企业应采取的对策

在房地产企业应采取的对策选择中，在识别竞争者、确定竞争者的目标与战略、评估竞争者的优势和劣势、判断竞争者的反应模式基础上，应充分挖掘和利用自身的独特资源，结合企业所处的内部与外部环境，制定适合房地产市场当前现状与企业实际情况的竞争战略，才能获得自身的竞争优势。

1. 外部环境分析

房地产企业竞争战略选择的外部环境主要包括以下几个方面：

（1）国家宏观房地产政策走向。

2005 年以来，国家正对过热的房地产业进行宏观调控，国家对房地产业的宏观调控主要是从需求和供给两个方面入手。通过提高利率、提高按揭购房首付额等手段抑制需求；同时，通过规范土地转让制度等手段调节供给。事实上造成了房地产业进入门槛提高，这对中小型房地产企业形成更大的压力。

（2）房地产市场需求多元化趋势。

随着社会主义市场经济的建立、多元化社会的形成，对房地产的需求也呈现出分化的趋势，除了价格、质量、交通等因素外，人文环境、生态环境等指标也越来越多地被购房者所考虑。市场需求的多元化定义了同一区域内需求的纵向关系，这对房地产企业而言，既是挑战，也是机遇。房地产企业应因势利导，在各细分市场上发挥自身的优势。

（3）房地产市场发展的不平衡性。

我国作为一个发展中大国，区域经济发展不平衡性很强。由于区域经济不平衡而形成的各具特色的房地产区块格局在我国非常明显。形成了诸如以上海、杭州为代表的华东板块，以广州、深圳为代表的华南板块等。房地产发展的不平衡性给各地房地产企业的生存与发展留下巨大的空间。

（4）国外房地产企业的进入威胁。

随着我国加入WTO各项措施的落实，国外房地产企业必然陆续进入国内房地产市场。国外房地产企业的进入对本土大型房地产企业将造成挤压，从而发生连锁反应，对国内房地产企业造成巨大竞争压力，但国内房地产企业也有自身的本土优势，应着力发挥本土优势在竞争中的作用。

2.外部环境分析

内部环境分析主要指房地产企业相对于其竞争对手分析自身的优势和劣势，可以从以下几方面着手：

(1) 企业规模和融资能力。

由于房地产企业对资金的占有量大，企业的规模和融资能力很大程度上决定了企业的竞争战略的选择。大型房地产企业可以通过控制土地储备，运用短、中、长期结合的方式开发房地产，具有较强的抗风险能力。而中小型房地产企业由于规模和融资能力的限制，往往不能承受土地闲置的风险。

(2) 房地产项目策划、开发能力。

房地产是以项目的方式运作的。房地产项目策划、开发能力的大小从成本上、资金回笼上、产品质量等方面对企业利润及后续项目的开发造成巨大的影响。大型房地产企业往往有较强的策划、开发能力，善于应对各种复杂局面，适合运作比较复杂、不确定因素较多的大型项目；而中小房地产企业策划、开发能力较弱、不确定因素应对能力较差，适合运作比较规范、不确定因素较少的中小型项目。

(3) 企业市场营销能力。

市场营销是房产项目最终完成的重要因素，在房地产的市场营销中，如何树立楼盘的“形象”，烘托人气往往是房产公司制胜的关键。一般而言，由于大型房地产企业拥有资金方面的优势，房产的开发具有连续性的特点，因而能够建立和保有一支优秀的营销队伍。而中小型房地产企业由于资金、规模、融资方面的限制，往往不能持续、平滑地开发楼盘，因而很难留住优秀的营销人员。

(4) 企业文化感知能力和品牌号召力。

文化感知能力和品牌号召力贯串于房地产项目开发的全过程。大型房地产公司有能力树立强大的品牌形象，这种品牌感染力在大型城市尤为明显。而中小房地产企业品牌尽管从总体上看无力与之抗衡，但是，由于中小房地产企业往往发展于本土，在文化习俗的感知能力上具备一定优势，从而能在一定区域范围内以低成本形成一定的品牌优势。

(5) 企业公共关系能力。

房地产项目从策划、开发到建设、营销的全过程都离不开公共关系的处理，企业的公共关系处理得好，能有效提升自己的公众形象，有助于其房地产开发项目的获得和完成；反之，公共关系处理得不好，就会处处形成障碍，妨碍项目的推进。

房地产企业的公共关系能力依具体企业情况有所异同，但总体而言，大型房地产企业具有形象优势，而中小房地产企业在公共关系处理上的灵活性较强。

3. 房地产企业的竞争战略的选择

在对企业面临的外部环境与自身内部环境进行分析基础上，房地产企业应弄清自身的优势、劣势，所处环境的机会与威胁，充分挖掘自身的独特资源，进行竞争战略的构思，战略重点的把握，战略优势的培育。

具体而言，房地产企业应根据自身领先者、挑战者、跟随者还是补缺者的市场地位，有针对性地选取成本领先战略、差异化战略或目标聚焦战略。

7.2 房地产企业基本竞争战略

房地产业在我国真正作为产业不过 10 多年。在计划经济时代，房地产作为一种计划物品，很少存在竞争问题。我国实行社会主义市场经济以后，房地产业成为真正意义上的产业。随着我国房地产业的发展，市场供求矛盾日益突出，竞争日趋激烈；为赢得客户，房地产企业应根据房地产业的内在特性及其竞争规律的了解，结合自身的具体条件，因地制宜，因时制宜，采用有针对性的竞争战略，这些竞争战略包括成本领先战略、差异化战略或目标聚焦战略等。

7.2.1 成本领先战略

在市场经济条件下，房地产企业经营的根本目的是为了赚取更多的利润，利润是靠获取的收益补偿成本后得到的，而降低成本则是使利润最大化的重要途径。因此，成本领先战略是房地产企业建立竞争优势的一大法宝。

在保证质量的前提下，低成本既是房地产企业取得社会效益、经济效益的基础，又是房地产企业生存和持续发展的前提。实施成本领先战略，对于保持房地产企业竞争优势、提高企业竞争地位具有十分重要的作用。

一个房地产开发项目包括投资决策分析阶段、前期阶段、建设阶段、租售阶段四个阶段。具体包括 8 个步骤，即项目的寻找和筛选、项目的选择和投资决策分析、获得土地使用权、设计、施工、竣工验收交付物业、销售、物业管理等。作为房地产开发企业，应根据实际情况对项目开发过程中的每个阶段都实施目标成本管理，以达到降低开发成本的目的。

1. 正确把握项目投资决策

项目的选择和投资决策分析，即项目的可行性研究，包括项目基本情况、项目用地现状分析调查、项目对环境的影响与保护措施、项目开发组织机构、管理费用计划、开发建设计划进度的制定以及项目的经济效益和社会效益分析等。它是整个房地产项目开发过程中最重要的环节，正确的项目投资决策，不仅可以为房地产项目最终的投资决策奠定基础，同时还可以为房地产企业实施低成本战略管理提供条件。

2.发挥规模效应

实施规模经济，能够使企业降低投资成本，获得较大的经济效益。

(1) 合理储备土地，降低土地成本。

采取以点带面的方法开发成片土地，锁定土地单价，并由里向外成片滚动开发，以保证土地的可持续发展。现阶段土地招标，地块越大，资金要求越高，自然会淘汰一大批中小企业，这就为大型房地产企业开发土地创造了条件。

(2) 固定合作伙伴。

选择合适的设计单位和承包单位，提高设计速度，节省工程成本；固定回报率，降低启动资金压力，既可以有效地保证进度要求，又可以灵活地安排资金的调动。

(3) 简化组织机构。

由项目公司进行全过程的统一管理，以便于进行银行贷款和人员的调配。

(4) 合理安排，产生规模效应。

实施开发的项目应以点带面，合理安排，先控制二三片地块，然后锁定整个地段内的价格，从而降低开发土地的单价。

3.优化、细化项目设计

设计是房地产开发建设的关键，对工程的建设成本、建设周期以及工程质量，起决定性的作用。据推算，设计费用只占工程项目总投资的3%以下，但对工程成本的影响却可达到75%以上。因此，优化细化设计，尤为重要。

(1) 优化项目设计方案。

应遵循公开、公正、公平的原则，进行设计方案的公开招标，择优选定设计方案，并吸收未中标方案的优点，以进一步优化中标方案。

(2) 优化限额设计。

从安全可靠、经济合理、实用方便、科学新颖的角度出发，将概算按单位工程、专业、工种等进行细化，从而起到控制成本的作用；另一方面，通过限定使用的钢型、钢量、混凝土标号等，还可以为实施工程量清单计价、强化工程量计算规则及建筑面积分摊统一化提供科学合理的依据。

(3) 优化市场定位。

在项目前期阶段，将市场策划与设计相结合，对房型及户室比、面积、结构形式、环境、功能等进行合理定位，以利于房地产的销售和企业资金的回笼。

4. 挖掘工程施工潜力

工程施工潜力的挖掘，应做好以下几个方面：

①做好工程项目成本的预测和预算，拟定目标成本，并对其进行动态跟踪管理，以利于不断地调整控制成本。

②在保证质量的前提下，控制开办费、现场文明施工措施费及赶工费等费用。

③完善现场签证、设计变更单等成本变量手续。

④结合环保、节能等因素，审查建筑材料及设备的性价比，以降低工程成本。

⑤降低水、电、煤等配套单位进出场的工程成本。

⑥仔细分析和论证施工方案。

⑦正确处理工程进度、工程款支付及计划合理工期之间的关系，做好工程款的支付等涉及资金投入的工作，有效地配合企业资金的合理运作。

⑧做好工程概算、预算、决算的审查。

5. 强化项目资金管理

房地产项目资金需求量较大，资金管理环节较多。因此，房地产项目强化资金管理就是要合理使用资金，做好项目的融资，以利于有效地降低投资成本，创造更好的资金管理效益。

①拓宽融资渠道，合理筹集资金，降低企业负债率，建立良好的信用等级，对提高企业知名度、降低企业融资成本，具有重要的作用。

②加强融资的可行性研究，开发多样化的融资渠道，采用多种融资方式，并针对不同的项目采用不同的最佳融资方案。

③建立有效的回笼资金措施，以便于及时地收回售房应收款。

④通过企业的资金计划管理系统与合同管理系统，提前输入合同工程款支付进度时间，提前申报计划，并经有关部门会审、批准后，按时按计划拨付。

⑤控制企业现金的库存和使用量，及时盘活存量资产，建立企业内审会签制度。

6. 提高整合能力，推动集约发展

房地产开发是一项系统工程，牵涉部门繁多，环节流程复杂，开发周期较长。因此，应通过全过程集成整合管理来控制成本，以最大限度地降低人力、物力、财力的损耗。

在房地产开发成本中，建设成本是基本的组成部分，也是相对稳定的部分。房地产业未来战略的根本出路是实施生产环节现代化，走集约化、产业化、工厂化的道路。我国住宅建造效率仅为发达国家的 1/6，而能耗却是发达国家的 3～4 倍。针对这种现状，房地产企业应按照市场需求，提供适应住户需求的多种住宅设计，建造多样化、多类型的住宅。

推行房地产企业的成本领先战略，应加快住宅产品化和部品生产工业化的进程，建立新型建筑部品体系，既要实现标准化设计、工业化生产、装配化施工、规范化管理的社会化生产，又要实现从粗放型生产方式向集约型生产方式转变，从工地施工向工厂生产转变，从手工砌筑向现场装配转变，从简单分工向专业分工转变，使房地产开发走向技术管理集成、系统全过程整合的新路。

7.2.2 差异化战略

差异化战略就是要创造企业提供的产品或服务的独特性，形成一些在全行业范围中独树一帜的特色，从而为消费者创造更大的价值。房地产的差异化经营是指以有差异的房地产商品及服务差异化、渠道差异化、人员差异化和形象差异化，去提高房地产商品的价值，形成竞争优势，从而获得更多的利益。在中国房地产市场，很多取得较好经营业绩的企业，都是通过细分市场、开发差异性大的房地产商品来实现竞争优势，从而获得成功。

随着房地产业的进一步发展，市场竞争将更加激烈，房地产企业实施差异化经营战略，抢占市场份额，已成为我国房地产业今后发展的必然趋势。

1. 房地产商品的特点

房地产企业实现差异化竞争战略是由房地产商品的固有特点决定的，这些特点概括起来有：

（1）房地产商品位置的不可移动性。

房地产最重要的特性是其位置不可移动性或固定性，它是房地产商品区别于其他商品最显著的特点，土地是固定在地球上特定的经纬度上，而房屋又固定在土地上使房地产成为不移动的实体，造成房地产商品差异性的存在，同时也使房地产商品产生区域性的特点。

（2）房地产商品的不一致性。

房地产商品是单一性的，非匀质性的商品，房地产市场上不可能有两宗完全相同的房地产商品，两栋建筑物即使外观设计和设施等完全相同，也由于它们土地所处的位置不同而不同，因为两块土地受区位和周围环境的影响不可能完全相同，这也造成房地产的产品差异性的存在。

房地产差异化战略的措施具体包括产品差异化战略、服务差异化、人员差异化、形象差异化、渠道差异化等方面。

2. 房地产产品差异性战略

开发差异性房地产商品，就是开发与当前房地产市场上的产品有明显区的、与众不同的特色产品，这一过程实际上就是一个创新的过程。房地产商品的差异化，最重要方法就是不断开拓创新，与时俱进。现在我国房地产市场逐步走向理性和成熟的过程中，同时随着我国房地产企业的进步发展和房地产开发企业数量不断增加，竞争必会日趋激烈，房地产企业只有不断创新，找到市场的空白点，推出符合市场需求的新产品，才能占领房地产市场最高点，才能确保自己永远站在市场的领跑位置，才能使自己的企业不断向前发展。开发差异性房地产商品可从以下几方面入手：

（1）特色。

房地产商品的特色是指房地产商品基本功能的某些增加和补充。率先推出某些有价值的新特色无疑是一个最有效的竞争手段。比如，在住宅区内增加智能公共设施，宅内安装自动报警系统，直接供应纯净饮用水，建造错层住宅和空中花园等。

（2）性能。

性能是指房地产商品的主要特点在使用中的实际表现水平。房地产商品性能质量的主要特点可以体现在区位的远近优劣上，环境的方便、优美上，整体布局的大方、精巧上，单体设计的实用、合理和完善上，设备设施的充分、新颖和高效等。

（3）风格。

风格是指房地产商品给顾客的视觉和感觉效果。房地产商品比较一般商品而言容易产生风格，因为房地产商品体积巨大，投资巨大，无论从空间的角度还是从经济的角度看都可以将工程和文化、艺术密切结合起来，形成强烈的风格。

（4）设计。

设计指是从房地产商品的购买者要求出发，能影响一种产品外观和性能的全部特征的组合。所以，在设计时必须考虑上述要求，开发商要求方便施工和容易推向市场，购买者要求性能质量优良，且设计雅观有特色，这就要求设计者必须兼顾一切，力求完美。

3. 房地产服务差异化战略

优质的服务正成为市场经济中的决定性因素。在房地产业，服务不仅仅是售后服务的概念，更是贯穿于整个房地产开发项目的全过程。为此，房地产企业要迅速从“销售产品”向“销售服务”转化。因此，当产品差异化有困难时，要取得竞争成功的常常有赖于增加价值服务和改进服务的质量，即服务的差异化。房地产的产品的差异化比一般商品要难，差异化服务的空间比较小，主要是售楼咨询和售后服务，而售后服务一般由物业管理公司提供专业服务，除了一般服务外，提供一些独特服务和优惠，例如：帮助住户接送小孩、24h 提供服务、设立免费的娱乐中心等。

4. 房地产人力资源差异化战略

房地产行业是一个对人力资源要求较高的行业，对房地产专业人员应该具有特定的要求，可以这样说，人力资源是房地产企业差异化成功的主要资源。因此，房地产企业首先要善于识别人力资源的差异，引入与强化人力资源管理，培育、引进留住高水平的管理人才和技术人才，促进人力资源转化为人力资本，通过人力资源差异化策略使企业获得比较优势。为此，房地产企业在开发经营房地产项目的同时，要更加重视人力资源的开发及人力资源差异化策略的实施，这是企业得以生存发展的关键。

5. 房地产企业形象差异化战略

形象是公众对企业和它的产品的认知方法。形象不仅受到企业的控制，而且也受到其他许多因素的影响。房地产企业形象差别的建立，依赖于公司名称、标志、视听媒体、气氛、事件、文化和员工行为等来形成。企业形象好，顾客对它楼盘的信任度就大，从而有利于楼盘的营销。例如上市公司“万科”非常注重社会公众形象设计，使其楼盘销售具有更大的优势和诚信度。

6. 房地产渠道差异化战略

企业可通过设计分销渠道的覆盖面，专长和绩效来取得竞争优势。具体说来，就是要善于挖掘，利用现代多媒体的各种优势“立体促销”，并进一步打破地域局限。例如在大城市的不同的城区设立售楼部；在城市中心地段的商业街设立售楼部等措施，方便顾客了解楼盘情况，有利于房地产营销。

7. 房地产差异化策略的目标——品牌

品牌是房地产商品差异化的综合显示。随着房地产业的进一步发展，在越来越激烈的市场竞争中，房地产企业仅仅依靠各种硬件的配套已经无法取得明显优势。越来越多的企业意识到，硬件环境的配套主要是满足人们居住的生理需要，而对人们的心理需要则过于忽视。房地产业激烈的市场竞争迫使开发商自觉或不自觉地创立品牌，以品牌来确立自己在市场中的主导地位，从而争夺较高的市场份额。

品牌是一种名称、术语、标记、符号或设计，或是它们的组合运用，其目的是借以辨认某个销售者或某群销售者的产品或服务，并使之同竞争对手的产品和服务区别开来。从定义可知，品牌与产品差异有密切的联系，品牌是产品差异的必然产物，是产品差异的重要体现，它反映了产品的市场定位，开发理念、个性、文化、属性以及综合品质等方面。差异化战略要求房地产企业从房地产产品、房地产服务、房地产人力资源、房地产企业形象、房地产渠道等方面构建房地产企业的差异化优势，打造房地产企业的特色品牌，从而为本企业赢得竞争优势。

品牌是差异化经营的结果，更是房地产开发商实施开发战略的目标。房地产品牌管理是一个科学的系统的工程，也是一个过程。认同一个楼盘，首先要认同开发商的品牌信誉，然后才能够认同它的文化和服务的内涵，接着才是认同它开发的思想设计理念，最后找到美好的感觉和意境。综观整个房地产市场，很多企业都是通过打造自己的知名品牌获得成功。品牌管理是塑造房地产企业的灵魂。当房地产行业发展到一定水平时，行业的竞争也越来越激烈，消费者也趋向成熟，品牌在消费者购房决策中起的作用越来越重要。优秀的品牌来自于一个企业对产品品质长期的控制，从长远来看，它将在房地产企业竞争中发挥更为重大的作用。对于一些房地产界的著名企业，经过多年的精心打造，品牌已经成为上述企业核心竞争力的重要方面。

7.2.3 目标聚焦战略

目标聚焦战略是以选择在产业中的某个狭窄范围内发展竞争能力，获取竞争优势的竞争战略。采用目标聚焦战略的房地产企业，选择房地产市场的一些细分市场或某一特定销售对象．使其战略适合于为这部分市场服务而不顾及其他。房地产企业通过完善适合其目标市场的战略，谋求在它并不拥有全面竞争优势的目标市场上取得竞争优势。

目标聚焦战略特别适合于中小型房地产企业。由于中小房地产企业不具备规模、资金优势，使得中小房地产企业难以实行成本领先战略。同时，中小房地产企业在产品创新、营销创新等方面也不具备优势，而产品创新、营销创新正是房地产企业实施差异化战略的关键所在。中小型房地产企业所具备的最大优势是针对性与应变性强。同时，从外部环境看，市场需求的多元化和市场发展的不平衡性也为中小房地产企业应用目标聚焦战略提供了空间。

目标聚焦战略是中小房地产企业的明智选择。值得注意的是，实施目标聚焦战略并非意味着中小房地产企业就能获得竞争优势。由于众多的房地产企业（甚至包括大型房地产集团）在同一细分市场竞争，这些在同一目标市场选择类似战略的公司形成战略集团。根据波特的观点，选择目标聚焦战略的企业还必须选择在目标市场的成本领先或者差异化战略，或者两者兼而有之。也就是说，在目标聚焦战略下，中小房地产企业还必须依据目标市场特点，结合各自企业内部优势资源，制定有效的战略模式，目标聚焦战略才能最终获得成功。

中小房地产企业在制定、运用目标市场竞争战略时，要做到知己知彼，权衡利弊，量力而行，必须注意以下问题：

1. 研究本企业目标市场竞争的条件

研究本企业目标市场竞争的条件，首先要研究该房地产细分目标市场总容量及其前景。目标市场容量越大，前景越好，企业之间在竞争中的协调可能性就越多。即使其目标市场上的竞争者较多，也会因目标市场的容量大、潜力大，而在总体上同行排斥性不那么明显。

其次，要考虑本企业的经济实力和经营能力。对市场覆盖率作动态趋势的研究。其一般方法是：第一步先预测一定时期内的消费需求规模，与现可供量相比求出可扩大的市场容量；第二步预测同一时期各竞争企业（包括可能新增企业和剔除淘汰、转产企业）可能扩大的市场销售量；第三步研究本企业可能扩大占领的市场销售量。倘若竞争对手实力雄厚，本企业难以抗衡，那么应采取或者争取挤入对方尚未占领的空穴市场，或者争取通过联营等方法，共同分割市场。如果其他竞争企业实力较差，竞争当然容易取胜，但也应居安思危，以逐步占领高层次市场，让出低层次市场为好。

2. 遵循“扬长避短”的原则

中小房地产企业要使自己在目标市场竞争中立于不败之地，最重要的是遵循“扬长避短”的原则。

在房地产市场竞争中，中小房地产企业之所以必须遵循扬长避短原则，是因为任何企业都具有和只具有相对优势条件，不具有绝对优势条件。在房地产市场发展中，资源分布不均和发展不平衡是一个绝对规律。任何企业不管其实力多强，都只具有相对优势，而不可能占有一切优势；同样，不论其实力多差，都会在某一方面占有一定优势，而不可能毫无优势，关键在于房地产企业能否发现自己的优势和劣势，并善于扬己之长，避己之短。

7.3 房地产市场地位与竞争战略

房地产企业竞争战略的选择是与其市场地位的分析相联系的。房地产企业必须明确自己在市场竞争中所处的位置。现代市场营销理论根据企业在市场上的竞争地位，把企业分为四种类型：市场领先者、市场挑战者、市场跟随者和市场补缺者，相应采取四种不同的战略。

7.3.1 市场领先者战略

市场领先者是指在相关产品的市场上占有率最高的企业。一般说来，大多数行业都有一家或数家企业被认为是市场领先者，它在价格变动、新产品开发、分销渠道的宽度和促销力量等方面处于主宰地位，为同业者所公认。它是市场竞争的先导者，也是其他企业挑战、效仿或回避的对象。

对于房地产企业来说，由于规模大小、经营时间长短、经营能力强弱的不同，在竞争中，自然形成了数家规模较大、能力较强、影响较大的房地产企业，成为房地产市场的领先者。

房地产市场的领先者没有法定的垄断地位，必然会面临竞争者的无情挑战。市场领先者为了维护自己的优势，保住自己的领先地位，通常可采取以下三种战略：

1. 扩大房地产市场需求总量

当房地产市场需求总量扩大时，受益最大的是处于领先地位的房地产企业。一般说来，房地产市场领先者可从三个方面扩大市场需求量：

（1）增加房地产新用户。

房地产市场领先者对房地产市场具有巨大的影响力，可通过新概念的塑造、新产品的引进，新房型的开发以及房地产价格的降低吸引新用户的购买，增加用户数量的潜力。

（2）增加房地产使用量。

对于房地产企业来说，促进用户增加使用量是扩大需求的一种重要手段。随着人口的增加，以及婚姻、分家等，居民对住房的需求是不断增加的，同时，随着经济的发展，商业用房、办公用房数量也是不断增加的，房地产市场领先者通过适当地引导消费，可在增量需求中获得较大的份额。

2. 保护房地产市场占有率

房地产市场领先者任何时候也不能满足于现状，必须在房地产商品的创新、质量的提高、分销渠道的畅通和降低成本等方面，真正处于该行业的领先地位。

保护市场占有率，对于市场领先者来说，就是一个进攻与防御的问题。市场领先者如果不发动进攻，就必须严守阵地。防御者的防御措施如何，反应速度快慢，后果不大一样。房地产市场领先者可选择阵地防御、侧翼防御、以攻为守、反击防御、运动防御、收缩防御等多种进攻与防御手段以应对市场挑战者的进攻。

3. 提高房地产市场占有率

设法提高市场占有率，也是增加收益、保持房地产市场领先地位的一个重要途径。房地产市场存在巨大的规模经济效应。美国的一项研究表明，市场占有率是与投资收益率有关的最重要的变量之一。市场占有率越高，投资收益率也越大。因此，作为市场领先者的房地产企业应通过多种融资手段，增大企业规模，提高市场占有率，获得更高的规模经济效益。但也应注意为提高市场占有率所付出的成本。当市场占有率已达到一定水平时，再要求进一步的提高就要付出很大代价，结果可能得不偿失。同时，有些市场营销手段对提高市场占有率很有效，却不一定能增加收益。只有在以下两种情况下市场占有率同收益率成正比：一是单位成本随市场占有率的提高而不变；二是在提供优质产品时，销售价格的提高大大超过为提高质量所投入的成本。在这些条件下，提高市场占有率才是富有效益的。

7.3.2 市场挑战者战略

房地产市场挑战者是指拥有一定实力，虽并未处于塔尖，但能够向市场领先者发起挑战的房地产企业。市场挑战者如果要向市场领先者发起挑战，首先必须确定自己的战略目标和挑战对象，然后选择适当的进攻战略。

1. 确定战略目标和挑战对象

房地产市场的挑战者必须明确自己的战略目标。战略目标同进攻对象密切相关，对不同的对象有不同的目标和战略。一般说来，挑战者可选择挑战房地产市场领先者、或攻击与自己实力相当者，或争夺小企业的市场份额。但作为市场挑战者，其目标主要应是向高度开拓，争取向市场领先者发展。

挑战者需仔细调查研究领先企业的弱点和失误：房地产项目策划不善、开发不佳、营销针对性不强等，有哪些购房者未满足的需要，有哪些购房者不满意的地方。找到领先者的弱点和失误，确定自己进攻的目标。

2. 选择进攻战略

在确定了战略目标和进攻对象之后，挑战者可供选择的进攻战略有：

（1）正面进攻。

正面进攻应是集中全力向对手的主要市场阵地发动进攻，即进攻对手的强项而不是弱点。在这种情况下，进攻者必须在房地产商品的策划、开发、建设、营销、广告、价格等主要方面大大超过对手，才有可能成功，否则不可采取这种进攻战略。正面进攻的胜负取决于双方力量的对比。正面进攻的另一种措施是采用成本领先战略，使产品成本降低，从而以降低价格的手段向对手发动进攻，这是持续实行正面进攻战略最可靠的基础之一。

（2）侧翼进攻。

侧翼进攻就是集中优势力量攻击对手的弱点，有时可采取“声东击西”的战略，佯攻正面，实际攻击侧面或背面。房地产市场是一个地域市场，又是一个多细分市场，因此，侧翼进攻又可分为两种情况：一种是地理性侧翼进攻，即在全国寻找对手力量薄弱地区。另一种是细分性侧翼进攻，即寻找领先企业尚未为之服务的细分市场，在这些小市场上迅速填空补缺。

（3）包围进攻。

包围进攻是一种全方位、大规模的进攻战略，在这种情况下，房地产挑战者拥有较大的规模与实力，特别是融资能力很强。因此，挑战者能够拥有优于对手的资源，并确信围堵计划的完成足以打垮对手时，可采用这种战略。

（4）迂回进攻。

这是一种最间接的进攻战略，完全避开对手的现有阵地而迂回进攻。在这种情况下，房地产挑战者拥有的规模与实力不是很强，不足以与领先者正面抗衡，而采取进入领先者未进入的新区域，实行市场多角化，突出细分市场优势，实行产品多角化，逐渐扩大自身规模与实力。

上述房地产市场挑战者的进攻战略是多样的，一个挑战者不可能同时运用所有这些战略，但也很难单靠某一种战略取得成功。通常是设计出一套战略组合即整体战略，借以改善自己的市场地位。但是，并非所有居于次要地位的企业都可充当挑战者，对一些实力与规模不足以与房地产领先者抗衡的企业，如果没有充分把握不应贸然进攻领先者，最好是跟随而不是挑战。

7.3.3 市场跟随者战略

市场跟随者与挑战者不同，它不是向市场领先者发动进攻并图谋取而代之，而是跟随在领先者之后自觉地维持共处局面。这种“自觉共处”状态在房地产市场中是很普遍的现象。房地产市场正逐渐转化为买方市场，对于主流房地产产品，其产品差异性较小，而价格敏感度较高，随时都有可能发生价格竞争，结果导致两败俱伤。因此，房地产行业中的企业通常不以短期的市场占有率为目标，即效法领先者为市场提供类似的产品，因而市场占有率相当稳定。

房地产市场跟随者也不是被动地单纯追随领先者，它必须找到一条不致引起竞争性报复的发展道路。以下是三种可供选择的跟随战略：

1. 紧密跟随战略

紧密跟随战略是指在各个房地产细分市场和市场营销组合方面，尽可能仿效领先者。这种跟随者有时好像是挑战者，但只要它不从根本上侵犯到领先者的地位，就不会发生直接冲突，有些甚至被看成是靠领先者而生存。

2. 距离跟随

距离跟随是指在房地产项目开发的主要方面，如目标市场、产品创新、价格水平和分销渠道等方面都追随领先者，但仍与领先者保持若干差异。例如，在市场上选取与领先者相似的地块，针对相似的目标消费者，开发相似的楼盘，进行相似的定价，但争取比市场领先者更低的成本。

3. 选择跟随

选择跟随是指房地产市场跟随者在某些方面紧跟领先者，而在另一些方面又自行其是。也就是说，它不是盲目跟随，而是择优跟随，在跟随的同时还要发挥自己的独创性，但不进行直接的竞争。例如，在房地产开发过程中，吸取领先者类似项目开发中的长处，克服期短处，在此基础上，努力形成自己的优势与特色，形成差异化优势，这类跟随者之中有些可能发展成为挑战者。

7.3.4 市场补缺者战略

房地产市场有很多地域性的小企业，它们专心关注市场上被大企业忽略的某些细小方面，在这些地域性的小市场上通过专业化经营来获取最大限度的收益，也就是在大企业的夹缝中求得生存和发展。这就是房地产市场补缺者的特征。

一个好的市场补缺者应主要针对利润有增长的潜力；对主要竞争者不具有吸引力的小的细分市场，例如一些特殊用途的房地产产品，以及一些位于特殊地域类型的房地产产品，市场补缺者应具有足够的市场潜力和客户购买力。

房地产市场的补缺者通常采取目标聚焦的经营战略，专业化优势是市场补缺者赖以生存的法宝。在房地产市场上，这种专业化可主要分为按地理区域专业化、按房地产产品专业化、按最终用户专业化、按垂直层面专业化、按特定顾客专业化等形式。同时，房地产市场的补缺者应尽可能选取多个补缺基点，多重补缺基点比单一补缺基点更能减少风险，增加保险系数。

房地产市场的补缺者，为了在特定市场竞争中，较好地实现专业化优势，企业必须努力做到以下四条：

1. 确定本企业的专业化优势

作为市场补缺者的房地产企业，通常规模较小，实力较弱，这些企业在制订目标市场竞争战略时，必须注意分析自己的相对于竞争对手的某些专业化优势，以便以己之长攻彼之短。

2. 把握时机，捷足先登

在房地产市场竞争中，市场补缺者企业要针对特定市场的变化特点，抢先策划、开发新产品、尽量抢先进入市场。

3. 灵活主动，随机应变

房地产市场变化很快，只有及时研究市场机制运行规律，充分了解和掌握需求动态的变化趋势，适时调整经营方向和竞争策略，以变应变，房地产市场补缺者才能在日趋激烈的市场竞争中不断取胜。

4. 注意发挥整体效益

房地产市场补缺者企业选定了自己的专业化优势，确定核心策略后，仍要和其他辅助策略组成有机整体，以在房地产市场竞争中各显神通，相辅相成，相得益彰，发挥整体竞争效益。

7.4 构建房地产企业的核心竞争力

房地产企业的核心竞争力是企业技术创新、市场研发能力、品质保证、资源整合能力等的综合体现。随着我国产业化程度的提高，市场专业细分越来越明显，房地产企业需要将土地、资金、设计、施工、监理、物业管理等多个元素整合起来，生产出有品质、有品牌、有充分用户价值的产品。房地产企业核心竞争力的强弱，不仅仅表现在某项关键技术和运行机制上，更重要的是对各种资源的有机融合，是对各种能力的整合和提升。

7.4.1 企业核心竞争力的评估

房地产企业核心竞争力评估所选用的指标要想真实准确地反映核心竞争力的本质。设置指标体系时应坚持以下原则：

（1）有效性。

核心竞争力评估指标应能有效地反映核心竞争力的本质与特征。

（2）层次性与系统性。

影响房地产企业核心竞争力的因素很多，必须从多方面考虑，先找到大的方面，再分析具体影响因素。

（3）指标层细分程度。

核心竞争力指标层细分程度适当，指标太粗不能揭示其本质，数据分析无从着手，太细则数据收集困难，并有可能引起失真。

（4）可行性。

核心竞争力评价指标体系所包括的指标，其数据应该容易获得。

（5）可比性。

房地产企业通过核心竞争力评估，可以与其他企业进行横向比较，从而找到差距。所以指标在企业间应普遍适用，具有一定的可比性。

房地产企业核心竞争力评估的指标体系构成可以概括为资金实力、土地资源、企业的人力资源、创新能力、市场营销能力、管理能力等 6 个评价准则，18 个评价指标：

1. 资金实力

随着宏观调控的深入，房地产业的银行贷款的比重将有所下降。在这种情况下企业自身的资金实力成为决定企业规模和成败的重要因素。衡量房地产企业资金实力的评估指标包括：

（1）企业总资产。

由于国家的宏观调控，在房地产开发过程中，企业的自筹资金占的比例加大，没有一定的企业资产作为后盾，是不可能进行大规模项目开发的。

（2）企业资产结构。

房地产公司的资产结构是指资产构成之间的关系。公司资产结构的优化，是建立良性资金运作能力的基础。

（3）年销售额。

公司开发的楼盘只有通过销售才能获得利润，所以年销售额反映了公司的开发能力和获利能力。是企业持续发展的资金来源。

2. 土地资源

土地作为房地产项目开发的基础，房地产开发活动是围绕着土地的利用、开发展开的。衡量房地产企业土地资源的评估指标包括：

（1）土地储备。

土地作为房地产开发的核心资源，具备一定资金实力的房地产企业在宏观调控之前就储备了一定规模的土地，在宏观调控之后，储备土地的步伐仍然没有减慢。

（2）土地质量。

在储备的土地中应该具备一定的开发潜力，即土地质量，才能为企业创造高的收益。衡量所储备土地的质量，主要是从土地所处的地理位置以及土地的社会、政治、经济环境、市政基础设施的投入程度两方面来看。

3. 人力资源

站在企业的角度来理解，人力资源是指企业所拥有的能推动企业持续发展，达成企业目标的成员能力的总和。衡量房地产企业人力资源因素的评估指标包括：

（1）管理人才。

在房地产开发过程中、企业的日常经营决策中，都离不开公司的管理人员。从战略决策到决策的操作，都要通过管理来实现。一旦决策失误，其损失有时是无法弥补的。在日常管理中，由于房地产项目的投资较大，企业必须密切关注项目的成本、质量、工期。这些过程都离不开管理人员的参与。

（2）技术人才。

房地产项目开发具有一定的专业性，要求公司有一定数量的技术人员，具备一定的技术力量，对房地产项目实施监控。现在一些房地产开发企业下面还有物业管理企业，这些都要求房地产企业有相应的技术实力。

（3）员工素质。

高素质员工有较强的工作能力、积极的工作态度、很好的合作精神与创新精神。公司员工素质越高，其生产效率、管理效率都也就越高。从而可为企业降低成本，并拥有较高的人才竞争优势。

（4）员工忠诚度。

与顾客直接接触最多的肯定是公司的员工，无论是楼盘销售，还是售后服务。只有当员工有较高的忠诚度时，他们才会尽自己的努力为顾客推销自己的公司及其产品。

4. 创新能力

创新是企业获得超额利润的来源，也是使企业获得持久竞争优势的源泉。衡量房地产企业创新能力的评估指标：

（1）产品创新。

在房地产开发中，每个楼盘都会有自己的风格，对户型的设计、建筑物的外观设计、景观设计等方面都蕴涵了创新。当然只有满足顾客需求的创新才会给企业带来丰厚的利润。

（2）市场创新。

通过对目标市场的细分，房地产企业可以针对不同的消费群体进行有针对性的楼盘开发。市场创新是建立在准确把握消费者需求后所采取的一系列措施。可以从以下几方面来分析不同地区消费人群的需求：保值增值的需求、幽雅环境的需求、文化教育的需求、方便舒适的需求、相同社会群体群居的需求等。随着我国经济水平的提高和老龄化的到来，专门针对老年人的退休社区、老年住宅也将是市场的一个发展方向。

（3）管理创新。

管理创新可以为企业创造成本优势。在房地产企业，随着企业的发展，每阶段的管理方式也不一样。管理创新需要根据公司组织形式、战略方向等进行综合分析，从而建立与企业发展相适应的经营管理模式。

（4）技术创新。

在房地产开发过程中，涉及到的技术创新包括建筑结构技术创新，建筑材料和施工设备技术创新、施工工艺技术创新。其他新技术的采用也可能对房地产开发产生深远影响，如电梯的发明就把建筑引入了高层时代。

5. 市场营销能力

市场营销并不是短期的销售行为，而是一项长期投资。在产品进入市场之前就已经发生，在销售之后仍将继续。房地产企业只要将开发的楼盘通过营销手段销售出去，并使顾客感到楼盘的高品质以及良好的服务，房地产企业才能获得高的收益。衡量房地产企业市场营销能力的评估指标包括：

（1）品牌。

在现代的企业竞争中，品牌形象已发挥出越来越大的影响力，在消费者心目中，知名品牌就代表了优秀的品质、极佳的服务。品牌可以带来顾客忠诚度的偏好，并且是公司维持超额利润的有力途径。在我国房地产行业也铸就了一些知名品牌。如中海、万科，在“2004 年中国十大最具价值房地产公司品牌”的评选活动中，中海和万科分别以 26.01 和 22.37 亿元占据前两位。

（2）营销网络及渠道。

房地产企业通过完善的渠道网络，在销售楼盘时所花费的成本相对较低。房地产企业可以通过直接推销和代理推销来完成自己楼盘的销售。

（3）市场策划。

市场策划是建立在对市场情况进行调研的基础之上的，对目标市场进行细分，找到市场的突破口，选定目标市场。做好市场调研，寻找有价值的参考信息。在进行市场细分时，应该综合考虑地理位置、收入水平、消费心理、消费行为等方面的因素。在此基础上选定目标市场。作为目标市场应具备一些基本条件：有一定的市场规模、有较好的发展前景、有较高的利润空间、与本企业的资源相匹配。一份优秀的市场策划可以为企业打开利益之门。

6. 管理能力

管理是指管理者在不断变化的客观环境下，设法应用资金、物资、信息等各类资源来达到预定目标的全部过程。衡量房地产企业管理能力的评估指标：

（1）组织管理能力。

房地产企业在项目开发过程中，必须密切关注项目的成本、质量、工期，要求公司有较好的组织管理能力、协调能力。在日常管理中，也需要提高管理效率、降低管理成本，从而保持公司的竞争优势。组织管理包括了组织结构、管理措施、企业内部制度、信息管理等方面。

（2）战略管理能力。

房地产企业要发展，必须有正确的战略指引，这就要求企业制定符合市场经济规律、符合国家政策、符合企业资源优势的战略方针。企业战略管理能力的高低决定了企业制定战略的正确性以及对战略实施的监控能力。

房地产企业核心竞争力的评估指标体系如图 7-1 所示。

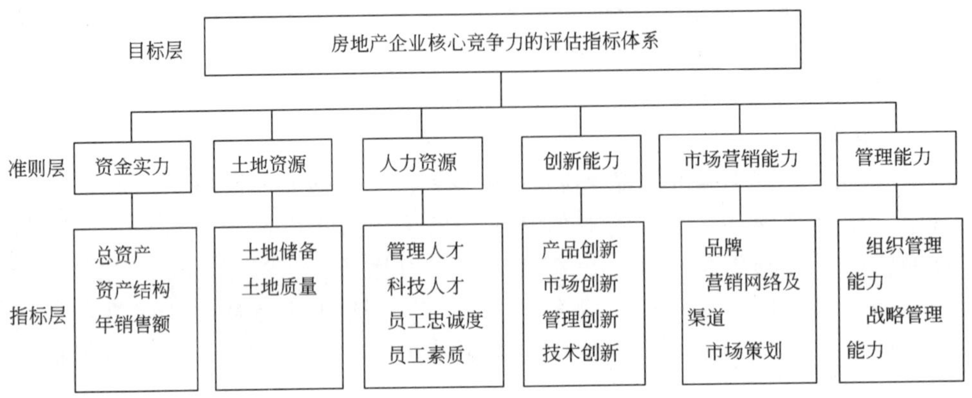

图 7-1　房地产企业核心竞争力的评估指标体系

7.4.2　房地产企业核心竞争力的培育

房地产企业不断提高自身的核心竞争力是在市场竞争中长期制胜的根本法宝。但目前企业对其核心竞争力的培育还存在许多误区，房地产企业的核心竞争力培育必须有宏观因素的促进，也必须有企业自身的苦练内功。

1. 房地产企业对培育核心竞争力的误区

目前，房地产企业对培育核心竞争力的误区包括：对核心竞争力的内涵认识不准确，对核心竞争力的发展缺乏前瞻性和战略性规划，对其自身拥有核心竞争力的知识产权的保护，房地产企业技术创新能力相对薄弱，以及房地产企业竞争力弱，投资分布不均匀。

(1) 房地产企业对核心竞争力的内涵认识不准确。

大部分房地产企业对核心竞争力的认识存在以下误区：认为企业竞争优势、企业某一方面的能力、或者企业某一方面占有的资源就是企业的核心竞争力等。如占有的土地资源、资金等。事实上，房地产企业的核心竞争力是企业竞争优势之“本”，是企业产生可持续的竞争优势之源．是企业在市场竞争当中具有的独特的不易被竞争对手模仿的能力。具有核心竞争力的企业不必具备同类企业的所有基本能力，而具备所有基本能力的企业不一定具备核心竞争力。

(2) 房地产企业对核心竞争力的发展缺乏前瞻性和战略性规划。

房地产企业对核心竞争力的发展缺乏前瞻性和战略性规划，缺乏科学的决策机制。企业的经营管理理念及发展方向，很大程度上取决于企业具有战略性前瞻性的发展规划．它是企业生死攸关的重大决策。同时，房地产企业还要有一套严谨、科学的决策机制。由于房地产具有开发周期长投资大等商业特征与投资特征，决定了房地产业发展的周期性与投资的高风险性。单个投资项目的决策往往直接决定一个企业的命运，科学的投资决策机制的建立是一个企业稳健发展的客观要求。然而，我国许多房地产企业的许多决策者对此却充耳不闻，视而不见。往往仅凭借自身的直觉、感觉、拍脑袋上项目，凭经验办事。

（3）房地产企业缺乏对其自身拥有核心竞争力的知识产权的保护。

知识产权又称精神产权、智力成果权。智力成果是指在人类的精神生产过程中由人的脑力劳动创造出来．具有一定表现形式的一切科学艺术成果。对于智力成果的所有人，从法律上确认和保护他们对自己的智力劳动所创造的成果应享有的权利，就是知识产权。然而，我国大部分房地产企业没有建立自己的知识产权管理系统，对知识产权的概念和定义模糊，知识产权保护意识淡薄。有了技术优势不知道如何通过法律途径进行保护，竞争优势很容易被对手模仿或替代。另外，由于目前国内在知识产权保护问题上仍存在有法不依，执法不严的现象，对制止不正当的竞争行为也缺乏应有的力度，专利被剽窃，商标被仿冒等现象仍较为普遍，从而削弱了房地产企业技术创新的积极性和主动性。

（4）房地产企业技术创新能力相对薄弱。

房地产企业技术创新能力相对薄弱，影响着房地产企业核心竞争力的培育。目前，在我国的大部分房地产企业，既未设立知识产权管理系统，也未配备专门的知识产权管理人员，往往是由相关部门、相关人员代而行之，结果往往使知识产权管理工作流于形式。同时会出现技术引进速度慢，开发效率低，技术人员匮乏等现象。这些都严重的阻碍了房地产企业的发展。

（5）房地产企业竞争力弱，投资分布不均匀。

中小房地产企业获取市场信息的能力弱，在技术及管理方面也落后较大企业。加之在生产规模和资本积累方面的劣势，劳动生产率普遍较低，生产成本高。其产品和技术多属于模仿性质、创新较少、在市场上缺乏竞争力。中小房地产企业还缺乏长期的战略准备，不注重培育企业长期的竞争优势。所以，在市场经济体制逐步形成的今天。中小房地产企业在激烈的市场竞争中，往往处于不利地位，是竞争中的弱者。中小房地产企业的资金筹措能力一般都比较差。再加上其在金融信用方面的先天不足。更使得房地产企业融资困难。可喜的是 2003 年 1 月 1 日起开始实施的（中小企业促进法）明确规定了扶持中小房地产企业发展的资金来源，为改变当前我国扶持中小房地产企业发展财政资金总量过少使用分散来源无保证等问题奠定了基础。从而一定程度上缓解了房地产企业融资难的问题。

2.培育房地产企业核心竞争力的政策建议

从宏观政策层面，培育房地产企业核心竞争力首先要进行结构性调整，促进房地产业发展，还要规范土地市场，建立公平的市场竞争机制，完善房地产金融体制拓宽房地产融资模式。

(1) 进行结构性调整，促进房地产业发展。

为促进房地产业的健康发展，国家出台了一系列的宏观调控措施，引导房地产企业要适应市场的需要，进行产品结构调整。在开发和销售多种档次商品房的同时，重点开发市场潜力较大的经济适用房和中高档住房。要控制和降低高档豪华住宅的比重，盘活房地产二级市场。同时还必须提高房地产企业的规模和规模效益，改变传统的产品、价格，管理和销售方式。提高信息化水平，找到自己企业发展的特色和核心竞争力。

(2) 规范土地市场，建立公平的市场竞争机制。

要加快有形土地市场的建设逐步完善土地招标拍卖挂牌出让制度，实现国有土地使用权交易的公正、公开、公平性。公开招标拍卖可以为所有企业提供平等竞争的机会，避免“黑箱”操作的诸多弊端。为使土地供应过程更加透明，政府还需进一步完善和优化土地招投标流程，制定严格的评标程序和标准杜绝各种人为因素的干扰。土地管理部门应对土地储备量、待拍卖的土地、现有土地使用结构、规划、评估价格等信息公开，防止信息不对称使一些人圈地、炒地牟取暴利为目的的经营活动，以保障市场秩序的正常运行。因此，建立相关的法律条款，规范相关部门的运作行为是房地产企业培育其核心竞争力的重要制度保障。

(3) 完善房地产金融体制拓宽房地产融资模式。

目前，房地产开发贷款主要依靠三种形式：第一种是房地产开发流动资金贷款，主要用于补充企业为完成计划内土地开发和商品房建设任务需要的流动资金；第二种是房地产开发项目贷款，主要为具体的房地产开发项目提供生产性流动资金贷款；第三种是房地产抵押贷款，是开发商以拟开发的土地使用权或房屋产权做抵押而向银行取得贷款。这三种贷款方式的期限都很短，贷款方式单一无法适应房地产开发周期的需要。因此要促进房地产市场的健康发展必须要不断提高我国房地产金融市场化的程度创新和拓宽房地产融资模式。采取房地产信托、房地产证券化、上市融资和项目融资等多种方式。为此我国的银行业应从基础设施建设入手，提高自身抵御金融风险的能力，同时金融资金监管部门应从制度建设入手完善相应的法律法规体系、完善信用制度、抵押制度、抵押保险和抵押二级市场的发展为房地产业与金融业的共同发展提供一个良好的外部环境。

3. 构建房地产企业核心竞争力的途径

从企业层面来说，房地产企业要培育自身的核心竞争力，必须实现差异化经营，发展核心能力，深化企业技术创新，培育技术竞争力，加强企业文化建设，建立学习型组织，建立企业的危机预警和内部高层决策评价机制，加强房地产企业的信息化建设。

（1）实现差异化经营，发展核心能力。

集中企业资源从事某一领域的专业化经营在这一过程中逐渐形成在组织管理、产品、规划设计、服务等诸多方面或在目标细分市场上与同行的差异，形成企业的核心竞争力。如万科集团从1993年开始调整经营策略，把广告公司、贸易公司、百货业等零散产业卖掉通过从多元化经营向专营房地产经营，注重核心产品的战略性市场开发。核心产品是核心能力的物质体现和市场体现，大力开发核心产品才能为企业核心能力的培育提供物质保证。

（2）深化企业技术创新，培育技术竞争力。

市场竞争优势与核心竞争力都是一个阶段性概念，只有创新才是企业获得持续竞争力的源泉，这是企业发展战略的核心。房地产企业要想在日趋激烈的市场竞争中占有一席之地，必须从知识经济的要求出发，从市场环境的变化出发不断进行技术、管理、制度、市场、战略等诸多方面的创新其中又以技术创新为核心。

只有源源不断地技术创新，企业才能不断向市场推出新产品，不断提高产品的知识含量和科技含量，改进生产技术，降低成本，进而提高顾客价值，提高产品的市场竞争力和市场占有率，并适时开拓新的市场领域。

（3）加强企业文化建设，建立学习型组织。

企业文化不仅强化了传统管理的一些功能，而且还具有很多传统管理不能替代的功能，如导向、凝聚、激励、规范等功能。通过这些功能的发挥，可以直接或间接地提升企业核心竞争力。

（4）建立企业的危机预警和内部高层决策评价机制。

房地产项目开发周期少则两年，多则数年。其间市场趋势、消费者口味、政府相关政策和规划、社会、文化乃至国际局势等都藏变数，而且这些变数都是企业不能左右的。因此，建立相应的风险预警机制，及时感知环境中的风险诱变因素，及时应对以降低风险。同时在具体的项目运作上根据危机预警的评价体系，做出合理的安排，不仅可以提高项目的盈利水平，更重要的是使项目规避风险，避免损失。另一方面，缩短管理链条，形成企业内部健全、高效的信息沟通渠道和反馈机制也是市场日趋个性化的要求。建立预警机制，可以加强企业的市场反应能力，提升企业的核心竞争力。

（5）加强房地产企业的信息化建设。

加强企业信息化建设可以强化企业财务管理，促进管理创新为企业带来巨大的经济效益。实施企业的信息化主要集中于两个方面：一是企业的核心业务和主导流程的信息化；二是人的信息化。许多成功企业的信息化都是紧紧围绕着企业的核心业务和主导流程。沃尔玛的核心业务是商品零售，主导流程是货物配送，因而它不惜花巨资来优化它的核心业务和主导流程。又如海尔是一个加工型企业它们在国内率先上了 CIMS（计算机集成制造系统）取得了非常好的效果。网络、信息技术的发展为中国企业管理创新发展奠定了技术基础并提供了实现条件。在网络、信息技术基础之上，进行管理创新能使企业保持持久的竞争优势，在激烈的市场竞争中占得先机并求得创新发展。信息化可以有效提升企业的核心竞争力。

房地产企业核心竞争力的培育不是一日之功，而是一个长期的艰巨的过程。在培育企业核心竞争力的过程当中，首先应该做到与时俱进，增强房地产企业紧迫感，尽快制订应对方略。行政主管也应该不断完善相应的法规建设，净化投资环境，提供公平、公正、透明的市场环境；其次，企业核心竞争力本身具有动态性、开放性。企业在壮大的过程中不可能守着原有的核心竞争力一成不变，要以顾客认知使用价值为导向，不断地调整、变化、扩充。只有这样才能真正提升企业的核心竞争力，使企业在激烈的市场竞争中立于不败之地。

[案例]　碧桂园——从目标聚焦到成本领先

进入到碧桂园楼盘的人，都会感受到它那种奇特的影响力：

——用不到 10 年的时间，从顺德乡下一个农民屋村成长为南中国地区的房地产“大鳄”；

——成就了好几个“策划大师”、“广告大师”；

——数年如一日地在港台地区主要电视媒介上投放品牌广告；

——像“工厂流水线”一样生产“房子”；

——日销售额最高达到 7.5 个亿；

对于碧桂园的成功，有若干个不同的版本。除了早些年的“策划说”之外，还有人认为，碧桂园的成功是“定位”的成功，是“品牌传播”的成功，是“整合营销”的成功。

其实，这些观点大多有些片面。从最初的顺德碧桂园，到广州碧桂园，到华南碧桂园，直到最近推出的碧桂园凤凰城，它的成功都建立在一个非常简单的战略模式之上——从目标聚焦到成本领先。

在家电行业里，有一个依靠这个战略模式取得巨大成功的例子，那便是格兰仕微波炉。碧桂园的成功与格兰仕简直是如出一辙：在企业发展初期，资源的制约很明显，为了将有限的资源充分利用起来，格兰仕采取了收缩产品线将有限的资源全力集中在微波炉开发与生产上的战略，很快形成了局部市场优势。

碧桂园也是如此，1995 年，顺德碧桂园正处于一个非常艰难的发展时期，按照当时的外部市场状况以及内部资源状况，碧桂园不可能全面出击，在反复研究之后，碧桂园决定将自己有限的资源集中在相对比较狭窄的目标客户层面上——珠江三角洲地区第一代先富起来的人。之所以这样定位，是因为碧桂园的老板就是这样的人。虽然他们已经有了相当好的经济基础，但相对而言，现实居住环境还是无法满足对更美好生活的向往。于是，将目标聚集在这个市场层面后，碧桂园集中了几乎所有的资源来服务于他们。对于先富起来的农民，到底什么东西才最有吸引力呢？三个方面：像“五星级酒店”一样服务，像皇宫一样富丽堂皇的造型，有贵族学校为业主下一代的成长排忧解难。于是，碧桂园的建设一直围绕这三个方面进行，并且取得了相当好的经营业绩。目标聚焦的战略一直坚持到了1999年。

其实，有清晰的战略思路在当时的房地产发展商中是非常超前的。虽然就产品本身的素质而言，碧桂园并没有什么明显的突破（直到现在，这一点依然为人诟病），布局呆板拥挤，造型媚俗土气，之所以销售业绩非常出色，并不是自己做得如何好，而是那些竞争对手做得太差了。

从移师番禺、开发广州碧桂园开始，碧桂园的战略模式发生明显变化，碧桂园进入了以“成本领先”战略为导向的“房屋工厂”时代。与其他南北房地产开发商热衷于“文化”、“概念”所不同的是，碧桂园的思路非常简单：“大规模、快速生产、成为价廉物美的房屋工厂。”

从广州碧桂园到华南碧桂园。再到碧桂园凤凰城（广园东碧桂园），三大战役打下来，碧桂园已经由一个原本只在传媒上热炒的区域性房地产符号变成了一个实实在在的“地产大鳄”。早先碧桂园的理想是建广州人的“五星级的家”，现在则雄心勃勃地要做南中国房地产行业的旗舰。

碧桂园在广州地区的“三大战役”打得波澜壮阔、惊心动魄，每一次楼盘正式发售的时候，都会引发媒介的广泛关注。更有意思的是，从广州碧桂园开始，碧桂园的开发与销售进入了“模式化克隆”阶段。1999年春节，当人们还沉浸在节日的喜庆气氛中时，广州碧桂园以迅雷不及掩耳之势进入广州市场。一方面，在当地主流媒体上使用了大规模广告攻势，并用各种辅助促销手段作为配合，很短的时间就形成了媒介焦点，吸引了大量“眼球”；另一方面，在港台地区主要电视媒体上长期以来播放的品牌广告早已在消费者心中形成了很高的“心理价位”，几乎所有人都把碧桂园看成是高档、高价、有钱有势的人才能入住，但出人意料的是，广州碧桂园的实际售价远低于消费者的心理预期价位，这种巨大的反差很快转化成为实际的销售推动力，那些早已对碧桂园品牌“垂涎三尺”、但又对其价格“望而却步”的消费者响应尤其积极，不到2个月的时间，数千套房屋一抢而空。不仅如此，广州碧桂园的入市还将周边楼盘（特别是打文化牌、以价高闻名的丽江花园）的销售价格全部打压下来，连带着将洛溪南浦岛一带变成了高尚住宅区争相投资的旺地，奥林匹克花园等大盘陆续进入，使得番禺区洛溪地带成为广州市名副其实的“后花园”。

此后，不管是华南碧桂园，还是碧桂园凤凰城，其开发与销售的模式如出一辙——“闪电般的速度＋大量实用产品＋有吸引力的价格＋广告轰炸”

很显然，这是一种典型的“成本领先”战略模式。

从顺德突围，进入到广州市场之后，原有的“目标聚焦”战略显然有些不合时宜。广州和顺德毕竟不同，很少有农民暴发户，相反，追求高品位生活素质的城市白领成为房地产产品（尤其是郊区楼盘）的主体消费群体，他们的消费能力还是受到一定的约束的。或者，可以这样来说：碧桂园针对的是主体市场，指的是买得起房、但又不是很有钱、对价格很敏感的那群人。而有些开发商针对的是主流市场，即较高端的消费者，他们讲究品位、档次，对价格的考虑反倒不是太明显。从根本上来说．主流市场对生活方式的追求与主体市场不一样，碧桂园抓住的是主体市场，固然，也会考虑格调、品味、但更讲究实在、性价比，产品虽然会受到主流市场甚至行业人士的诟病，但它必须能满足主体市场的需求。主体市场对价格的敏感度使得碧桂园必须修改自己的战略模式，采取更有效的成本控制手段，才能取得市场优势。在采取了“成本领先”战略并切实贯彻到底后，产品旺销也就成为顺理成章的事情：

1. 速度

碧桂园在开发建设上的速度可谓“迅雷不及掩耳”，既抢到了市场先发优势，又给消费者强大的信心支持。

碧桂园凤凰城推出的时候，依然延续了这种快如闪电的风格：建设工地24h连续开工，不到一年时间就完成了第一期工程建设，然后在当年5月1日，配合着广告的地毯式轰炸，凤凰城闪电般开盘，并在首日就实现了5亿元的销售业绩！这是一个极其惊人的数字。其实，就在凤凰城的旁边，早已是群雄环伺．如实力开发商锦绣香江开发的占地533万m^2的大盘、规模87万m^2的紫云山庄、划地267万m^2的合生创展、计划用地200万m^2的雅居乐等。抢在其他开发商出手之前率先低价入市，可谓是占尽先机，既强化了消费者的信心，消除了他们害怕建设周期过长、配套迟迟无法到位的风险，又有力地狙击了竞争对手。如此巨量的楼盘产品在短时间内入市，足够这个区域市场好好消化一段时间了，即便是其他对手及时跟进，在时间上、价格上、品牌影响力上都很难再和碧桂园一争高下。

2. 产品

无可否认，碧桂园的产品不是最好的。曾有一北方开发商在参观碧桂园时问：“这么差的房子怎么能赚钱呢？”可它却实实在在在赚钱，而且是大把赚钱。正如我们前面谈到的目标聚焦一样，碧桂园对于自己该向哪个消费群体提供怎样的产品有着非常清晰的思路。房子可能不是最好的但却是高性价比，尤其是对于主体消费群来说，这种产品足以让他们得到包括品牌、环境、产品、价格等多方面的满足。

3. 成本

碧桂园的开发商是控制开发建设成本的一流高手。激烈的市场竞争、清晰的战略模式加上十几年的开发经验，让碧桂园总结出一套行之有效的实操程序——“碧桂园式”的成本控制体系。该体系包含三个部分：

(1) 纵向一体化。

房地产开发的模式一般有两种：一种是专业分工式，从设计到施工基本上都是通过外部发包或采购的方式来完成，如著名的南国奥林匹克花园就是这种模式的代表。另一种开发模式为纵向一体化，从设计、规划、建筑施工、装饰、销售直到物业管理等，都是由内部团队全部消化。碧桂园就是一个极致化的典型，甚至连碧桂园菜市场里面售卖的家禽、青菜，都是由碧桂园自己的农庄供应的。这种纵向一体化的开发模式虽然减少了交易成本，但有可能增加管理与效率成本，如果内部交易不能达到一定的规模，很可能无法实现成本降低的目的。偏偏碧桂园在开发的规模上，具有非常明显的优势，完全可以实现内部交易的规模效益，所以纵向一体化不仅不会增加成本，而且可以将快速开发过程中的效率、风险都控制在自己可控的范围以内。碧桂园特别强调自己是一个快速反应的企业，如果过度依赖外部合作或采购，那么在建设施工过程中的24h满负荷作业就很难实现，命令从下达到执行层有可能出现时间上的迟滞。如果无法实现快速建设快速销售的话，碧桂园将承受很大的资金利息压力，规模效益将无法体现出来，所以纵向一体化对碧桂园来说，是一个比较适宜的开发模式。

(2) 规模经营。

碧桂园操作的都是大盘，广东地区的几个楼盘面积都在67万m^2以上，碧桂园凤凰城更是达到了创纪录的400万m^2。规模经营不但有效地降低了土地的采购成本，而且摊薄了单位产品的生产成本，更使得大规模广告宣传、大规模销售促进的单位成本得到了有效控制。例如碧桂园如天文数字般的广告费，从绝对量上看很吓人实际上分摊下来，单位面积广告成本并不高，甚至低于房地产行业平均水平。

当然，规模经营同样带来产品本身的一些问题。规模经营往往是拒绝个性化的，从顺德碧桂园到凤凰城，产品的风格和标准基本上没有太大的变化这种稳定的产品状况使得房地产的开发完全可以用一种“工厂化”的方式来成批生产，并保持价格上的竞争力。

(3) 组织管理的扁平化。

碧桂园集团的组织管理架构是极为扁平化的，老板下面未设总经理。直接设立了10名助理，每一个助理管理一块业务，直接对老板负责。每名助理的权利都相当大，但管理的权限却又十分明晰。这种扁平化的组织管理架构往往带来的是高效的决策、快速的执行以及整体管理成本的降低。

正因为碧桂园在控制成本上如此有效，所以它的整体成本（包括开发建设与销售管理）相对较低，从而可以实现极有吸引力的相对低价。

4. 广告

碧桂园的广告投放非常有特色，一般分成两个部分一部分是持续投放的品牌类广告，主要投放在电视媒体上，不管有没有新的楼盘推出，这部分广告总是雷打不动用精美的画面、优雅的音乐有条不紊地向受众传递着“五星级的家”的概念使“碧桂园”三个字成为一个真正意义上的、有影响力的品牌，并提升消费者的心理价位。另一部分是密集投放的销售促进类广告，主要从新楼盘推出来的前两个月开始，一直延续到产品销售到80%左右才逐渐降低投放的频率。这种广告采用短时间集中投放的原则，其密集程度用“地毯式轰炸”来形容一点也不过分，再伴随大量的现场、卖场促销活动，往往可以在瞬间聚集人气，并应用羊群效应创造出极佳的实际销售业绩。

由此可见，碧桂园的成功并不复杂，实质上就是战略模式的成功。从目标聚焦到成本领先，碧桂园的发展一直秉承这简单而又清晰的战略模式，然后坚持、坚持、再坚持。

本章小结

房地产企业的竞争优势是指房地产企业在项目策划、开发、建设、营销、服务等过程中持续发展而形成的，能为本企业带来价值增值，支撑企业过去、现在、未来发展，并使企业能够长时间在竞争中取得主动的优于竞争对手的核心能力。房地产企业要构建属于自身的竞争战略，首先必须从对房地产市场的竞争者分析开始。识别房地产企业的竞争者就是要找出那些与本企业提供的房地产产品相类似，所服务的目标顾客较相似，具有竞争属性的其他房地产企业。房地产企业的竞争者主要是指与自身在相同地域、提供相类似房地产产品的其他房地产企业。然后必须从分析竞争者的竞争战略与分析竞争者的目标两方面确定竞争者的目标与战略，评估其的优势和劣势，判断其反应模式。在此基础上，通过外部环境分析与内部环境分析，选择本企业应采取的竞争战略与对策。

房地产企业基本竞争战略包括成本领先战略、差异化战略与目标聚焦战略。成本领先战略要求正确把握项目投资决策，发挥规模效应，优化、细化项目设计，挖掘工程施工潜力，强化项目资金管理，提高整合能力，推动集约发展；差异化战略要求从房地产产品、房地产服务、房地产人力资源、房地产企业形象、房地产渠道等方面构建房地产企业的差异化优势，打造房地产企业的特色品牌，从而为本企业赢得竞争优势；目标聚焦战略特别适合于中小型房地产企业，中小房地产企业在制定、运用目标市场竞争战略时，要做到知己知彼，权衡利弊，量力而行，必须注意研究本企业目标市场竞争的条件，遵循“扬长避短”的原则。

房地产企业竞争战略的选择是与其市场地位的分析相联系的。房地产企业必须明确自己在市场竞争中所处市场领先者、市场挑战者、市场跟随者和市场补缺者的不同位置，相应采取四种不同的战略。房地产市场领先者为了维护自己的优势，保住自己的领先地位，通常可采取扩大房地产市场需求总量、保护房地产市场占有率、提高房地产市场占有率的竞争战略；房地产市场挑战者如果要向市场领先者发起挑战，首先必须确定自己的战略目标和挑战对象，然后选择正面进攻、侧翼进攻、包围进攻或是迂回进攻的进攻战略；房地产市场跟随者不是被动地单纯追随领先者，可根据自身特点，采取紧密跟随、距离跟随或是选择跟随的发展战略；房地产市场的补缺者，为了在特定市场竞争中，较好地实现专业化优势，企业必须努力做到确定本企业的专业化优势、把握时机，捷足先登、灵活主动，随机应变、注意发挥整体效益。

房地产企业的核心竞争力是企业技术创新、市场研发能力、品质保证、资源整合能力等的综合体现。房地产企业核心竞争力评估所选用的指标要想真实准确地反映核心竞争力的本质。房地产企业核心竞争力评估的指标体系构成可以概括为资金实力、土地资源、企业的人力资源、创新能力、市场营销能力、管理能力等方面。房地产企业不断提高自身的核心竞争力是在市场竞争中长期制胜的根本法宝。但目前企业对其核心竞争力的培育还存在许多误区，房地产企业的核心竞争力培育必须有宏观因素的促进，也必须有企业自身的苦练内功。

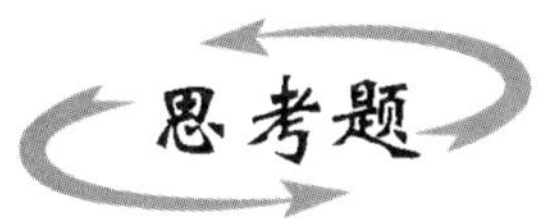

1. 怎样识别房地产企业的竞争者？怎样确定竞争者的目标与战略？

2. 怎样评估房地产竞争者的优势和劣势？判断竞争者的反应模式？怎样选择本企业应采取的对策？

3. 房地产企业基本竞争战略有哪些？各应采取哪些具体措施？

4. 企业在市场竞争中所处的位置可以概况为哪四种？各有什么特点？

5. 举例说明应怎样构建房地产企业的核心竞争力。

参考文献

[1] 黄华，王伟．企业获得竞争优势途径的再思考．企业改革与管理，2005（12）．

[2] 陈文湘，张龙．给你装上一双慧眼——谈如何进行企业竞争者分析．商场现代化，2005（9下）．

[3] 陈壁辉，应洪斌，汪剑娜．当前中小房地产企业竞争战略选择．集团经济研究，2005（9）．

[4] 徐恩利．如何实施房地产企业的低成本战略管理．建材技术与应用，2005（3）．

[5] 徐春．刍议房地产差异化经营策略．广西城镇建设，2003（5）．

[6] 中国营销传播网．市场领先者竞争战略．2006-5-11.

[7] 中国营销传播网．市场挑战者跟随者与补缺者竞争战略．2006-5-11.

[8] 何正林，程元军，何跃．新形势下房地产企业核心竞争力评估．技术经济与管理研究，2005（6）．

[9] 杨中宣．房地产企业核心竞争力的培育研究．商场现代化，2005（9下）．

[10] 姜淑华，郭秀英，杜晓春．房地产企业核心竞争力评价指标体系研究．沿海企业与科技，2005（10）．

[11] 刘星，任夏仪．房地产企业可持续竞争力评价指标体系．统计与决策，2005（7）．

[12] 赵智敏．碧桂园：从目标集聚到成本领先．销售与市场，2002（8上）．

[13] 吴翔华．房地产市场营销．南京：东南大学出版社，2005.

[14] 潘蜀健，陈琳．房地产市场营销．北京：中国建筑工业出版社，2003.

[15] 袁野．房地产营销学．上海：复旦大学出版社，2005.

[16] 姚迎伟．房地产营销全攻略．北京：经济管理出版社，2004.

[17] [美] 迈尔斯著．仝晓秋等译．房地产营销．北京：中国对外翻译出版公司，2000.

[18] [美] 威廉·M·申克尔著．马丽娜等译．房地产营销（第三版）．北京：中信出版社，2005.

第8章 房地产市场营销产品策略

房地产企业营销活动是在企业的营销战略和计划的指导下，通过满足市场上顾客需求，运用产品策略、价格策略、渠道策略和促销策略来实现自身营销目的的。产品因素是市场营销组合中的基本构成部分，是企业营销活动与社会需要的统一体现，是消费者实现愿望的所在。因此，产品策略的制定在企业营销管理中占有十分重要的位置。它较全面、系统的回答了企业用什么样产品来满足目标市场需求这一问题。

8.1 房地产企业产品概述

8.1.1 整体产品概念

产品这一名词在不同学科、不同领域中出现，人们对它的描述不尽相同。现代市场营销学从本学科的特有对象和层面入手，站在企业角度进行研究，提出特定的产品概念。

什么是产品？一般人们的理解，产品是人类通过劳动创造出来的，具有特定的物质形态和具体用途的劳动生产物。例如：房屋、汽车、服装，当人们说到这些东西时，自然联想起某种物质。也就是说，它是企业生产出来的东西，能提供给人们某种用途的物质实体。这是产品的狭义概念，是一个从企业角度，从传统意义上对产品的定义，它强调产品的物质属性。

而在现代市场营销中，产品则被归结为人们通过交换而获得的需求的满足，归结为消费者或用户预期的实际利益。因为从消费者角度看，他们购买产品的目的是为了满足自己的需要，而非是为了占有某种物质实体。正如西方市场学者西奥多·莱维特曾经很形象地说："采购员购买的并非 1/4 英寸的钻头，而是 1/4 英寸的孔。"市场营销人员的任务就是要揭示隐藏在每一个产品内的各种需求，使企业所提供的产品利益能够最大限度的满足顾客需要。因此，房地产企业的产品是一个整体概念，可以归纳为：企业向市场提供的能够满足顾客某种需求和利益的物质形态和非物质形态。这就是说，所有能够满足顾客需求的方面：物质的实体、服务、意识（如价值观念）或三者的统一，都是产品。物质形态即有形产品主要包括产品实体及其品质、风格、造型、品牌；非物质形态即意识、无形服务等，它包括可以给买主带来附加利益和心理上的满足感及信任感的售后服务、保证、产品形象、销售者的声誉等。

产品整体概念由三个基本层次组成：核心产品、形式产品、扩大产品（附加产品），如图 8-1 所示。

核心产品，即核心层、实质层。它是房地产企业整体产品概念中最基本的层次，是满足顾客需求的核心内容。核心产品为顾客提供最基本的效用和利益，是顾客购买产品的原因。顾客购买产品都是为了购买产品所具有的功能和效用，希望从中获得消费利益，其中包含着产品给人们在物质上或心理上所提供的利益，实际上每一种产品都是为解决问题而产生的。例如：人们购买化妆品，是购买美容或滋养皮肤、年轻健康的希望，而不是买物理化学合成的实体；人们购买房屋，是购买它遮风避雨的效用，而不是购买其钢筋混凝土的物体本身。如果有另外一个也能达到同样或更好要求的东西，价格又低，那么，顾客就会买这个产品，放弃早先的选择。因为顾客购买产品追求的是产品有用性，产品不具备向顾客提供的相应功能和效用，人们从中不能实现他们的基本消费要求，那么，顾客是不会购买它的。所以，核心产品是整体产品的实质所在。营销人员要揭示隐藏在产品背后的真正需求，在产品中最完整、全面地体现顾客所需要的核心利益和服务。

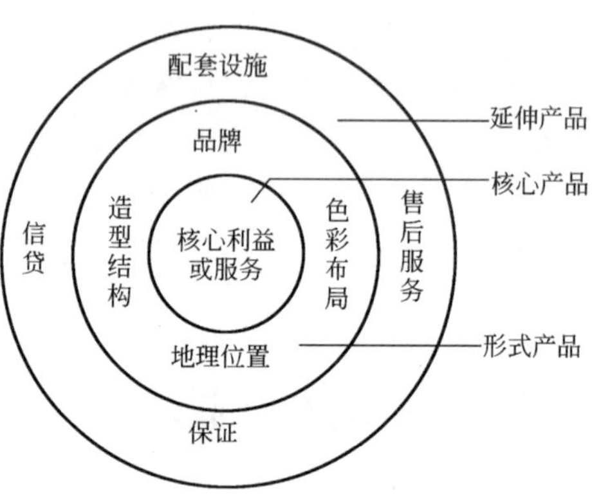

图 8-1　房地产企业整体产品概念

有形产品，即形式层。核心产品只是一个抽象的概念，产品设计者必须把它转化为一定的具体形式，即目标市场对某一需求的特定实现形式，在这个层次上的产品就是有形产品。它是顾客通过自己的眼、耳、鼻、舌、身等感觉器官可以接触到、感觉到的有形部分。有形产品应具有以下几个方面的特征：质量、功能、造型、风格、品牌。可见，有形产品向人们展示的是核心产品的外部特征，它是顾客相同需求的不同满足方式。

扩大产品，即延伸产品、引申产品或附加利益，是房地产企业产品的各种附加利益的总和。通常指顾客在购买房地产时所获得的全部附加利益，也可指各种售后服务。如提供产品使用说明书、保证、安装、维修、资金融通等。国内外许多企业的成功，在一定程度上应归功于他们更好地认识了服务在产品整体概念中所占的重要地位。他们除了提供特定的产品实体之外，还根据需要提供了多种服务。在现代市场营销环境下，房地产产品在一定程度上有趋于“同质化”的倾向，同类产品在核心层、形式层上没有显著的差异，房地产企业在扩大产品上的竞争就显得十分关键。因此，企业销售的绝不只是特定的使用价值，而必须是反映产品的整体概念的一个系统。在日益激烈的竞争环境中，许多情况表明，扩大产品给顾客带来的附加利益，已成为竞争的重要手段，能够正确发展附加利益的企业必将在竞争中获胜。

整体产品概念的上述三个层次，十分清晰地体现了以顾客为中心的现代营销观念，这一概念的内涵和外延都是以消费者需求为基准的，由消费者的需求来决定的。可以说，产品整体是建立在需求＝产品这样一个等式的基础之上的。可以断言，没有整体产品概念，就不可能真正贯彻现代营销观念。

8.1.2 整体产品概念的理解

房地产生产者和经营者在现代市场营销观念的指导下必须具有现代产品观念，正确理解整体产品概念在企业营销管理中的重要作用。

1. 整体产品概念体现了市场营销的思想，体现了以消费者需求为中心的理念

企业必须认识到产品要想被市场接受，关键在于产品必须能满足消费者需求，达到顾客的心理预期水平。顾客在购买产品之前，对该产品的各方面属性有所期待，购买时以心中的要求作为标准进行产品筛选，购买后使用时会对产品的效用进行考察，只有顾客使用满意，才能说明该产品满足了消费者需求。要实现这样的目的，房地产企业的产品就应该以顾客需求及其标准为出发点和归宿点开展营销活动。

2. 把产品由一种物质实体扩展到了无形的各种劳务

产品既可以是一种物质实体，也可以是一种服务，甚至于它只是一种意识。对一个房地产企业来说，产品伴随的各种售前、售中、售后服务，是房地产企业经营活动中的有机组成部分。可以预见，在大多数企业产品一般属性日益接近，信息手段高度发达的未来，利用实体产品和硬件技术赢得竞争主动权的机会将越来越小，房地产企业争取顾客的焦点将逐渐转移至非物质领域，在市场上产品的竞争既是功能、外观的优劣较量，也是服务质量的较量，那些向顾客提供完善附加利益的企业才有可能成为市场竞争中的优胜者。

3. 房地产企业的产品是一个多属性组合，满足消费者程度取决于三个层次的状况

产品的市场地位、消费者对产品的印象是一个综合反映。消费者能够从使用过程中得到的利益和满足的程度，既取决于产品三个层次中每一层的水平，也取决于

它们互相配合的整体效果。

4. 整体产品与企业的市场营销策略有内在联系

在产品中各层次的组成要素，它们的重要程度参差不齐。一个企业注重哪一层和每一层次中的哪些因素方面，取决于许多动态变化的情况，除市场需求的变化外，企业还应当注意本行业特征和所营销的产品特征。房地产企业在考虑整体效果的前提下，对不同层次、不同市场的开发应结合营销策略制定。

5. 产品创新的影响

改变产品组成中任何一部分，甚至微小的变化，都可能在消费者心目中形成不同的房地产企业产品印象。比如，同类产品而品牌不同，它们在消费者心目中就有不同的声誉和形象，在使用过程中就会有不同的感受和满足感，消费者就会认为是不同的产品。企业可利用这一特性，通过对产品的某个特征的改变推出新产品，丰富产品系列。

8.2 房地产产品组合策略

房地产产品因地点不同而不同，由于不同产品在不同区域的市场景气状况不同，利润率高低不同，风险大小不同，经营方式不同，为了充分利用企业或项目的资源，分散风险，扩大销售，增加企业或项目的利润，使得企业或项目的产品组合达到最优化，促进企业的可持续发展，就需要对房地产产品组合分为如下两个方面：企业产品组合和项目产品组合，来分别加以研究。

8.2.1 房地产企业产品组合及其相关概念

房地产企业产品组合指一个房地产企业开发和销售的全部产品的结构。通常用产品组合的宽度、产品组合的长度、产品组合的跨度和产品组合关联度来表示。

1. 房地产产品组合的宽度

房地产产品组合的宽度是指一个房地产企业所拥有的产品线的数量。

产品线又叫产品品类，是指密切相关的满足同类需求的一组产品。如目前苏州建屋集团有住宅、写字楼、酒店、商业地产、工业厂房五大产品线。

2. 房地产产品组合的长度

房地产产品组合的长度是指企业各条产品线所包含的产品项目总数。

房地产产品项目是指因地点、品牌不同而区别于企业其他产品的任何产品。如万科在住宅这一条产品线中，有城市花园、四季花城、青青家园等众多产品项目。

3. 房地产产品组合的跨度

房地产产品组合的跨度是指房地产企业各条产品线或各产品项目在地理空间上的分布。由于房地产产品的不可移动性，使得其在不同地理空间上即使具有部分相同的物理属性，如规划、建筑形态、户型、建筑标准、配套等都相同，也有不同的经济属性和社会属性。不同地理空间上的项目即视为不同的产品项目。

4. 房地产产品组合关联度

房地产产品组合关联度是指各条产品线的产品在最终用途、开发条件、销售渠道或其他方面相互联系的紧密程度。一般地说，不同类别的房地产产品之间具有较高的关联度。

房地产开发企业产品组合的宽度、长度、跨度如图 8-2 所示（三维图）。

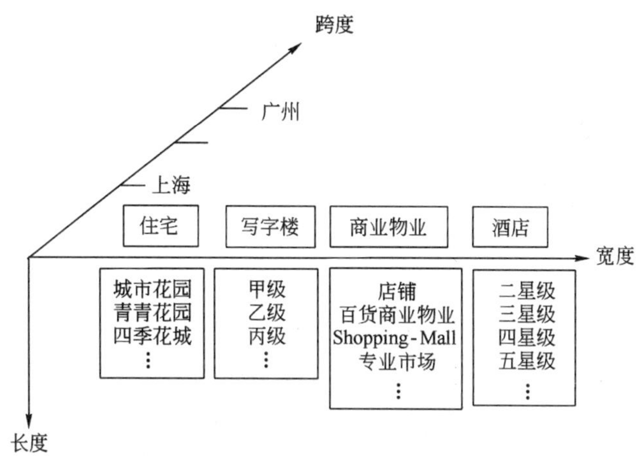

图 8-2　房地产开发企业产品组合图

8.2.2　房地产企业产品组合策略分析

1. 房地产企业产品组合策略

所谓房地产企业产品组合策略，就是房地产开发企业根据市场需求和自身的发展战略，对产品组合的宽度、长度、跨度和关联度进行选择和调整的决策。一般，企业产品组合策略有以下几大类型：

（1）综合发展策略。

这是指企业着眼于向顾客提供他们所需要的一切产品。这种策略将尽可能地扩展产品组合的宽度、深度和跨度。由于各产品线及产品项目的关联度大，采用这种策略有助于企业最大限度地利用其拥有的资源，并获取由此带来的规模效益，扩大销售规模，提高企业品牌的知名度和影响力，分散经营风险。但这种策略对房地产开发企业的要求极高，它要求企业：具有雄厚的资金实力、人才实力和丰富的土地储备；有较健全成熟的组织架构和较强的管理能力，特别是跨区域管理能力；有多方面的专业化运营经验。如果这种策略不能与企业的能力、资源相匹配，就会给企业带来极大的风险，企业难以持续稳定发展，特别是难以抵御房地产政策性和房地产周期性风险。由于中国房地产行业还是个年轻的行业，对于大多数中资房地产开发企业来说，只有十几年的房地产市场运作经验和资本积累，因此，目前采用全面发展策略的为数不多。代表性的公司有合生创展集团有限公司（合生创展）、美国汉斯有限合伙公司（Hines Interests Limited Partnership）。

合生创展 1992 年进军房地产业，1998 年在香港联交所主板上市，是致力发展住宅地产、商业地产、酒店地产、旅游度假产业和物业管理产业的大型综合性企业集团。从 1993 年起，开香港地产集团大规模投资中国内地房地产开发之先河。短短十几年，合生创展集团实施区域中心和系列品牌发展战略，在广州、北京、天津、上海等中心大城市成功打造了 30 多个项目。合生创展专注于国内主要区域经济圈的一线发达大城市，在城市中心的优质地段，成片开发以住宅为主，兼顾商业、配套的综合小区物业。集团的客户定位以满足城市中高收入的置业需要为主，开发的物业集中于中高档项目。综合实力名列前茅，荣获“2005 中国房地产企业 200 强”第三名。

美国汉斯公司创建于 1957 年，在美国 90 个城市开发建造了 700 多个项目，总建筑面积 2400 万 m^2，在境外 16 个国家开发了 100 多个房地产项目，包括在中国的 3 个项目，总建筑面积近 400 万 m^2。在已开发的 800 多个项目中，汉斯公司持有其中绝大多数的物业，其中 600 多个项目由汉斯自己管理。成立 40 多年来，汉斯虽然坚持专业化立场，但并不像万科只做住宅，其产品涵盖了住宅、商业、写字楼等几乎所有房地产产品，目前已经将业务扩展到了第三方物业管理和投资管理方面，但其业务的重点仍是写字楼开发（高端写字楼占其业务总额的 90%以上）。在由美国《Buildings》杂志评出的 2005 年度地产开发商排行榜中，汉斯排名第二。

（2）横向多元化策略。

这是指房地产开发企业尽可能地扩展产品组合的宽度，向市场提供多元化产品，如住宅、商业物业、写字楼、酒店、工业厂房等，并在各条产品线间形成一个动态合理的配比关系。与综合发展策略类似，采用这种策略的企业能充分利用其拥有的资源，并获取由此带来的规模效益，扩大销售规模，有效分散经营风险，提高抵御政策性风险与周期性风险的能力。特别是在经济高速发展及房地产业市场景气度较高时，企业能因此充分分享其所带来的利益，从而提高获利能力，并迅速做大。但由于住宅、商业物业、写字楼、酒店、工业厂房等具有不同的运作方式和特点，操作的难易程度、所需的专业人才、投资风险等都有较大的差异，因此，这种策略对房地产开发企业的在资金、专业人才、管理能力等方面的要求也很高。如果企业不基于自身的实力盲目扩张，或者说产品的多元化不是基于专业化基础上的多元化，不是基于企业的战略导向，而是基于机会导向，那么一旦市场环境发生变化，企业所面临的风险就会很大，企业有可能因此陷入困境。目前国内具有较强实力的房地产开发企业较多采用这一种策略。如国内知名的中国海外集团公司（中海地产）、招商局地产控股股份有限公司（招商地产）、广州富力地产股份有限公司、大连万达集团公司（大连万达）、中远房地产开发有限公司、北京首创置业股份有限公司、苏州建屋集团等。下面是目前国内一些知名公司的主要产品线：

中海地产：中高档住宅＋写字楼＋建筑综合体。

招商地产：中高档住宅＋高档写字楼＋商业地产。

广州富力：中高档住宅＋高档写字楼＋高级星级酒店。

大连万达：住宅＋商业地产（万达广场系列）＋高级星级酒店。

中远房地产：住宅＋写字楼＋酒店＋物业管理。目前在中远房地产的产品结构中，住宅产品约占80%，非住宅产品约占20%。

苏州建屋：中高档住宅＋高档写字楼＋商业地产＋工业厂房＋各种档次酒店＋物业管理。

北京首创：首创置业的产品线较为丰富：中高档住宅＋高档商业地产＋甲级写字楼＋酒店，截至2004年底，首创置业的在建和未建物业中，79%是住宅，8%是商业物业，6%是写字楼，7%是酒店。因此，把自己定位为“大型综合性房地产营运商”。

（3）纵向一体化策略。

不同于横向多元化策略，纵向一体化策略是指企业只在房地产的某一大类产品里深耕细作，开发多种不同档次、不同形式、不同性能、不同规格、不同品牌等多种产品，去满足不同消费者的需求，并在各产品项目之间形成动态合理的配比关系。采用这一策略的房地产企业能够最大限度地满足各个层次消费者的需求，占领各个细分市场，提高市场占有率，并且容易形成产品的系列化和标准化，获取规模效益。这一策略有助于保持、提高客户对企业的忠诚度，有助于企业对客户的终生锁定；同时也有助于打造企业的核心竞争力。采用这一策略的典型企业有美国的普尔蒂公司（Pulte Homes）和中国的万科企业股份有限公司。

普尔蒂公司是美国最大的房屋建造商，公司专营住宅，同时在美国的27个州共44个城市开发住宅业务，每年售房3万多套。普尔蒂公司根据消费者的生命周期和其支付能力，把消费者划分成11个大类。由于根据消费者的生命周期规划产品线，在不同生命阶段中的客户都可以找到满足自己需要的住房，所以经过多年的客户服务，普尔蒂公司实现了客户的终生锁定，即消费者在生命周期的不同阶段更换住房时，一直选择普尔蒂公司的住宅。普尔蒂公司的客户忠诚度（重复普尔蒂购买的房产）为40%。

中国著名的房地产开发企业万科以普尔蒂公司为学习的标杆，正趋向于采用这一策略。尽管万科有相当高的客户忠诚度，但万科目前却不能像普尔蒂那样把足够适合的产品提供出来。在2005年开始的下一个10年里，万科仍定位于"专业住宅供应商"，只专注做住宅业务，但将扩展原产品线的长度。万科希望现在买了万科房子的住户能第二次、第三次、第四次购买万科的房子，就像普尔蒂客户做的那样。

（4）跨地域发展策略。

这是指房地产开发企业不局限于在某一城市开发房地产，而是在多个城市进行房地产产品的开发。根据所开发项目或产品的地域分布范围，可把房地产开发企业可分为如下三类：

①地方性开发商。是指房地产开发企业只在一个直辖市或地级市甚至县级市从事项目开发。单一城市开发商的优势是管理难度小，成本低，易于把握当地消费者的消费行为和获取一些政策性资源（利用地缘关系）；但企业会面临盈利波动大的风险，当本地房地产市场竞争激烈、市场景气度下降时，企业的利润就可能下降较多。同时利润增长受制于当地市场规模，如2003年前顺驰作为天津市的开发企业，在当地市场占有率高达20%，但最终还是选择走向全国。代表性的公司有苏州的建屋集团、北京的首创置业等。

依托政府背景和近几年苏州经济及房地产市场的快速走高，以多元化发展战略为导向，苏州建屋集团发展迅速，2005年进入"中国房地产百强"行列，当选年度全国房地产业领先企业，并进入中国商务地产企业10强。建屋集团中期目标：希望走出苏州，在华东乃至全国从事住宅开发。北京首创置业也是一家综合实力较强的房地产公司，并于2003年在香港联交所成功上市。有强大的政府背景，截至2004年底，首创置业拥有的土地储备约为353万m^2。当然，更多的地方性开发商是一些中小企业。

地方性公司一旦积累了足够的实力，且在当地市场占有一定份额后，追求新的利润增长方式或新的利润增长平台成为必然的选择，企业也必将走向跨区域扩张。

②区域性开发商。区域性开发商的项目位于不同的城市，但属于同一经济圈内或一个省内。从地方性开发商到区域性开发商是一个跨越，但在企业扩张过程中，相对是比较稳健的一步，便于企业积累跨区域发展经验，控制风险。区域性开发商易于把握区域市场的特点，便于在区域内建立竞争优势和品牌，构建企业新的利润

增长点；但其管理上难度增大，如如何协调集团公司与下属公司的关系，责、权、利如何分配；如何充分提高人力资源效率和资金使用效率等。企业利润增长也受制于区域市场规模和周期性波动。代表性的公司有河南建业住宅集团有限公司、南京栖霞建设集团公司。

1998年的时候，河南建业面临三个选择：第一个立足郑州，做地方性开发商；第二个是走出郑州，到北京和上海，做全国性的开发商；第三是以郑州为基地，向河南其他的地级城市扩张，做区域性开发商。最终河南建业公司根据自身的核心价值观，制定了一个省域化的发展战略，把自己定位为专业化领袖型区域品牌地产开发商。1999年准备，2002年省域化发展战略全面启动，经过四年发展之后，在河南18个地级市进入了16个城市。2002年至2005年，年开发量突破100万m^2，年销售量近50万m^2。2006年计划年开发量达到180万m^2，开发范围增至20个城市，计划销售20亿元人民币。扎根河南，从省会城市到中小城市，继而最终走向乡镇的“省域化战略”，已被中国房地产界誉为“建业模式”。

南京栖霞建设集团是一家拥有20多年开发历史，专注于住宅产品开发，在江苏房地产行业居于龙头地位的住宅产业集团。栖霞建设也已制定了以跨区域发展战略，并已成功进入苏州和无锡市场。以此为开端，在未来三到五年内，还将适时进入长江三角洲地区的其他城市。

③全国性开发商。是指在不同的经济圈如长三角、珠三角、环渤海、东北、中部和西部地区等3个以上的城市持续性地开发房地产项目。全国性开发商的潜在优势是企业利润增长不受区域市场规模和房地产周期的限制，并可在全国范围内根据各地市场的不同景气状况合理配置资源，抗周期性波动能力强，扩大企业品牌的影响力。面临的劣势和风险是跨地区管理难度大、成本高，如如何通过有效的手段规范集团公司与下属公司的关系、如何解决不同项目之间的资源分配问题、如何充分利用周转速度和规模效应，提高人力资源效率和资金利用效率、如何改善项目储备结构提高投资回报率、如何强化市场控制力和品牌影响力、如何在各经济圈之间以及一线城市、二线城市、三线城市之间进行动态优化布局等。代表性的公司有万科企业股份有限公司、中国海外集团公司、招商局地产控股份有限公司、顺驰中国控股有限公司等。

在国内的房地产企业中，万科是较早实行跨区域发展策略的公司之一。万科于1988年介入深圳房地产领域。1991年开始进行跨地域房地产开发。1992年底，上海万科城市花园项目正式启动，大众住宅项目的开发被确定为公司的核心业务。2000年初，陆续投资于深圳、上海及北京的住宅项目。2003年，公司进入广州、中山、大连、鞍山房地产市场，初步形成“3＋X”的区域发展模式。截至2005年底，万科已进入深圳、上海、北京、广州、天津、沈阳、成都、武汉、南京、南昌、苏州、无锡、镇江、昆山、中山、东莞、佛山、长春、大连、鞍山 20 个大中城市，并确定了以珠江三角洲、长江三角洲、环渤海湾区域三大城市经济圈及其他重点城市为中心的发展策略。万科定下了到 30 岁时的目标：销售 1000 亿、利润 100 亿、市场占有率 3%。万科 2006 年上半年房地产业务的主营业务收、利润按地区分布情况见表 8-1。

万科 2006 年上半年房地产业务的主营业务收入、利润等按地区分布 表 8-1

城市	主营业务收入（万元）	比例	净利润（万元）	比例	结算面积（万 m^2）	比例
珠江三角洲区域						
深圳	183284	28.03%	51423	38.99%	19.86	22.05%
广州	42530	6.50%	6500	4.93%	6.74	7.48%
东莞	5610	0.86%	(310)	−0.24%	1.40	1.55%
中山	17156	2.62%	744	0.56%	5.30	5.88%
小计	248580	38.01%	58357	44.24%	33.30	36.96%
长江三角洲区域						
上海	214948	32.87%	56259	42.65%	19.37	21.49%
南京	9787	1.50%	249	0.19%	1.75	1.94%
南昌	16899	2.58%	2115	1.60%	5.01	5.56%
无锡	2630	0.40%	(988)	−0.75%	0.86	0.97%
小计	244264	37.35%	57635	43.69%	26.99	29.96%
环渤海区域						
北京	52091	7.97%	2788	2.11%	7.85	8.72%
天津	49974	7.64%	9975	7.56%	6.89	7.65%
沈阳	9733	1.49%	(831)	−0.63%	2.38	2.64%
大连	4126	0.63%	(226)	−0.17%	0.70	0.78%
长春	6148	0.94%	100	0.08%	1.72	1.90%
鞍山	4978	0.76%	677	0.51%	1.53	1.69%
小计	127050	19.43%	12483	9.46%	21.07	23.38%
其他						
武汉	4995	0.76%	(421)	−0.32%	1.30	1.44%
成都	29090	4.45%	3857	2.93%	7.44	8.26%
小计	34085	5.21%	3436	2.61%	8.74	9.70%
合计	653979	100.00%	131911	100.00%	90.10	100.00%

资料来源：万特企业股份有限公司 2006 年中期报告摘要。

在实施全国化战略中，顺驰中国可以说是中国房地产界的一匹黑马。自 2003

年7月，蟒山会议后，顺驰中国开始实行其全国化战略。2003年9月，在上海、苏州、石家庄、武汉等地获取项目，2003年10月，第一个异地项目——“顺驰·林溪乡村别墅”在北京正式亮相。依托2000年后启动的新一轮房地产景气周期和各地城市化运动的快速推进，顺驰中国一路攻城掠池，初步形成全国化的战略布局，下设北京、天津、上海、武汉、苏州、无锡、郑州、洛阳、山东、石家庄等10个城市公司。拥有可支撑企业长期发展的近800万m^2的土地储备。2004年更是达到了80亿的销售规模。顺驰中国经过几年的快速扩张，完成了从三年前的一个地方性公司到一个全国性公司的蜕变，缔造了一个知名品牌。但顺驰中国在2005年的政府对房地产的宏观调控中遇到了一系列的困难，暴露出了快速扩张所带来的一系列管理问题。

（5）产品聚焦发展策略

这是指房地产开发企业聚焦于某一产品线的某一特定细分市场，开发相应标准化的产品满足其需求。由于企业专注于某一细分市场，其在各方面的运作更易精细化、专业化、标准化，特别是容易形成相对标准化的产品，标准化的操作流程，以及跨地域连锁开发标准化产品的规模效应，从而有利于企业显著降低开发成本，控制营销风险，提高效率，形成企业的核心竞争力。通过成功占领细分市场，迅速做强、做大企业。实施这一策略的代表性公司有北京阳光100置业集团、北京万通股份有限公司、广州奥园集团有限公司。

阳光100是中国大型房地产企业集团，创建于1992年。2000年在北京成功开发阳光100国际公寓创立“阳光100”品牌，阳光100一开始决定将产品开发聚焦在单一市场上，并将目标客户锁定新兴白领和中产阶层，由此逐渐形成了自己成熟的、并为市场所接受的阳光100与众不同的产品特征与风格：简约而直接的表达方式、追求细节的完美、张扬个性的品位、丰富的设计含量与艺术价值和年青、朝气、乐观与理想主义。以及两大主力产品系列：国际新城系列，即城市近郊地带以居住为主的都市大盘；以及城市广场系列，即城市中心大型建筑综合体，包括酒店、写字楼、商业、高档公寓等物业类型。并在全国实施跨地域开发与品牌连锁的战略，且只做这两种产品。到目前为止，阳光100已在全国12大城市（基本以二三线城市为主）实现了18个项目的成功开发，总面积逾900万平方米。

聚焦特定的目标市场并争取第一、独特的产品风格、全国性品牌连锁化发展是阳光100战略的三大要点，也是阳光100在近几年获得快速发展的原因。2004年阳光100获《经济观察报》“中国蓝筹地产企业”，获中国房地产TOP10研究组“中国10大最具价值房地产公司品牌”，获世界品牌实验室“中国500最具价值品牌”（地产品牌第二位），2005年获世界品牌实验室“中国500最具价值品牌”（地产品牌第二位）。

无独有偶，北京万通股份有限公司也有着类似的发展策略，尽管在全国性品牌连锁化发展方面刚开始起步。公司在房地产产品开发方面，目前主要有两大产品线：首先是住宅业务，住宅建设业务主要专注“新新家园”的产品，走精而专的道路，保持高端住宅产品和服务的领先地位；商用物业业务以“万通中心”为核心品牌，以北京为源头。万通中心是一种以写字楼为主体的建筑综合体，主要包括写字楼，酒店，公寓及商业等物业类型，它是相对标准化的产品，将依照所在城市的现状和未来，提供最理想，最专业的物业配比与经营方案。北京万通中心2005年实现结构封顶，天津及其他区域的万通中心也在筹备阶段。

广州奥园集团自1998年成功开发广州奥园后，奥园品牌在全国强势扩张。先后自主和合作开发的项目有佛山奥园、顺德奥园、番禺奥园、南国奥园、广西南宁奥园、上海奥园、北京奥园、重庆奥园、南沙奥园、广州天鹿湖奥园等。跨地域、跨行业、整合优质资源的连锁联合发展模式，使奥园品牌具备独特的竞争优势，成为中国房地产业知名的跨地域连锁经营品牌。

2. 房地产企业产品组合的优化

应该认识到，房地产开发企业产品优化组合始终是一个动态的过程，在企业发展的不同阶段，由于其所拥有的资源不同，市场环境不同，竞争状况不同，企业战略的不同，自然其产品组合优化的策略也不同。下列因素将影响房地产企业产品组合优化决策：

(1) 企业发展战略

企业是定位于地方性公司、区域性公司、还是全国性公司；是走综合发展之路、横向多元化之路、纵向一体化之路、还是连锁化发展之路。不同的发展战略，决定了企业将有不同的产品组合。

(2) 项目投资收益率及区域投资收益率

不同的物业，其投资收益率高低不同，风险大小也不同。一般地说，各种不同类型及不同档次物业的投资收益率有如下关系：商业物业＞写字楼＞住宅＞工业厂房；高档产品＞中档产品＞低档产品，而风险的大小却正好相反；不同城市，由于消费者购买力水平不同、市场竞争状况不同、企业相对优势不同，相同物业的投资收益率也不同。

(3) 企业对风险的偏好

不同的企业对风险有不同的态度，有些比较激进，如顺驰中国；有些比较稳妥，如万科地产。

(4) 企业资源

自有资金及融资能力、人才、土地储备、专业化运作经验、管理能力与经验，特别是跨区域管理能力与经验等。

(5) 区域市场企业营销环境以及企业在区域市场的相对竞争优势

如全美第六大住宅开发商 Hovnanian 企业（Hovnanian Enterprises）的发展策略是：宁可在二线市场上取得统治性地位，也不要在全美前 50 的市场上只占有一小块市场份额，从而使其连续四年进入《财富》杂志“增长最快的 100 家公司”排行榜的。阳光 100 也采用类似的发展策略，到目前为止，阳光 100 基本上只进入二三线城市，因为在这些城市，大的开发企业不多，阳光 100 更有竞争优势。

(6) 政府政策导向

不同时期政府有不同的政策导向，企业只有顺应政府调控之潮流，根据自身状况，适时对企业产品组合作出调整，才能更好地发展，提高抵御风险的能力。

(7) 企业长、中及短线投资组合

不同的投资组合，使企业有良性稳定的现金流收入，提高企业整体抵御风险的能力，从而对物业类型也有不同的要求和配比。

在进行产品的优化组合决策时，房地产开发企业可根据不同的情况，选择如下的策略。

(1) 扩大产品组合。包括拓展产品组合的宽度、长度和跨度。

拓展产品组合的宽度指在原产品组合中增加产品线，扩大经营范围；拓展产品组合的长度指在原有产品线内增加新的产品项目；而拓展产品组合的跨度则是指进入新的城市进行项目开发。扩大产品组合，有利于企业增加新的利润增长点，合理配置企业资源，分散投资风险。特别是在房地产景气度高的时候，企业能够抓住有利时机扩张，迅速做大做强。在近几年中国房地产快速发展过程中，国内一些知名的房地产开发企业纷纷调整原有的发展步调，制定了新的扩张战略：

已于 2005 年 7 月在香港上市的富力地产股份有限公司，2004 年进军商业地产市场，在广州一举拿下包括富力中心地块在内的八个地块。并在广州的 CBD 地区珠江新城规划建设了两家超五星级酒店富力丽思卡尔顿酒店和富力君悦大酒店。在北京，建造了富力“双子座”写字楼，并被世界著名企业摩根士丹利整栋购买。

2005 年前中远房地产基本是北京的一家地方性房地产开发企业，尽管之前已有 12 年的房地产开发经历。随着企业实力的增强和影响力的扩大，追求新的利润增长方式或新的利润增长平台成为公司进一步发展的必然。为此，公司确定了实现跨区域发展和产品结构变革的战略目标，并在 2005～2009 年成为全国性领先的房地产公司。公司跨区域发展已在天津拉开序幕。位居天津市中心的“海河新天地”项目总建筑面积达 60 万 m^2，是集高档住宅、商务广场、酒店、酒店式公寓和城市商业为一体的综合大型社区，2005 年实现当年开发，当年销售。此外，大连项目和中山项目也正在积极运作之中。另外，由于中远房地产 80% 以上的业务是住宅产品开发，受宏观调控的影响较大。为此，公司准备用三年到五年的时间，调整产品结构，增加公共建筑和非住宅商品市场的开发，使其比例能够从目前 80∶20 调到 60∶40。

鉴于在前几年地产快速上升的阶段，万通没能抓住机会实现有效的跨区域经营，来扩大企业规模。万通制订了新的发展战略：2006—2008 年为万通战略突破期，目标是完成全国的业务布局，成为中国房地产的强势品牌。财务管理目标是达到年经营收入 65 亿元；2009—2012 年是战略发展期，市场目标是形成一个具有国际影响的专业房地产投资商，财务目标是达到总额 500 亿元的资产规模。

2005 年奥园集团也制定了新的发展战略，从单一的住宅产品开发转变到商业、住宅并重，多条腿一起走路。

(2) 缩减产品组合

在房地产市场不景气或景气下降时，缩减产品线、产品项目或跨区域开发范围，以控制开发的节奏和规模，从而控制投资风险，有利于企业持续稳定地发展。例如，顺驰中国自 2003 年 7 月开始实行其全国化战略，经过短短几年的快速扩张，初步形成全国化的战略布局。但在 2005 年初政府严厉的房地产宏观调控政策的影响下，顺驰中国暴露出了快速扩张所带来的一系列问题：战线过长（进入的城市和项目过多)、资金偏紧、管理跟不上、成本控制跟不上等问题。为此，顺驰中国不得不放慢扩张的步伐，于 2005 年下半年起对部分项目进行重组，收缩战线，缩减规模：通过将一部分项目整体出让，另一部分与外公司合作的项目全盘收回的方式，从中小城市撤出来，集中力量于京津地区、长三角一带。

北京万通股份有限公司在经营模式转型之后，针对政府 2006 年以来出台的一系列严厉的宏观调控措施可能导致的未来市场的变化，公司董事长冯仑于 2006 年 7 月明确指出，公司投资节奏要放慢。比如：原来一年可能要做五个新项目，现在可能会做二三个。

万科在 1991 开始也进行过大规模的扩张，从两三个城市一举扩展到 14 个城市，开发物业涉及住宅、写字楼、商铺、酒店等。由于缺乏整体发展战略，公司资源迅速分散，不同的开发项目也难以形成规模效应和品牌效应，扩张给万科带来了很多问题。从 1993 年起，万科走上了艰难的“减法”之路，投资重点集中至深圳、上海、北京、沈阳和天津，投资物业集中于住宅开发。经过 7 年的调整，万科确立了以房地产为核心业务的发展战略，并将住宅作为房地产的主导开发方向。2001 年，集团成功转让万佳股权，全面完成了专业化调整战略，成为单一业务的房地产集团。

(3) 产品线延伸。

①向下延伸。是在高档产品线中增加低档产品项目。如万科一直开发中高档住宅，但在 2005 年 10 月在网上征集面向中低收入阶层的普通商品房的开发方案，推

出适宜中国城市低收入人口的住宅原型，并将尽力付诸实施，向整个社会推广，以打造万科企业公民的形象。同时万科将围绕客户各生命周期的需要，来提供产品，以实现客户的终身锁定，这样也势必延长原有的产品线。

②向上延伸。是在原有的产品线内增加高档产品项目。高档产品市场具有较高利润率的吸引，而且企业已具备进入高档产品市场的能力。如 2005 年，按照第二步发展战略制定的目标，中远房地产明确了产品定位将逐步向高端延伸，在规模化开发住宅业务同时，升级产品档次，着力开发高级公寓，酒店式公寓和别墅产品，争取更高的投资回报。

③双向延伸。即原定位于中档产品市场的企业在积累了一定的实力和经验后，向产品线的上下方向延伸，一方面开发高档产品，另一方面也开发低档产品，以满足不同层次消费者的需要，提高市场占有率。

8.2.3 房地产项目产品组合策略分析

房地产项目产品组合是指就某一房地产项目而言，房地产开发企业所拟开发的全部产品的结构。一个产品项目往往包含多个因性能、规格、形式、档次等不同而不同的产品品种，一些大型综合性的房地产项目甚至包含不同的物业类别，产品结构更为复杂，如中远房地产开发的位居天津市中心的“海河新天地”项目，总建筑面积达 60 万 m^2，是集高档住宅、商务广场、酒店、酒店式公寓和城市商业为一体的综合大型社区。由于各类物业、各种品种产品利润率高低不同，市场景气状况不同，因此，就有一个如何优化产品组合的问题，使企业既能较好地控制风险，又能取得满意的利润，同时充分挖掘地块的潜在价值。

项目产品组合分析包括以下几个方面：

1. 项目产品类型组合

所谓产品类型组合，是指在规划许可的范围内，开发商根据市场中各类物业的景气状况、政府的配套要求及项目的总体定位，按风险与利润最优匹配原则，决定各类物业开发比例。

组合目标：分散风险，创造项目满意利润。

组合约束：

①地块自身条件（规划用途、面积大小、所处位置）。

②周边竞争产品组合和产品价格。

③产品定位。

④各类物业市场景气状况及投资利润率。

⑤地块所在区域的产业结构状况。

⑥地价水平。

组合警示：项目产品类型组合的形式可以有多种。如可以是互相独立的；也可以互相组合在一起。在各种形式的组合中，要注意发挥物业间的协同效应，避免产生消极影响。如苏州某大厦，由于把公寓和写字楼组合在一幢楼里，而且是同一出入口，结果公寓长期无人问津，同时对写字楼的租赁也产生一定的影响。

通过市场调查，对不同方案进行定性与定量分析，一定能够找到各类物业之间的合理配比关系，且使整个项目取得满意的利润。

例如：北京万通股份有限公司开发的万通中心，是一种以写字楼为主体的建筑综合体，主要包括写字楼，酒店，公寓及商业等物业类型。在四种物业相互关系的定位中，写字楼是整个建筑综合体的核心，酒店，公寓是对写字楼的配套，为写字楼内及周边客户提供服务，商业作为建筑综合体内各种物业的配套，业态以服务建筑综合体内客户群为主。经过对建筑综合体内各类物业客户群的综合研究，物业使用效率的比较分析以及对目前国内外众多建筑综合体的实际运行情况研究，万通中心采用了最适合的物业配比方案。这种方案既有利于综合体的各类客户的工作，生活，休闲，也有利于开发投资商实现商业经营目标。

2. 项目产品品目组合

在每一大类物业中（品类），又有很多不同的产品品目。显然，不同的产品品目有一个合理组合的问题。如在住宅大类产品里，有别墅、多层、小高层、高层等产品品目。

组合目标：分散风险，扩大销售，创造项目满意的利润。

组合约束：①地块自身条件（容积率、规模、所处位置）。
②周边竞争产品组合、各产品的市场价格。
③各产品品目的市场接受度、供求关系及投资利润率。
④产品定位。

组合警示：档次相差较大的两个品目物业不宜直接相邻，且应有互相相对独立的区域。

以京郊的雁栖湖项目为例。该项目紧临雁栖湖公园，占地大约两百多亩，由于自然环境很好，所以开发商想设计成酒店式公寓、分时度假的低密度住宅以及联排别墅等几种类型的产品。设计人员通过对 70 多种不同组合方案的详细比较，最终选定把酒店式公寓的占地面积控制在比较小的范围之内，更多的土地用于修建独立式的别墅，通过分时度假的方式销售的方案。酒店式公寓虽然占地面积有限，但是都面向湖边，有比较好的景观，这样一松一紧的组合使项目的利润率达到了最高。

3. 项目产品品种组合

在每一产品品目中，还会有不同的产品品种。如别墅，有独立别墅、联体别墅、双拼别墅等若干品种。若按建筑风格来分，则别墅的品种更多。

组合目标、组合约束、组合警示基本同上。

在产品市场定位明确的情况下，采用合理的规划布局，各产品品种有机结合，可以最大限度地挖掘地块潜在的价值。以位于北京 CBD 某项目为例，该项目位于北京国际贸易中心的对面，是 CBD 的核心地区，地价非常昂贵。开发商希望发挥出这块土地所有的优势，但是该地块在长安街方向可以利用的面宽有限，而且要求建筑后退的距离比较大，同时还要考虑有一些主要的市政道路穿过等因素。从商业价值角度来讲，面临长安街的楼价值是非常高的。设计人员通过市场调查发现：越小型的独栋办公楼受市场关注的程度越高。比如建筑面积在 2 万 m^2 左右的办公楼，一些大型的上市公司购买后，一部分作为办公自用，另外一部分则出租获利。而体量太大的办公楼，如购买者仍采用自用加出租的方式，则会存在极大的资金压力。所以，本方案采用沿轴线设计五栋总建筑面积约为 20 万 m^2 的、可独立销售的小单体，除了中间一座 220m 高的酒店外，其余的单体都是办公楼，同时采用半弧线形布局，使广场面朝长安街，这样五栋楼都有各自的在长安街上的门牌地址。这种布局既减弱了人们视觉上的密集感，也使整个建筑群显得更和谐，同时和国贸大厦的菱形弧线、中国大饭店的弧形弧线、中服大厦的圆柱形弧线互相呼应，在相近地域之间体现出了一种和谐的共鸣关系。

再以某联排别墅项目为例，通过市场调查发现联排别墅项目一般是七八个单元为一联排，每个单元普遍面宽较窄，而进深偏大，两端的单元销售定价最高，销路最好，大致比中间的单元高出 15％～20％。所以在设计中，设计人员引进了类似独立别墅类的联排别墅概念，每一联排最多为六个单元，大部分是四五个单元的组合，增加了两端单元的数量。根据统计结果显示，这种小组合的联排别墅比普通联排别墅的销售额增加了 40％左右。除此以外，因组合的体量减小更容易形成比较好的邻里氛围。此项目一经面市就受到了市场的欢迎。

4. 项目产品面积组合

指在某一品目的产品中各单元面积的合理配比。在确定面积配比中，一般，先确定该产品的主力面积，在此基础上，再确定其他单元面积的比例。单元主力面积的确定方法如下：

主力面积＝目标市场的主力消费者能承受的房屋总价/该区域市场单价

例：房屋总价＝30 万元，单价＝3000 元/m^2，则主力面积＝30/0.3＝100m^2。

组合目标：降低销售风险，创造满意利润。

组合约束：目标市场消费者的承受能力。

组合警示：单元面积的种数不能太多，且面积不应相差太大。

5. 项目产品户型组合

指为了满足目标市场消费者的需求，创造项目满意的利润，在某一品种的房屋中各种单元户型的合理配比。户型的合理配比主要解决如下几个问题：

（1）户型面积的设定

尽管单元面积与单元户型存在一定关系，但并不是一一对应的关系。如 100m^2 的单元面积既可做成三室二厅，也可做成二室二厅。由于生活习惯、居住观念的不同，我国南北之间、东西之间消费者对户型面积的要求存在巨大差异。香港人通常将 70m^2 做成三室，而北方地区二室的面积也大多超过 100m^2。就是同一城市，不同类别的消费者对面积的要求也大相径庭：有的认为三室应在 100m^2 左右，有的希望三室能做到 130m^2 以上甚至 170m^2；有的喜欢 70m^2 的二室，有的中意二室超过 90m^2。

（2）户型结构的设定

在户型结构的设定中，是以立体户型为主还是以平面户型为主？

（3）户型位置的设定

根据价值定位理念，在确定项目的每一种户型在楼宇、地块中的具体位置时，要避免如下情形：将面积大、总价高的户型放置在临近路边噪声大的地方、或景观较差的地方、或朝北的方向、或有西晒等。位置最好的地方设置总价最高的户型、位置最差的地方设置总价最低的户型，是决定各类户型在项目中位置分布的基本原则，只有这样，才能创造项目最大的利润。

（4）户型比例的设定

在确定户型的合理配比时，先确定主力户型的比例，再确定其他户型比例。

组合目标：降低销售风险，创造项目满意的利润。

组合约束：户均人口数。

各区域消费者的消费行为。

组合警示：避免大而无档

8.3 房地产产品生命周期原理

产品生命周期是房地产营销策划中的一个重要概念，也是企业制定产品决策的重要依据，研究产品生命周期原理采取相应的营销策略，可以指导企业适时地开发新产品，调整企业的产品组合，不断扩大销售额和利润，实现企业经营水平的不断提高。

8.3.1 产品生命周期内涵

在市场营销过程中，任何产品都有一个产生、发展到被淘汰的过程。它在市场上的销售地位和获利能力都处于变动之中，随着时间的推移和市场营销环境的变迁，不断改变产品的市场状态。这种市场变化过程与世上万事万物的成长法则有相似之处，存在一个渐进过程。产品生命周期主要是由社会生产力的发展水平、产品更新换代的速度、消费者的需求状况和企业之间的竞争状况等市场发展因素决定的。在当今，由于科学技术发展速度较快，市场竞争激烈，产品生命周期普遍有缩短的趋势。通过对产品的生命周期研究，房地产企业可以有针对性地开发产品，采取适宜营销策略，进行企业经营。

所谓产品生命周期是指产品从完成试制、投放市场开始，到最终被市场淘汰为止的全部过程所经历的时间。其过程依据产品在市场上的变化规律一般可分为四个阶段，即投入期、成长期、成熟期和衰退期。产品生命周期的形态因产品生命周期的长短各有不同，表现各异。有些产品寿命不过短短几年，甚至是一年半载，而有些产品的寿命却很长，但无论或长或短，产品都具有寿命周期的一般形态。产品生命命周期的形态，一般是以产品的销售量和边际利润的动态变化来划分阶段的。若以销售量作为时间的函数来描绘产品生命周期图，表现为一条呈“钟”形的曲线，如图 8-3 所示。

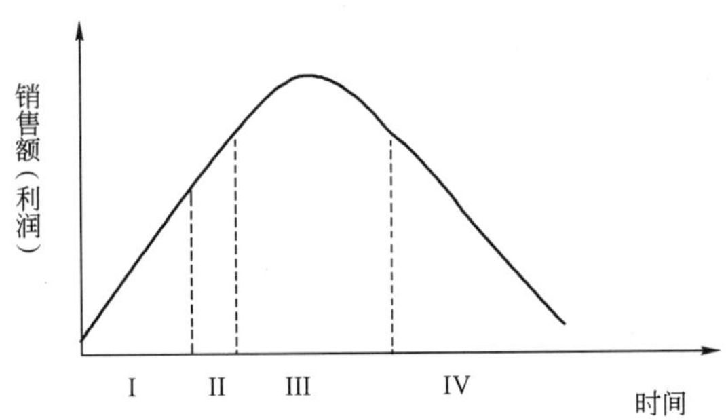

图 8-3　产品市场生命周期曲线

产品生命周期的四个阶段所表现出的市场特征各不相同：

投入期。这是指产品试制成功投放到市场的试销阶段。其特征是，消费者对产品不甚了解，需求不大，所以销售额增长缓慢；产品尚未定型，生产批量小，质量不稳定，所以生产成本较高；由于市场不了解，企业需要做大量的促销工作，故销售费用高；由于销售额低，生产成本、销售费用高，所以经营利润甚少或亏损；由于产品刚刚试制成功，企业获利不大，所以市场上竞争者不多，仿制品少。

成长期。这是指产品试销取得成功以后，在市场营销中处于发展上升的阶段。其特征是，产品的特点已逐渐为消费者所知，凭印象购买的倾向日渐增多，销售量迅速增加；产品基本定型，形成大批量生产，生产效率提高，成本降低；产品在市场上已被消费者所熟悉，促销费用可以相对减少，销售成本大幅度下降；随着产量、销量的迅速增加，企业扭亏为盈，利润迅速上升，同行业竞争者迅速增加，同类产品出现，产品市场竞争渐趋激烈。

成熟期。这是产品在市场上销售量趋于稳定，市场处于竞争最激烈的阶段。其特征是，市场需求量已逐渐趋向饱和，销售量已达到最高点；生产批量大，产品成本低，利润也达到最高水平；很多同类产品都已进入市场，市场竞争十分激烈；在后期，市场需求达到饱和，销售增长率趋近于零，甚至会出现负增长。

衰退期。这是指产品处于“衰老”状态，并逐步退出市场的阶段。其特征是，产品明显地落后于同类产品，市场需求量迅速下降，在同类产品中，除少数或个别品牌外，市场销售量日益下降；市场竞争突出地表现为价格竞争，产品价格大跌，企业出现亏损，更多的竞争者退出市场。

产品生命周期是现代营销管理中的一个重要概念，是营销学家以统计规律为基础进行理论推导的结果。作为一种理论抽象，“产品生命周期”同经济学中“纯粹竞争”概念一样，是一种分析归纳现象的先导和工具。但是在现实经济生活中，并不是所有产品的生命历程都完全符合这种理论形态，上述产品生命周期的形态曲线及其阶段划分，只是反映产品的经济生命发展变化的基本模式，属于理论上的假设，它既未考虑产品的种类、特色以及需求变化和营销组合的多种因素，也未考察政治、文化等多方面的影响。事实上，由于市场营销中各种因素交互作用的结果，大多数产品并不呈现这种理想化的状态，具体形态乃是多种多样的。例如，有的产品开始销售呈上升，但后来趋于平缓发展，销量并未大幅增长，质量、性能不断提高，需求持续增长，仅有短短的投入期便进入持续的成长、成熟期；不成功的产品，刚投入市场即被淘汰，即只有投入期而没有成长、成熟期；有的产品在科学技术发展的推动下，未经成熟期便遭淘汰，而表现为未老先衰的症状。因此，产品生命周期的一般形态，只能作为一种参考，在实际营销活动中，必须针对不同的产品类别，考虑不同的市场条件，做出分析和判断，以便在寿命周期的不同阶段采取不同的营销策略。

8.3.2 市场寿命周期各阶段的营销策略

由于产品市场寿命周期各阶段的特征不同，所以，房地产企业对本企业产品所属阶段采用的营销策略也应不同。

1. 产品投入期的营销策略

根据投入期的特点，企业在这一阶段的策略重点是，力求一个“短”字，即尽可能在充分展示产品给消费者能够带来的基本利益的前提下，使市场迅速接受该产品，缩短投入阶段，快速占领市场。为此，企业在促销方面的努力应该有：使潜在消费者了解新产品，促进及早购买此种新产品；辅助中间商的销售活动。必要时，需及时修改产品设计，防止投放失败。

由于投入期的生产成本和销售成本相对较高。所以，在产品投入阶段，企业还要从促销和价格的组合方面考虑如下四种市场策略的选择如图 8-4 所示。

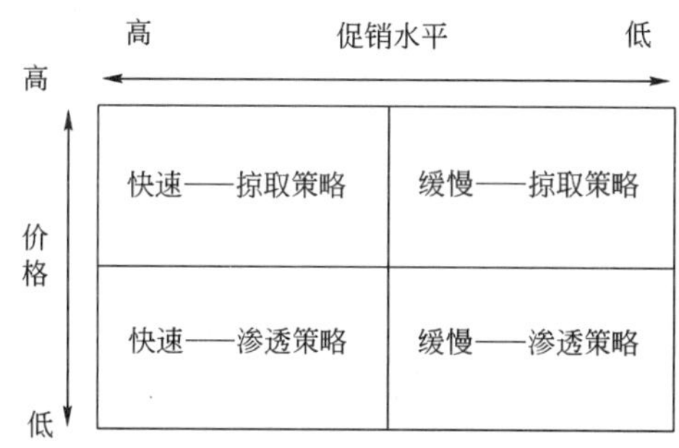

图 8-4　产品投入期的策略

(1) 快速掠取策略。

这一策略也称高格调策略，或称作“高价快速策略”，这种策略的形式是：在采取高价格的同时，配合大量的宣传推销活动将产品投放市场。以较高促销费用进行大量的宣传推销活动的目的，是为了引起目标市场的注意，使消费者迅速对产品熟悉了解，快速打开销路，加快市场渗透率，尽快占领市场；制定较高价格的目的，是为了在每一单位销售额中获取最大的利润，尽快收回成本，以补偿较高促销费用的支出。成功的实施这一策略，可以赚取较大的利润，快速收回开发时的投资。这种策略适用条件为：市场上有较大的需求潜力；目标顾客求新心切，急于购买新产品，并愿意出高价购买的产品；企业面临潜在竞争者的威胁，需要尽早树立名牌。

(2) 缓慢掠取策略。

这一策略也称选择性渗透策略是一种以高价格和低促销努力相配合的策略。高价格的目的是为了能及早收回投资，获取利润；低促销的目的是要减少销售成本，这种策略适用条件为：产品的市场规模较小，竞争威胁不大；市场上大多数用户对该产品乐于接受；适当的高价格能为市场认可。

(3) 快速渗透策略。

这一策略也称密集式渗透策略是指在采用低价格的同时，做出巨大的促销努力，目的在于先发制人，使产品迅速打入市场。低价格可以使市场迅速接受产品，同时有效地限制竞争对手介入，为企业带来巨大的市场占有率，巨大的促销努力是为了使消费者尽快地了解产品，接受产品。从而，企业利用此策略实现较快的市场渗透率和较高的市场占有率。所以，这一策略适用条件为：产品市场容量相当大，企业可以通过大批量生产和销售实现规模经济，降低产品成本；顾客对产品不了解，对价格又十分敏感；潜在市场竞争相当激烈，使用低价格可以实现争取顾客抑制竞争的效果。

（4）缓慢渗透策略。

这一策略也称为双低策略，使企业以低价格配合低促销费用推出产品的策略。低价是为了促使市场迅速的接收产品，低促销费用则可实现更多的净利，从而，达到逐步侵入市场、占领市场的目的。这一策略适用条件为：产品的市场容量大；顾客对价格十分敏感；一般竞争者无意或无力与本企业长期抗衡的情形。

2. 产品成长期策略

产品进入成长期后，企业的营销策略重点是强化产品的市场地位，建立顾客对品牌的忠诚感，以便扩大市场占有率和防止竞争者介入。这一阶段的营销策略主要有：

①根据用户需求和其他市场信息，不断改进产品的质量，增加产品的新特色、新规格、新型号和新用途。

②重新评价渠道选择策略，巩固原有渠道，努力疏通并增加新的流通渠道，开拓新的市场，扩大产品销售面。

③改变促销重点。从投入期建立产品的知名度为重点，向成长期以创造一定的产品特点、提高产品信赖度，树立产品形象为重点转变，在消费者心目中形成产品品牌偏好，争取新的顾客。

④充分利用价格手段。虽然成长期的市场需求量较大，但在适当的时期也可以降低价格，以增强竞争力，扩大本企业产品在市场中的份额。

房地产企业采用上述部分或全部市场策略，将会大大加强产品的竞争能力，但相应地也会加大企业营销成本。因此，在产品的成长期阶段，企业面临着“高市场占有率”或“高利润率”的选择。

3. 产品成熟期的营销策略

由于产品成熟期是销售额、利润最大的阶段，所以企业在这一期间的营销策略，重点是要延长成熟期，维持相对稳定的销售量和市场占有率。但是，企业不应满足于保持既得利益和地位，而应积极进取，采取积极的对策。因此，可选择如下三种基本策略，如图 8-5 所示。

现有产品 现有用途 现有市场	产品改良 新产品 原有用途 原有市场
市场改良 原有产品 新用途 新市场	营销组合改良 新价格 新渠道 新促销

图 8-5 产品成熟期的策略

(1) 市场改良。

这一策略也称为市场多元化策略，即开发新市场，寻求新用户。市场改良可以通过下述几种方式实现：开发产品的新用途，寻找新的细分市场和营销机会；特别是发掘那些尚未用过本产品的新市场，设法使现有消费者增加用量和使用频率；为品牌重新定位，发现新的消费者群。

(2) 产品改良。

这一策略也称为“产品再推出”策略。整体产品概念的任何一个层次的改革都可视为产品再推出，包括提高产品质量，改变产品特性，使产品具有多种用途来吸引消费者，扩大产品销售。产品改良可以通过下述几种方式实现：品质改进策略，侧重于增加产品的功能；特性改进策略，侧重于增加产品的新特性，可在产品的高效性、安全性或方便性上着手；式样改进策略，可考虑人们对美学欣赏观念的要求，在外观、色彩上的改革；服务改进策略，企业通过良好的服务促进消费者的购买。

(3) 营销组合改良。

企业可以通过调整、改变市场营销组合的某一个或某几个方面的因素，来扩大产品的销售。一般是通过改变一个因素或几个因素的配套关系来刺激或扩大消费者的购买。如：降低价格，扩展分销渠道，采取更有效的广告形式，开展多样化的营销推广，如有奖销售等。

4. 产品衰退期的营销策略

产品进入了衰退期，多数企业纷纷退出市场，本企业面临着一系列抉择：是简单的放弃了之，还是继续留在市场？以什么方式留、以什么方式弃？具体可选择如下策略。

(1) 维持策略。

即继续过去的营销策略，在目标市场、价格、分销渠道、促销活动等方面保持原状。在暂不具备开发新产品条件的情况下，在原有产品市场还存在一定需求量的情况下，企业可以暂时采取维持策略，等待时机成熟再实施放弃策略。

（2）集中策略。

即企业采取收缩性策略，只向最有希望的市场、最有希望的分销渠道和最易销售的项目上投放人、财、物等资源，换言之，收缩战线，在最有优势的市场上获得尽可能多的利润。

（3）榨取策略。

这是一种在企业预先认定某产品的销售额将加速下降，以至最后无人购买时，就彻底削减各项营销费用，以保证当前收益的策略。通常作为企业停产前的过渡。

（4）淘汰产品的策略。

当淘汰产品时，企业还要做出几种选择：第一，要决定是否将产品的品牌转让给其他企业，或是完全淘汰，第二，要决定何时淘汰，是快速舍弃，还是渐进式的淘汰；第三，决定淘汰的具体产品及其现在销售部分的库存和服务维持在什么水平上。当企业做出选择后，再进行淘汰。

8.4 房地产产品创新策略

在当代激烈竞争的市场上，随着科学技术的迅速发展和市场需求的不断变化，原有产品的逐渐淘汰是必然的，而且产品的市场寿命周期也是越来越短。企业要想持久地占领市场，在现代市场条件下立足生存，就必须不断开发新产品，不断地更新换代，推陈出新。

8.4.1 新产品的概念

所谓新产品，根据现代市场营销观念，即从消费者的观点看，凡是为市场所接受，在消费者心目中被认为是新的，能给消费者带来某种新的满足、新的利益的产品就是新产品。

具体地说，新产品可分为以下四类：

1. 全新产品

这是指应用科技新原理、新技术、新材料制造的前所未有的产品。对大多数企业而言，发展这类新产品是很困难的。因为新的一代技术革命诞生并应用于生产，是需要经历较长的时间，花费巨大的人力和资金，经过国家科学技术管理部门的鉴定批准，通过法律程序鉴定，才会获得专利权，拥有法律保护的。

2. 换代新产品

这主要是指满足新用途、适合新需要，在原有产品的基础上采用新技术或部分更新而制造出来的新产品。

3. 改进新产品

这种新产品不是由于科学技术的进步而导致产品的重大革新，只是对原有产品的品质、性能、规格等做一定的改进，是改型变异产品。改进新产品和换代新产品都是企业开发新产品的重点，因为他们易于被顾客接受。

4. 仿制新产品

它是指在市场上已有的产品，本企业模仿而生产的新产品。亦称为企业新产品。从市场竞争和企业经营角度看，仿制在企业新产品开发中是不可避免的。

按我国规定，新产品是指在结构、性能、材质等某个方面或几方面比老产品有显著改进或提高、或有独创的，具有先进性、实用性，能提高经济效益，有推广价值的，在一个省、市、自治区范围内是第一次试制成功的产品，并经有关主管部门鉴定确认。这是国家有关部门为了管理的需要所做出的具体规定。但是，新产品分类不能仅从生产者出发，而应从消费者出发。所以，根据美国市场学家托马斯·罗宾逊的建议，以消费者的消费行为模式的变化程度作为标准划分新产品的新度和类别，新产品可分作三类：

①连续性新产品。在产品组成中仅产生次要变化，对于已形成的消费行为影响很小的新产品。

②间断性新产品。在产品组成中产生了某些突变性的变化包括功能和用途方面的重要变化的新产品。剃须刀、跃层式住宅等这类新产品要求消费者在使用过程中部分地改变已经形成的消费行为和习惯。

③跳跃性新产品。即在功能相近的同类产品中产生了实质性变化的新产品，它的使用一般都要求改变过去的使用习惯和消费方式，创立全新的消费行为。

不论哪种对企业新产品的解释，市场营销理论认为，企业活动应以市场顾客需求为转移的决策思路，它与因科学技术在某一领域的重大发展所推出的新产品在概念上是不同的，前者比后者广泛，包含了后者。

8.4.2 新产品的开发程序

彼得·杜鲁克提出创新是当代企业的特征之一，创新活动的成败直接关系企业的成败，房地产企业也不例外。开发新产品是一项极其复杂的营销工作，为了提高新产品开发的成功率，必须建立科学的新产品开发程序。因此，每一个企业在确定新产品发展时，不单要掌握新产品的一般发展趋势，而且还要立足于顾客需求，并根据企业可能的条件，分析各项因素的重要性，制定科学程序。

新产品开发的一般过程，是由八个阶段组成的，如见图 8-6 所示。

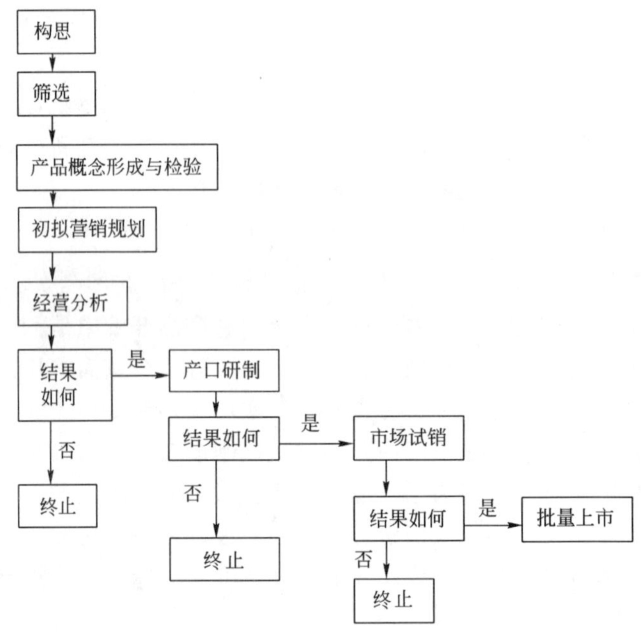

图 8-6 新产品开发管理程序

1. 新产品构思

构思是对新产品的设想，形成构思是新产品开发的第一步。为取得好的构思，研制新产品必须先提出符合市场需求的产品想法，在此基础上进行产品设计。所谓构思，就是为了满足一种新需求而提出的设想，把比较现实的有代表性的种种设想加以分析、综合，就逐渐形成了比较系统的新产品概念。

在明确新产品发展的行业范围、目标市场、产品定位、资源分配、投资收益率等情况后，企业应积极搜集新产品的信息，一般信息源主要有：

（1）顾客。

（2）科学技术人员。

新技术、新工艺、新材料的发明创造是开发新产品的构思之源，科学技术成果可以为原有产品的质量、功能和效率等方面提供强有力的支持。

顾客的需求是寻求新产品构思的重要来源。顾客的需求和欲望是企业新产品构思的基点，而且，随着顾客需求的变化，老产品将会逐渐显出欠缺或不足，企业可以通过一定的方法进行观察和倾听来获取他们的需求。

（3）企业内部营销人员。

他们最了解市场，知晓顾客现在需求和潜在需求，熟悉竞争情况，他们的意见举足轻重。

（4）企业高级管理人员。

因为他们所处的位置使他们最清楚公司的发展目标和战略，他们的想法非常重要。当然，经销商和专家学者的建议亦需考虑。

2. 新产品构思筛选

企业在广泛征询对新产品设想的基础上，必须进行新产品构思的筛选。大量的新产品构思是成功的开发新产品的基础，但它们只是一种较原始的设想，成功率较低，因此必须对新产品构思展开挑选。筛选的主要目的是选出那些符合本企业发展目标和长远利益，与企业资源相协调的产品构思，具体标准可遵循：

①市场进入条件。产品的潜在市场如何，产品的竞争程度及前景判断，未来企业的经济效益。

②企业自身条件。企业的人、财、物资源，技术条件及管理水平是否适合生产该产品。

③销售条件。企业的现有销售结构是否适合销售这种产品，销售人员素质如何。

④利润收益条件。产品获利水平如何，新产品对企业原有产品销售的影响如何。

新产品构思筛选的一般流程如图 8-7 所示。在筛选时，应尽量避免一些差错：一是漏选良好的产品构思，对其潜在价值估计不足，剔除轻率，失去发展机会；二是采取了错误的产品构思，匆忙投产，造成损失。因此，筛选阶段要全面衡量，审慎的决定取舍，正确地确定评价目标极其标准，以提高选择的准确程度。

3. 新产品概念的形成与检验

经过筛选后的新产品构思，需要进一步形成比较完整的产品概念，即把新产品构思具体化，并用文字或图像描述出来。产品设想是人们以语言表述拟推向市场的一种可能性产品，而产品概念则是企业欲使顾客接受而形成的关于产品的一种主观意志。一种产品构思可以演化成几个新产品概念，研发人员需要注意进行研究，进行选择、改良，然后拿到目标顾客中进行评估。新产品概念形成以后，还要进行概念的检验，一般使用的方式为邀请各种潜在顾客及专家讨论评价产品概念，请他们提出意见或建议，企业与相似产品的属性相比较，最后用实物模型和文字表达出来。

4. 初拟营销规划

企业选择了最佳的产品概念之后，必须制定一个把这种产品引入市场的初步的营销计划。新产品初步的营销规划将在未来的发展阶段中被不断完善。营销规划的

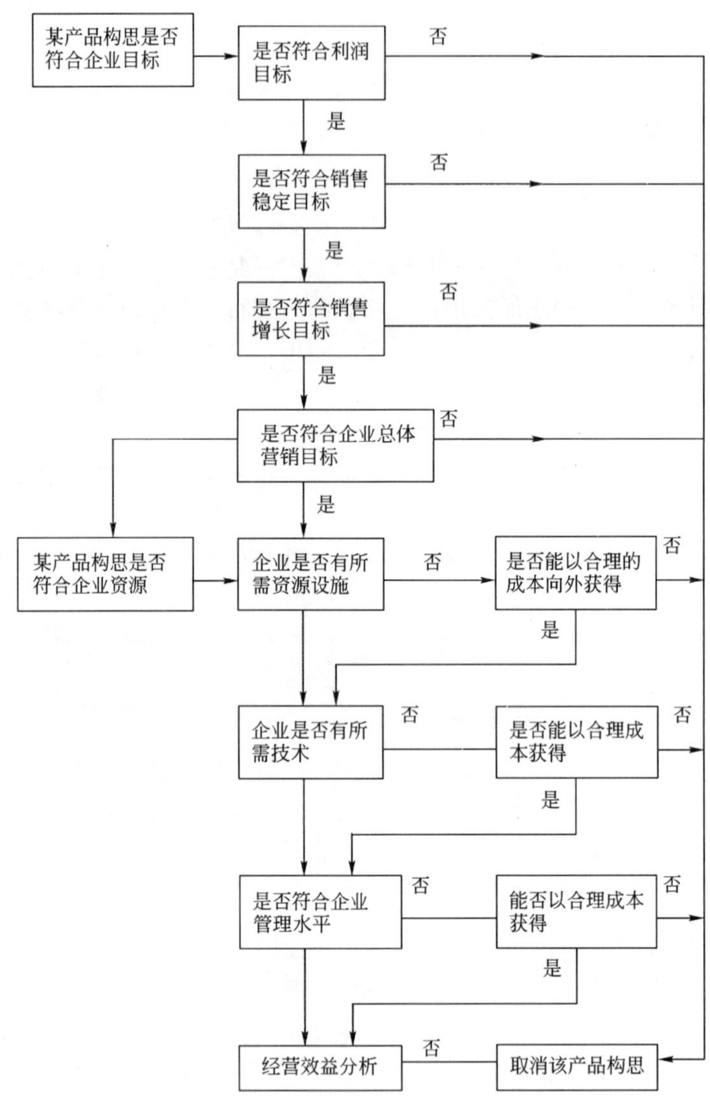

图 8-7　新产品构思筛选流程图

内容基本由三个部分构成：

（1）描述市场情况。

目标市场的规模、结构及顾客购买行为的主要特点、产品的市场定位、预计短期的销售量、市场占有率、利润率等指标。

（2）概述营销预算。

指出新产品的预期价格、分配渠道以及相应的市场促销预算。

（3）阐述中、长期的营销战略。

明确较长期的销售额和投资收益率，及未来的营销组合策略。

5. 经营分析

经营分析主要是详细分析新产品开发方案在营销上的可行性，即仔细审核预期销售量、成本、利润和投资收益等是否符合既定目标。成本分析包括生产成本和推销成本，如进行新产品生产所需要的投资和直接、间接生产费用，按照预定的推销方式所需要的推销成本。成本预算主要通过市场营销部门和财务部门综合预测各个时期的营销费用及各项开支，如新产品研制开发费用、销售推广费用、市场调研费用等。需求分析则要测算市场需求潜量与销售潜量，顾客购买能力与购买愿望，只有同时具有二者才能实现销售。根据成本预测和销售额预测，企业即可以预测出各年度的销售额和净利润。分析的焦点是恰如其分地估计新产品的盈利性，确认新产品的营销价值。

6. 新产品研制

这一步主要是将通过效益分析即经营分析后的新产品概念交送研究开发部门或技术工艺部门研制成为产品模型或样品，同时进行房地产项目配套的研究和品牌的设计。要经过设计、试验、再设计、再试验的反复过程，定型的产品样品还需经过功能测试和顾客测试环节，来判断产品在技术上、经济上是否可行。这是新产品开发的一个重要步骤。只有通过产品研制，投入资金、设备和劳力，才能使产品概念实体化，才能发现产品概念的不足与问题，继续改进设计，也才能证明这种产品概念在技术、商业上的可行性如何。如果因技术上不过关或成本过高等而遭否定，这项产品的开发过程即会终止。

7. 市场试销

市场试销是将少量生产测试通过的样品，投放到具有代表性的小范围市场上进行试销，即把产品和营销方案在实际的情况下推出，检查新产品的市场效应，进一步估计市场，决定是否批量生产。

新产品试销前，必须对以下问题作出决策，第一，确定试销的地区范围和地点。试销市场应是企业目标市场的缩影。第二，确定试销时间。试销时间的长短一般应根据该产品的平均重复购买率决定。再购买率高的新产品，试销的时间应当长一些，因为只有重复购买才能真正说明顾客对新产品的认可。第三，试销中所要取得的资料。一般应了解首次购买情况、再购率、市场普及率、试销的推广费用、用户对项目质量、性能、规格、配套等方面的意见等。第四，试销中所需要的费用开支。第五，试销方案及试销成功后进一步行动的方案。

产品试销的一般方法有：消费品试销可用销售波动试销法，模拟试销法，控制试销法或展销会等。

8. 投放市场

通过市场试销，搜集到各方面的意见，促进产品质量和功能提高，产品获得进一步完善，企业需慎重的决定新产品的商业化问题。具体考虑：确定产品的生产规模、决定产品的投放时间、投放区域、投放的目标市场和投放的方式。

8.4.3 新产品开发策略

美国著名管理学者帕西米尔（Edgan. A. Pessemier）教授认为："新产品开发策略是一种发现确凿的新产品市场机会并能最有效地利用企业资源的指南。"因此，房地产企业在新产品开发时通常使用以下策略：

1. 自主开发策略

是指企业自己设立研究部门，自行研究开发。如果资金充沛，研发人员水平高，具有开发新品的相应技术能力，企业可采取此策略。该策略具有风险高，费用大，回报高的特点。

2. 创新策略

就是企业研制和推出市场上从未有过的新产品。从长远来看，特别在日趋激烈的竞争环境下，企业要保持长期竞争优势，创新是根本的策略。企业创新应从企业本身的实际和市场情况出发，通过规划设计改进，在产品造型、布局、附加产品等方面推陈出新，不断让新产品问世。这种策略有利于提高企业的市场占有率，经济效益较好；营销初期市场竞争程度较弱，企业有营销优势；可通过获取专利权，拥有法律上的专有保护，形成相对市场垄断。

3. 模仿策略

就是企业仿制市场上其他企业的产品，这样研制出的产品成本低，风险较小，顾客易接受，成功率较大，但市场竞争程度较高。实施这一策略的条件是要有很强的技术情报力量，对市场及竞争对手的动向十分了解，能及时消化、吸收对手的信息，并在产品的某些方面有所创新。

4. 补缺策略

补缺策略的基本含义是补上市场的空白点。采用此策略可避免与众多的竞争对手较量，把注意力放到发现市场需求缺口上，利用企业自身资源的优势开发市场需要的、其他企业没有关注的产品，实现较高收益率和市场突破，完成企业营销目标。

8.5 房地产企业品牌策略

8.5.1 房地产企业品牌内涵

1. 品牌内涵

品牌是产品策略的重要组成部分，是企业制定市场营销战略是不可忽视的内容。在探讨品牌决策之前，先描述有关房地产企业产品品牌的几个基本概念。

品牌。品牌是用来识别卖主产品的某一名词，词句、符号、设计或它们的组合。品牌能够把不同企业之间的同类产品区别开来，不致使竞争者之间的产品产生混淆。品牌是一个笼统的概念，包括品牌、品牌名称、品牌标记和商标。

品牌名称。品牌名称是指品牌中可以用语言称谓表达的部分。

品牌标记。品牌标记是品牌中可以识别，但不能用口语发音表达的部分，如符号、图案或独具一格的色彩或字母。

商标。商标是一个法律术语，一个品牌或品牌的一部分，它经向国家有关部门注册登记后，具有专用权，并受国家法律保护，就称之为“商标”。商标有专门的使用权，具有排他性。我国一般把商标分为注册商标和非注册商标，注册商标受我国法律保护，而非注册商标则不然。商标不能等同于品牌。所有的商标都是品牌，但并非所有的品牌都是商标。商标是品牌的一部分。

2. 品牌层次

品牌的作用是使产品或劳务区别于竞争对手的产品或劳务。在营销活动中，品牌并非是符号、标记等的简单组合，而是产品的一个复杂识别系统，是顾客指认产品的根据。它可由以下层次组成：

(1) 属性。

属性是指品牌所能带来的，符合消费者需要的产品特征。属性是消费者判断品牌接受性的首要要素。因此，品牌所带来的产品属性首先要能够满足消费者的需要。

(2) 利益。

消费者购买某一品牌产品，购买的并不是该品牌所提供的产品属性，而是产品属性所能转化成的功能或利益。购买“耐用”这一属性，是因为产品可以使用更长时间；“昂贵”属性带给消费者的是受人羡慕的情感利益；“先进”属性带来的是超凡的舒适和便利性等。市场营销人员应注意考虑：品牌带来的产品属性是否能够提供消费者需要的利益。

(3) 价值。

品牌提供的价值包括营销价值和顾客价值。营销价值也就是通常所说的“品牌效应”，即如果品牌为消费者所接受，则该品牌的产品在市场上就受消费者欢迎，产品营销过程也不必花费很多的促销费用，产品销售效果理想。顾客价值主要是指品牌的声誉或形象能够满足消费者的某种心理需要，如彰显社会地位的需要。

(4) 文化。

品牌中所蕴含的文化是使品牌得到市场高度认可的深层次因素。市场对品牌的偏好反映的是消费者对品牌中所蕴含文化的认同。因为不同的品牌文化特质不同，自然会有各自的顾客群体喜欢。

(5) 个性。

品牌个性的塑造是为了使消费者产生一种认同感和归属感，乐于购买该品牌的产品。

(6) 使用者。

上述五个品牌层次的综合已基本界定了购买该品牌产品的消费者类型。使用者对品牌的选用，恰恰反映了使用者对品牌文化、价值和个性的追求。

以上各层次都说明了品牌是复杂的产品识别系统。产品的品牌化就是要使品牌的各个层次都能为消费者所识别，成为一个深度品牌。品牌的属性和利益都是表层性的，易被模仿，不足以区别其他品牌。品牌中最持久的内涵是价值、文化和个性，它们构成了品牌的实质，也是最不易被模仿、最能深入人心的东西。因此，房地产企业不仅要提供符合消费者需要的产品属性，而且要注意品牌文化和个性的培育。

8.5.2 品牌的营销作用

1. 对顾客的营销作用

(1) 有助于顾客识别产品。

因为在市场经济条件下，每一个人日常生活中最频繁的活动是购买活动。作为一名顾客，面对的同类、异类产品的数量是非常众多的，他们具有的产品知识是相对匮乏的，是属于非专家的购买行为。不同企业产品所具有的不同品牌及商标，暗示了各自企业及产品的特点，成为顾客区分产品的标志。

(2) 作为产品质量的象征。

不同产品拥有不同的质量水平和性能指标，品牌作为一个标记，它代表了不同厂商的工艺水平和质量状况，特别是经注册的商标，具有法律要求的特质，代表了产品的质量性能方面向顾客能提供的产品相应可信度，所以，顾客把品牌作为参考基础，依品牌来选购产品，做出购买决策。

(3) 帮助顾客提高购物效能。

由于品牌的前两项作用，使顾客在选择购买大量的同类产品时，不必一次次比较、选择，只需在以往的购物经验基础上指牌选购，从而大大节约顾客购买产品的时间，降低购物成本，提高购物效能。

(4) 吸引顾客注意新产品。

品牌以其特性容易引起顾客的注意，从而成为市场上新产品的信息源。品牌反映出产品的特长和质量等一系列内容，顾客可通过品牌了解和感知新产品可能提供的新利益，并对其新品进行尝试性购买，享受新产品带来的好处和满足。

2. 对企业的营销作用

(1) 品牌是广告的基础。

广告作为促销的有力武器，虽可以创造不同的产品形象，但产品形象多属一种抽象、缥缈的观念，很难形成具体的影响力量，而透过品牌，可以使这种形象依托实实在在的标志，成为促销工具，在广告中更好地发挥促销作用。

(2) 品牌是控制市场的武器。

市场竞争的手段之一是取得有效的市场控制权力。在大规模的生产营销中，厂商为扩大销售、提高效率，往往要在某种程度上依赖中间商进行分层销售，但这却会削弱厂商对市场的控制能力。厂商如果有了自己的品牌，就可以与市场直接沟通，形成自己的市场形象，市场控制权力又会强有力控制在厂商手里。

(3) 品牌有助于新产品的销售。

美国企业界流行一句话："非创新，即死亡。"企业如果不能创新产品，很难实现增长目标，甚至无法生存。但新产品上市是一项极为艰巨复杂的任务，顾客对其一无所知，不了解。如果企业在原有品牌的基础上，利用产品组合中原有品牌的优势，就可以使新品较迅速的为顾客了解和市场接受。在产品进入成长期以后，由于特定的品牌标志着某产品的一定质量水平和不同的特色，对促进销售也会起积极作用。

(4) 品牌化有助于顾客建立偏好。

品牌化使企业产品易于被顾客记忆，更好地吸引更多人们，建立稳定的品牌忠诚群体。

(5) 品牌为产品提供了法律保障。

注册商标使企业的产品品牌成为产品特色得到法律的认可和保护，法律保护产品的生产许可权，为其实现独一无二的特征提供了可能，企业可利用法律武器维权，避免被他人仿制和假冒，造成经营损失。

(6) 品牌有助于企业营销管理。

有品牌的产品便于企业接受订货、监督、提高企业产品质量，处理相关问题，实施营销控制，保证其产品质量，经过长期不懈的努力，企业在市场上能树立良好的信誉，进一步提升品牌，创造出名牌产品。

8.5.3 品牌设计

1. 品牌设计原则

品牌在市场营销中的作用日益明显，为产品设计一个好的品牌无疑至关重要。为此，品牌设计应遵循以下原则：

（1）简单醒目，易读易记。

商标设计者首先应遵循简单醒目、清晰可辨、易于识别和记忆的原则。简明的品牌便于企业传播，利于顾客识别和记忆。心理学研究表明：人们的注意力很难同时容纳五个以上的要素。根据这一原理，品牌名称设计要力求简短，容易发音。

（2）新颖别致，容易识别。

力求构思新颖，造型美观，既有鲜明的特点，又具有艺术性，力避庸俗繁复。新颖别致，就要与竞争品牌有明显的差别，切实反映企业或产品的特征，切忌模仿，依样画葫芦。这样，有个性设计的产品人们才会牢牢记住。

（3）反映产品特色，符合法律规范。

品牌应与产品本身有某种固有联系，尽量显示产品效用或质量，能暗示产品某方面的优点，或启发人的联想；同时，要符合法律的有关限定，依法设计使用。

（4）配合民俗，易于接受。

品牌设计要符合地方的文化传统和风俗习惯，力避一些隐喻及不妥之处。不同国家或地区，不同民族与文化对产品的品牌有不同的喜好和禁忌。品牌的图案、颜色也要考虑各地的风俗和爱好，不同国家、地区对图案、颜色有不同的偏好与禁忌。如：法国人偏爱蓝色，讨厌墨绿色；意大利人忌讳菊花，日本人忌梅花与荷花。在捷克红三角被视为有毒的标记，土耳其则以绿三角表示免费赠送；马来西亚人忌讳绿色，把绿色视为病患的象征。可见，品牌设计必须了解特定文化下所形成的风俗、偏好与禁忌，否则将在营销中铸成大错。

2. 品牌设计

品牌作为一个视觉识别标记，不但要有好的名称，还要有好的标志形象和色彩，与产品相映生辉。故此，品牌设计的好坏直接关系到它留给顾客印象的深刻程度。通常品牌设计应做到：

（1）利用企业名称。即以本企业、公司的名称作为产品的品牌。如：顺驰太阳城。

（2）利用产品的功能。即以产品本身的效用、品质水准、成分、用途等功能来命名。可以使用明示法与暗示法，说明产品的功能或暗指产品给顾客带来的利益。如：蓝水假期，由名称让人们意会到该楼盘是以“水景”为主的建造风格。

(3) 利用字首。在西方语系（以字母拼成单词）常利用企业名称或功能的字首构成品牌。

(4) 利用数字。就是品牌名称的全部或部分用数字。

(5) 利用姓氏、人名。即直接以人的姓氏或人名作品牌，一般可以创业者、设计者等多种人物命名。

(6) 利用某些吉祥的词汇。如：宏泰公寓、福居公寓等。

(7) 创造新词汇。即脱离字典里的词汇，创造一个新的词汇作为品牌。

8.5.4 房地产企业品牌策略

品牌策略是指房地产企业选择使用几种品牌，以及是否扩大品牌，或给产品重新作品牌定位等。

在制定品牌策略时，有以下选择：

1. 家族品牌策略

家族品牌策略，是指企业对其生产的不同种类、规格、质量的产品选择统一或不同品牌名称的策略。这里有四种品牌策略：

(1) 个别品牌策略。

它是指企业对各种不同的产品分别使用不同的品牌、商标，这种策略的好处是：可把个别产品的失败同企业的声誉分开，企业不会以某一品牌信誉下降而承担较大的风险；个别品牌为新产品寻求最佳品牌提供了条件，有利于新产品和优质产品的推广；新产品在市场上销路不畅时，不致影响原有品牌信誉；可以发展多条产品线和产品项目，开拓更广泛的市场。个别品牌策略的缺点是加大了产品的促销费用，使企业在竞争中处于不利地位，同时，品牌过于繁多，也不利于企业创立名牌和品牌管理。

(2) 统一品牌策略。

它是指企业将所生产的全部产品都用统一的品牌。单一的家族品牌一般运用在价格和目标市场大致相同的产品上。运用统一品牌策略有以下优点：建立一个品牌信誉，可以带动许多产品，并可以显示企业的实力提高企业的威望，在消费者心目中更好地树立企业形象；有助于新产品进入目标市场，因为已有的品牌信誉有利于解除顾客对新产品的不信任感；统一品牌有许多产品，因而可以运用各种广告媒体，集中宣传一个品牌形象，节约广告费用，收到更大的推销效果。在统一品牌下的各种产品可以互相声援，扩大销售。但企业采用统一品牌决策是有条件的，这种品牌必须在市场上已获得了一定的信誉；采用统一品牌的各种产品应具有相同的质量水平。如果各类产品的质量水平不同，使用统一品牌就会影响品牌信誉，特别是有损于较高质量产品的信誉。

(3) 分类家族品牌策略。

它是指各大类产品使用不同的品牌。分类家族品牌名称可以使需求具有显著不同的产品类区别开来（如化妆品与农药、住宅与厂房），以免相互混淆、产生误解。通常有两种做法：按产品系列分类，或按产品质量等级分类。其主要优缺点是介于个别品牌策略与统一品牌策略之间。

(4) 企业名称与个别品牌商标并用的策略。

它是指在每一种个别品牌前均冠以公司名称，以企业名称表明产品出处，以品牌名称表明产品的特点。企业采取这种策略的好处是可以使新产品享受企业的声誉，顺利进入市场，可以节省广告促销费用，同时，由于使用个别品牌、商标保持了企业不同产品的风格，从而保留了它们自己的特色和相对独立性，减弱了经营风险。

2. 品牌扩展策略

品牌扩展是指企业利用已出名成功的品牌推出改进型产品，扩大产品组合的方法。一般情况下，企业在现有的品牌下，可以通过增加产品项目和推出新的产品系列实现品牌拓展。新产品调查表明：在每年上市的新产品中，有近90%的新产品采取这种方式进入市场。新产品开发多是在现有产品的产品特点、功能和特色上做针对性的变化，既借助现有品牌的市场优势，又能满足消费者多元化需求。品牌扩展决策可为制造商或开发商节省广告费用，使市场可以较快地识别并接受新产品，但新产品如不能令人满意，则会影响品牌声誉累及原有产品，导致已有的品牌失去其在消费者心目中的特殊位置，失去其特定含义，产生品牌淡化风险。因此，品牌拓展应当考虑：新产品是否会对原品牌下产品组合起有益的补充作用，新产品是否与现有产品会形成竞争，竞争的结果是否会使企业的收益增大等。

3. 品牌再定位策略

品牌再定位策略即全部或局部地调整或改变原品牌在市场上的最初位置。初上市不论产品品牌的定位如何，即使它在市场上的定位很适宜，但随着市场情况的变化，往往也需要进行调整，重新定位。如：竞争对手向本企业产品市场推出了一种新的品牌，侵占了本企业某品牌产品的部分市场；消费者的消费偏好发生了变化使企业品牌处于不利位置，市场减少了对原品牌的要求，客观上也要求企业进行品牌的重新定位；最初品牌定位不正确，市场不予接受，顾客不认可。企业在进行再定位抉择时，必须权衡两个因素：一是再定位所需的成本，包括改变产品品质、包装、广告等费用。一般来说，重新定位的成本随重新定位力度加大而增加。品牌印象改变愈彻底，则需要的投资成本愈高。二是新产品定位后可得到的收入。收入主要取决于以下因素：在该市场上有多少顾客；该市场的平均购买率；该市场有多少竞争者或打算进入，竞争能力如何；该市场顾客愿意接受的定价水平是何种程度等。只有比较了各种重新定位的收入和费用，权衡利弊，最终才会决定将自己的品牌重新定位在哪里。企业一旦在市场上选择了一个新的有利的市场定位，下一步就要转向制定详细的营销组合计划。假设企业决定为自己的产品树立“世界第一流”产品的地位与形象，企业就必须提供高质量的产品，实行高档价格策略，在渠道选择上，也应寻求服务良好，信誉卓著的中间商，并且开展适当的广告宣传，吸引潜在市场的消费者和用户。总之，企业使用品牌再定位决策应该结合当时的市场状况和企业发展目标而定。

［案例］　天津塘沽房地产市场营销中的产品策略

房地产营销产品策略是房地产营销的首要因素，也是房地产市场营销组合中最重要的内容。房地产企业产品可以分为核心产品、有形产品和延伸产品三个层次。核心产品就是购买者实际上要购买的主要服务，对购房者来说，他们需要的是家庭感和安全感、成就感。所谓有形产品是指构成房地产产品的品牌、特点、式样、质量等方面的内容。而延伸产品则是附加在有形产品上的各种各样的服务，如物业管理、保证公共设施的提供等。目前塘沽房地产市场情况表明，消费者日趋成熟使得房地产产品营销不能单靠原来的一个概念、一个点子，而真正需要的是产品本身。因此房地产企业在开发楼盘时就必须注重包括产品三个层次在内的所有的内容。

2005 年，塘沽市场高层住宅异军突起，新上市住宅中高层住宅超过 200 万 m^2，约为塘沽存量的 10 倍，原因有两个方面：一是适应市场对智能化、高配置住宅的要求，高层住宅在科技含量上明显超过普通多层住宅，二是土地资源紧张，致使开发商通过增加建筑容积率摊销土地成本。另外，根据上海、杭州房地产市场经验，成熟度较高的都市高层住宅产品已经成为主流，便捷的智能化生活和良好的高空景观，使高层产品备受青睐，供不应求。但从目前看，超过 24 层的高层，由于公摊面积超过 20%，购房者存在心理抵触感，与公摊面积在 16%左右的 18 层以下的板式高层相比，在短时间会出现滞销。

表 8-2 中的相关数据显示，从市场目前的销售情况以及居民承受力和舒适度考虑，市场需求主要为 80～120m^2 的户型。由此看出家庭结构日趋简单，三口之家、两代同居是家庭组成中所占比例最高的类型，四室住宅超出居住者经济承受力，一室户型供单身和新婚家庭居住。所以中小户型住宅仍是塘沽房地产市场中的主流。

塘沽购房者对房型的需求状况分布表　　表 8-2

户　　型	一室一厅	两室一厅	三室一厅	三室或四室两厅
建筑面积（m^2）	80 以下	80～100	100～120	120 以上
需求比例	10%	50%	30%	10%
销售面积（万 m^2）	10.2	36.6	37.3	112.1
销售比例	5.2%	18.7%	19%	57.2%

现代社会崇尚个性发展，特别是新时代成长起来的年轻一代把个性能否得以发挥和张扬，作为衡量和选择商品的一个重要标准。一百个家庭有一百个选房原则。开发商只有采取人无我有，人有我优，人优我奇的个性设计，才能赢得尽可能多的消费者。目前塘沽的各楼盘同质性明显，塘沽区的贻芳嘉园、馨苑新城、幸福家园、贻正湖景花苑和华云园二期这五个项目的面积范围大都在 80～150m^2 左右，100～120m^2 的户型最为密集，可见市场对此面积比较认可，是主流方向，各个项目对更大或更小的户型也都有所延伸，但小户型的商品房较为缺乏。

综观塘沽区房地产市场，开发商在寻求营销突破上，可根据整体产品概念的内容，从研究市场需求、强化使用功能、追求个性特色、营造人性空间等方面入手，在小区布局、建筑外型、色彩、楼层、阳台、内部结构等方面力求突破雷同，突出居住者个性，成为市场吸引顾客的亮点。根据购房者的需要，房地产企业可突出人本观念，注重邻里交往，最大限度的创造出人与自然沟通的绿色空间，可构造特别的、半封闭的交流空间，以满足居民对"归属感"的本能需求；侧重环境营造，小区开发应以环境保护为营销理念，改变过去寸土寸金、见缝插针的开发模式，充分考虑小区的住宅空间、阳光照射、绿化间隔等，为消费者营造人与自然和谐共生的理想家园，注重绿地、广场、林阴、道路、建筑小品等外部空间的营造。从而创造出人们重视的需求追求，从而获得顾客的认可，获得较好的投资回报；开发商在朝向、采光、通风等房屋基本居住方面还可以充分考虑塘沽区冬季严寒，日照持续期长，临海，有海洋气候的特征，建筑具有防寒、防风侵袭功能的房屋，房屋设计不妨采取一梯两户式，使每户均有全部进深，这样的设计具有良好的通风效果；户型的设计上，应讲究方正实用，减少无谓的空间浪费，户型尽量留有自行组合空间的余地；注重户型的良好朝向、景观、通风、采光，平面布局紧凑，各房间大小适度，动静分区及污洁分区合理，空间比例适中。楼层的设计上既要跟紧开发高层住宅的趋势，也要顾及到消费者对建筑面积的关注程度。

本章小结

本章围绕房地产企业产品，从市场营销角度主要研究的内容为：

房地产产品是一个整体产品的概念，是由有形实体和无形服务构成的，具体分为核心产品、形式产品、延伸产品三个层次。一个企业的经营范围形成它的产品组合，衡量它可通过深度、广度、跨度、相关性的指标。为适应市场变化，房地产企业的产品组合可采取扩大产品组合、缩减产品组合等不同的策略进行调整。

产品的品牌和产品生命周期在本章也进行了介绍，指出品牌是由品牌名称、品牌标记和商标组成，它是一个集合概念。房地产企业可以通过品牌策略使用，决策是否使用品牌，决策是使用统一品牌还是使用家族品牌。市场生命周期是指产品从投放市场，到被市场所淘汰的过程。分四个时期，为投入期、成长期、成熟期和衰退期。在不同时期，企业可采用不同的营销策略，开展市场营销活动。

市场营销对新产品的界定，不仅包含全新产品，而且包含改良产品等。它的开发过程有：构思、筛选、概念形成与检验、营销策略、经营分析、市场试销、投放市场等。由于新产品开发风险较大，房地产企业可使本企业情况选择适宜的开发策略。

1. 何谓房地产企业产品整体概念？如何理解？
2. 房地产企业产品的品牌内涵？其策略有哪些？
3. 产品市场生命周期原理的内容有哪些？
4. 企业开发新产品的意义何在？

参考文献

[1] 吴晓云．市场营销学．天津：天津大学出版社，2004.
[2] 纪宝成．市场营销学教程（第三版）．北京：中国人民大学出版社，2002.
[3] 李强．市场营销学教程（第三版）．大连：东北财经大学出版社，2000.
[4] 何永琪．张传忠，蔡新春．市场营销学．大连：东北财经大学出版社，2001.

第9章 房地产市场营销价格策略

房地产企业和任何企业一样，面临着价格决策问题，价格是市场营销组合中的重要因素。房地产营销策划中的价格决策是最具科学性与策略性的问题。企业的产品或服务的价格制定既要以经济学的价格理论为基础，又要考虑市场供求关系、产品价格的形成及其变化规律，要结合房地产企业自身情况、各方面影响因素的制约，制定适当的营销价格。尽管20世纪50年代以后，由于科技和经济的发展，消费水平的提高，非价格因素在现代市场营销过程中的作用越来越突出，但价格仍是市场营销组合中一个十分敏感而又难以控制的因素，它直接关系着企业市场销量大小和利润水平高低，影响着营销组合的其他因素，房地产企业市场营销活动开展得如何，是需要价格策略的配合和体现的，它是决定房地产企业营销活动成败的重要因素之一。

9.1 影响房地产企业定价的主要因素

房地产企业定价受到众多因素的影响和制约，主要包括企业内部因素：定价目标、营销组合策略和成本；企业外部因素：市场、需求状况、竞争程度和其他环境因素。如图9-1所示。下面对各个因素进行具体分析研究。

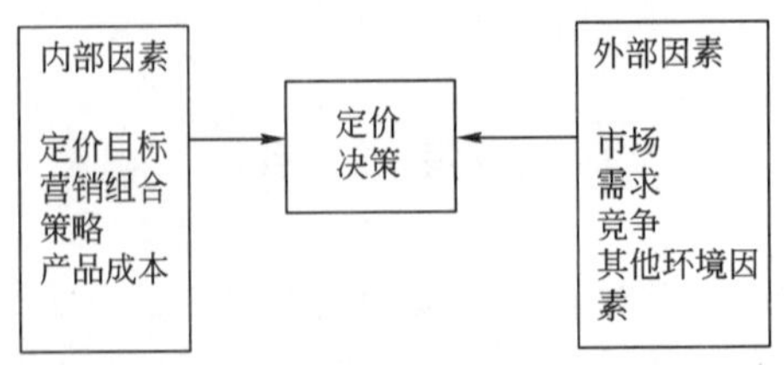

图9-1 影响定价决策的各种因素

9.1.1 企业定价目标

定价目标是指各个房地产企业对其生产或经营的商品制定价格时，有意识的要求达到的目的和标准。它是指导房地产企业进行价格决策的依据。

房地产企业不是孤立的、主观的制定价格，而是必须按照企业的总体营销战略和市场营销战术制定价格。一个企业的定价目标在不同时期、不同市场条件下可有不同的具体选择。

1. 以扩大利润为目标

不断获取更多的利润是企业生存和发展的前提条件，因而很多企业以追求利润为定价目标。具体可有两种指标：预期收益和最大利润。

（1）预期收益。

预期收益也称预期的投资收益率，是指企业将预期收益水平规定为占投资额或销售额的一定比率。

投资收益率反映着企业的投资效益，直接影响着企业产品的价格水平。在产品成本费用不变的情况下，价格的高低就取决于投资收益率的大小。一般来看，企业的预期投资收益率应高于银行贷款利息率；若投资为企业自有资金，其投资收益率要高于银行存款及其他证券利率；投资为政府调拨资金，其投资收益率要高于政府投资时规定的收益指标。

具体到个别企业的预期利润，又可因企业环境不同而有所不同，比如：竞争对手较少的企业，可以将短期的预期收益率定的很高，使产品以较高的价格投入市场；有的企业为预防潜在的竞争，收益率可以定得适中，以便实现较长期稳定的利润。因此，收益率的确定，应使所定价格既能实现利润目标，又能为消费者所接受。

（2）利润最大化。

最大利润，一般是指长期总利润为最大。获得最高利润是企业追求的重要目标。追求利润最大化并不意味着给产品制定最高的价格，因为企业盈利来自全部收入扣除全部成本后的余额，而不是单位产品价格中包含的利润水平。过高的价格往往会抑制需求，降低产品的销售量，影响企业的利润，招致各方面的对抗行动，诸如：替代品的盛行，购买的延搁，竞争者的加入，甚至由于顾客的不满抗议而导致政府的干预等，最终都会影响最大利润目标的实现。所以，利润最大化更多地取决于合理价格所推动产生的需求量和销售规模。

此外，追求最大利润还要从企业的整体营销效益来衡量。当企业刚刚进入市场或某一种产品刚刚进入市场时，为吸引顾客，开拓市场，经常采用低价策略，从产品结构上考虑，注意产品的相关性，往往某一产品的低价售出以后，顾客必然愿以较高的价格去购买与之相关的本企业产品，使企业整体营销效果提高。

由上述可见，企业追求最大利润从时间上考虑应当是一个长期的目标。低价虽然造成一时低利甚至亏损，但却是实现长期目标所必要的和有效的手段，从长期来看，它会促进销售量的迅速增长，而实现企业总利润的最大化。

选择这一定价目标的企业要以良好的市场环境为前提，即企业在市场上享有较高的声誉，生产技术和产品质量在市场上处于领先地位，同行业中竞争对手的力量薄弱，顾客对产品的边际需求评价较高等。不具备这些条件，盲目地提高或降低价格，最终都不会实现短期或长期利润的最大化。

2. 以扩大市场占有率为定价目标

市场占有率即市场份额，是指企业产品销售量在同类产品的市场销售总量中所占的比重。一个企业的市场占有率是企业经营状况和企业产品在市场上的竞争能力的直接反映，它决定了企业的经济效益和未来的发展，关系到企业的兴衰成败。市场占有率的提高，可改善企业在市场上的竞争地位，保证企业获得长期稳定的利润。所以，提高市场占有率成为房地产企业追求的一种定价目标。为了实现这个目标，企业往往采用低价策略，吸引顾客购买，扩大销售量，使其产品迅速“渗透”到竞争者的市场阵地，扩大企业自身市场份额。这一定价目标的宗旨是追求长期的、稳定的利润。这是一种以牺牲短期利润为代价换取企业长远发展的方法。

一个企业的市场占有率控制在什么程度是企业定价时要认真考虑的。实践证明，高市场占有率往往是高盈利率，提高市场占有率比短期高盈利意义更为深远。但不是市场占有率越高越好，过高的市场占有率导致需求迅速增加，如企业生产能力达不到，供不应求，等于为潜在竞争者开拓了市场，其结果是得不偿失的。

选择这个目标的房地产企业应该具备以下条件：存在大量生产的物质条件；总成本的增长速度低于总产量的增长速度，能够找出产生最大销售收入的最佳价格与销量的组合方案；单个产品生产成本低于同类产品的生产成本。

3. 以应付竞争对手为定价目标

这是竞争性较强的企业所采用的定价策略。大多数企业，对竞争者的价格甚为敏感。一般情况是在选择定价目标之前，广泛收集资料，将本产品的品质、规格与竞争者类似产品做认真比较，然后做出应付竞争对手的几种定价办法。或以低于竞争者的价格出售产品，或以与竞争者相同的价格出售产品，或以高于竞争者的价格出售产品。

具体采用哪一种竞争性价格，要依企业的实力，看竞争者的情况而定。一般都以具有决定影响的竞争者（领导者企业）价格为基础，实力较弱企业大都采用跟随强者或稍低于领先者的价格；企业具有雄厚的实力，竞争能力强的企业，对市场具有某些优越条件，在技高一筹的情况下可以把价格定得高于主要领导者出售产品。

这类定价目标易导致价格战，风险甚大。

4. 以稳定价格为定价目标

稳定价格是指在一个较长的时期内保持相对稳定的价格水平，以获得均衡收益。这种目标的选择，主要是从增强市场的稳定性出发，避免不必要的价格竞争、公众的不满和政府的干扰。稳定价格通常由各行业中居领导者地位的企业，即拥有较丰富的后备资源，或者是产品处于领先地位的企业，先制定一个价格，故又称领导者，其他企业的价格与之保持一定比例关系，或大体接近领导者企业所定价格。

采用这一目标，可在社会需求骤然下降时，价格不致发生大的波动，影响企业收益；可避免不必要的价格竞争，保持均衡收益；小企业可维护自身长远利益，免遭领导者企业的报复；居领导者地位的企业可以巩固产品的市场阵地，减少风险，避免政府的行政干预。使用这个目标的企业，必须有充足的后备资源，打算长期经营，巩固市场阵地，否则不宜采用。

5. 以企业生存为定价目标

企业有时也会陷入困境，面临着大量产品积压、资金周转不灵、严峻的竞争态势或是顾客转变了需求等恶劣状况。为了避免破产，出清存货保持企业可以继续经营，企业必须制定较低价格。这个价格可能只是保本价格甚至是亏本价格，但是此时生存的目标是第一位的，只要价格能弥补可变成本和固定成本，企业就可以维持下去以争取转机。但这种定价目标只是企业处于不利环境时的一种缓兵之计，是暂时性的，一旦企业经营出现转机，它将很快被其他目标所代替。

9.1.2 产品成本因素

产品成本是产品价格的下限，产品定价必须能够补偿产品生产、销售的所有支出，并补偿企业为产品承担风险所付出的代价。因此，成本是影响定价决策的一个重要因素，许多企业力图降低成本，降低价格，扩大销售和增加利润。如果企业某种产品的成本高于竞争者的成本，该产品在市场上就会处于十分不利的竞争地位。

价格高低，主要是由商品中包含的价值量的大小决定的，除此之外，商品的价格还受到多种因素的影响和制约。其中，产品的成本是定价的一个关键因素，企业缺乏正确的成本资料，就无法科学地制定产品的价格。

机会成本是指企业为从事某一项经营活动而放弃另一项经营活动的机会，另一项经营活动应取得的收益即为从事某项经营活动的机会成本。研究机会成本的实践意义在于企业在面临几种经营机会时，应认真权衡，选择其中的最佳方案，以使企业有限的资源得到最合理的利用。

房地产开发成本是指房地产开发企业为开发一定数量的商品房所支出的费用，大致可分为开发成本和开发费用两大部分。

开发成本是房地产开发成本的主体，大致占项目总成本的80%左右。由土地使用权出让金、土地征用及拆迁安置补偿费、前期工程费、建筑及安装工程费、基础设施费、公共配套设施费、不可预见费、开发期间税费等八项构成。土地使用权出让金是国家以土地所有者的身份，将土地在一定年限内的使用权有偿出让给土地使用者所收取的费用。一般而言，这笔费用是在通过土地的拍卖招标、协议出让等形式获取土地使用权时，交付给政府的。土地征用费是指对于那些位于乡村仍然属农民集体所有的土地，根据《中华人民共和国土地管理法》的规定，应当支付给农民的费用。其主要有项目费、劳动力安置补助费、水利设施维修费分摊、青苗补偿费、耕地占用税、耕地垦复基金、新菜地、鱼塘开发基金、征地管理费等。拆迁安置补偿费是指对于城镇地区的土地，国家或地方政府可依法有偿出让用作房地产开发，对因出让而使原用地单位或个人造成的经济损失，由新用地单位按规定给予的补偿费。前期工程费是指在项目投资实施前所发生的费用。主要包括项目开发前期的规划、设计、可行性研究、水文地质勘测以及“三通一平”等费用支出。建安工程费是指直接用于工程建设的成本费用，主要包括建筑工程费、设备及安装工程费、室内装修工程费等。基础设施费又称红线内工程费，主要包括：供水、供电、道路、绿化、供气、排污、排洪、电讯、环卫等工程费。公共配套设施费是指按地块规划设计要点必须建设的各种配套设施（医院、学校、幼儿园等）的建设费等。开发期间税费是指房地产开发作为一项经济活动在开发过程中所缴纳的各种税金和按规定应向地方政府或有关部门缴纳的各种费用等。

开发费用是指与房地产开发项目有关的管理费用、销售费用和财务费用。管理费用是指企业行政管理部门为组织和管理经营活动而发生的各种费用。销售费用是指开发项目在销售过程中发生的各项费用，如广告宣传及市场推广费、销售代理费及其他费用。财务费用是指为筹集资金而发生的费用，主要包括：借款利息及其他费用。

房地产开发成本是定价的下限，否则企业将难以生存。

9.1.3 需求因素

从企业营销的角度研究需求因素对价格的影响，主要是指微观市场需求对价格的作用，一般指在一定时期、一定市场中某种产品的需求。

从宏观角度分析，各种产品应有的生产量是由社会生产的最优比例关系决定的，是社会对它们的客观需要量，它们都是一定的数量。一旦从微观角度分析，在同一市场上、同一时间内，对同一种商品的需求，并不是一个固定的数量，而是一种在不同价格上有不同需求量的需求状况，即把一定量的产品销售出去，必须把价格水平定在能吸引需求状况中的与供给量相等的需求量上，也称为均衡价格。例如：某房地产公司 A 项目有 5000 套商品房，通过调查数据表明，这个量正好为社会上对该房屋的客观需要量，但是 A 项目商品房能否全部售出，在一定程度上取决于价格水平与消费需求的相符程度，若最初每平方米售价为 4000 元，价格偏高只售出 1000 套，那么，要实现全部售出，企业就需要调整价格达到顾客接受的价位，才能全部售出。这实际上存在着市场需求对价格的影响。

需求的价格弹性是重要的一个指标，它反映了需求量对价格的敏感程度。不同产品的需求量对价格变动的反应不一，即价格弹性大小不同。用 E 表示需求的价格弹性，其公式为：

$$E=\frac{\text{需求量变动的百分比}}{\text{价格变动的百分比}}=\frac{\text{需求增减量/原需求量}}{\text{价格增减量/原价格}} \tag{9-1}$$

企业在进行价格策略决策时，应考虑需求的价格弹性作用，根据不同产品的需求价格弹性，分别选择不同的价格策略。需求价格弹性主要有三种类型，如图 9-2 所示。

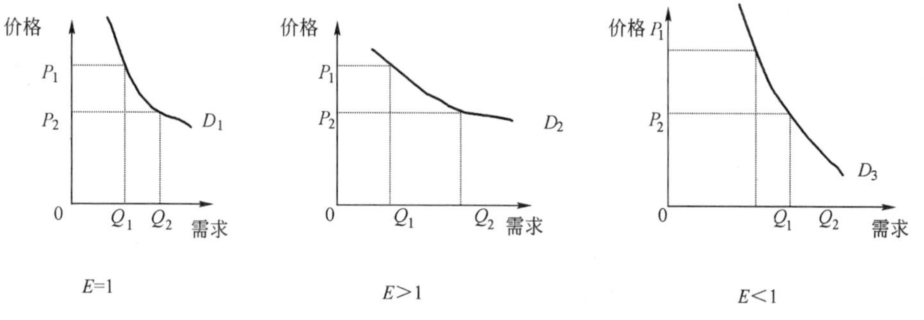

图 9-2 需求价格弹性曲线

图中 D_1、D_2、D_3 为三种不同弹性的需求曲线。当价格从 P_1 降到 P_2 时，需求量从 Q_1 增至 Q_2，但增长幅度因需求弹性不同呈现出明显的区别。

$E=1$，反映需求量与价格等比例变化，即价格的上升或下降会引起需求量等比例减少或增加。在这种情况下，价格变化对企业销售收入的影响不大。企业可选择实现预期盈利率为定价目标，或采用随行就市的价格策略，而将其他市场营销因素作为提高效率的主要手段。

$E>1$，反映需求量的相应变化大于价格的变动幅度。即需求量对价格的变动非常敏感，当价格较小幅度上升或下降时，会引起需求量较大幅度地减少或增加。这类产品需求属于价格弹性大的类型，其价格与销售收入成反比，企业应采用低价策略，薄利多销以达到增加盈利的目的。

$E<1$，反映需求量的相应变化小于价格的变动幅度。即需求量对价格较大幅度地上升或下降只能引起需求量较小幅度地减少或增加。这类产品需求属于价格弹性小的类型，其价格与销售收入成正比，较高的价格水平往往会增加企业的盈利，而低价并不能有效的刺激需求，薄利不能多销，反而会降低企业的收入。

9.1.4 竞争因素

对于企业定价来说，竞争的作用主要体现为价格竞争对产品价格水平的约束。因为顾客选购时，总是要在同类产品中比质比价，从中选择那些既能够满足消费需求，又符合自己支付标准的产品。如果说需求决定价格的上限，成本决定价格的下限，那么在这一限度内，竞争品的价格决定了企业定价的浮动方向和幅度。企业在定价时必须参照竞争品的价格。如果企业的产品与竞争品相似，那么价格上也应相近，否则会失去市场；如果企业的产品与竞争品相比存在明显的差异，可根据实际情况决定价格的高低，此时还应估计到竞争者很可能以改变价格作为回应。

价格竞争同其他形式的竞争有着紧密的联系，企业通过调整价格改变产品的性能价格比或效用价格比，促使消费者对产品的性能和整体效用做出新的评价，从而影响消费者的购买决策。实际上，对消费者而言，产品性能、功效等方面满足需求的程度是相对的。在不同的价格水平上，他们对同样的产品会做出完全不同的评价。消费者的购买行为只是在期望得到满足与愿意支付的货币量相一致时才会发生。所以，价格水平与其他因素结合而成的综合指标才是顾客全面的、现实的评判标准。企业在定价时应充分认识到同类产品的竞争是全面的竞争反应。

一般情况下，如果不是在价格上属于领导地位的企业，就不能忽视竞争对手的价格。尤其当竞争对手调整价格时，企业必须仔细分析竞争形势，调整本企业的产品价格，以应付竞争。而且，对于竞争者进入市场的可能性、时间和实力进行判断，以利于企业随机应变调整自己的价格策略，在竞争中争取主动。

因为房地产产品的非同质性及替代的有限性，价格竞争在表现形式上较为复杂。竞争企业可以推出独特的物业以较高的价格参与竞争；也可以通过优化设计，删减某些产品功能，实现成本降低，以低价销售产品；另外，在付款方式、首期付款比例、抵押贷款种类等，通常也是房地产企业可以采用的。

9.1.5 市场营销组合因素

由于价格是市场营销组合的因素之一，它与产品、渠道、促销等因素存在着互相依存，互相制约的关系。企业在制定价格决策时，既要考虑其他因素对价格的影响，又要考虑价格对其他因素的影响，使之密切配合，形成整体最佳的效果。

企业定价时应根据产品的性质、档次、质量等方面的不同，分别采取不同的价格策略。在产品生命周期的不同阶段也要相应做出恰当的选择。

促销费用是商品价格的组成部分，如果企业用于广告、人员推销、公共关系和营业推广的费用较多，势必影响价格上升，甚至影响到商品的销售。所以，企业在制定定价策略时要综合考虑其他营销因素而协调推出。

9.1.6 市场因素

1. 独家垄断市场

这种市场主要表现为一个行业只有一家企业，或者说一种产品只有一个销售者或生产者，没有或基本没有替代者。这种市场在现实经济生活中是罕见的，典型的例子是公用事业企业，如电力公司。当一家企业独自拥有制造某种产品的全部或绝大部分原料或材料时，该企业的市场也是独家垄断市场；至于通过专利取得垄断地位，通过确立极高的声誉而占据垄断地位，则是独家垄断市场的另外两种情况。

很明显，在独家垄断市场上，不存在竞争或基本不存在竞争。因此，企业的营销活动相对说来比较简单，企业主要考虑的是如何在合理的价格水平上尽可能保质保量的满足市场消费需求。在这种市场上，为了保护消费者和用户的利益，法律限制和政府干预通常会多一些，企业应当严格遵守。

2. 寡头垄断市场

这是指一种产品在拥有大量消费者或用户的情况下，由少数几家大企业控制了绝大部分的产量和销量，剩下的一小部分则由众多小企业去分享。产生这种市场的主要原因，乃是资源的有限性、技术的先进性、资本规模的集聚以及规模经济效益所形成的排他性。汽车、飞机、电视机、电冰箱、计算机等产品的市场往往属于这种市场。

这种市场有三个特点：控制市场的几家大企业是相互依存、相互制约的，其中任何一家营销策略的变化对其他几家都会产生重大影响，并会引起相关的反应。因此，每家企业在制定或改变营销策略时，都要仔细考虑对竞争对手的影响以及竞争对手可能做出的反应；几家大企业之间的竞争激烈，并主要表现为非价格竞争，尤其注重于树立企业形象；由于存在着少数大企业的垄断，新企业加入这个行业十分困难。谁加入，往往投资大，风险大，收回投资的时间也会比较长。

3. 垄断性竞争市场

这是指一个行业中有许多企业生产和销售同一种产品，每一个企业产量或销量只占总需求的一小部分。这种市场大量存在，食品、服装、百货、化妆品、日用杂品、餐馆、理发店等市场均属这一类。

这种市场上，由于同行业企业很多，产品替代性很大，因而竞争激烈；由于对价格谁也没有多大的控制能力，企业进出这些行业也很容易，竞争也就主要表现为非价格竞争。各个企业为了提高市场占有率，都十分重视产品特色，力图使自己的产品与竞争者的产品区别开来；许多企业也都相当重视广告宣传、人员推销等促销工作。

4. 完全竞争市场

这是指一个行业中有众多的独立生产者，它们都以相同的方式向市场提供同类的、标准化的产品。这种市场的例子不多，最接近的例子是粮食、棉花、西瓜、大白菜等农产品的市场。

完全竞争市场具有如下特点：不同生产者生产的产品几乎完全相同，买主买谁的产品都无所谓；每个生产者只供应市场需求量的很小一部分，因而任何生产者都不可能控制市场；生产者、销售者可以毫无障碍地自由进人或退出这一行业；竞争主要表现为价格竞争，一般不采用非价格竞争，广告宣传并不重要。

9.2 房地产企业定价的内容

房地产企业定价是一项很复杂的工作，在全面考虑各方面的影响之后，就进入具体操作环节，进行定价方法和相关细节工作的落实。

9.2.1 企业定价的程序

按照科学的程序，企业定价的程序一般包括六个步骤，见图 9-3。

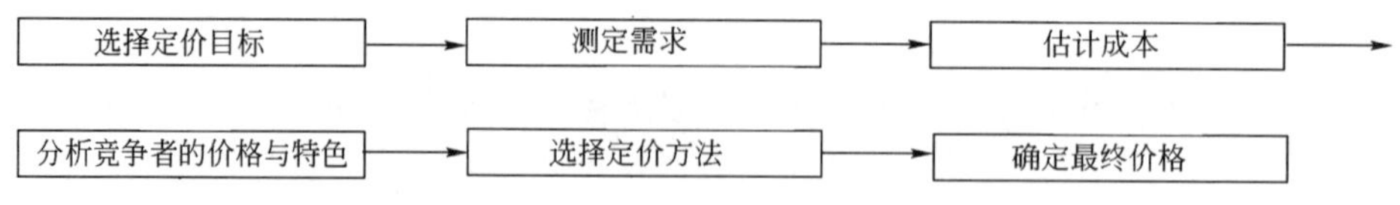

图 9-3 企业定价程序

1. 选择定价目标

企业在制定价格之前，必须确定定价目标，即明确定价指导宗旨。企业可根据不同情况、不同产品选择不同的定价目标，从而用不同的定价方法和策略。

2. 测定需求

通过调查了解市场容量，即该产品有多少潜在的顾客，还要分析产品价格变动对市场需求量的影响，掌握不同价格水平上的需求量。

3. 估计成本

成本是产品价格的重要组成部分，是定价的基础。一般情况下，价格不能低于成本，否则企业将出现亏损。

4. 分析竞争者的价格与特色

企业定价必然要受到竞争者同类产品价格的制约。要在市场竞争中取胜，企业就必须“知己知彼”认真分析竞争产品的价格、特色，经过比质比价为自己的产品制定出具有竞争力的价格。

5. 选择定价方法

由于影响价格的因素主要是成本、需求和竞争三大类，故此企业定价方法主要有三种，即以成本为中心定价、以需求为中心定价和以竞争为中心定价。企业应根据自己的定价目标选择定价方法。

6. 确定最终价格

企业运用一定的方法定出基本价格后，还要考虑以下问题，如所制定的价格是否符合国家有关政策法规？是否适应消费者的心理？是否维护了企业形象？竞争者对这一价格将如何反应等。企业可采用定价技巧对基本价格进行调整，确定出最终价格。

9.2.2 房地产企业定价的方法

定价方法是企业为了在目标市场上实现定价目标，而给产品制定的一个基本价格或浮动范围的方法。在实际定价过程中，企业往往侧重于对价格产生重要影响的一个或几个因素来选定定价方法。

迄今为止，房地产企业用于定价的方法主要有成本导向定价法、需求导向定价法和竞争导向定价法三类。

1. 成本导向定价法

成本导向定价法以产品成本为定价的基本依据，具有以下三种。

（1）成本加成定价法。

这是以产品的单位总成本为基础，加上一定比例利润的定价方法。由于利润的多少是按成本的一定比例计算的，习惯上将这种比例称为“几成”，因此这种方法被称为成本加成定价法。其计算公式为：

$$\text{产品单价}=\frac{\text{总成本}}{\text{产品数量}}\times(1+\text{成本加成率}) \tag{9-2}$$

例如：某房地产企业开发某一楼盘，每平方米的开发成本为4000元，加成率为30%，则该楼盘每平方米售价为4000×（1+30%）=5200（元）。

成本加成法的主要优点是：把成本与价格直接联系，简便易行；若同行业企业都用此法定价，则价格相差不大，可以避免价格竞争；以成本为基准定价对买卖双方公平合理，卖方可取得一定的利润，买方也可避免付出高价。其缺点是：灵活性差，面对纷繁复杂的市场竞争局面难以适应；此法是从企业的角度考虑定价，本位色彩较浓，没有考虑价格与市场需求量的内在影响；按产量分摊固定成本缺乏科学依据，产量大，分摊额小，造成价格偏低，损失利润，反之，产量小，分摊额大，形成非常的高价，加剧了销售困难；加之房地产开发工程差异较多，建设周期长，交工时间不一致，造成总成本统计的复杂性，难以达到精确。

（2）目标利润定价法。

这种方法的关键是使产品的价格能保证企业获得预期的目标利润。其具体方法是：

①确定目标利润额，计算公式为：

$$目标利润额=\frac{总投资额}{投资回收期} \tag{9-3}$$

②保本价格，计算公式为：

$$保本价格=\frac{固定成本}{预期销售量}+单位变动成本 \tag{9-4}$$

保本价格即收支相抵，不盈不亏。在计算时，要正确估算产品的预期销售量。一般情况下，取计划产量的80%－90%，如果该产品在市场上供不应求，能做到尽产尽销，则预期销量可以按计划产量或生产能力计算。

③单位产品的价格

$$产品的单价=\frac{固定成本+目标利润额}{预期销售量}+单位变动成本 \tag{9-5}$$

或

$$产品的单价=（总成本+目标利润额）/预期销售量$$

［例9-1］某房地产企业开发总建筑面积为100万m^2的小区，估计未来在市场上可实现销售90万m^2，其总开发成本为20亿元，企业的成本利润率为30%，问该小区的售价为多少？

［解］ 目标利润额=总成本×成本利润率=20×30%=6（亿元）

每平方米售价=（总成本+目标利润额）/预期销售量

=（20+6）/90=2889（元）

因此，该企业的定价为2889元。

目标利润定价法的优点是：企业可以保证实现预期利润目标，其缺点是：该方法只考虑企业的利益，没有考虑竞争和需求的实际情况，是以生产者为导向的定价方法；它先确定预期销售量，再计算出产品的单价，这在理论和实际上难以完全支持。因为，任何产品的销售量都与价格有内在的关联，价格对产品的销售量有决定性的制约作用，而不是销售量决定价格。

2. 需求导向定价法

需求导向定价法是一种伴随营销观念更新而产生的定价方略。它依据消费者对商品价值的理解和需求强度来定价。现代市场上供求趋势的变化使越来越多企业认识到，判断价格是否合理，并不取决于生产者或经销商，而是取决于消费者和用户，即只有当企业制定的价格符合消费者的价格心理、价格意识及价格承受能力时，才能为消费者所接受，企业的产品才能有销路。

需求导向定价法是指以需求为中心，依据买方对产品价值的理解和需求强度来定价。它具有艺术性的特点，它不仅能使消费者获得公平交易的满足，还能刺激顾客产生再次购买的欲望。需求导向定价法主要有两种具体做法，即理解价值定价法和需求差异定价法。

（1）理解价值定价法。

这种方法以消费者对商品价值的感受及理解程度作为定价的基本依据。它认为，把买方的价值判断与卖方的成本费用相比较，前者更为重要。消费者对商品价值的不同理解，会形成不同的价格限度，这个限度就是顾客宁愿支付货币而不愿放弃这一购买机会的价格。如果企业定价刚好在这个幅度内，就可以顺利成交。

为此，企业应设法提高顾客愿意支付货币的限度，增强其对本企业产品的认可度，使其产生购买本企业的产品可获得更多的相对利益的认识，从而乐意、主动地采取购买行为，可见，顾客对产品价值的理解成为决定产品价格的关键因素。为实现这个目标，企业不妨影响买方、吸引买方，使用各种营销组合策略，在产品的市场细分、定位、品质、形象等多方面努力，塑造本企业产品的差异性，巩固自身营销的相对优势。在此基础上，企业可根据顾客对产品价格的预期，制定一个可销价格，估算此价格水平下的可能销售量，并推算出产量、成本和利润等相关指标，最后调整出实际的销售价格。具体步骤可为：

①进行市场调查。了解竞争对手的情况，与已进行比较，发现市场上顾客对产品的价格预期。

②预测产品的销售量和成本。

③决策。若实际成本≤目标成本，说明目标利润可以保证，这可以定为产品的初始价格，经过调整可为实际价格。若实际成本＞目标成本，说明在初始价格水平下，目标利润不能实现，需调整有关营销策略。

对于房地产而言，理解价值定价法的应用范围是非常广泛的，其中房地产价格评估的收益还原法就具有这种属性，即站在顾客的立场上，依据顾客购买房地产所能获得经济收益来确定房地产的价格。因此，房地产企业对于住宅、工业物业、商业物业及特殊物业都可运用这种方法定价，并且确定出的价格也能够被顾客所接受；另外，市场法在一定程度上也具有理解价值定价法的属性。

（2）需求差异定价法。

这种方法是根据顾客对需求程度的不同制定不同的价格。可以根据顾客在时间、地点、对象的不同，采取相应的定价策略。

①因产品而异。对同一产品按需求强度差异制定不同的价格，价格与产品成本没有直接关系。只是因为顾客往往有着比其他同类产品更为强烈的需求，因而价格也可相应提高。如：1994 年初北京万科城市花园一期推出时，有清水红砖墙和混水墙两种建筑风格的产品，容积率、户型及建安造价基本相同，清水墙住宅基价 3980 元/m^2，混水墙住宅基价 3600 元/m^2，价差约为 10%，销售速度清水房比混水房略快。至 1997 年，两种不同风格的住宅的价位形成明显的差距，清水墙住宅的一期房上升至 4780 元/m^2 而告售罄，而一期混水墙基价仍然保持在 3600 元/m^2 且略有库存。

②因时间而异。当需求随着时间的变化而发生变化时，对同一种产品在不同的时间应制定不同的价格。例如：同一楼盘的房子，作为期房刚开盘时售价为 1700 元/m^2，但随着销售趋好，以现房出售，则价格调为 2000 元/m^2。

③因地点而异。同样房型的房屋因坐落地点不同，出售时存在不同的需求强度，就可以分别制定不同的价格。例如：两户型房屋，一级地段的和三级地段的售价会有很大差别，前者明显高于后者。

④因顾客而异。根据顾客不同的需求特点，制定不同的价格。例如：同一楼盘售给批发商、零售商或消费者，应有不同的价格。还可按照顾客的付款方式的不同，给予顾客相应的价格优惠。

采用需求差异定价法应具备以下条件：第一，市场可根据需求强度的不同进行细分。第二，各细分市场在一定时期内相互独立，互不干扰。第三，高价市场中没有低价竞争者。第四，价格差异适度，不会引起顾客的反感，并能促进产品销售。

3. 竞争导向定价法

竞争导向定价法以市场上同类竞争品的价格为定价依据，但这并不意味着和竞争品价格相同。在一定条件下，企业可以制定出高于或低于竞争品的价格，以提高产品的竞争能力，实现增加盈利的目的，或提高市场占有率的目的。竞争导向定价法的具体做法：

（1）随行就市定价法。

在竞争激烈或供需基本平衡的时候用随行就市定价法比较稳妥，与同行业的平均价格保持一致，易为消费者所接受。随行就市可缓和价格竞争，与竞争者和平共处。平均价格通常被公认为是合理的，可以为企业带来适度的利润。

对于房地产企业而言，此种方法运用较普遍，尤其受一些中、小房地产企业的青睐。

（2）竞争价格定价法。

这是一种主动竞争的定价方法，一般为大企业所多用。具体步骤：

①将竞争者的产品与本企业的产品相比较。

②把本企业产品的性能、规格、质量与对手的产品相关方面对照。立足本企业产品和企业优势，结合市场定位，找出预计价格与竞争品价格的价差原因。

③按照定价目标，确定最终售价。

9.3 房地产企业定价的策略

9.3.1 折扣定价策略

为实现房地产企业的定价目标，不仅要讲究定价方法，还要针对不同的消费心理、销售条件、销售量、销售方式对价格进行适当的修正，从实际目标出发运用价格手段，使其适应这种策略是在定价过程中，先根据建造好的商品以各种折扣和折让来刺激中间商或客户，以促进销售。所谓折扣定价就是企业按照一定的定价方法制定出基本价格后，根据交易的对象、数量、时间、方式和条件的不同，给予买方一定的价格折扣或折让而形成的实际售价。

1. 现金折扣

房地产企业为鼓励客户提前付款，在原价的基础上给予一定折让。典型的折扣表示：“2/10，30”表示付款期为 30 天，如果客户在 10 天内付款，给予 2%的折扣。一般现金折扣的条件要求为：现金折扣率，给予折扣的期限以及付清款项的期限。现金折扣在西方很流行，它能加强卖方的收现能力，降低信用成本并阻止呆账的发生。在我国，一些房地产开发商也采用这种方法，如：采用“以现金一次性付清购房款，则九二折优惠”等方式。现金折扣又可分为一次性付款折扣和分期付款折扣，显然，一次性付款折扣率要高于分期付款折扣率。

2. 数量折扣

根据买方的购买数量多少而给予不同价格优惠的策略，称为数量折扣策略

（1）累计数量折扣

根据顾客在一定时期累计购买超过规定的数量或金额给予的价格优惠。客户购买量愈大给予的折扣率越高，从而刺激客户建立长期固定的业务关系，减少企业经

营风险。如：房地产中介公司在与开发商洽谈业务时，因为经常购进开发商的房屋，总计购买数量多，所以开发公司会给其一定折让，中介公司可以拿到较优惠的价格。

(2) 非累计数量折扣

非累计数量折扣，又称一次性数量折扣，是根据顾客一次购买数量超过规定数量或金额而给予的价格优惠。目的在于激励顾客一次性大批量购买，企业尽快实现销售目标。如：一些投资者，在投资某些楼盘时，一次买入几套房屋或形成团购，出现一次购买量大的情况，开发商可以按一定折扣价把房屋出售。

3. 交易折扣

又称功能性折扣，是根据各类中间商在房地产营销中所担负的职能不同而给予不同的价格折扣。例如：从事房地产销售的中间商，有的只负责收集信息，联系客户，有的不仅联系客户，出售房产，而且还负责办理有关产权登记，因此，房地产开发商可根据不同的中间商所起的作用采取不同的折扣，这样才能调动中间商的积极性，以促进本企业商品房的销售。

9.3.2 心理定价策略

1. 非整数定价

这是针对顾客求廉的心理制定产品价格的做法。有奇数价格、零头价格和低位价格。心理学测试表明，消费者感觉单数比双数少，零头比整数准确，低位位数更有明显的认同。例如，某商品定价 3.97 元，使顾客感到标价准确而产生一种信任感。99 元，而不是 100 元，虽然只差 1 元却能给顾客因为 99 是两位数，100 却是三位数，产生价廉的认知。如：在房地产市场中，物业管理公司在物业费的收费标准确定上，有的楼盘定为 0.35 元/m^2，从而使业主产生物业管理费较低的感觉，产生认同感，购买该处的房屋的业主，会主动交纳物业管理费。

2. 整数定价

它是指企业在指定产品价格时取整数，不要零头。对于某些高档消费品而言，价格往往是辨别质量好坏的“指示器”。因为顾客认为价格越高，质量越好。“一分钱一分货”就是这种价格心理的具体反应。在顾客心理，整数价格是对高档产品质量准确的标注。在中高档房地产商品交易中，顾客收入水平较高，对商品不再是求廉而是注重质量，注重服务。为满足业主高价质优的需求，房地产商品的销售价可用整数定价法。如：公寓住宅起步价为 8000 元/m^2。

3. 声望定价

这是针对消费者求名的心理动机而采取的定价策略。一个组织经过多年的营销努力，在市场中树立起很好的形象，赢得了顾客的信任，成为知名企业，产品一般比同类品价格要高。这种因产品品牌或企业声望较高，顾客对它产生了信任感，价格定高的策略，即是声望定价。如万科物业价格通常比周边物业高300～500 元/m²。

4. 招徕定价

也称“特价品”定价。是指企业为了吸引消费者的光顾，有意将少数几种商品的价格降到市价以下，有时甚至低于成本，以招徕顾客，增加其他商品的连带性购买，促使顾客购买其他商品，增加企业的销售额。如：有的房地产开发商推出特惠房 1～2 套，吸引顾客，顾客不满意特惠房时，会顺便看其他房子，这种定价就是招徕定价的事例。

采用招徕定价应注意以下问题：

①特价品应选择价格不高，需求广泛的商品，以广招徕。

②产品必须是真正削价，不能搞欺骗，要取信于消费者。

③采用这种定价技巧的企业应是规模较大，经营品种繁多的，以便向顾客推销其他商品。

④削价幅度要适当，要经常变化，使之既有较强的吸引力，又能从总体上提高企业的经济效益。

9.3.3 差别定价策略

1. 因顾客而异

同一产品，对待不同顾客价格可以不同。这是从顾客的潜在需求的可能性考虑的，根据顾客今后购买潜量大小的估计或企业营销目标，而推出不同的价格策略。对不同的消费群体定不同的价格。某些楼盘所面对的消费群体的范围可能比较大，开发商可以针对消费群体的不同而制定不同的售价，对于有些消费者给予优惠，即根据具体情况灵活掌握售价，差别对待。例如：对于普通消费者实现照价收款的，而对于教师购房则给予九折优惠等。实现这种策略，可以体现房地产企业重视教育、重视知识分子的良好风尚，有助于在社会上树立企业形象，提高企业的知名度，从而提高企业的竞争力。

2. 因规格而异

同样面积、同样结构的房屋，建造成本一样，因朝向有别，价格有一定的差别，南北朝向房屋的价格一般要高于东西朝向房屋的价格；同样面积、同样结构的房屋，建造成本一样，因楼层高低不同，售价亦有高低的区别。这样，通过价格杠杆可以吸引不同的顾客，有利于不同房屋的销售。

3. 因时间而异

同一产品或劳务，在不同时间交易价格有高低的区别。如：同一楼盘，期房的起步价一般比现房的起步价要低。

4. 对不同用途的商品房定不同的价格

房地产开发商可根据购房者购房后的不同用途采用不同的定价。例如：有的购房者用来作为办公楼，有的用作职工宿舍，有的作为商业用房等，对于不同的用途，可制定不同的价格。

9.4 房地产企业价格调整策略

在市场变化时，房地产企业会根据当时的形势，顾客及竞争者对市场变化的应对，结合自己的营销战略和利润目标，对自己产品的价格进行调整，价格调整一般采取两种策略：一是调低价格，二是调高价格。

9.4.1 企业主动调整价格

1. 降低价格

降低价格是指企业在市场经营过程中，为了适应市场环境和企业内部条件的变化，把原有产品的价格降低。导致降低价格的原因主要有以下几点：一是空置过多，虽然用了各种营销手段，仍销路不畅，占用了大量流动资金，影响了生产的正常进行。为了摆脱经营困境，在采用其他营销策略无效的情况下，可采用降价策略。二是当企业面临激烈的竞争，市场份额逐渐消失，为保住市场份额，企业采取降低价格策略。三是企业的成本低于同行业的平均水平，想通过降低价格来控制市场。另外，当经济不景气或产品销售困难时，企业也可以考虑降价。降价策略有一定的风险，低价可提高一定的市场占有率，但难于获得顾客对产品的忠诚，当市场上出现了价格更低的产品时，顾客的兴趣就会转移，而且降价会影响企业的收入和利润。所以，企业在决策降价时应权衡利弊，认真考虑企业目前的市场占有率、销售增长率、生产能力、顾客对价格的敏感程度、价格水平与销售量的关系、市场占有率与利润的关系等，慎重做出决策。降价后，还应对其他营销策略进行相应的调整，使营销组合的配置更加完善。

在降低产品价格时，要注意一些问题的处理。对此，企业可遵循五大原则：

①淡季时降价比旺季时降价有利。早降价是一种“明失暗得”之举，它有效的利用降价“时间差”，实现资金的较好回笼。

②同一产品降价次数太多会失去市场占有率。

③短期内降价不足以阻止新品牌的进入。

④在处理积压滞销产品时，降价幅度要适当，最好一次降到合理的程度，以较快的速度处理完这些产品。

企业在调低产品的价格时，不仅要注意选择降价的时机，还要考虑降价的幅度。降价的幅度可以事先拟定，应满足降价可增加销量且可以获得与原来相等或增长的利润。

降低价格可实现企业市场占有率的提高，增强企业市场形象，但降低价格会引发同行间的价格战，竞争加剧，企业采取此策略应考虑整体营销活动的协调。

2.提高价格

提高价格是在市场营销活动中，为了适应市场环境和企业内部条件的变化，把原有产品的价格提高。提高价格的原因主要有：一是通货膨胀的因素。它是引起价格上升的一个重要原因。货币贬值造成物价普遍上涨，企业成本增加，生产率却不能相应提高，这将导致利润下降，企业不得不提高价格。二是产品供不应求。企业无法满足市场对该产品的全部需求，提高价格既可有效地抑制需求，又可增加利润，有利于实现供求平衡。三是产品的成本提高。由于原材料涨价等原因使成本费用不断增加，导致产品价格提高。

企业提高价格时，应通过各种传播媒介做好宣传，提高顾客对产品价值的认知，并帮助顾客解决因产品提价而产生的一系列问题。

9.4.2 顾客对价格调整的反应

产品的价格变动，会直接影响顾客的购买行为。一般来说，产品价格下降，会受到顾客的青睐，调动需求，有利于企业扩大市场占有率；产品价格提高，顾客会反感，推迟购买。但是，顾客对产品价格调整的反应较复杂，并不是所有产品降价都能引发顾客积极购买，抬价都能抑制需求。对于产品降价顾客可能有的理解如下：

①这种产品有缺点，销售状况不佳。

②因为产品成本下降、行业竞争加剧等产生降价。

③企业财务管理出现问题，资金周转困难，故降价解决。

④产品质量有问题，导致销售价格下跌。

对于产品提价顾客可能的理解：

①该产品是畅销品，应立即购买，否则将丧失最佳机会。

②这种产品的质量、服务等方面比一般产品优异，故售价提高。

③价格的提高是个信号，在通货膨胀的条件下，价格发展趋势将一路攀升。

④出于购物保值的心理，以尽快采购为佳。

因此，企业准备价格调整时，宜事先认真研究，将顾客对价格的反应考虑周全，根据市场中顾客的反应，做出符合实际的决策。另外，企业调整价格时，还可密切注意需求的价格弹性表现，按照弹性系数的大小，部署价格调整的策略。

9.4.3 企业被动调整价格

在市场竞争中，企业经常遇到竞争者变价的挑战，对竞争者调价做出适当的反应，是一个十分重要的。

在同质产品市场上，如果竞争者降价，企业也要随之降价。因为，市场上产品非常相似，顾客购物会首选低价的产品，企业别无选择也要跟随降价，否则就会失去市场。如果竞争者提价，同行业企业会随之调价。但是，若某些企业认为提价没有益处，不随之变价，那么，最先发动提价的企业将有可能把价格降回原价。

在异质产品市场上，企业对竞争对手变价的应对有很大调整余地。因为市场上的产品不仅存在价格上的差异，而且在产品质量、服务等方面亦有区别，顾客对较小的价格差异并不在意。企业可以在价格上做出应对，也可以在其他方面有多种选择。

为了保证企业对竞争者的变价做出正确的应对，需要对竞争者和本企业的情况进行深入的研究和分析比较。

1. 竞争者情况分析

研究分析竞争者情况可包括：竞争者变价的原因，它变价的目的是为了扩大市场占有率，还是产品成本提高驱动，或是为了整个行业的共同利益涨价；竞争者改变价格是临时性的还是长期性的，其综合实力是否强大；如本企业对竞争者的调价做出反应后，竞争对手和同行企业又会采取的措施。

2. 本企业情况分析

研究分析本企业情况可包括：本企业的经济实力；本企业产品的市场生命周期；顾客对产品调价的敏感程度及本企业若紧随变价，对整体营销战略的影响。

当企业面对一个竞争对手时，可从两方面预测竞争者对企业变价的反应。一是假定竞争者以常规方式对价格变动做出反应，此时，其未来趋势是可以预测的；二是假设竞争者将每一次价格调整都看作是新的挑战，并根据自身利益做出相应的反应。或加强促销，改进产品质量，或调整渠道系统等。总之，企业应尽可能利用各种信息，分析判断竞争者的意图和反应，以便采取相应的对策。

当竞争者降价时，企业不可能花大量时间去调查、分析及研究对策。竞争者是准备已久，经过反复权衡才决定的，而企业必须在最短的时间内做出最佳反应，唯一可行的办法是，预先准备好几种对策方案。一旦遇到竞争者降价的情况，马上按一定的程序进行反击。应付竞争者削价的决策程序如图 9-4 所示。

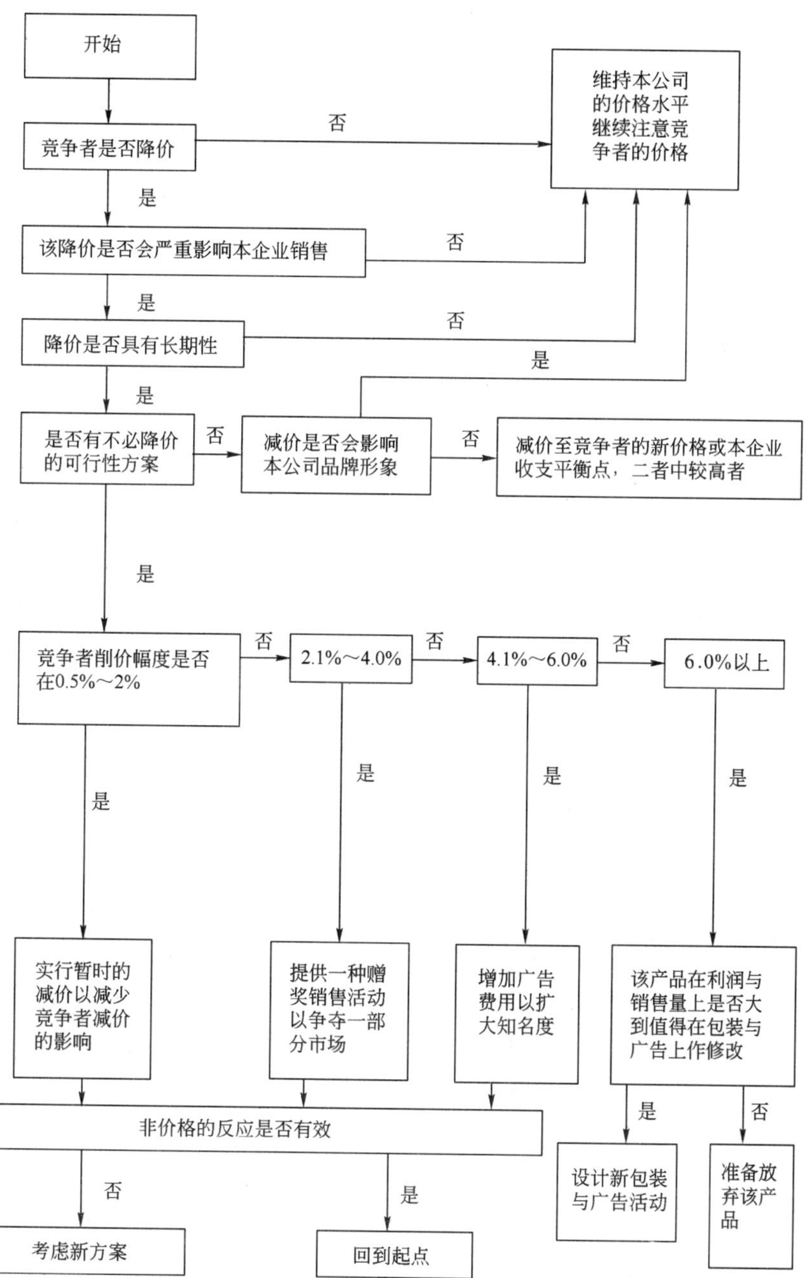

图 9-4　应付竞争者削价的决策程序

如果企业在市场上处于领导者的地位，面对竞争者的攻击性降价，可以采取以下对策：

(1) 维持价格不变

因为降价会损失利润，并且对企业其他营销活动产生连带影响，尽管保持原价，对市场占有率有一定的影响，但如果影响不大的话，日后还能恢复。当然维持价格不变的同时要改进产品质量、提高服务水平、加强促销宣传、运用一些非价格竞争手段来反击对手，这样，比盲目降价效果更加。

(2) 降价

与竞争者保持相同的价格水平，可以避免出现不利情况。对于需求价格弹性大的产品，当竞争品降价，本产品不降价，会造成顾客购买低价的竞争品，损失自己市场份额的情况。所以，企业要随竞争者降价而降价。

3. 提价

这是一种针锋相对的策略，提价的同时要提高产品的质量，通过各种传播媒介树立优质名牌的产品形象，与竞争者争夺市场。

4. 推出廉价产品进行反击

即在企业原有的产品组合中增加低档产品，通过大力宣传，对竞争者的降价作法予以反击，用同价位的新品与其抗衡。这种对策在对价格敏感的细分市场是十分有效的。

[案例]　长江实业旗下置富基金的新加坡上市

在广州市工业大道南端有一著名的金碧花园，自1997年秋推入市场后，声誉鹊起，以自己独特的价格策略运用，成为广州市房地产营销策略的典范。从进入市场的最初期开始，发展商及策划者们对于楼盘价格竞争的特殊性就有了一个清醒的认识。首先，房地产的价格与区域概念是紧密相连的，不同地理区域除了有实际价格的差异外，在心理价格上，往往也有较大差异；其次，房地产属于特殊的高价商品，只有在大幅度调整价格的情形下，价格才可能成为销售过程中决定性的“杀手锏”；再次，个体购买过程中往往存在一个“比较价格”的问题，即消费者对于楼盘的价格，除了会拿来和自己原有的心理价格作比较外，还会货比三家，与同区域其他楼盘的价格做比较。如果一个楼盘希望在价格上做文章，只低于“比较价格”是不够的，最好是远低于心理价格。实际价格与心理价格二者之间差距拉得越大，就越有可能创造更大的势能，释放出来后引起势不可挡的销售风暴。

基于以上的认识，发展商及策划者们制订了一整套的价格策略：首期推出在1997年8月初，通过市场调查获知，工业大道南端区域内楼盘均价在4000～4500元，而消费群对此区域心理定价在3600～4000元。金碧花园针对性地以3000元均价一口气推出 12 万 m^2 现房，同时提出“六个一流”和“八个当年，一定实现”的目标，造成了市场轰动，吸引了大量买家排队购买，很快将楼盘销售一空，而且获取了极高的市场知名度。第二期在 1998 年 6 月初推出，以最低价 2500 元，最高价 4000 元，均价 3500 元推入市场。此时，前期资金的快速回笼使得金碧花园在绿化环境、配套等规划上有能力做得更为大胆、更为出色，有力地增强了买家的信心，并强化了心理价位。第二期售价虽然比第一期稍贵，但仍低于比较价格与心理价格，加上第一期销售势能尚未完全释放完毕，因此第二期推出后，再次产生强烈的市场效应，不但在正式发售日一口气将 256 套现房售卖一空，而且使金碧花园的市场地位空前牢固、强大。1998 年 9 月，金碧花园趁热打铁，一口气以均价 4000 元推出 1000 多套高层单位。此时，金碧花园已聚集了很旺的人气，形成了强大的品牌影响力，并在消费者中形成了一个忠实的“追捧群”。此时，4000 元均价与周围楼盘价格虽然相近，但由于品牌影响力、小区配套的不断完善已经提升了金碧花园的档次和心理价位，所以 4000 元的均价仍然形成了相当强的价格势能，进入市场后，销售业绩不凡。

本章小结

价格是商品价值的货币表现。价格的制定和变化不仅直接影响顾客的购买行为，也直接影响着企业产品的销售和利润，所以，在现代市场营销活动中，尽管非价格因素的作用在增长，但价格策略仍是市场营销组合中重要的因素。本章主要介绍了房地产企业价格制定的目的，定价的方法和程序，价格策略等内容。一般房地产企业价格制定的目的有追求利润最大化、扩大市场占有率、应付竞争对手、稳定价格、维持企业生存等。在现实中产品的价格会受到多种因素的影响和制约，除了定价目标的影响外，还包括产品成本、市场需求状况、竞争程度、市场营销组合等方面。房地产企业制定某个价格，一般可以分为六个步骤：选择定价目标、测定需求、估计成本、分析竞争者的价格与特色、选择定价方法、确定最终价格。理论上具体的定价方法可分为：成本导向定价法、需求导向定价法和竞争导向定价法三类，共 7 种方法。作为房地产企业的最终价格，尚需要考虑市场的特点、产品的性质和竞争程度，运用价格策略进行调整以期达到较佳。常用的定价策略主要有：折扣定价策略、心理定价策略、差别定价策略等。当然，由于市场上供求变化、竞争者价格变化，房地产企业的价格不会是一成不变的，应随时调整以求胜出。

1. 影响房地产企业定价的因素有哪些？

2. 企业定价一般包括哪些步骤？

3. 房地产企业产品价格调整策略的内容？

4. 竞争导向定价法应如何运用？

参考文献

[1] 吴晓云．市场营销学．天津：天津大学出版社，2004.

[2] 纪宝成．市场营销学教程（第三版）. 北京：中国人民大学出版社，2002.

[3] 李强．市场营销学教程（第二版）．大连：东北财经大学出版社，2000.

[4] 何永琪，张传忠，蔡新春．市场营销学．大连：东北财经大学出版社，2001.

第 10 章 房地产市场营销渠道策略

开发商生产出来的产品，只有通过各种营销渠道，才能到达消费者手中。因此，如何选择和配置房地产营销渠道，用最有效的方式把房地产产品尽快地转移到消费者手中，是房地产市场营销工作中要考虑的一个重要问题。

10.1 房地产营销渠道概述

10.1.1 房地产营销渠道的含义与意义

1. 房地产营销渠道的含义

房地产营销渠道就是将房地产产品或服务从开发商手中转移到消费者手中所经过的途径。也称之为将房地产产品或服务从开发商向消费者转移的过程中，取得这种商品和服务的所有权或帮助所有权转移的所有企业和个人。这些企业和个人是由各种中间商（或称营销中介机构）组成。

各种房地产产品或同一种产品的营销渠道可以相同，也可以不同。只要是实现从开发商到最终消费者之间房地产产品及其所有权的转移，任何一组与此交易活动有关的营销中介机构，都可称作一条营销渠道。

2. 房地产营销渠道的意义

任何一个开发商都非常重视营销渠道设计和管理，是因为营销渠道具有非常重要的意义，其意义主要表现在两个方面。

①提高市场效率。开发商利用分销渠道销售产品，销售越快，其所开发的房地产在流通领域中停留的时间就越短，那么资金周转就越快，经济效益和社会效益就越高。

②有利于社会资源的有效利用。由于中间商一般都拥有很丰富的资源，专业性强，因此，开发商利用分销渠道销售产品，可以有效的利用社会资源，能尽快销售所开发的房地产产品，既满足了消费者的需求，又迅速回笼了资金，还可以使开发商迅速转向下一个项目的开发。

10.1.2 房地产营销渠道的职能与流程

1. 房地产营销渠道的职能

房地产营销渠道是连接开发商与消费者的桥梁，因而对产品从开发商转移到消费者手中所完成的工作、流程必须加以组织，其目的在于缩短产品或服务与使用者之间的差距。其职能主要体现在以下几个方面。

①研究市场职能。中间商专业能力较强，比较了解市场需求变化及其消费者心理，因而，中间商不仅销售产品，还要研究市场，收集制定营销策略所必需的信息。

②促销职能。中间商的主要任务之一是创意营销策划方案并执行之，对所销售的房地产产品（或服务）对消费者进行说服性沟通，以促进产品尽快销售出去。

③接洽职能。即中间商在研究、了解市场的基础上，积极寻找消费者，当客户来到售楼部咨询时接待并进行沟通。

④配合职能。中间商要配合开发商，使所提供的房地产产品（或服务）符合消费者的要求，同时还要配合开发商的项目工程进度做好营销管理工作。

⑤谈判职能。中间商为了销售并转移房地产产品（或服务）的所有权（或使用权），与客户就其价格及其有关事项进行谈判并达成最后协议。

⑥融资职能。房地产开发投资额很大，离不开金融机构的支持，中间商一方面可以帮助开发商争取金融机构的支持；另一方面可以帮助消费者办理银行按揭等。

⑦风险承担职能。房地产开发周期时间长，资金回收周期也长，其间受各种市场因素影响大而导致风险大，中间商的介入，就可以分担与渠道工作有关的全部风险。

2. 房地产营销渠道流程

房地产产品及其所有权从开发建设领域进入消费领域，必须经过销售这一环节，以完成房地产产品及其所有权的转移。这种转移过程就是渠道的流程。

整个营销渠道流程工作是由不同角色的中间机构或个人承担。营销渠道流程主要的有实体流程、所有权流程、付款流程、信息流程、促销流程及服务流程。

①“实体”流程。由于房地产的不可移动性，也就没有房地产产品的“实体”流动，当然也就不存在任何运输方式。这里的“实体”流程是指顾客购买了房地产商品（实体）而从开发商手中直接或间接地“转移”到消费者手中的过程。

②所有权流程。是指房地产所有权从开发商手中直接或间接地转移到消费者的过程。

③促销流程。是指广告、公共关系、人员推销、宣传、促销等活动由开发商或

中间商流向消费者的过程。

④服务流程。是指开发商或中间商为了加快实体流程和所有权流程，而最大可能的为最终消费者提供一系列服务的过程。例如，开通看房直通车，代办房地产产权证件，代办银行按揭手续等。这种流程是实体流程、所有权流程的派生。

⑤付款流程。是指消费者购买实体商品的款项从消费者流向中间商或开发商的过程。

⑥信息流程。它包括两层含义：一是指开发商和中间商之间相互传递信息以及向消费者传递信息的过程；二是消费者了解开发商和中间商的信誉和有关房地产产品、价位及其所处的周边环境等信息的过程。

在上述流程中，实体流程、所有权流程、促销流程及服务流程是正向流动的；付款流程是反向流动的；而信息流程则是双向流动的。

10.1.3　房地产营销渠道的类型及其特点

成功的房地产销售过程一般包括三个阶段，一是为使潜在的购买者（或租客）了解楼盘状况而进行的宣传、沟通阶段；二是就有关房地产产品或服务的价格（或租金）以及合同条件而进行的谈判阶段；三是买卖双方协商一致后的签约阶段。

从房地产市场营销的具体方式来看，主要有两种基本的构成形式：直接营销渠道形式和间接营销渠道形式。

1. 直接营销渠道

直接营销渠道是指开发商自己直接将房地产商品销售给顾客，如图 10-1 所示。

图 10-1　直接营销渠道的交易过程

（1）直接营销渠道的优点。

①降低或减少营销成本。开发商自己销售，可减少营销成本费用。

②了解和把握顾客的需求。产销双方直接见面，有利于了解顾客的需求、购买特点及市场变化趋势，及时调整营销工作。

③控制营销策划的执行过程。可以对整个营销过程进行有效的控制，避免因某些素质不高的中间商（代理商）介入而造成的营销短期行为以及由此带来的营销风险。

（2）直接营销渠道的缺点。

①由于开发商推销经验、能力、推销网络的不足，往往会影响销售效果。

②开发商内部一般缺乏既懂房地产营销知识，又懂相关法律的高素质营销队伍，不易制定出全方位、完善的营销策略。

综上所述，直接营销渠道有优点也有缺点，但由于委托房地产代理要支付相当于售价1%～3%的佣金，从成本角度来讲，开发商愿意自行租售。

一般在下述情况下，开发商愿采取直接营销方式。

第一、大型房地产开发公司，一般都有自己的市场营销队伍和销售网络，专门负责公司楼盘的销售工作。例如北京市某集团每年所开发的数十万平方米普通商品住宅，均由其所属的销售中心负责销售工作。

第二、当房地产市场高涨、市场为卖方市场时，开发商所开发的项目很受使用者和置业者欢迎，而且开发商预计在项目竣工后很快便能租售出去的项目。例如，中建海外地产有限公司1989年在香港开发的某中低档写字楼项目，由于当地的需求很旺盛，公司决定自己直接租售，结果只用了半个月左右的时间就将大厦的主要部分（写字楼）销售完毕，节约代理费约150万港元，而该大厦底层的商业用途楼面，该公司考虑到自己租售较为困难，就委托了房地产代理公司进行租售。

第三、开发商所发展的项目有较明确，甚至是固定的销售对象时，有时甚至是由业主先预付部分或全部的建设费用时，开发商就没有必要寻求房地产代理的帮助了。例如，某公司开发的深圳世界花园，位置很好，位于深圳著名景点——世界之窗的对面，是占地15万m^2，建筑面积达45万m^2的高档住宅小区，早在项目未公开推出时，其首期兴建的23幢多层住宅就被市内两家银行和一家信托公司瓜分一空，当然无须去找代理商了。

2. 房地产间接营销渠道

房地产间接营销渠道是开发商经过中间环节把房地产商品销售给消费者（业主或租者）。间接营销渠道的交易过程，如下图10-2所示。

图10-2　间接营销渠道的交易过程

（1）间接营销渠道的优点。

①有利于发挥中间商的营销专业特长，中间商往往对本地房地产市场有详尽的了解和研究，拥有一支专门从事策划、房地产推广且具有丰富销售和管理经验的专业化队伍，从专业上可以保证开发商所开发的房地产产品销售成功。

②中间商都有自己潜在的影响力和客源市场，这是中间商销售商品成功的基本保证。

③可以缓解开发商人力、物力和财力的不足，便于开发商合理配置有限的资

源，重点致力于项目的开发和工程方面的工作。

（2）间接营销渠道的缺点。

①目前我国的房地产中间商专业素质和职业道德水准差异很大。中间商有时为了创造较好的销售业绩，会不切实际地美化该楼盘，导致业主和开发商发生纠纷事件而影响开发商的声誉。

②开发商要支付中间商一定的报酬如佣金，增加了开发商的经营成本。

综上所述，间接营销渠道也有优缺点。随着我国房地产市场规范化，由代理商进行项目全程营销策划的优越性已越来越明显，逐渐为开发商和顾客所接受。因此，全国各地项目代理公司风起云涌，尤其是在我国沿海经济发达地区及中原一些地级市中，这种营销渠道已经是一种十分重要的营销渠道。

10.2 房地产营销渠道设计与管理

10.2.1 影响房地产营销渠道选择的因素

渠道选择的重点是确定到达目标市场的最佳途径，每一个开发商在渠道决策中，并不是可以随心所欲的，而要受种种因素的影响和制约。这些限制因素主要包括以下因素。

（1）房地产产品特性。

由于房地产产品的价值量大，使用年限长，对大多数消费者来说，购买它往往要花费多年的积蓄，在作出购买决策时往往慎之又慎；另外，由于房地产的不可移动性，受周边环境的影响很大，而消费者一旦购买往往要长期使用甚至作为财产留给下一代。因此，在项目开发建设过程中就要对产品设计的时尚性、环境优化、市政设施等产品特性方面，与消费者进行很好的宣传、沟通，直接向顾客推销或利用原有营销路线展销，使消费者产生购买的兴趣，则该楼盘的销售已成功了一半。这样的楼盘应尽可能利用短渠道，以增加赢利。

（2）顾客特性。

顾客特性包括现实顾客和潜在顾客的数量、顾客的购买习惯、对服务的要求以及销售的阶段性、市场竞争等因素，这些因素均直接影响分销路线。一般来说，住宅市场现实顾客多，企业可采用直销方式。若市场上潜在顾客多，市场范围大，地理分布广，那么涉足房地产市场的开发商就多，市场竞争就会激烈，就越需要中间商的帮助。

（3）中间商的特性。

渠道设计时，还必须考虑执行不同任务的营销中间机构的优缺点。同时，开发商选择中间商的过程，实质上也是中间商选择开发商的过程，二者是双向选择的。因此，中间商的信誉、资质、所拥有的资源优势以及以往的销售业绩等都会影响到渠道选择。

（4）开发商自身的因素。

开发商自身的信誉高，财力雄厚，具备管理销售业务的经验和能力，在选择中间商方面就有更大的自主权，甚至建立自己的销售队伍而不依赖中间商的服务，这种“短而窄”渠道会降低成本，增加企业利润，提升企业的品牌；相反，对于资源贫乏、实力薄弱和营销管理较差的小型企业，应当充分利用中间商，采用较长的销售渠道比较好。

此外，开发企业的产品组合亦会影响其渠道选择。例如，开发的住宅商品中，有四室二厅二卫、三室二厅二卫、三室二厅一卫、三室一厅一卫、二室二厅一卫、二室一厅一卫，一室一厅一卫，房型配比合理，产品组合深度大，就降低了开发商的风险，有利于销售。

（5）环境特性。

环境特性包括社会文化环境、经济环境、竞争环境等。从微观环境看，开发企业大多尽量避免使用与竞争对手相同的渠道，当与竞争者开发的房地产产品相近时（区位、交通、商品特性、价格、售后服务等）竞争就会激烈，这时渠道选择尤为重要。但在现代商品同质化程度高的情况下，就要挖掘其差异性，实施差异性营销。事实上，绝对没有完全相同的产品，即使是同一楼盘，也存在着楼层、朝向、采光、通风面积等方面的差异，差异性决定了顾客购买时可能会货比三家、权衡再三。

此外，宏观经济形势、新的法令、法规的颁布，或者原有法令、法规的修订，都会影响直接或间接影响到企业对销售渠道的选择。需要说明的是，上述营销渠道的限制因素只是相对而言，但决定渠道选择的最终因素还是开发商的营销成本和效益。

10.2.2 房地产营销渠道选择策略

1.选择渠道模式

（1）分析消费者需求。

顾客组成市场，顾客的需求正是房地产开发企业渠道设计的目标。合理、有效的渠道设计，应以确定开发企业所要达到的市场为起点。从原则上讲，目标市场的选择不属于渠道设计的问题。事实上，市场选择与渠道选择是相互依存的。因此，必须了解企业选中的目标顾客群期望得到哪些利益，对房地产商品有关信息的感知程度，要购买什么商品，什么时间购买、什么地点购买，如何购买，以及他们希望代理商提供的购买服务水平、时间、空间便利条件等，以做到心中有数。

（2）确定渠道长度。

所谓营销渠道长度是指产品从开发企业到消费者的过程中所经过的环节的多少，即营销渠道层次的多少。企业决定采用什么类型的营销渠道？要视具体情况而定。从开发商观点来看，渠道层次越多，渠道长度越长，利润越少，控制渠道所需解决的问题也会增多。当然，选择渠道模式又与确定所需中间商的类型不可分割。

渠道设计的中心环节就是确定到达目标市场的最佳途径，即确定渠道长度。有利的市场加上合理有效的渠道，才可能使企业的成本最小化、利润最大化。

根据有无中间环节和中间环节的多少，可将渠道分为以下几种基本类型，见图 10-3。

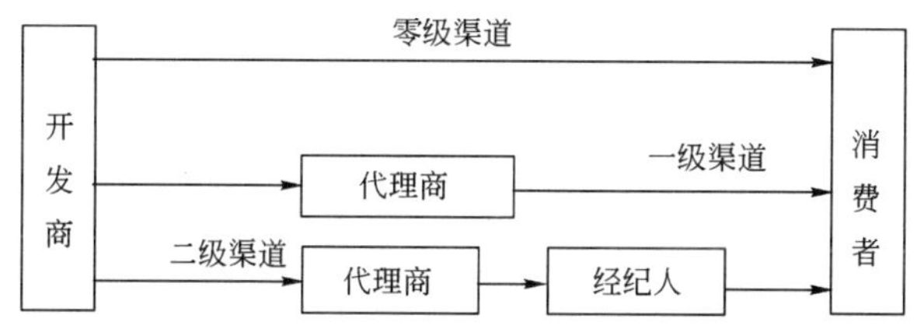

图 10-3　渠道长度示意图

零级渠道，也称直接渠道，即由开发商直接将产品销给最终消费者；

一级渠道，即只包含一层销售中间机构，如代理商；

二级渠道，包含两层中间环节，如代理商和经纪人。

2. 确定渠道宽度

渠道宽度是指销售渠道的同一层次中使用中间商数目的多少。同一层次中使用中间商数目多，就是宽渠道；反之，同一层次中使用中间商数目少，就是窄渠道。开发企业在确定每一层次所需中间商的数目时，有三种策略可供选择。

(1) 广泛销售策略。

广泛销售策略就是企业在同一销售层次中选择较多的中间商来推销产品。这种策略的重点是扩大市场覆盖或加速进入一个新市场，使众多的消费者能随时随地买到这种产品。一般日用消费品和工业品中的通用设备多采用这种宽渠道，对房地产营销不适用。

(2) 选择性销售策略。

选择性销售策略就是企业在一定市场范围内选择少数最合适的中间商推销产品。它对住宅市场较为适用。一方面，它比独家分销面广，利于企业扩大市场，展开竞争；另一方面，它比密集分销节省费用，并较易控制。一般适用于大盘地产。

(3) 独家销售渠道策略。

独家销售渠道策略就是企业选择一家中间商来独家推销产品。这是企业经常采用的方法。通常双方协商签订独家销售合同，规定不得经营第三方特别是竞争对手的房地产产品。该策略的重点是控制市场和价格，控制中间商，或者彼此充分利用对方的商誉和经营能力，便于提高服务质量，提高企业的声誉。中间商最喜欢独家销售，因为它排除了竞争，可以得到房地产开发企业的支持，利润较高。但若运用不当，风险也较大。

3.规定渠道成员的权利和责任

开发商在决定了渠道的长度和宽度之后，还必须规定渠道成员参与交易的条件和应负的责任，并要得到有关方面的配合响应。在交易组合中，这种责任主要包括：价格政策、销售条件及各方应负的责任。在具体操作时，渠道成员拥有哪些权利、承担哪些责任，开发商如何配合中间商、怎样配合中间商等，要视双方的协议而定。

例如，对于房地产开发商的权利和责任，应给予中间商的房地产产品供应保证(按时交房、入住、产权及其他相关手续办理等服务)、产品质量保证、银行按揭保证、市政配套设施以及物业管理、价格折扣、广告促销协助等。对于中间商的权利和责任，应向开发企业提供市场信息和各种业务统计资料，保证实行价格政策、不片面夸大和美化所销售的楼盘，达到服务标准等。

4.营销渠道方案的评估

每一个渠道方案都是房地产产品转移到终端消费者的可能路径，开发商所要解决的问题，就是从那些看起来似乎合理但又相互排斥的方案中，选择最能满足企业长期目标的一种方案。因此，开发商必须对渠道方案进行评估。对房地产营销渠道的评估一般采用经济性、控制性、适应性三个方面来评估。

(1) 经济性评估。

每条渠道的销售情况及其运作成本都会有所不同。这可从经济性的角度来进行评价。从销售渠道的运作成本来看，大型的开发商大多采用直销方式而不选择间接营销方式，其主要原因在于中介机构收取的费用太高，企业利润会被中间商分享。开发商若采用间接营销方式，由于间接营销渠道拥有的销售人员较多，营销经验丰富，且有自己的营销网络，其佣金的高低取决于销售业绩，因此其销售量有可能比采用直销方式大，但中间商的费用（佣金）往往比开发商自己营销要高，这就增加了开发商的营销成本。

(2) 控制性评估。

使用中间商意味着有很多管理控制的问题需要解决。如由中间商代理销售时，中间商是否有欺骗消费者和损害开发商声誉的行为等。另外，开发商与中介机构的冲突如何协调。如开发商认为中间商要求的佣金太高，销售业绩不理想。而中间商则认为开发商期望过高，不了解市场行情等问题，都可以从控制性的角度进行评估。

（3）适应性评估。

对于开发商来说，在处理与中间商的关系时，还有一个适应性的问题。当二者发生冲突或合作不愉快时，除了控制事态的发展，不至于太恶化外，还要积极的与中间商协调和彼此间相互适应，遇到问题及时沟通。

在这三个标准中，经济性最重要。因为企业的目标是追求利润而不是追求控制性和适应性的。判别一个方案好坏的标准不应是其能否导致较高的销售额和较低的成本费用，而是在达到开发商、中间商和消费者三赢的良好格局下，开发商能否取得最大利润，并树立企业良好的商誉。

10.2.3 房地产营销渠道管理

1.选择渠道成员——中间商

（1）房地产中间商的选择标准。

一般情况下，要选择具体的中间商，必须考虑以下条件。

①中间商的实力。中间商的实力与信誉包括专业人员素质水平、所占有的市场信息资料、所拥有的设备、经济和社会关系资源以及中间商的信誉等综合实力。因此，所选择的中间商应具备多方面的专业知识和经营能力，还须有一定的经营方向和经营范围。

②中间商的人品和信誉。其负责人和主要职员是否有良好的职业道德和信誉，对开发商来说至关重要，其中包括能否为委托方保密，工作过程中是否具有客观、真实、真诚的作风，在房地产交易过程中除佣金外，是否还有其他利益等。如一些代理商采用保底价按比例收取代理费，超出保底价部分按另外的比例分成，就是一种严重违反职业道德的做法。

③中间商的业绩。看它以往的销售业绩，主要是看其所代理的项目成功率有多大，而不是看其共代理了多少个项目或成交额有多少。同时，还要看其代理每一个项目的平均销售周期。一般来说，代理商成功代理、分销、策划的小区或楼盘越多，则其从事的楼盘销售成功的可能性就越大。

如某公司代理10个项目只有两个成功，而另外一个公司代理了两个项目均获成功，显然后者的成功率要远远大于前者。

④中间商可投入营销工作的资源。对于地方性的代理商，由于其人员、经验和销售网络的限制，一般没有能力代理大型综合性房地产项目的销售工作。但大型综合性代理商也未必就能代理所有的大型项目。例如，北京某国际性物业代理机构曾一度同时代理着北京近30个大中型物业开发项目，其中有些同类型项目处于同一地段，结果代理费高的项目销售十分火爆，而代理费低的项目成交寥寥无几。究其原因，是代理商在有意的以低佣金作诱饵，来垄断同类型物业的租售市场，并将其

主要的人力、物力投入到代理费比例高的开发项目上去了。

⑤中间商的管理和沟通、协调能力。房地产营销涉及的环节很多，中间商应该有一套严密有序的管理制度和管理方法，才能保证工作中不发生差错，如遗失顾客合同等。另外，开发与中间商的沟通、中间商与顾客的沟通尤为重要，因此，中间商应具有一定的信息收集、储存、传播交换的能力和较强的公关能力。

此外，还要针对房地产类型，来选择中间商。如住宅物业的销售，由于当地中间商对市场及潜在的买家或租客有较详细的了解，常选择当地的代理商代理；对工业和商业物业来说，常委托全国性或国际性代理公司，因为他们通常对大型的项目有更丰富的代理经验，且与大公司有更直接、更频繁的接触，当地的代理商有时参加，有时不参加，要具体问题具体分析。

(2) 房地产中间商的选择答辩。

在选择中间商的过程中，可根据要委托销售的房地产情况要求中间商答辩。下面提供某楼盘的部分答辩内容，仅供参考。

①(开发商问) 根据您（中间商）的经验，您认为本楼盘开盘时，发展商应具备哪些条件？

②您判断，本楼盘开盘价是多少？至结构封顶时，楼盘的阶段销售均价能达到多少？

③本楼盘开盘后，价格走势如何？与别的楼盘相比有哪些优势和劣势？

④您估计，本楼盘的促销费用（如广告）将是多少？这些费用大致上如何支配较合理？

⑤根据您的测算，本楼盘至结构封顶时销售率会达到多少？

⑥您推断，本楼盘的销售会有哪些大的障碍和困难，是否有其他措施可以弥补。

⑦根据您的计算，在顾客分期付款的前提下，本楼盘至结构封顶时可回收的资金总量有多少？实际能到位多少？

⑧根据您的计划，本楼盘的销售人员以多少为合适？现场售楼处需要多大面积，如何布置才能使顾客多停留点时间？

⑨根据您的方案，若聘请您为本楼盘的销售总代理或策划，您的最大优势在哪里？如何来实施您的计划？

2. 渠道成员的管理——开发商与中间商的双赢

由于渠道内部利益冲突，会存在开发商与中间商之间的矛盾，冲突若不及时协调和解决，往往会消耗双方的资源，影响开发商经营目标的实现。因此，开发商要注意使中间商的目标与经营方向与自己相一致，共同满足顾客需求，实现开发商与中间商的双赢。

（1）制定渠道控制标准。

控制标准应当是评估营销渠道中各营销中介工作绩效的标准体系，具体的指标有销售目标、市场份额指标、宣传效果、信息反馈指标等。同时，还要考虑中途退出或增加的中间商数量和比例、顾客抱怨的数量和比例、中间商对房地产产品的最优控制情况、中间商对新技术的利用等。总之，指标要制定得切实可行，不能脱离实际。

（2）激励中间商。

与中间商达成协议后，要经常激励中间商使之尽职，能按时完成任务的，要按照有关协议进行物质奖励和精神奖励。但是，开发商应避免激励过分与激励不足两种情况。当开发商给予中间商的优惠条件，超过他取得合作与努力水平所需的条件时，就会出现激励过分的情况，其结果是销售量提高，而利润量下降；当开发商给予中间商的条件苛刻时，则会出现激励不足的情况，其结果是销售量降低，利润减少。所以，开发商必须确定应花费何种力量和多少力量，来激励中间商。一般来说，对中间商的基本激励水平，应以交易关系组合为基础。

（3）支持、协助中间商，提高营销效果。

开发商可以利用多种方法支持中间商。如开展促销活动，对中间商提供强大的服务、广告支持，利用广告宣传推广产品，塑造产品和企业的形象。开发商还应为中间商提供各种补贴措施，如焦点广告补贴，以换取他们的支持与合作，达成利益的统一体。这一点很重要，开发商必须制定详细的措施，争取中间商的广泛参与、积极协作。这既提高了自身品牌的知名度，又帮助中间商赚取利润，激发他们的热情，引导他们正当竞争，从而减少各种冲突，实现开发商与中间商的双赢。

此外，还可以给予中间商资金支持，开展多种营业推广活动，提高中间商推销产品的积极性。

3.做好中间商的绩效估量工作

开发商除了激励渠道成员外，还必须定期评估他们的绩效，了解销售中出现的问题，及时消除营销渠道中的障碍，保证销售渠道的畅通。评估的目的在于鞭策后进，激励先进。若某一渠道成员没有完成任务，要找出主要原因，并考虑可能的补救措施。如果是由于所定指标太高，导致没有完成任务，就要及时修正指标；如果是宏观不可控因素引起的，如经济衰退，购买力下降，则开发的项目决策失误；如果是中间商没有尽力，要按协议进行相应的处罚，并要求其在一定的时间内有所改进，否则就要终止合作，更新营销渠道。

10.3 房地产中介代理

10.3.1 房地产中间商的类型

房地产中间商是指处在房地产开发商和顾客之间的，从事房地产商品流通业务，促进买卖行为发生和实现的企业或个人经纪人。

房地产中间商对于间接营销渠道的建立和扩展优化都具有十分重要的作用。其类型主要包括以下几种。

1. 房地产包销商

房地产包销商是指拥有房地产产品的所有权和处置权的中间商。这些中间商实力较强，采用的方式是一次性或分期付款买断整栋、整片发展商所开发的商品房，随后再分单元出售给顾客，以赚取买入价和卖出价的差额为利润（扣减经营成本）。他们购置房地产具有投资的性质，经营风险大，销售利润回报也高。

2. 房地产代理商

房地产代理商是指接受开发商或经销商的委托，从事销售业务但不拥有所有权的中间商，其销售处主要在楼盘现场，而且具有整盘营销策划能力和现场销售能力。代理商一般和开发商共同承担营销风险，以获取楼盘销售佣金为利润。

房地产代理商是间接营销渠道的主要形式，可分为企业代理商和个人代理商两种，合称房地产中介。企业代理商是指由多人组成的具有法人资格的代理机构；个人代理商俗称经纪人。

3. 房地产经纪人

房地产经纪人是指具备经纪人条件，取得国家注册房地产经纪人资格证，经工商行政管理部门核准登记并领取营销执照，从事房地产经纪活动的组织和个人。这里的房地产经纪人主要指个人，他们为买方寻找卖方，为卖方寻找买方，通过居间活动，实现交换，从中获取交易中介佣金。

4. 房地产中介商

房地产中介商是针对散盘（个别单元楼盘），采用网络营销、店铺式营销或上门推销的方式，对顾客介绍楼盘的基本信息并进行简单的包装，以获取楼盘销售佣金为利润。这种方式能否成交，在很大程度上依赖于销售人员的个人突破。房地产中介商可以作为开发商或代理商的分销商。

5. 房地产策划公司（或策划工作室）

房地产策划公司是房地产代理公司（或策划工作室）与业主（卖方）合作的另一种主要方式，仍属于直接营销渠道。一般是开发商委托代理商进行全程营销策划，由开发商出资提供办公场所及所有宣传推广费用，开发商参与并利用代理商所提供的营销策划方案，及拥有的客户网，共同组建一个房地产项目的“销售中心”，进行营销推广。其主要业务是受开发商委托，为其所开发的楼盘提供市场调研、营销策划、销售人员培训、顾问服务等服务工作。

现阶段，一般是房地产代理商与房地产策划公司合而为一。

10.3.2 房地产中介代理

1. 房地产中介代理的涵义

房地产中介是指房地产市场发展到一定程度而出现的一种特殊行业，属于第三产业中有偿服务业。房地产中介服务是指直接为房地产投资、协作、买卖、交换、抵押、典当等市场交易行为而提供的各种居间性有偿服务活动，是房地产市场体系的一个重要组成部分，其业务范围有房地产信息咨询、价格评估、经纪代理、物业管理及房地产信托、律师、公证、仲裁等许多方面，是房地产咨询、房地产估价、房地产经纪等活动的总称。

2. 房地产中介代理的形式

房地产中介代理的形式通常在委托代理合同上有具体的规定。房地产中介代理的形式主要有以下几种方式。

（1）联合代理。

联合代理指开发商开发的项目，开发商委托两家或两家以上的代理公司，共同承担项目代理工作的方式。

其具体方法是通过联合代理合约，规定各代理公司的职责范围和佣金分配方式，各代理公司之间有分工、有合作。对于功能复杂的大型综合性物业，开发商经常委托联合代理。

（2）独家代理。

独家代理是指发展商开发的项目，开发商委托某一家有销售此类物业经验的房地产代理公司，来负责项目代理工作的方式。

独家代理适合于一些功能较为简单的项目。

（3）首席代理和分代理。

对于大型综合性开发项目或物业，开发商可以委托一个房地产代理公司作为项目的首席代理，全面负责项目的代理工作；然后由总代理再去委托分代理（总代理委托分代理，有时可以自己决策；有时必须征得开发商的同意），负责房地产某些部分的代理工作。特殊情况下，开发商还可以直接委托分代理。此时，代理公司的佣金按照各代理公司所承担的责任大小来分配。

（4）买方代理、卖方代理和双重代理。

依代理委托方的不同，房地产代理还可以分为：买方代理、卖方代理和双重代理三种。

对于买方代理和卖方代理，房地产代理只能从买方或卖方单方面收取佣金；对于双重代理，房地产代理可以同时向买卖双方收取佣金，但佣金总额一般不能高于前两种代理形式，而且双重代理的身份应向有关各方事先声明。

总之，不论是采用哪种代理或代理组合，关键是在开发项目前期就尽快确定下来，以便使房地产代理公司能就项目发展的规划、设计和评估有所贡献。

3.房地产代理公司的运作

（1）代理公司与开商公司的合作。

代理公司的运作按代理商与委托方的关系不同分为两种类型：代理公司与卖方合作、代理公司与买方合作。目前市场上主要是代理商与卖方的合作，也是我们介绍的重点。

代理公司与卖方合作，一般指代理商与开发商的合作。开发商委托代理商时，往往给予代理商以更多的关注，以尽快把房地产产品销售出去。因此，二者的合作，通常是开发商自己的销售部与其委托的代理公司合作销售。其合作销售的运作过程是：

代理商以开发商的名义寻找客户→由开发商确认客户（由该代理商介绍）→客户与开发商签订购或租赁合同→开发商如约向代理商支付佣金。

（2）代理商收取佣金的原则。

代理商在代理业务中采取不同的代理方式，其收取佣金的原则也不同。

①独家代理商收取佣金的范围，既包括招揽生意、介绍顾客成交的金额，也包括委托人在该代理地区直接成交的金额。

其收费标准是：依每宗交易的成交额收取佣金或代理费，出售物业收取销售额的1％～3％；出租物业收取年租金的10％左右或相当于一个月的租金。

②联合代理收取佣金的范围，只限于介绍生意成交的金额，对于委托人直接成交的金额，则不另付代理商佣金。

其收费标准是：通常为独家代理时的1.5倍，各代理机构之间要依事先协议来分割这笔佣金。

③一般说来，代理商只应从买方或卖方单方面收取佣金。如果有客户委托代理商帮助买楼或租楼，则代理商的身份就相当于买方代理，此时的代理商应从买方或

承租方获取佣金；如果是代理商申请为开发商推销时，则代理商的身份就相当于卖方代理，此时的代理商应从卖方获取佣金；如果代理商同时又兼为买主时，即为双重代理的身份，经与委托人协商，代理商可同时向买卖双方收取佣金，但此时佣金总额一般不高于前两种代理形式。

(3) 房地产代理收取佣金的条件。

①代理商介绍的客户愿意立即付款的条件下，代理商享受佣金权。

②若规定佣金在委托人收到款后付给，但客户违约不付款，委托人得到客户赔偿时，代理商可要求合理的佣金（或报酬)。

③由于委托人的过失（如委托人延误工期)，致使客户不付款，此时，代理商可追索其交易费用，要求支付佣金。

④只要经代理商的努力，客户还价低于代理商出示的物业单价，而委托人又接受客户的出价而成交，此时，代理商仍可享有佣金权。

⑤代理合同终止前，代理商对其所引介客户的续订单享有佣金权。

⑥委托人未能履行契约的部分内容，或以契约以外的方式履行，代理商有权索取佣金。

⑦委托人接受订单或追加订单，系在契约终止之后，是否支付佣金，一般取决于代理契约的约定。

⑧解除代理合同时，委托人对经代理商努力而缔结，但尚未履行的合同应支付代理商佣金。

⑨解除代理合同以后，在合理的期限内成交，对于较多的因代理商的努力而产生经济效果者，代理商仍享有佣金请求权。

⑩代理商在一定地区内被指定为独家代理机构时，有关该地区内的一切交易，即便是委托人经过其他代理商成交，而未经独家代理商直接进行交易，委托人也要承担支付佣金的义务。

10.3.3 房地产中介代理的流程

房地产中介代理的范围包括二级市场上的增量房地产，也包括三级市场上的存量房地产。与开发商或小业主的合作形式有独家代理、分销代理，不同的业务范围和不同的合作形式其工作流程不尽相同，下面主要介绍二级市场上的增量房地产代理的流程。

1. 二级市场上增量房地产分销代理（联合代理）流程

开发商将欲租售项目给多家中介代理公司，请他们作为分销代理商，以扩大销售面，并与之签订《分销代理合同》。其运作流程如图 10-4 所示。

一般来说，分销代理商的工作相对简单，他们不承担营销策划设计工作，只负

图 10-4　分销代理运作流程

责寻找客户与促成交易。

2. 二级市场上增量房地产独家代理的流程

这个流程又称为全程营销，也有相当一部分情况是房地产设计建设后接受委托代理销售的，则其流程开始于本流程的“设计、开发建设”之后，如图 10-5 所示。

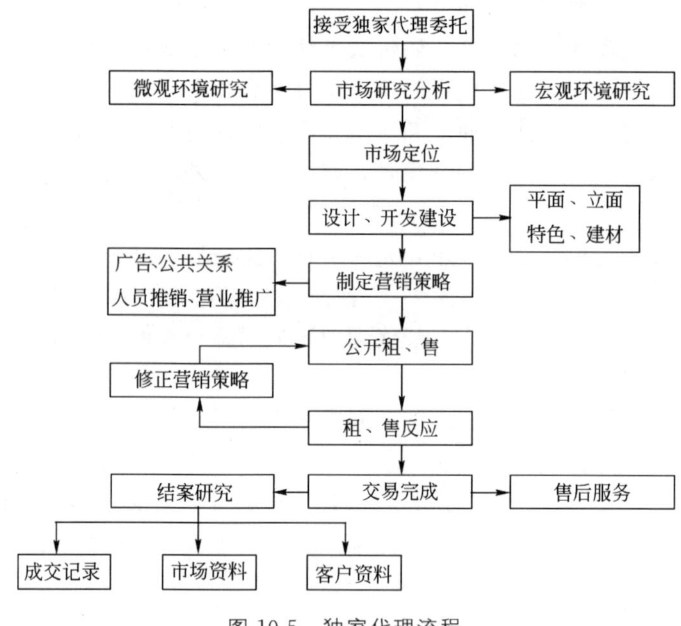

图 10-5　独家代理流程

10.3.4　房地产经纪人

1. 房地产经纪活动方式与经纪收入

所谓经纪即经纪活动，是社会经济活动中的一种中介服务行为，具体是指在市场经济条件下，为促成他人交易而从事的居间、行纪、代理及咨询等的有偿服务活动。

经纪人也称居间人，在活动中不归属委托方或第三方，完全处于中间地位的中介人。

（1）房地产经纪活动方式。

我国现阶段的经纪活动一般包括居间、行纪和代理三种方式。

①居间。指经纪人为交易双方提供信息及条件，撮合双方交易成功的商业行为。居间是经纪行为中广泛采用的一种初级形式，其特点是服务对象广泛，但服务的程度较浅，经纪人与委托人之间缺乏长期固定的合作关系。

②行纪。指经纪人受委托人的委托，以自己的名义与第三方进行交易，并承担规定的法规责任的商业行为。在形式上，行纪与自营很相似，但经纪人并未取得交易商品的所有权，他是为委托方的利益而进行活动，作为经纪人，他仅得到委托人给他的佣金。行纪活动的服务内容较深，经纪人拥有的权利和承担的责任也较重。在通常情况下，经纪人与委托人之间有长期固定的合作关系。

③代理。指经纪人在受托权限内，以委托人名义与第三方进行交易，并由委托人直接承担相应的法规责任的商业行为。经纪活动中的代理属于一种狭义的商事代理活动，其特点是经纪人与委托人之间有较长期稳定的合作关系，经纪人只能以委托人的名义开展活动，活动中产生的权利和责任归委托人，经纪人只收取委托人的佣金。

（2）房地产经纪收入。

佣金是经纪人收入的唯一来源，其性质是劳动收入、经营收入和风险收入的综合体。佣金是对经纪人开展经纪活动时付出的劳动、花费的资金和承担的风险的总的回报。

佣金可分为法定佣金和自由佣金。

①法定佣金。指经纪人从事特定经纪业务时按照有关部门对特定经纪业务规定的佣金标准获得的佣金。它具有强制效力，当事人各方都必须接受，不得高于或低于法定佣金。

②自由佣金。指经纪人与委托人协商确定的佣金。自由佣金一经确定并写入合同后，即具有同样的法律效力，违约者必须承担违约责任。

除了法律、法规另有规定外，佣金的支付时间由经纪人与委托人自行约定，可以在经纪成功后支付，也可提前支付。经纪人在签订经纪合同时，应将佣金的数量、支付方式、支付期限及中介不成功时的中介费用的负担等明确写入合同。经纪人收取佣金时应当开具发票，并依法缴纳税收和行政管理费。经纪人为了防止佣金难以收取，或经纪人因资金短缺，而客户又未付款，以致无法积极有效推动代理业务时，可以在签订合同时或在向委托人转交订单时，预收部分佣金或费用，预付佣金之后，如果买方一直未付款项，则从以后应得佣金中扣回。

2. 房地产经纪人的权利与义务

就经纪人存在的意义来讲，房地产经纪人是以获取佣金为最终目的的经营者，因此，当国家有关部门确认其房地产经纪人的资格后，并允许其营业时，就意味着，他应当拥有相应的权利和义务。

（1）房地产经纪人的资质审查。

①有国家注册房地产经纪人资格证。

②具备多方面的专业知识和经营能力。如要熟悉有关的方针政策、市场行情等方面的知识以及技术业务知识，还要了解风俗民情等社会学方面的知识。

③要有一定的经营方向和经营范围，并有相对固定的场所。物业交易涉及面广，种类繁多，操作复杂，经纪人的活动应根据社会需要和自身特点，确定一定的经营方向，按业务种类和地域，确定一定的经营活动范围。

④要有正当的社会身份和为活跃物业市场服务的从业目的和志向。

⑤要有良好的职业道德如要客观公正，服务价格合理，要遵守有关的政策和法规等。

从总体上讲，房地产经纪仍然是房地产市场体系的薄弱环节，作用还没有充分发挥，同时也存在一些不容忽视的问题：一是房地产经纪机构鱼龙混杂，运作不规范，甚至出现提供虚假信息欺骗当事人、骗取中介费的现象，社会影响极坏；二是房地产经纪人素质良莠不齐，文化程度偏低，缺乏必需的理论知识和实践经验，不适应房地产经纪行业发展对专业素质、信息处理能力和法律意识的要求；三是职业道德观念弱，缺乏必要的自我约束，扰乱了市场秩序，影响了经纪行业的信誉。

鉴于此，要健全房地产经纪市场规则，进一步规范房地产经纪人员、经纪机构的行为。同时，加快诚信体系建设，建立房地产经纪人员、经纪机构信用档案系统，将经纪活动中的不良行为记入信用档案，并以适当方式向社会公示，加强社会监督。

（2）房地产经纪人的权利。

①依法开展经纪业务活动的权利。取得经纪人资格证后的经纪人，可以受聘于某经纪机构或领取营业执照，以个体身份来从事房地产经纪活动，均属合法行为。应当受到国家法律的保护。

②请求和获得报酬的权利。当经纪人促成房地产买卖双方达成了交易，或为顾客提供了咨询服务等，他有权要求支付合理的佣金，作为他提供劳务的报酬。

③请求支付成本费用的权利。经纪人在开展活动时，不可避免地要发生一些费用，如交通费、通讯费等。经纪人在完成受托的任务后，有权要求支付这些费用。当然，这些问题最好在签订合同时就明确下来。

④双方约定的其他权利。房地产经纪人享有委托合同或经纪合同中双方约定的其他权利，这些权利是由当事人的双方在合同中提前约定的。

（3）房地产经纪人的义务。

①合法经营的义务。房地产经纪人在开展经纪业务时，必须遵守国家的有关法规、法令，严禁违法经营。

②诚实介绍的义务。在开展经纪业务时，有必要将当事人应当知道的事实如实告之当事人，严禁隐瞒或夸大事实、弄虚作假，损害当事人的利益。

③尽忠职守的义务。房地产经纪人无论是作为买方或卖方的代理人，都应当对委托方尽忠职守，遵从委托方的意旨行事，履行合同。

④公平中介的义务。房地产经纪人在从事居间介绍时，对于双方当事人，必须保持其公平的地位，不偏袒任何一方，更不能为了一方利益而损害另一方的利益。

⑤接受管理监督并义务纳税的义务。房地产经纪人应当服从当地房地产经纪主管部门的管理，向主管部门报送业务统计报表，并按经纪业务收入的一定比例交纳管理费。也应当接受财政及税务部门的监督，依法向国家缴纳规定的税费。

本章小结

各种中间商的存在是社会分工和商品经济发展的产物，正是由于中间商的存在，才使得房地产商品或服务能尽快的转移到消费者手中。房地产营销渠道流程有很多，主要有：实体流程、所有权流程、付款流程、信息流程、促销流程和服务流程等类型。

房地产营销渠道类型主要有：直接营销渠道、间接营销渠道。各种渠道有优点有缺点，使用那种渠道，要视具体情况而定。

渠道设计是渠道决策的第一步，要设计一个合理、有效的渠道系统，首先要确定渠道目标，其次要了解渠道选择中的限制因素，然后确定中间商数目和规定渠道成员的权利和责任，并对各种可能的渠道方案从经济性、控制性、适应性进行评估。渠道管理是渠道决策的第二步，渠道设计之后，还必须了解中间商的类型，并对个别中间商进行选择、激励与定期的绩效考核，了解销售中出现的问题，及时消除营销渠道中的障碍，对渠道成员进行有效管理和控制，达到开发商与中间商的双赢，以保证销售渠道的畅通，提高市场效率。

房地产中介的业务范围相当广泛，从中短期来说，项目营销代理是代理商（尤其规模大者）的主要生存空间，因此，要了解房地产中介代理的形式，掌握房地产中介代理的流程、房地产经纪活动方式与经纪收入以及房地产经纪人的权利与义务。

随着经济社会的发展，科技的进步，新的营销渠道（如网络营销）方式的涌现，营销渠道模式也在不断变化、演进，营销人员要不断创新、总结，并加以完善。

思考题

1. 房地产营销渠道有哪几种类型？各有何优缺点？

2. 房地产营销渠道流程有哪些？

3. 房地产中间商有哪几种？

4. 影响渠道选择的因素有哪些？

5. 如何对房地产营销渠道进行评价和管理？

6. 独家代理的运行程序如何？

7. 房地产经纪活动方式有哪些？

8. 选择一家物业开发企业，调查其现有的营销渠道有何利弊？并为其制定合理的营销渠道方案。

参 考 文 献

[1] 刘洪玉，丛培经．建筑市场与房地产市场营销．北京：中国建筑工业出版社，1999.

[2] 曹春尧．房地产营销策划．上海：上海财经大学出版社，1999.

[3] 李亚雄．物业营销．北京：高等教育出版社，2003.

[4] 祖立厂．房地产营销策划．北京：机械工业出版社，2004.

[5] 叶剑平．房地产市场营销．北京．中国人民大学出版社，2000.

[6] 戴承良．房地产营销实务．上海：东方出版中心，2000.

[7] 中国营销传播网．http：//www.emkt.com.cn

[8] 中国房地产策划网．http：//www.zf636.com

[9] 中国策划网．http：//www.chinascheming.com

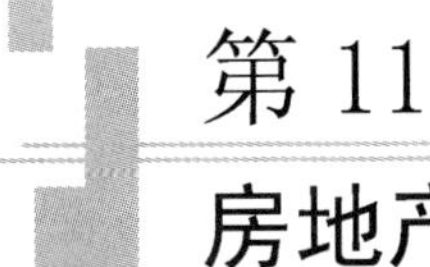

第 11 章 房地产市场营销促销策略

房地产促销策略，是指房地产开发商为了推动房地产租售而面向消费者或用户传递房地产产品信息的一系列宣传、说服活动。通过这些活动帮助消费者认识房地产产品的特点与功能，激发其消费欲望，促进其购买行为，以达到扩大销售的目的。

面对日益激烈的市场竞争，如果仅有适销对路的产品，吸引顾客的价格以及使目标顾客易于取得产品的分销渠道，企业的产品销售因竞争对手的大力冲击仍会出现较大困难。对产品销售具有直接、迅速推动作用的是促销策略。这对于没有物流、不能摆到固定的商品交易柜台和交易场所上的房地产产品而言，促销的作用更为直接和重大。

11.1 房地产促销组合

房地产促销组合是指为实现房地产企业的促销目标而将不同的促销方式进行的适当选择和综合编配。企业应根据促销组合的特点和影响促销组合的因素，对各类促销方式进行有效的组合，使企业能够以最少的促销费用，达到所确定的促销目标。

11.1.1 促销组合的构成

房地产促销组合主要可以分为广告、人员促销、营业推广、公共关系等。

1. 广告

广告是房地产企业用来直接向消费者传递信息的最主要的促销方式，它是企业通过付款的方式利用各种传播媒体进行信息传递，以刺激消费者产生需求，扩大房地产租售量的促销活动。广告利用其灵活的表现方式，可以将有关信息不知不觉地灌输到消费者的脑海里，从而影响消费者的购买决策，激发消费者的购买（或租赁）欲望。因此，房地产企业广泛使用广告进行宣传，以刺激消费者的需求。另外，广告也可以增加房地产的价值，国外的研究发现，消费者对房地产的认可价值与广告强度有很强的正相关关系。当然，广告也有其缺陷，如广告效果难以度量，广告费用较大且难以集中于目标消费者，与目标接受者难以沟通等。

房地产广告的突出特点是广告期短、频率高、费用大。房地产广告的诉求重点有：地段优势、产品优势、价格优势、交通便捷优势、学区优势、社区生活质量、开发公司的社会声誉等。

根据楼盘不同的类型、租售范围以及广告费用，开发商应当选择适当的广告类型和广告策略，从而达到最大的宣传效果。

2. 人员促销

房地产人员促销是指房地产促销人员根据掌握到的客户信息，向目标市场消费者介绍开发商及其房地产的情况，促成买卖成交的活动。人员促销的优点在于：目标客户明确，促销力量集中，成交率高；与客户面谈，有利于联络与密切同客户的感情，有利于信息反馈，有利于了解同行业的开发建设和营销动向。

当然，人员促销方式对促销人员的素质要求比较高。促销人员一般必须具备以下条件和素质：具有丰富的房地产知识和合理的知识结构；及时掌握正确的房地产市场信息；具有良好的经营理念和业务素质。

3. 营业推广

营业推广是为了在一个较大的目标市场上，刺激需求，扩大销售，而采取的鼓励购买的各种措施。多用于一定时期、一定任务的短期的特别推销。营业推广刺激需求的效果十分明显且费用较少。

开发商可以通过开展大规模的住房知识普及活动，向广大消费者介绍房屋建筑选择标准、住宅装修知识、住房贷款方法和程序以及商品房购置手续和政府相关税费，在增加消费者房地产知识的同时，也可以增加消费者对开发商的认同感。另外开发商还可以举行开盘或认购仪式、项目研讨会、新闻发布会、寻找明星代言人、举办文化与休闲活动、业主联谊会等，这些活动可以极大地提高房地产企业的知名度，从而使企业的销售业绩不断上升。目前在许多城市每年都要举办的房地产交易会也是开发商展示自身实力的舞台，每次房交会上，各房地产开发商都会有一个不错的成交量。

4. 公共关系

公共关系促销是指房地产企业为了获得人们的信赖，树立企业或房地产项目的形象，用非直接付款的方式通过各种公关工具所进行的宣传活动。公共关系促销与前面三种促销方式区别较大，公关促销不是由企业直接进行的宣传活动，而是借助于公共传播媒体，由有关新闻单位或社会团体进行的宣传活动。公关促销是以新闻等形式，而不是以直接的促销宣传形式出现，因而可以引起公众的高度信赖和注意，消除公众的戒备。所以，公关促销现在日益引起房地产企业的重视，各企业都想通过公关活动进行促销宣传。但公关促销往往不是针对房地产本身的促销，因而促销的针对性较差，并且房地产企业常难以对这种促销方式进行有效的控制。

11.1.2 促销组合的特点

1.房地产促销组合是一个有机的整体组合

一个房地产企业的促销活动，不可能只使用一种促销方式，而是将不同的促销方式作为一个整体使用，使其共同发挥作用。所以，将每种促销方式独立作用的促销效果的简单相加，不能代表不同促销方式作为一个整体使用时所达到的促销效果。若各促销方式配合默契，组合良好，则整体的促销效果明显；若各促销方式组合不好，使用时则会相互制约，互相影响。一个成功的促销策略应当是各种促销手段的合理选择和应用，它可以使企业的市场营销组合中的其他因素更好地发挥作用。房地产企业应当依据所促销的房地产产品的特性、企业的市场营销战略及其他营销策略，恰当地选择促销组合，以达到最佳的促销效果。

2.构成促销组合的各种促销方式既具有可替代性又具有独立性

促销的实质是企业与消费者间有效信息的沟通，促销的目的就是促进销售，而任一种促销方式都可以承担信息沟通职责，也都可以起到促进销售的作用，因此各种方式都具有可替代性。但是，由于各种方式各自具有不同的特点，因而，不同促销方式所产生的效果有所差异，各种方式又都具有独立性。

3.促销组合的不同促销方式具有相互推动作用

不同促销方式的相互推动作用是指一种促销方式作用的发挥受到其他促销方式的影响，没有其他促销方式的配合和推动，就不能充分发挥其作用，合理的组合将使促销作用达到最大。

4.促销组合是一种动态组合

促销组合策略必须建立在一定的内外部环境条件基础上，并且必须与企业营销组合的其他因素相互协调。有的时候，一个效果好的促销组合在环境条件变化后会成为一种效果很差的促销组合。因此，必须根据环境的变化调整企业的促销组合。

5.促销组合是一种多层次组合

每一种促销方式中，都有许多可供选用的促销工具，每种促销工具又可分为许多类型，进行促销组合就是适当地选择各种促销工具。因此，企业的促销组合策略是一种多层次的策略。

促销组合的以上特点说明，适当的促销组合能达到每种促销方式简单相加所不能达到的促销效果，同时促销组合需不断根据环境条件的变化而不断调整。

11.1.3 影响促销组合策略的因素

促销方式按信息传播途径一般分为两大类，即直接推销和间接推销。直接推销即是人员推销，它是通过推销员以交谈方式及产品展示向消费者及用户宣传、介绍其产品以达到销售的目的。间接推销也称非人员推销，是通过广告、宣传报道、营业推广及公共关系等形式向消费者及用户介绍产品、宣传企业。两种促销方式各有其特点。人员推销活动是采取直接主动的方式，把商品推向消费者；而非人员推销是采用间接方式，把消费者引向商品，通过广告、宣传报道等手段使消费者认识商品从而产生购买的欲望和行动。在不同情况下，房地产开发企业应考虑采取不同的促销组合策略。影响促销组合策略的因素有以下几个方面：

1. 房地产的类型

不同类型的房地产，其面对的消费者是不一样的，因此所使用的促销组合也不同。如作为人们基本的安身立命之处的一般普通住宅与体现身价、讲究舒适享受的高级别墅所使用的促销组合差异就很大。对于前者广告是最重要的促销方式，然后才是人员推销、营业推广、公共关系；而对于后者，最重要的推销方式则是人员推销，其次才是营业推广、广告、公共关系。

但这不是说人员推销对前者不重要，广告对后者不重要。实践证明，广告在高档房地产的市场营销中是进一步推动人员推销的有力工具，广告可使推销人员的工作难度降低，效率提高；同样，消费者对购买普通住宅这类价值量比一般消费品大得多、情况又复杂得多的商品，也需要人员推销来帮助决定。这也说明了只有通过促销组合才可以最大限度地提高促销效益。

2. 房地产建设的不同阶段

房地产商品建设周期一般较长，从项目开始建设取得预售证，直到项目建成入住以后，都是房地产的租售期。房地产建设各阶段都需要使用促销组合策略，而在每一阶段应使用不同的促销组合。一般来说，在项目开工的前期阶段，可多采用公共关系和广告的促销组合，以提高企业及房地产项目的知名度；在项目施工阶段，采用广告和营业推广相结合的促销组合进行促销，此时也要加强人员推销的力度；项目竣工以后，促销组合中人员推销起的作用将增强，同时广告、营业推广、公共关系等促销方式也要调整并组合使用。因此，在房地产建设的不同阶段，应选择不同的促销组合，以达到最好的促销效果。

3. 房地产企业的市场地位

在房地产市场中，品牌排名靠前的房地产企业做广告比销售促进可以获得更多的利益。一般情况下，排名靠前的房地产企业投资回报率随着广告与销售促进费用之比的增加而增加，而排名靠后的房地产企业，其利润率在广告增加的情况下往往会出现递减的现象。

4. 促销预算

促销预算对促销方式的选择有很大的制约。促销预算不足的情况下，费用昂贵的促销方式如电视广告、收费较高的报纸广告等就无法使用。房地产企业实力，房地产本身的利润，市场的供求状况等决定了促销预算的大小，应根据促销预算，合理地选用促销方式，使促销费用发挥最大的效果。

5. 政治与经济环境

房地产企业应随着政治与经济环境的变化，及时改变促销组合。比如在国家进行全面宏观调控时期，国民经济发展处于低潮，房地产市场不景气，人们购买力下降。此时，就可以加大营业推广策略（价格折扣、优惠等方法）在促销组合中的比重，以促进销售。

房地产企业促销组合决策是一个很复杂的系统决策，其影响因素很多，且每种影响因素也是相互作用的。因此在制定促销组合时，企业应综合考虑各种影响因素，制定出最佳的促销组合。

11.2 房地产广告策略

广告是促销组合中受到普遍重视和应用的促销方式。广告的历史久远，凝聚着历史与创新的广告方式，在现代市场营销中占有越来越引人注目的地位。在现代企业营销活动中，广告作为信息和信息传播手段之一，在促进产品销售方面发挥着极其重要的作用。房地产开发商要加强广告意识，不仅要使广告发布的内容和行为符合有关法律、法规的要求，而且要合理控制广告费用投入，使广告能起到有效的促销作用。这就要求房地产企业重视和加强房地产广告策划。

11.2.1 房地产广告目标

房地产广告的成功与否，要看它是否能把要传达的信息与态度在适当的时候，花费适当的成本传达给目标消费者。

1. 房地产广告目标的含义

房地产广告目标，就是房地产开发企业通过广告活动所要达到的目的。如何制定一个确实可行的广告目标，主要考虑以下六个方面内容：

①所要租售的房地产产品的特点是什么?

②最重要的特点又有什么?

③目标消费者是谁?

④消费者为什么买（租）或不买（租）?

⑤要传达给消费者的信息是什么? 怎样才能使这些信息有效地传达给消费者?

⑥用什么样的准则来测定传达信息的效果?

促进销售、建立品牌这些是常见的广告目标，也是空洞的广告目标，因为要实现这些目标，必须要明确具体依靠的手段，一定要具体，否则广告容易落空。房地产广告目标唯有具体、清晰，看广告的人才会清楚广告想要讲什么。如果信息对买家有吸引力，广告的效果就会水到渠成地实现。

2. 房地产广告目标的分类

广告目标根据目标衡量方式的不同，可以分成以下三类。

①销售效果目标。销售的效果一般以商品的销售数量或者销售额来制定目标。

②行为效果目标。所谓行为效果目标，是指以目标市场的某种行为反应作为广告活动目标。房地产开发企业的广告促销活动一开始可能并不在于立即增加销售量，而是希望影响和引导顾客的行为。房地产开发企业可以通过测定由广告所建议的活动的开展情况，来考察广告目标的实现程度。

③传播效果目标。所谓传播效果目标，是指以目标市场接触广告信息后的心理或态度变化作为广告的目标。这种广告目标的衡量标准比测量行为效果的标准更为模糊，因为要了解该广告是否有效地提高了产品知名度、顾客的偏好度是比较困难的。

广告目标必须在企业目标和营销目标的指导下制定。

3. 影响房地产广告目标选择的因素

房地产开发企业在选择广告目标的时候，受多方面因素的影响。

（1）企业目标和营销目标。

企业目标和营销目标是影响广告目标的首要因素。企业实施的广告促销策略，就是为了顺利实现企业的整体目标和营销目标而制定的。广告目标必须在企业目标和营销目标的指导下制定。

（2）房地产产品销售的不同时期。

在房地产产品销售的不同时期，房地产开发企业所推出广告的目标也有所差异。在房地产产品的销售前期或者初期，房地产开发企业的广告目标在于提高产品的知名度和潜在顾客的认同感。而在销售中期，房地产开发企业的广告往往会列出产品的种种优点或者卖点，以期提高市场占有率。而贯穿整个销售周期的广告，则注重对外界展示其房地产产品开发建设的进度，比如工程建设的阶段性目标、样板房的布置、会展的地点通知、调价说明等。这些广告的目的无非是提醒购房者注意，同时给购房者及时的信息。

(3) 广告市场竞争状态。

广告市场竞争状况对制定企业广告目标的影响很大。比如，在市场上只有本企业一家做广告与同时有几家、甚至几十家做广告的情况是不一样的，采取的广告策略也就不同。

(4) 上次目标及其实现程度。

同一企业的广告具有连续性，本次广告目标要与以往广告目标及其实现程度联系起来考虑。

11.2.2 房地产广告预算

房地产广告目标确定后，企业即可制定广告预算。一个完善的广告预算对于广告决策、广告管理、广告评价来说都是非常重要的。

1.房地产广告预算的含义

(1) 房地产广告预算的概念。

所谓房地产广告预算，是指房地产开发企业在一定时期为了实现广告目标而投入广告活动的费用计划。它规定广告活动期间从事广告活动所需的费用总额以及使用范围。房地产开发企业可以根据以往的经验并且参照竞争对手的费用投入，进行广告费用的估算。

(2) 广告预算的内容。

制定广告预算，必须知道广告费用包括哪几项，只有清楚地了解了，才能制定较准确的广告预算。常见的房地产广告预算内容包括以下几项：

①广告调查费用，包括广告前期市场研究、广告效果调查、广告咨询费用、媒介调查费用。

②广告制作费用，包括照相、制版、印刷、录音、摄影、录像、文案创作、美术设计、广告礼品等直接制作费用。

③广告媒体费用，指购买报纸和杂志版面、电视和电台播出频道和时段、租用户外看板等其他媒体的费用。

④其他相关费用，是与广告活动有关的公共活动等费用。

2.广告预算的影响因素

在确定房地产广告预算前，首先要考虑以下因素：

（1）竞争程度。

这取决于房地产市场的竞争状况，竞争激烈、竞争者数量多时，需要较多的广告费用投人。因为只有这样，才能使潜在的顾客有机会在众多的广告中，注意并熟悉本企业的房地产产品。

（2）广告频率。

对于一般的广告信息，潜在消费者通常需要接触几次才能产生记忆或印象，国外学者研究发现，目标接受者在一个购买周期需要接触三次广告信息才能产生对该广告的记忆；接触次数在五次以上以后，对目标接受者的影响力才开始下降，一般认为六次为最佳频率；当广告频率超过一定限度（一般认为八次）以后，将产生负效用。因此，房地产开发企业在进行广告宣传时，要针对广告的有效传递情况确定适当的频率，这也影响广告预算的大小。

（3）房地产的销售进度。

对房地产企业要销售的某一特定楼盘来说，销售总量是固定的，卖一套就少一套。销售刚开始时，往往广告预算较高；但当销售进度到尾声时，广告预算就很低了。

（4）房地产的替代性。

对于使用功能来说，房地产具有替代性。对于替代性强的房地产，一般要求做大量的广告，突出其与其他楼盘的差异性。如住宅的广告费投入一般比写字楼多得多。

（5）企业的品牌。

一个知名的品牌所需投入的广告费用可以远远少于一个普通的企业。既然是知名的品牌，就无须再为提高企业的知名度而花费巨额的广告费用，而只需告知消费者企业有楼卖的信息，消费者可能就会争先恐后地来购买了。

3.广告预算方法

考虑以上因素后，接下去的工作就是决定广告预算。房地产广告预算最常用的方法是量入为出法、销售百分比法、竞争对等法、目标任务法，具体方法如下：

（1）量入为出法。

即根据企业自身的承受能力，企业能拿多少钱就用多少钱为企业做促销宣传。房地产企业由于项目开发投入资金量大，在进行广告以前，资金状况往往比较紧张，于是多采用这种方法。但这种安排预算的方法完全忽视了广告对销售量的影响，所以在某种程度上存在着片面性。这种方法在新产品急需向顾客传递信息打开销路时，会因为用于广告方面的费用有限而坐失良机。另外，它不利于企业执行长期的市场开发计划。

（2）销售百分比法。

即企业根据目前或预测的销售额的百分比决定广告费用的大小。在实践中，这种方法应用比较广泛。

假设广告费用为 A，销售额为 S，广告费占销售额的比例为 α，则广告费的计算公式为

$$A = S \times \alpha \tag{11-1}$$

其中，S 通常以上一年度的销售额为依据，来确定新一年的预计销售额；α 则根据企业的具体情况，一般视行业的平均水平而定。

这种计算方法虽然非常简单，但也存在很大的缺陷，即在逻辑上因果倒置，把广告看成是销售的结果。其实销售额的增长在一定程度上是由广告引起的。

(3) 竞争对等法。

这是指按竞争对手的大致广告费用来决定本企业的广告费用支出。这个方法也是房地产企业较常使用的方法。具体计算方法有以下两种。

广告预算=竞争对手广告支出/竞争对手市场占有率×本企业预计市场占有率　(11-2)

广告预算=本企业上年广告费×（1+竞争对手广告费增减率）　(11-3)

采用这种方法，必须先了解竞争对手广告预算的可靠性，并且应该尽量维持竞争均势，以避免企业之间的广告战。这种方法的缺点首先是存在着很大的盲目性，没有考虑到竞争对手的广告费是否合理；其次是有可能会造成竞争升级，致使两败俱伤。

(4) 目标任务法。

这种方法是企业首先确定其促销目标，根据所要完成的促销目标决定必须执行的工作任务，然后估算每项任务所需的促销支出，这些促销支出的总和就是计划促销预算。这种方法从促销目标任务的需要出发来决定广告的费用，在逻辑程序上有较强的科学性。因此，为许多企业所采用。但此法也有其缺点，即没有从成本的观点出发考虑广告的费用。

在决定广告预算时，不同的房地产企业应根据本企业的特点、营销战略与营销目标，选择合适的促销预算决定方法，作为企业比较合理的广告预算。

4. 预算费用的编排

就房地产销售而言，广告预算大致应该掌握在楼盘销售总金额的1%～3%之间。大的公司因为有充足的资金保证，往往是根据计划来确定预算的。而大部分中小型公司，因为财力有限，广告预算基本上是量力而行，有时甚至是阶段性的滚动执行，销售结果一旦不尽如人意，广告预算便停止执行。

通常，一个完整的营销周期由筹备期、公开期、强销期和持续期四个部分组成。在销售的筹备期，因为包括接待中心、样品屋在内的大量的户外媒体，印刷媒体的设计制作的工作量是相当大的，再加上其他的准备工作，所以广告费的支出是

比较大的，一般约占总预算的 30%～50%。到了公开期，报刊媒体的费用开始上升，其他的销售道具因为已全部制作完成，很少再产生费用。进入广告强销期，报纸杂志、广播电视的广告密度显著增加，广告费用又陡然上升；另一方面，为了推动销售上台阶，穿插其中的各项促销活动又免不了，因此大量的广告预算是必不可少的。这个时候的广告预算约占总量的 40%强。接近持续期，广告预算则慢慢趋近于零，销售也开始结束。

在所有的广告支出中，若从相对节约、比较常规的角度来分析，销售前期的接待中心、样品屋等的设计和建设费用是一大块；贯穿销售始终，持续性的报纸杂志的发布费用则是另外一大块。这二大块预算项目约占总的广告预算的 70%～80%。

有广告预算的安排，便有广告效果的评判，对投入和产出的认真计算是企业生存的基本准则。在具体的产出还未实现以前，广告预算的编排是否科学、是否经济则应该是依从市场调研而来的营销决策决定，并且在执行的过程中，不断地进行回馈和调整。

11.2.3 房地产广告创作

房地产广告策略的出发点是引起消费者的注意和兴趣，激发消费者的购买欲望，并最终促使消费者购买房地产商品，因此房地产广告的设计一定要易于理解，易于记忆，易于接受。要达到上述目的，必须在房地产广告设计中下工夫。

房地产广告设计，是由广告内容的结构、文字的表达以及画面和色彩的运用等方面组成。房地产广告设计技巧的运用，就是为了求得对广告的简洁、清晰、生动和完整的表达，使之成为吸引或诱发消费者达成购买的主要因素。

1. 房地产广告创作风格

房地产广告作品有一定的风度格调，广告风格取决于广告制作人的业务水平及一定文化氛围下的艺术表现手法。一般来说，我国房地产广告作品的创作风格可归纳为以下三种类型：

(1) 规则式风格。

这种创作风格有点近乎公式化，在格调上比较正规、刻板，很少带感情、艺术色彩。这种广告一般只从楼盘的地段、质量、价格、房型、服务和买家可从中得到某种好处与实惠等方面作平铺直叙的介绍。比如，“××小区由××房地产公司开发，地处××中心地段，邻××商业街，设施齐全，配套完善，房型一室一厅至三室一厅多种款式，精心设计，实惠价位××元/m^2 起，现场售楼处地址××，电话××”，再加一张区域位置图和一张房型图。这种广告的好处是内容具体，介绍比较全面，缺点是平淡枯燥，缺乏特色，缺少吸引力。倘若在语言文字上略加修饰，又容易同客观实际情况不符，而且很难面面俱到，也难突出项目的特点。

（2）理性感化风格。

这种风格被广泛运用于房地产广告的创作。其特点是广告从文字表现力方面打动消费者的情感，通过理性的感情诉求去改变消费者态度，这要求广告的创作者充分发挥语言文字天才，巧妙地述说，戏剧性地显示，绘声绘色地描写其房地产的优点和可能给消费者带来的利益和好处，促使市场潜在需求变为立即购买行动。

理性感化风格的广告可分为以下几种形式：

①情景式。常以房地产的真实情景创做广告，使消费者有设身处地的感觉。如某城市花园的电视广告，通过对住宅区内各项方便的生活设施的现场拍摄，突出了其硬件一流的特点。

②诱导式。直接从满足消费的心理、需求心理和购买心理来付诸广告语言文字表达。为了使目标消费者感到称心如意，专门以适合楼盘目标消费者购买习惯。购买心理及其他影响购买因素的题材和信息作为广告文稿的构思依据，望读者见到广告后产生一种实现心愿的心情，并产生到楼盘销售现场的冲动。

③证言式。其特点是把广告诉求的语言文字直接以已购买者推荐的口气来表达，使广告的诉求意愿正好同消费者的心理相一致。用这样的口气说服潜在消费者从速购买，正好抒发了目标消费者和住户发自内心的共同心声。这种方式的表达可以通过住户的居住情况进行采访，让住户自己说出对楼盘的满意情况来作为楼盘的广告。

④启发式。这种风格广告大都从不同角度摆事实讲道理，而不是仅仅从正面讲楼盘如何如何好。这种启发式风格的广告充满对消费者负责的情感，从深刻的道理、情理和事理中引起人们的关注，指导消费的指导思想十分明确。通过启发式诉求，向人们宣传新的消费观念，推广新的生产、生活方式，从而达到促进房地产销售的目的。

另外还有宣告式、示范式、幽默式、悬疑式等多种具体形式，都属于理性感化风格，常为房地产广告业者所采用。

（3）论证式风格。

运用论证式风格创作房地产广告，一般采用正面论证、正反论证和比较论证这三种方法突出信息焦点。

所谓正面论证法，就是指广告只就房地产本身固有的优点来述说，引用的信息和资料都是有利于证明房地产如何如何好的事实依据。广告的立足点站在房地产企业一边，故又称为“一面之词”、“拣好听的说”。大多数房地产广告都是正面论证，如“交通方便、房型超前、价格便宜、管理一流”等。

正反论证法是客观地向消费者介绍房地产商品，既讲楼盘的优点，也毫不掩饰其缺点。这种广告提高了内容的可信度，也易使消费者对广告主——房地产企业产生好感和信任感，广告效果比仅仅正面论证来得好。

比较论证法是就房地产本身的质量、价格、地段、房型、服务等特点与竞争对手比较，通过比较来证明它的优势。用这种创作风格撰写广告文稿必须实事求是，不能言过其实或故意贬低别的公司，许多房地产广告采用较为模糊的比较论证方式以避免产生争议。

2. 房地产广告创作应达到的要求

(1) 吸引人们的注意力。影响人们对广告的注意力的因素主要有：广告的位置、大小、色彩、宣传强度、具体实施组合等。房地产广告一定要在显著的位置上大篇幅醒目地登出，最好不和其他广告挤在一起，以增强顾客对产品的信心，对公司的信任。

(2) 要强调商品对消费者的服务和利益。这要求在设计广告时，善于运用有针对性的语言、语调和语气，要充分考虑到目标顾客的特殊需求。如对于一般的普通住宅，要强调房价的低廉、功能适用、服务配套、生活方便等；对于高档公寓、别墅要突出豪华、壮观、环境幽雅、保值、增值等。

(3) 要能挖掘、调动消费者潜在的消费能力，推动他们走上市场。在房地产广告中突出宣传公司的服务和优惠，介绍进行这笔投资的收益，宣传顾客可以获得的折扣、分期付款以及良好的物业管理服务等。

(4) 容易理解。大部分消费者接触广告的时间很短，有时是一闪而过，所以不能对广告进行认真的研究和思考。因此，无论是广告文字或画面都必须清晰地显示出广告企图表达的意义，使人一目了然，一听就懂，看后留下深刻印象。

(5) 便于记忆。广告的目的是促销，因此，必须能让人很容易记住，这就要求广告设计必须做到文字简短、语言精炼、词语好记，画面设计要奇特新颖，使消费者过目不忘。

11.2.4 房地产广告媒体

广告媒体又可称为广告媒介。广告媒体就是广告主向外界作宣传的工具，它是各种商业信息的载体。房地产广告媒体是用来传播房地产广告信息的工具。房地产广告如何以最低的成本，通过最好的途径，向目标受众传达有关的房地产信息，是房地产广告能否达到预期效果的关键之一，也是房地产广告媒体选择所要研究的内容。

1. 主要媒体的特点

(1) 报纸。

报纸是房地产广告使用最广泛的媒体。利用报纸做房地产广告，内容可以比较多，包括房地产外观立体图、传真照片、房地产内部结构布局的平面图、房地产的地理位置，有关特征的文字描述和说明等。报纸广告媒体的优点：覆盖面广，读者稳定，遍及社会各阶层；时效性强，反应及时；印象深刻，便于长期保存；报纸发行有一定区域或行业，针对性强；制作灵活，费用相对较低。但报纸内容庞杂，读者对广告的注意力不够集中，不如杂志和其他印刷品美观，缺少吸引力。

（2）杂志。

杂志作为视觉媒体，其历史仅次于报纸，也是一种非常重要的房地产广告媒体。其优点是：广告对象明确，有的放矢，宣传效果较好；广告较为单一和集中，易引起注意；易于保存，阅读期长；有利于作彩色广告。其缺点是：读者范围有限，宣传面窄；印刷周期较长，传播不够迅速及时。房地产企业在杂志上刊登广告，多以树立企业形象为主，宣传介绍产品为辅。

（3）广播。

广播是传播信息最快。利用广播做的房地产广告内容一般较简单，多为启示性广告，其任务是告诉潜在的消费者存在某一待销（租）的房地产，并不作过多的详细介绍。广播广告媒体的优点十分明显：传播最为迅速、及时，不受时空的限制；拥有很高的灵活度，随时可以修改；尽管听众广泛，但广播广告的针对性仍很强，可以选择特定的地区、特定的时段、特别专题节目播放；制作简单，费用低廉；可以充分享用广播本身在消费者心中的威望。其缺点是：表现手段较少，无法向听众展现房地产的形象；广告播出后立刻消失，且不易展开描述、解释。

（4）电视。

电视以其丰富多彩的表现手法，即视觉形象和听觉形象相结合，使广告具有强大的吸引力，已成为最重要的广告形式之一。用电视作房地产广告形式可以多种多样，它可以表现房地产的外形、内容、结构、装修；房地产的地理位置、周围环境；启示性广告；以房地产为背景的生活小品等。因此，房地产电视广告的优点是表现方式多样，艺术感染力强，宣传范围广，诉求能力强，可重复持续播出，因此广告效果好。其缺点是：电视形象消逝快，观众印象不深刻，且费用高昂。

（5）户外广告。

房地产户外广告主要包括路牌、霓虹灯、招贴、灯箱、宣传条幅以及车厢广告等。房地产的户外广告常位于城市的主要交通路口、人群汇集地等处。户外广告的优点是：广告展示时间长，表现手段灵活，可以利用光电技术使户外广告更吸引人，费用比较低，不太受竞争对于干扰。其缺点是：广告的注视率不够集中，可选择的地方有限，广告内容修改难度较大，时效性差。

（6）售点广告。

房地产售点广告主要指房地产销售处或楼盘销售现场的广告。可分为室外售点广告和室内售点广告。室外售点广告包括广告牌、灯箱以及售楼处和楼盘上拉的横幅、条幅等。室内售点广告包括售楼处内的楼盘、小区模型、照片及一些房地产交易中心内介绍房源的电子显示屏等。售点广告易引导和诱发消费者对售点的差别化认识，树立售点的形象，加深消费者的印象。有利于提醒消费者进入销售点，或与销售点联系。同时，人们也注意到房地产售点广告大多千篇一律，给人雷同的感觉。

(7) 直邮广告。

直邮广告（DM）是一种灵活方便的广告媒体，在国外被广泛运用于商品销售、广告文案、创意调查、选举活动、企业公关等多种领域，业绩颇不平凡，被喻为广告轻骑兵。房地产直邮广告指通过邮寄方式发放楼盘介绍书、房源说明书、宣传小册子等广告。其最明显的优点是传播对象完全可以根据自己的意愿，从而使广告针对性大大提高。在广告内容上不受广告发布时间、媒体面积等的限制，可以对楼盘或房源进行详细的介绍，有利于提高企业和房地产的知名度。广告制作较简便、费用较低。在直接邮寄广告的设计上，从信封到内部的印刷品均不能马马虎虎，应该做到准确、形象、美观、有鲜明的个性，减少目标消费者对此类广告的排斥心理。

(8) 传单海报广告。

主要指通过人员散发关于企业或房地产情况介绍的印刷品，散发地点常根据房地产目标消费者层次的不同，选择闹市街头、商店门口、办公楼聚集地以及住宅区等地。传单广告的优点是费用低廉、比较灵活。由于通过人员散发，广告触及面较广，且广告带有一定的强迫性，对加强宣传印象有相当的效力。但传单广告一般不为人重视，常常是拿了就扔，因此传单广告散发要有一定的连续性和持久性。另外，传单广告的散发也会受到市政及环卫部门的一定的限制。

(9) 互联网传媒广告。

指通过发送电子邮件以及在电脑网络上设立网站主页来发布房地产的相关信息。互联网传媒广告是Internet问世以来广告业务在计算机领域新的拓展，它已经成为当今发达国家最热门的广告形式。其优势在于：覆盖范围广泛；信息容量无限大；广告发布迅捷；广告期限相对长；即时互动性；视听效果综合性；广告投放准确；广告形式多样；受众数量可准确统计；广告成本低等方面。当然从我国目前的情况来看，它存在的问题也不容忽视，主要是相对于发达国家，我国的电脑网络建设还不够普及和完善，大多数消费者还未接受这种新的观念。

(10) 交通广告。

主要是指在那些流动性很强的公共交通工具上做的广告。房地产公司把广告做到了行驶在繁华路段的公交汽车的车厢上，收到了很好的效果。交通广告由于其流动性强，因此被注意的程度相对说要高得多，广告触及面很广，对于销售周期比较长的房地产来说，流动性广告是一种有效的宣传途径，而且费用比较低廉。但交通广告对设计要求较高，内容应简短，标题要醒目，使人们能在车辆行驶过去的几秒内就获得有效信息。

2.选择媒体的原则

选择房地产广告媒体，要从房地产广告宣传所要达到的目的出发，做到以较少的费用，取得最好的广告效果。综合各种媒体，作到层次分明、扬长补短是房地产广告中的媒体运用的主要研究问题。选择媒体的应遵循以下几个原则：

①广告媒体所能达到的范围要与所要求的房地产销售信息传播范围相适应。

②广告出现频率一定要与所要求的房地产销售信息出现次数相一致。

③选择能充分表达房地产广告信息的工具做媒体。

④选择费用少、效果好的媒体做广告。

⑤广告媒体能否重复使用和广告信息的保留时间要与企业的要求相一致。

3.选择媒体的技巧

房地产企业可以选择的广告媒体很多，而且随着现代科学技术的发展，许多新颖的广告媒体还在不断涌现，但无论哪种广告媒体，房地产企业媒体计划人在选择时都需考虑以下几个方面。

(1) 项目的规模。

如果项目的规模较大，开发的时间较长，则需要在公交站点、主要交通位置等地方设立大型固定的广告位。在市区高大建筑物、公交车等载体发布广告，会长期被人认知，其持续效果颇佳。对于规模较小的项目来说，则不需要选择固定的广告，宜追求速战速决。

(2) 楼盘的档次。

楼盘的档次决定目标客户群的身份层次。大众化楼盘的消费者显然是工薪阶层人士，而高档次楼盘的消费者均为非富即贵一族。这样，在媒体选择上，前者只需选择大众媒体即可，如普通的综合性晚报；而后者不仅要选择大众媒体，还有必要选择一些富贵一族可能会涉猎的专业性较强的媒体，如一些专业杂志或所谓的“白领杂志”等。

(3) 项目的区位。

项目的区位往往体现目标客户的区域，因此，要根据项目所在区域有针对性地发布广告。当项目所在的区位决定其目标客户的区域相对集中时，如大多数购房者是当地人，这时在做广告时宜选择当地有线电视台或直邮广告等针对性较强的媒体作为重点发布广告。

(4) 房地产企业的实力。

企业的资金实力是开展主体广告攻势的先决条件。如果实力雄厚，项目的规模也足够大，就应该展开主体攻势广告，尽可能把目标客户一网打尽。如果房地产企业实力有限，就要选择阅读或收视（听）最广的媒体重点发布广告，尽量节省费用。

各色各样的户外媒体、印刷媒体和报纸杂志、广播电视等媒体在信息传播的功能方面各有所长也各有所短，它们在广告活动中起着各自的作用。为了更好地发挥媒体的效率，使有限的广告经费收到最大的经济效益，应该以不同类型的媒体在综合比较的基础上，加以合理的筛选、组合，以期取长补短，以优补拙。房地产企业在实际选择媒体过程中，应结合各媒体特点，进行全面的分析和比较以确定最佳方式。从实践效果看，房地产广告媒体一般以报纸广告为主，再以直接邮寄、传单、售点广告为辅，并配合一定的广播、电视、杂志等其他媒体。

11.2.5 房地产广告的表现方式

任何一个完整的房地产广告作品，都是从题材、主题、标题、正文、插图等五个部分表现给受众者。

1. 题材

房地产广告题材来自于广告主房地产企业提供的广告信息（房地产的地段、质量、价格、房型、服务等），对市场的调查研究，以及消费者对特定房地产的认知和态度。

房地产商品本身的信息量极大，地段、价格、房型、服务无论哪一方面都可以有大量题材。因此，对房地产广告题材的选择、处理、加工和提炼，是广告创意人员和设计人员的重要工作。这一切都将对广告作品的主题产生重要的影响。当然题材是为主题服务的，主题统率题材，没有题材，无所谓主题，没有主题，题材再好也无用。只有主题明确、材料可靠，房地产广告创意和设计人员才可能通过形象的手法，创意出优秀的广告作品。

2. 主题

主题是房地产广告的中心思想，是房地产广告的灵魂。主题也可称为立意、主旨或题旨。没有主题的作品是没有生命力的，如果一个房地产广告没有主题，可以断定它的效果是不好的。房地产广告主题的形成和深化是房地产广告设计人员对客观事实的认识和对题材提炼的成果。因此，广告主题不是闭门造出来的，而是源于客观事实。广告的主题在整个广告中处于支配和统率地位，是决定房地产广告品质的最主要因素之一。

广告主题语对房地产广告起画龙点睛的作用，每个房地产项目都有自己的相对优势，突出宣传这些优势以说服消费者购买是房地产广告创作的主要课题。常见的房地产广告诉求的重点大致集中在价格低廉、豪华高档、地段珍贵、交通方便、学区优秀、环境优美、生活方便和公司信誉等方面。

3. 标题

广告标题是房地产广告作品的精髓。据美国广告专家们的调查，广告标题的阅读率是广告正文的5倍。广告标题的作用，是概括和提示广告的内容，帮助消费者一目了然广告的中心思想，它既起到提示作品主题实质的作用，又起到吸引消费者兴趣的作用。只在让消费者认可了了标题，广告的内容才可能被消费者了解，因为消费者是被标题引导进入正文的。

在房地产广告文案中，确定标题是广告写作中的主要工作程序之一。在确定标题前，首先要做到掌握材料，细致阅读稿件，分清主次，抓住中心。要精心创意，对每一个字都要仔细推敲，通盘权衡。

广告标题的种类繁多，从广告内容的层次来分，广告标题可分为引题、立题、副题、分题；从广告版面上看，广告标题又可分为通栏标题、大标题、栏题、边题；从标题的手法上看，广告标题可分为实题和虚题；从标题的形式和内容划分，广告标题可分为直接标题、间接标题和复合标题。

标题写作要点有以下几条。①坚持广告标题的准确性，写标题一定要题文相符。②揭示广告主题是撰写标题的主要任务，标题要体现主题思想。③标题语言要生动活泼、富于创意，以点睛之笔给人以丰富联想。④标题不宜过长。⑤要把标题与正文及画面视为一个整体，强调总体的广告效果，还要考虑标题的字体和位置，使总体协调。

4. 正文

正文是广告的中心，房地产广告正文以说明房地产商品为其主要内容，正文负载的信息量最大，因此它是广告文案的中心和主体。

撰写房地产广告正文要注意易读性、易记性、直接性、实在性、短而精这些特点，尽量写出房地产的与众不同，不落俗套。因此，广告撰稿人员必须熟悉房地产的各方面特点并掌握消费者的心理。

5. 插图

房地产广告的插图是为房地产广告主题服务的，房地产广告的插图常可以使消费者对房地产有一个形象的了解。在广告设计中，要使插图与主题的表现手法浑然一体，才有益于发挥房地产广告插图的最佳诉求效果。

插图设计又称美术设计，在报纸和杂志媒体上的表现手法有钢笔画（是以线条或点组成的黑白画）、色彩画（分为广告彩和水彩两种）、摄影照片（分为彩色照片和黑白照片两种）、油画等几种。

在建房地产的广告插图通常为楼盘的效果图和房型图等，而已建成的房地产广告插图则还加上实拍照片，这些广告插图会给消费者一个实实在在的感性认识，让虚无缥缈的印象成为眼见为实的景象，从而达到刺激消费者购买的最终目的。

11.2.6 房地产广告效果评价

营销学上通常说：广告主们都知道自己投放的广告里有一半是无效的，但是最让人头疼的是，到底是哪一半，谁也不知道。房地产广告也是这样，人们通常按照既往经验和个人的直觉判断来投放广告，但是在动辄几十万元的广告费之后，广告主到底获得了多少回报，这是一个难以量化的问题，也是一个需要持续探索研究的课题。

广告效果是指广告对目标消费者所产生的影响程度。房地产广告发布后，必须对广告的效果进行测评，对先前的广告战略计划进行信息反馈和修正，以保证房地产广告达到最佳效果。广告效果先是表现为目标是否达到，最终的效果则表现为销售业绩的增长。

1.房地产广告效果的评价准则

房地产广告的影响是多方面的。广告既可以改变消费者对房地产商品或房地产企业的认识程度，也可以直接影响消费者的购买行为。广告既能为企业带来直接的销售结果，取得经济效益，也可以从社会文化等方面对人们的道德规范、生活习惯产生影响，取得某种社会效益。房地产广告发布以后，产生的效果可能包括以上各个方面，但各种效果也并不一定仅仅由广告引起，企业的其他营销策略也可能在起作用，因此要完全评价广告所产生的各种效果几乎是不可能的。所以，房地产广告效果评价的准则应该是在特定的时期内，广告所达到的预期目标的程度。由此决定的广告效果的评价指标应该是由房地产企业的广告目标所确定的评价指标。

2.房地产广告效果评价方法

针对不同的广告目标，房地产广告效果一般可以分为两类，即沟通效果和销售效果。沟通效果是指由于广告的作用，消费者对房地产企业或房地产商品的认知程度的变化情况或消费者接触广告后的反应。销售效果是指广告对房地产销售量所产生的影响。对于不同的广告效果评价指标，可以采用不同的广告效果评价方法。

（1）沟通效果评价方法。

沟通效果的评价主要是判断广告是否能够有效地传播信息，它分为预先评价和事后评价两种。预先评价的方法主要有三种。第一种，直接评分法，这是由消费者小组或广告专家小组观看各种房地产广告方案，然后请他们对广告作出评定。这个方法有助于筛选不良方案。第二种，实验测试法，这是通过某些仪器设备来测量广告接受者的生理反应。如眼睛的注意情况，测定接受者的心跳、血压等的变化，以判定广告的吸引力。第三种，组合测试法，请消费者观看一组广告，然后请他们回忆所看过的广告，看能记住多少内容。其结果显示广告突出的地方及其信息是否易记易懂。事后评价的方法一般的两种。第一种，回忆测试法，广告研究人员要求广告媒体触及过的人回忆最近一次发表的房地产广告内容，其结果表明广告被人注意和容易记忆的程度。第二种，识别测试法，即经广告接受者辨认，指出哪些房地产广告是他们过去曾听过或看过的，并测定认识程度，以评定广告效果。

（2）销售效果评价方法。

销售效果评价主要是围绕广告宣传所增加的销售效果而进行的，一般可以采用广告费占销率法或广告费增销率法来评价。

广告费占销率是指广告费用占总销售额的比率。其计算公式：

$$广告费占销率=广告费/销售额\times 100\% \tag{11-4}$$

广告费占销率越小，表明广告效果越好。

广告费增销率是销售增加率与广告费增加率的比率。其计算公式：

$$广告费增销率=销售增加率/广告费增加率\times 100\% \tag{11-5}$$

广告费增销率越大，表明广告效果越好。

3. 房地产广告投放效果的直接体现

房地产广告与其他日用品广告在效果反馈上一条最大的不同就是：日用品通常是在广告投放后的一段时间内直至很长时间之后效果才逐渐在销售量上体现出来；而房地产，通常是在广告投放后的当天就能直接在来电来访上得到体现。这种不同或许是因为当前的房地产还未像日用品一样真正进入品牌年代，广告的着眼点通常是以产品为中心，是急功近利的表达方式。尽管这种方式在广告专家看来很初级，但是它吻合于国内很多区域的房地产市场发展阶段，某种程度上也是合理的。

大部分房地产项目都已经能通过客户的第一次来电的渠道建立广告效果跟踪制度，来电数量也成为广告投放效果的重要标准。在不同项目的反复实践中发现，来电数量的确能在一定程度上反映广告投放效果，是广告销售力的直接体现。

当一次广告投放后来电数量不佳时，面对来自销售的压力，广告公司通常会强调说，来电数量不是评判一个广告的唯一标准，树立形象也是广告的重要目标，而这是无法体现在来电数量上的。

按照广告规律来评判一个广告是否优秀，其标准应该是一致的：具有视觉冲击力，能够在众多的信息海洋中脱颖而出；通过语言和画面准确传达所要表现的信息。这两点构成了广告销售力的基础。而房地产广告中通常所说的"促销"广告和"形象"广告，其区分点往往在于广告中表达的是关于产品的直接信息还是产品带来的功能、感受等隐性信息。这种信息的不同主要源自客户群的不同：他们更容易被哪一种信息所打动？有的客户可能会对产品的具体细节如地点、价格、户型等感兴趣，有的客户则更容易与产品中所蕴涵的理念、温情、文化等形成对接。而打动的直接结果可能就是拿起电话进一步询问细节，或者直接到访售楼处。

从这个角度上来说，广告效果的体现有三种层次：一是直接到访；二是电话询问；三是留下印象。对于大部分并不了解项目周边区域的客户来说，直接到访的可能性不大，因此，电话询问的数量就成了广告销售力的直接体现。

11.2.7 广告理论简介

广告是促销组合中受到普遍重视和应用的促销方式。广告的历史久远，凝聚着历史与创新的广告方式，在现代市场营销中占有越来越引人注目的地位。在现代企业营销活动中，广告作为信息和信息传播手段之一，在促进产品销售方面发挥着极其重要的作用。

1. 广告的概念

广告作为一种促销方式，是以营利为目的的广告主，采用一定的媒体，以支付费用方式向目标市场传播产品信息的有说服力的信息传播活动。这个定义中有几个要点：

①广告是一种信息传播，是一种非人际传播。广告并非个人与个人之间的信息传播，而是一种通过大众媒体传播信息的非人际传播。

②广告有明确的广告主。广告主是广告的发布者。广告主对其所发出信息的真伪负有法律责任。

③广告是付费传播。由于广告传播要借助于对大众的传播媒介，而传播媒介作为信息的"运输工具"是要支付费用的。

④广告的对象是有选择的。广告的对象由企业的产品或服务的目标市场决定，广告的"广而告之"仍是以一定的人群为目标对象。

⑤广告是说服的艺术。广告在把信息传播给消费者的同时，希望消费者能够接受广告信息，并按照广告主的意愿去行动。所以广告要利用特殊的表现艺术和技巧，吸引对方，潜移默化地影响对方，在不知不觉中使对方悦服，进而改变其心理，影响其行动。广告是说服的艺术，是一种产品促销手段。

2. 广告的构成要素

广告包括以下几个要素：

①广告主。广告主是为推销产品或者提供服务，自行和委托他人设计、制作发布广告的主体。广告主必须明确、具有可识别性，以有利于消费者对广告进行理解和对商品进行选购，同时也有利于广告责任的承担。

②广告内容。广告内容是指广告的信息。就商业广告而言，广告的信息包括商品信息服务信息和观念信息（如提倡某种消费观念和生活方式等）。

③广告对象。广告不是针对所有消费者的，它必须有明确、具体的对象。这个对象应该是特定的或者是潜在的消费者。

④广告媒体。广告媒体是广告信息的载体或者说是中介物。广告只有谨慎地选择和科学地运用广告媒体，才能使广告有效地发挥信息传递的作用。

⑤广告目标。广告目标是指广告对特定消费者所要完成的任务，也就是广告主进行广告所要达到的目的。

⑥广告费用。广告宣传不同于企业公共关系的新闻宣传，是需要支付费用的。广告费用一般包括委托广告公司调研和制作的费用，占用大众媒体的时间和版面的租用费以及自己制作宣传品及橱窗广告等的制作费用三部分。

3.广告的分类

广告具有多种多样的形式和内容。对广告进行分类是市场营销人员运用广告开展促销活动的基本前提，有助于提高广告的针对性和效果。

广告可以根据不同的标志进行分类。根据广告的内容分类，通常有商品广告、企业广告、观念广告；按广告传播媒介分类，通常有印刷广告、视听广告、邮寄广告、户外广告与其他媒体广告；按广告的传播范围分类，可以分为国际性广告、全国性广告、地区性广告和区域性广告；根据广告内容所要求的时间特征分类，可以分为新闻性广告、时机广告、长期广告和短期广告；按广告产生效果的快慢分类，可以分为速效性广告与迟效性广告；根据广告的诉求方式分类，有理性诉求广告与感性诉求广告；根据产品生命周期的不同阶段分类，广告可以分为通知性广告、竞争性广告和提醒性广告等。

4.广告的功能

广告的功能，是指广告的基本作用与效能。在消费者行为中，广告的作用是传播使消费者产生特定行为或一定条件下的预期行为的有说服力的产品信息。因此，广告可以成为一种有效的促销手段。广告对消费者所产生的作用与影响可分为以下几个方面。

（1）显露功能。

所有的广告都有显露功能。所谓显露，是指广告主通过广告，将企业名称、历史以及商品特征、效用、品牌、价格等信息传达给消费者。广告在消费者心目中留下的某种商品上市或即将上市的印象，就是广告的显露功能。

（2）认知功能。

广告是消费者初步认识商品的工具。消费者通过广告可以了解商品的质量、特点、用途和价格；了解购买地点、方式和服务项目等信息。

（3）激发功能。

广告是激发消费者购买的诱因。广告作为一种说服性沟通活动，它能够激发消费者的潜在购买意识，改变偏见和消极态度，影响消费者的购买行为。

（4）引导功能。

广告的引导功能有三层含义。广告能使新产品、新款式、新的消费意识迅速流行，形成消费时尚；广告可以使消费者在众多的商品中进行比较，有消费选择、考虑的余地；广告可以引导消费走上文明、健康的道路。

（5）艺术与教育功能。

出色的广告本身就是一种美好的艺术作品，它不仅可以美化生活环境，而且还能给消费者以美的享受；健康的广告有利于培养文明、道德的消费观念和消费行为，增长科学知识，丰富精神生活。

11.3 房地产人员推销策略

人员推销是由销售人员面对面地向顾客推荐产品并促使对方购买的活动。它既是一种销售渠道，也是一种促销手段。人员推销是一种传统的推销方法，尽管随着现代电子技术和通讯手段的现代化，人员推销的比重下降了，但在促销过程中，仍有其特殊的意义，特别是由于房地产产品自身固有的特点，决定了其仍有特殊的作用。

11.3.1 房地产人员推销概述

1.房地产人员推销策略的含义

房地产人员推销策略，是指房地产开发企业派出推销人员在现场向顾客做宣传，以达到推销商品、实现企业营销目标的一种直接销售方式。

人员推销必须依靠推销人员来完成。房地产开发企业既可以建立自己的推销团队，使用本企业的推销人员来推销房地产产品；也可以通过中介组织来进行推销，如销售代理商、经纪人等。

推销人员直接面对广大消费者，是连接房地产开发企业和消费者之间的桥梁和纽带。他们的主要工作就是寻找顾客、沟通信息、收集市场资料以及提供咨询服务等。

2. 房地产人员推销的特点

房地产人员推销与广告等间接促销手段相比，具有如下主要特点：

①面对面洽谈，双方都能根据对方的态度和特点调整自己的策略和态度，有助于提高成交率。

②培养关系，即双方可以从纯粹的买卖关系发展到建立起一定的信任和友谊，有助于稳定产销关系。

③能够及时了解顾客对本企业产品的反应，有助于企业及时改善经营管理。

由于人员推销具有上述特点及优点，这对于非同质的、地产地销的房地产产品而言，其促销效果更为明显，是其他手段难以替代的促销方式。由于在房地产销售过程中，顾客需要了解的问题较多，其中许多问题都需要推销人员协助解决。因此，搞好房地产推销工作，要求推销人员应具有更高的素质和推销能力。

3. 推销人员的任务

人员推销是以面对面进行推销为基本特征的，在推销过程中，推销人员的任务有以下几个方面。

（1）寻找目标消费者。

寻找目标消费者，发现需求是房地产人员推销中的一项经常性工作，是房地产人员推销的其他活动开展的前提。在寻找消费者时，一般是通过研究与特定房地产需求有关的资料，如市场调研资料，房地产中间商提供的客户名单，企业名册等，使推销人员明确目标，以便采取相应的应对策略。

（2）传递信息。

进行有效的信息沟通是人员推销中的一项基本职能之一，也是推销工作成功的关键。房地产推销人员除了向消费者介绍房地产的各种情况，如地段、价格、房型、质量、物业管理等以外，还可以将房地产的有关图片和文字资料带给消费者，这是广告、营业推广或公共关系促销无法传达的。

（3）促成交易。

房地产不同于普通商品，它价值巨大，又具有不可移动性，消费者购房极为谨慎。房地产推销人员可以在和消费者面对面的交谈过程中，根据消费者的不同需求，做出针对解释和说明。特别是在价格等关键问题上，通过双方面议，容易取得一致，得到满意的结果。另外，房地产中介代理公司的推销人员还可以根据消费者的需求向其推荐符合其要求的房地产产品，这也是房地产人员推销独有的作用。

（4）提供配套服务。

服务贯穿于房地产人员推销的全过程。房地产推销人员在推销过程中提供的服务项目和种类比较多。如售前要有各种咨询服务，售中有银行抵押贷款办理服务（包括公积金贷款）、产权产籍登记服务，售后还有协助入住的一系列服务等。

（5）建立长期关系。

在建立与消费者的长期关系方面，房地产人员推销具有独特的作用，是其他方式不能比拟的。通过建立消费者档案、对消费者进行定期回访，与消费者进行经营沟通，为消费者提供各种服务，与消费者建立个人友谊，这一点对于房地产中介代理企业来说就更显得重要了。

（6）调研的反馈信息。

房地产推销人员在推销工作中，可以对市场进行广泛的调查，通过与顾客面对面的交流，获取真实可靠的信息，通过搜集和分析消费者、竞争对手以及整个房地产市场的各种信息情报，并反馈给有关部门，从而对市场作出正确的判断和预测。

11.3.2 房地产人员推销方案策划

房地产人员推销方案的策划一般要考虑以下几个方面：

1. 制定人员推销策略的目标

现代营销观念认为，人员推销的目标是多元的。除了推销商品以外，推销人员还应该注意发现并解决遇到的实际问题，收集和分析市场情报、估计市场潜力以及参与市场销售策略和计划等。因此，房地产开发企业在制定人员推销目标时，需充分考虑企业目标市场本身的特点、促销策略、顾客特征和企业在这些市场上寻求达到的地位等因素。

2. 设计人员推销的规模

人员推销的规模，是指房地产开发企业为了推销房地产产品而安排推销人员的数量，它是人员推销决策中的一个重要问题。推销人员的增加，一方面可以增加房地产产品的销量，但同时也会增加企业推销的成本。可见，推销人员的数量对提高企业的营销效益有直接的影响。因此，企业应该合理确定推销人员的规模。

确定推销人员规模的常用方法有销售比例法、工作量法和边际利润法三种。销售比例法，是指房地产开发企业根据历史资料计算出推销成本占销售额的比例以及推销人员的平均成本，然后对未来的销售额进行预测，从而确定推销售人员规模的一种方法。工作量法，是指房地产开发企业根据推销人员需要完成的工作量大小确定推销人员数量的一种方法。边际利润法，是指房地产开发企业根据推销人员的边际利润来确定推销人员数量的一种方法。其判断标准是，只要新增一名推销人员所增加的利润大于零，就说明推销人员的数量还没有达到最佳规模，应该增加推销人员。

3. 确定实施人员推销策略的费用

推销人员的报酬一般由四个部分组成，即固定工资、变动金额、费用津贴以及福利补贴。固定工资可以是薪金的补贴等，主要用于满足推销人员稳定性收入的需要；变动金额可以是奖金、红利或利润分成，用来刺激和奖励推销人员所作的努力；费用津贴主要用于推销人员进行必要的推销工作；福利补贴，是用于提供安全感和工作满足感。一般情况下，企业习惯于将推销人员的部分收入固定，另外再根据业绩浮动。

11.3.3 房地产人员推销管理

一般而言，楼盘的销售要实行专业对口，以互补的模式将自有队伍与中介公司相结合。但长期从事房地产开发的发展商，也必须自己建立一支具有高水平推销策略和战术的专业队伍。因此，培养、组织和管理销售队伍对企业十分重要。

1. 销售人员的选才标准

一个优秀的推销员不仅仅是推销产品，同时也是人格、品位、审美价值、职业修养的推销。一位成功的房屋推销员应具备主要以下条件：

①要有房地产的专业知识，越丰富越好，这样才能树立起专业的置业顾问形象，从而增加可信度和说服力。

②要有亲切的态度，得体的礼仪，让顾客乐于接近你，而留下好的印象。

③要有流利的口才，清晰的口语，讲话速度快慢适中，并在加强重点时铿锵有力。

④仪容经常要保持整洁，面露微笑。

⑤要有耐心耐力，锲而不舍。

⑥其他知识亦要多方涉猎，可帮助交谈。

⑦要有研究的精神，针对各类型的顾客作不同的游说，见机行事，当机立断，随机应变，脑筋要保持灵活。

⑧要勤劳，保持高昂的士气，有积极进取的精神。

⑨对市场状况、竞争者资料、顾客购买动机要不断的保持留心与研究。

⑩尽量以顾客的立场来思虑，而非一味的强迫推销。

2. 销售队伍的组织与管理

房地产企业销售队伍的组织与管理工作主要有以下几个方面：

(1) 销售队伍的分工方式。

销售队伍的分工方式可以按地区划分将销售人员分工、分组，一组专司一区；按产品性质、层次等分派销售小组；因为客户不同的身份分派销售人员；或采用混合式结构。销售模式通常有店面式、楼面式、混合式。店面式是指由专人负责套房的销售，这种方法成本高但有直接进店的客人。楼面式是指有一层600～800m^{2}的楼面，6～7人一组称为一个责任中心，一层楼面有很多责任中心。楼面式成本较低、便于管理。如销售既采用店面式，又用楼面式，称为混合式。通常，高档、大项目的销售，采用楼面式销售模式较多，而店面式做房屋中介较好。

（2）销售人员的报酬支付方式。

给销售人员的报酬，有薪金制、佣金制和混合式。现在大多是混合式的，由底薪和奖金组成。如果用完全的薪金制，报酬固定但没有刺激作用。纯粹的佣金制对行销人员来说，又没有了底薪的安全保障。混合式薪水有几种分配情况：低薪低奖、低薪高奖、高薪低奖、高薪高奖。低薪低奖对销售人员没有太多的激励作用。低薪高奖，接近佣金制，低薪保证但可以多做多得益，这种方法较为可行，但对新人而言，承担的风险较大。高薪高奖对公司而言不利，在房地产业不景气时易造成亏损。高薪低奖适合新人，高薪消除了新从业人员业务不熟、缺少客户的后顾之忧。

（3）销售队伍的管理。

要管理好销售队伍，主要做好以下几方面工作：

①招聘。要注重学历、品德；兼顾相貌，在与人的接触中给对方以良好的外观形象；同时要考虑语言能力，懂方言；掌握必要交通工具；能吃苦耐劳；有一定社会经验；另外，最好有房地产经纪人执照。房地产营销人员必须精力充沛，有很强的自信心，对金钱的欲望强烈及十分的勤劳，并有承受客户拒绝的勇气。

②培训。对营销人员的训练，时间长短不限，可分初、中、高级阶段。训练内容有房地产业的法律、税务、估价、金融、实务、心理学、谈判、统计、经济等。培训要由浅入深，刚入行的起码要懂合同、签约、开发、接待、电话咨询这些基本环节。同时，培训要针对不同的从业阶段确定培训内容。一般而言，初级阶段实务比理论重要，中级阶段实务与理论并重，高级阶段理论比实务重要。

③监督、激励。可以用“日报表”的方式进行管理，日报表注明访问对象、时间、户数、路线、成绩等，包括记录开发的CASE、销售的客户之详细情况。另外，合理设定责任额，可以做到对人员的激励。责任额应该因人而异，不能过高或过低，新人低一些，逐渐循序渐进。还可召开销售会议，在共同探讨、互相学习中达到激励之目的。还有给予销售人员荣誉、奖金、利润分成等，都是激励的好方法。

④业绩评价。一般是：CASE数×成交率×CASE值＝总成绩。但评价不能只是看业绩，还要看是否勤劳（是否请假、迟到早退），对公司的忠诚度等多方面因素。

11.3.4 房地产人员推销技巧

房地产人员推销技巧主要包括客户接待技巧、沟通技巧、异议处理技巧和成交签约技巧四个方面。

1.客户接待技巧

销售人员接待客户应该彬彬有礼、仪态大方、从容平和、热心相助、态度诚恳，给客户留下受过良好教育的印象，这样客户容易相信销售人员所在公司和楼盘。

（1）电话接听。

客户开始准备购房一般通过两种方式——电话咨询和到售楼处咨询看房，因此电话和现场接待是接待客户的关键环节。

客户在获得楼盘信息后，往往喜欢打电话询问，以便最后决定是否去参观购买。电话若接听得当，客户就可能被吸引到现场来，反之，客户就不愿意前来。可见，电话接听是相当关键的。

电话接听最主要的目的是说服和吸引客户到售楼现场来，接听电话的销售人员应做到：语调亲切，吐字清晰易懂；速度得当，内容简明扼要；激发客户好奇心；记录客户需求及联系方式。房地产销售人员在电话接听的过程中要尽可能收集客户的信息，这一点对于房地产中介公司来说就更重要了。销售人员不能指望通过一个电话就成交，销售人员要做的是让对方产生足够的兴趣，以便销售人员与其约定面谈的时间。

（2）当面接触。

当客户来到现场，销售人员不能急于进入推销状态，这种迫不急待会使客户对销售人员产生戒备，因而缺乏感召力，结果是欲速则不达。销售人员与客户当面接触、洽谈时的最基本原则是真诚。接待方法众多，但都是建立在真诚的前提下，只有发自内心，才能产生良好效果。

接待客户时要努力创造一个融洽的气氛。销售人员要和客户形成和谐融洽的关系，让对方愿意和其交谈、沟通，这对一笔生意的成功是很关键的。初次接待客户时，为创造良好气氛，销售人员可与客户适度寒暄，并对客户作适度的赞美。销售人员还要具备广泛的兴趣爱好和知识面，这有助于谈论客户熟悉的话题以创造好的气氛。当然，这对销售人员提出了更高的要求。

（3）陪同看房。

看房的过程实质上是对一名销售人员能力、学识和推销技巧的检验过程。销售人员如果综合素质高，客户有可能通过看房一次成交。即使不能一次成交，因为给客户留下深刻的印象，也为日后的客户服务跟踪打下良好的基础。

首先，销售人员先要选择适合客户的房源，再带客户去看房。房子的总价和单价要合理，总价要控制在客户购买力之内，单价要满足客户需要且与市场价相符。此外，看房的数量不宜过多，确定一两套给客户看，再有几套备用就可。

然后，销售人员要确定看房的路线和方案。看房路线要选择在能充分反映楼盘景观、特色设施集中的线路上，且要保证该线路能充分展示楼盘的卖点，通过这条线路使客户感到愉快、精神振奋，从而产生强烈的购房欲望。看房方案则可根据客户情况进行适当的选择。

其次，销售人员要在看房途中把楼盘特色和周边环境向客户介绍一下，向客户询问一些他们曾看过的房子及其感受，这或许有助于完善看房计划。销售人员还可向客户介绍一下最近售出的房源，或介绍已在此居住的知名人士，以此增加客户购买欲望和信心。

再次，销售人员的现场介绍要重点突出、浅显易懂，并善于倾听客户的讲话。销售人员应该在现场指出每一个房间的特征，强调楼盘优势，并让客户感觉已拥有这幢房子。如果这时遇到老客户，可将客户当作“未来的邻居”介绍给他们，让老客户帮着“推销”，因为新买房的住户一般对房子都会显得满意。

最后，销售人员要掌握好成交的时机。如果客户已产生强烈的购房欲望，那么可中断看房并直接带其回售楼处签约。如果销售人员已经打动了客户，他们已经产生了购买欲望。看过几处以后，来杯茶或咖啡，休息一下。让他们谈谈对这些房子的看法，记住那些正面的反馈信息。如果需要的话，再带他们看另外的一些房子，让他们再比较一下，做出选择。

2.沟通技巧

(1) 沟通策略。

①树立双赢理念，做好置业顾问

人员推销非常注重人际关系，销售人员代表企业利益，同时也要重视顾客利益，为顾客着想。满足顾客需要是保证销售成功的关键。销售人员要乐意在许多方面为顾客提供服务，帮助其了解推出的楼盘，帮助其解决一些实际问题。

②因人而异选取推销方式

销售人员在销售过程中，要具有极大灵活性，因人而异选取推销方式。可随时观察顾客对推销陈述和推销方式的反应，并揣摩其购买心理变化过程。有针对性改进推销方式，以适应不同顾客的购买行为和需要。

③做好双向沟通，收集市场信息

人员推销是一个双向沟通的过程，在向顾客提供服务的同时，也要做好市场信息收集员，为企业收集可靠的市场信息，以便于企业了解市场，提高决策水平。

(2) 沟通方式。

销售人员介绍楼盘，采取口语化或非口语化（观察客户的肢体语言及倾听技巧）的形式来挖掘客户的需求（面积、总价、单价）、预算、喜好（楼层、朝向、面积、景观）等。

①消除误会，取得信任。

顾客对推销员一般有戒备心理，或对商品房有一些看法，甚至有些错误成见，因此应避免满口推销行话，自吹自擂，而应在与顾客热情交谈时，尽量搞清楚他们感兴趣的话题，尽量谈一些顾客认为有价值的东西，鼓励对方自我展示，同时表现出诚实、坦率。

②积极提问。

通过提问从顾客回答中获取需要的信息，巧妙地问一些顾客感兴趣的问题，还能取得顾客的好感。有时提问也是一种手段，将顾客从偏离的话题中拉回正题。

③善于提示、说服。

提示不是要操纵顾客，而是引导他们认识到所推销的商品房正是他们所需要的。可运用以下方法：一是与竞争对手相对比。推销员将自己的楼盘与竞争对手的相对比，突出自身优势和特色，打动顾客。二是出示证明。在与顾客交谈时可提供参考资料、相关证书、资质证明、专业鉴定等或举购买该商品房的有名望的人或讲述另一名消费者如何开始心存疑虑到后来决定购买的例子等。三是推销员自身表现。作为出售商品房的代表，要表现出自信、权威，具有丰富专业知识，对楼盘熟悉了解；对顾客表现出礼貌、尊重、对他们的福利关心；对所作的声明、承诺始终如一。

④正确面对反对意见。

反对意见的提出有许多原因，如顾客暂时无力购买，或有更隐蔽原因未说出而以不真实的反对来搪塞等。面对反对意见，销售人员切忌不耐烦或者发一大通辩解，而要礼貌请求顾客对反对意见做出解释，避开表面托辞，探求真实原因，解决顾客问题，尽量满足其需要。

⑤售楼人员可以借助道具和活动来达到沟通的目的。

售楼人员可以借助的道具和活动有：产品的优点与特性；POP 广告；接待中心的气势和内部的布置；媒体广告、海报、DM 等；售楼书；样板房以及现场演示；现场促销活动（SP 活动、赠品等）；

（3）处理交易的低潮。

销售人员对拒绝处理的基本原则是避免争论。可以采取以下几种处理方式："关于您提到的那一点我们稍后再谈"；先肯定他的观点，往后拖延，继续按照自己的思路讲下去；先肯定他的观点，再转折；仔细倾听不插嘴，让客户说完他的观点；复述或综合客户的论点；以"是的"或者"不错"来告诉他，你已明白他的观点。

（4）拒绝处理的谈话艺术。

①“我不需要”。那好，您也许对自己的生活非常满意，但是现在是否可以让我……由客户的反应和回答再决定自己的谈话艺术及策略。

②“我已经有房了”。恭喜您，您一定有了相当成就，像您这样对生活品质一定要求很高，现在请让我向您介绍我们的产品（独特性、多源性）。

③“我宁愿做其他方面的投资”。先肯定他的话，那太好了，您为什么想从事其他方面的投资呢，一定要让他说出真实投资想法，告诉他投资的多方面性，并注意投资的三个原则：投资金额、风险评估、时间效益。最后再向他说明你向他介绍的投资项目。

④“没钱”。是为了少花钱。“对不起，先生。您对我们的这个项目不是很了解，如果您能把他作为家庭预算，金钱上的管理不会有任何问题”（给他一种感觉是他已经占到便宜）。

⑤“没时间”。我知道您很忙，所以我不想打扰您，等您以后有时间我再来，那您认为是星期五上午还是星期四下午，锁定范围，若他没有时间打电话给您，自己主动提出“明天上午十点我打电话给您!”，再次锁定时间。

3.异议处理技巧

（1）异议处理原则。

处理购房者的异议，方式不同，结果亦不同。处理得好，销售过程是顺利结案；处理不好则是以浪费时间和精力而告终。一般来说，客户要对你的楼盘不提任何异议是很少见的。不提任何异议的客户，往往是那些没有购买欲望的客户。

在销售人员向客户推销过程中，客户提出异议往往是客户试图“说服”销售人员，这样可以使销售人员处于不利的地位，提高客户自己的谈判地位和优势。一个成功的销售人员不是对客户提出的异议表示害怕或不满，而是把它看作是一个更能使潜在客户产生购买欲望的机会。

当一个潜在客户告诉销售人员房屋存在问题时，他们会说：“如果这个问题不影响大局的话，我可能会买下它”。因此销售人员对异议处理的基本原则是：将消极因素转化成积极因素。

如果销售人员将异议的消极面转变为积极面，那无疑离成交不远了，并将更有成功把握。

（2）了解异议。

通常，未来的购房者对于销售人员提出的意见不会轻易做出反应，如果销售人员不能确切地掌握异议究竟是什么，销售人员就无法克服它。对于不明确的异议，与其盲目做出反应，不如问一声“为什么”。

(3) 常见的异议及其处理。

当销售人员在介绍物业时，销售人员所遇到的异议将是五花八门的。不过，绝大多数的异议是可以预知的。下面介绍的是购房者常有的异议及处理方法。

①借口。

通常，异议是客户逃避决定的借口，如果销售人员认为一个异议实际上仅仅是一个借口，转移话题是一个很好的解决办法，客户将不再提出这个问题。如果客户再次提出异议的话，那就不得不正面回答了。

②为了杀价。

许多异议并非真正的异议。客户提出异议，是为了杀价。有时确实是销售人员所推荐的房子价格高于客户的心理价位，如果这时客户对这套房子的其他方面都满意，而仅仅因为感觉“价格太贵了”而迟疑不决，销售人员可为客户做这个楼盘的价格成本分析及与周边楼盘的价格比较。

有时客户本来是可以接受销售人员所报的价格，但因为旁边的楼盘更便宜一些，而心中不爽，这时销售人员可以这样说：“是的，他们的楼盘更便宜，但我们的楼盘更适合你”。然后详细地为客户做楼盘比较。这时，销售人员务必要诚实，以保持客户对自己的信任感。千万不能通过贬低对方来抬高自己，如果这样做了，客户会怀疑你的职业素质，从而影响成交。对其他竞争楼盘最好的回答，是继续强调本楼盘独有的特点，并让客户感受到这对他有重要意义。

③功能不符要求。

当客户看过销售人员推荐给他们的房子后，可能会觉得所看的房子在功能上不完全符合自己的要求。当销售人员推销的房子近于完美，但惟有一个缺陷时该怎么办？能够简单地让对方接受自然是件好事，如果不能，销售人员就该通过有力的提示来克服这些缺陷，比如：“您需要的是一个有三间卧室、两卫的朝南的房子，这间正合您意”。如果客户嫌房子小，销售人员可以突出它付款轻松、节省费用的特点。如果客户不喜欢楼盘位于的地段，销售人员可以以邻居的实际居住感受来打消客户的担心，并减少客户在地段方面的遗憾。

④人为的因素。

有些时候客户的异议是由于购房者的意见或其他衍生的事情造成了情绪上的抵触。正确了解购房者的用意，对销售人员获得买卖的成功具有非同寻常的功效。销售人员应尽量对客户的迟疑和所听到的别人建议做出中肯而又专业的分析，把客户的认识朝积极的方向引导，这样就比较容易获得成功。

4. 成交签约技巧

(1) 成交步骤。

居家买房往往是人们家庭中前所未有的最大的投资，这笔资金需要很多年才能积累或付清，当购房者被说服购买的时候，他们也往往很自然地开始担心决定是否正确。当顾客对销售人员表示不信任时，不要恼怒。因为一般情况下，人们对销售人员总存的一点疑虑。他们不是对销售人员本人有怀疑，他们是担心买到不应该买的东西。销售人员如果清楚地对顾客的需要做出反应，就会减少这种自然的顾虑。销售人员可以按照下列步骤来商谈成交：

①总结一下房屋如何能满足客户的需要；

②总结一下房屋能给客户带来的利益；

③该房屋区别于其他可供购买房屋的独到之处；

④商谈成交。

（2）成交准备。

在展示完房屋以后，如果顾客对房屋的反应较积极，最好的办法是激励他们把这种反应用语言表达出来。当客户把他们满意的地方用语言表达出来后，就在心理上有了接受成交的准备。如果客户对房屋已有购买意图，销售人员就没有必要按部就班完成预先计划好的展示工作，而应及时成交。

销售人员不能完全按照自己的感受决定何时应该尝试成交，客户常常会给销售人员一些提示，表明他们已经准备听销售人员的成交建议。这里有一些信号供销售人员参考：

①“您认为怎么样”当客户向销售人员征求意见时，他们通常是想得到销售人员对他们的决定的支持。在销售人员回答之前，得先探知他们的结论。先向他们提问，然后积极地、诚恳地给予支持。

②“我们能再看看吗”当客户想第二次看一看某套房子，就可以知道他们对这套房子感兴趣了。这时销售人员就可开始向签约努力了。

③徘徊不想离开。如果客户在一套房子中徘徊、逗留了很长时间，说明他们对这套房子感兴趣。

④过多地挑剔。如果客户对某套房子过多地挑剔，细致地提出问题，也说明他们对这房子感兴趣。

⑤低声耳语。如果购房者夫妻两个在一起耳语，这是个好的信号。

⑥测量长度。如果客户想测量什么东西或用脚步踱测房子，那他们就是有兴趣买房了。

⑦情感反应。客户通常买能满足他们情感需求的房子。客户在看房过程看中了某套房子，这时就会显得对这套房子格外关注。

⑧不买的借口。当销售人员尽力劝说客户这套房子如何如何能够满足他们的需要时，客户也会使尽解数地辩解说房子如何对他们不合适，他们不该买。借口不等于理由，有时它们是用来作为避免立即做出决定的挡箭牌，因为做出决定常常使人

感到紧张。如果销售人员找到了一个购买房子的有力理由来克服客户的借口，那销售人员就向成交迈进了一步。

(3) 实现成交。

在交易中，最重要的是实现签约，但签约困难多半是前几个步骤——初次接待、看房及异议处理没有做好，实际上签约应该是整个销售过程的自然结果。优秀的销售人员在签约阶段，表现得十分平和从容，仿佛一切都顺理成章，这样客户才会在没有压力及相当信任的气氛中欣然下单签约。

在销售人员消除了客户的异议后，就要试着成交。如果他们又提出别的反对意见，那么再消除它，再试着成交。

(4) 售后服务。

签约往往只是销售成功的开始，客户付了定金，只是确定了购买意向，他很可能还会见异思迁——被新的更有特色的楼盘所吸引。同时，部分客户也容易产生购买后悔症，即一签约付定金，立刻就觉得自己太仓促了，买错了。这时，需要销售服务的跟进，让顾客在内心肯定自己的购买决定。这是相当重要，而且是必需的。

(5) 成交技巧。

在实际销售过程中，首先销售人员要建立信心，相信自己绝对能将房屋卖掉，并不断地分析自己在售房过程中是否有需要改进和加强的地方。对于价格要有信心，不轻易降价。不要有底价的观念，不要以客户的出价为基础来作为价格谈判的基础，不论客户出价在底价以上或以下，都要马上拒绝。目的在于争取主控权，让客户认为表中所列价格合理，而且让他觉得争取成交价格争得很辛苦，从而使客户获得安全感、满足感。在接洽上，要先将自己推销出去，取信对方，攻心为上。

大多数客户是先接受人再接受物。对房屋要充满信心，大多数客户是因为产品合乎需求及喜好才进入价格谈判。因此销售人员的业务重心，应放在让客户心动上，针对产品及环境优点作为主攻击点。让客户认为：房屋合乎他的需要；他很喜欢这套房子；买下它物超所值。

销售气氛上要融洽，不要冷场。可以采用聊天、谈笑等方式来消除彼此的陌生感，建立感情。当您能确定客户对产品很满意，且能作购买决定时（例如下订金），才可做进一步的价格谈判。

当售楼人员已完全掌握了客户的购买动机、预算、喜好，那么如何根据经验，向客户推荐其满意的房型呢?

①锁定唯一。可让客户挑选满意的一套房子，然后促其下决心、锁定唯一。

②强调优点。如：地理位置好；建筑物外观风格独特；产品规划合理（朝向、格局方正、得房率高）；建材标准高；房型规划好、私密性好、景观佳、周边环境宜人；小区环境有特色；周边设施齐全，生活便利（学校、图书馆、体育馆、花园

等）付款方式轻松；开发商信誉高、财务状况颇佳、工程质量好、交房及时等。以上可以采取聊天的方式，观察客户的反映，掌握客户的心理，促成其下决心。如未能顺利进入议价阶段，不妨根据客户的喜好，强调产品的优点，再次促使其下决心。

③直接强定。如遇到以下的客户，则可以采取直接强定的方式：客户是经验丰富、二次购房、用于投资的同行；客户熟悉附近的房价及成本，直截了当地要求以合理价位购买；客户对竞争个案非常了解，若本案不具优势，可能会失去客户；客户已付少量定金，订购其他个案的房产，而你想要说服他改变。

④询问方式。在接待客户的过程中通常采用询问的方式，了解客户的心理，并根据其喜好，重点突出产品的优点，打消其购房时可能存在的疑虑。询问的方式可以有以下几种：展示过程中询问其需求的面积、房数、预算、喜好等；在洽谈中可以借助销售资料，进行询问如“由于房型很多，您可以将喜欢的房型告诉我，我可以为您推荐一户合适的房子”等。

⑤热销房屋。对于受客户欢迎、比较好的房型，可以通过强调很多客户在看此类房、甚至制造现场热销的场面（如当场有人成交等），达到成交的目的。

⑥化繁为简。在签约时，若客户提出……要修改时，不妨先要求对方看完合同的全部内容后再提出，然后针对客户在意的问题一一解答。事实上，挑剔的客户才是真正有意向购买的客户。

以上只是销售过程中，与客户接触时的一些机会点。而真正成功的推销，是需经过不断实践以及长期与客户洽谈的经验积累，才能在最短的时间内，完成判断、重点推销，从而达到最后的成交。

11.4 房地产营业推广策略

营业推广是指企业为了刺激需求而采取的能够迅速产生鼓励作用、引起强烈市场反应、达成交易目的的促销措施。由于市场竞争日益激烈，房地产开发企业越来越多地运用一些营业推广策略来刺激中间商和顾客的购买行为。

11.4.1 房地产营业推广概述

1. 房地产营业推广策略的含义

所谓房地产营业推广策略，是指房地产开发企业运用各种短期诱因鼓励消费者进行购买以促进房地产产品销售的措施，包括优惠促销、免费赠送、有奖销售等除人员促销、广告和公共关系以外的各种促销手段。

与广告促销不同，营业推广是在短期内提供给买房者一种心情激励和心理优化，提供给买房者一种购买的冲动。因此，营业推广策略通常只做短期的考虑，它目的是在短期内运用并能提升合理的销售量，将潜在的客户争取过来。营业推广作为一种短程的激励工具，许多开发企业对其越来越重视，投入也越来越大，尤其在销售情况不好时，营业推广几乎成了“唯一的策略”。

2.房地产营业推广的工具

根据房地产营业推广的对象不同，房地产营业推广可分为三种类型：对购房者的营业推广、对中间商的营业推广和对推销人员的营业推广。不同类型的房地产营业推广具有不同的推广工具。

(1) 针对购房者的营业推广工具。

针对购房者的营业推广要从购房者的需求出发，刺激其购买欲望，使之能够达到他们的满意基准，主要可利用以下几个工具：

①价格折扣。

这是房地产营业推广中运用最多的方法，无论是对购房者还是对中间商，这个方法都很有效。对购房者来说，价格折扣可以使房价降低很多，刺激他们的购买欲望；对中间商来说，价格折扣可以让他们在代理时更有利可图。另外，价格折扣使代理风险降低，有可能促使一批中间商包销房地产。

②免费赠送。

房地产开发企业常常针对购房者的实际额外需求提供相应的免费服务和赠品。有赠送家电的，有赠送家具的，有赠送装修的，甚至还有赠送面积的，其目的只有一个，就是刺激消费者购买或租赁。这种促销工具在运用时要注意，免费的东西要与房地产品的高额价值具有一定的消费对应性，如果价值悬殊过大，消费者很难被打动。

③有奖销售。

房地产开发企业有时还采取有奖销售的形式，这种方法在吸引购房者参与的同时，制定具有一定竞争性质的奖励措施以达到促销的目的。房地产开发企业一般通过某种抽奖的形式，来决定给予某些购房者某种价格上的优惠或实物上的奖励。

④样板房展示。

样板房展示是以拟推出楼盘的某一层或某一层的一部分进行装修，并配置家具、各种设备，布置美观的装饰品，以供购房者参观，使其亲身体验入住感受的促销方式。样板房的设置是十分必要的，它可以极大地提高购房者的购房欲望，给感官以强烈刺激和直观明确的具体认识，现在人们已习惯于买楼时参观样板房。

(2) 针对中间商的营业推广工具。

由于中间商和一般的购房者不一样，因而实施营业推广策略的具体工具除价格折扣外与一般的购房者也有所区别，主要包括以下几个方面：

①推广津贴。

这是为了鼓励中间商而给予的一种津贴，分为广告津贴、展销津贴以及宣传物津贴等。推广津贴是一种报酬，是为了鼓励中间商积极推销自己的产品而设置的。

②广告赠品。

这主要指一些日常的办公用品或日常生活用品，是当中间商取得优异成绩时所给予的一种辅助奖励。

③促销合作。

促销合作是指在中间商开展促销活动时，房地产开发企业提供一定的协作或帮助，是一种共同参与的行为。促销协作可以是以提供现金或是以提供事物或劳务的方式进行，比如合做广告、为中间商设计宣传品、提供展览会的布置材料等。

④销售竞赛。

销售竞赛是为推动中间商努力完成推销任务而使用的一种促销方式，获胜者可以获得房地产开发企业给予的现金或其他一些奖励，如海外旅游等。销售竞赛应事先向所有的参加者公布获奖的条件、获奖的内容等相关信息。销售竞赛可以极大地提高中间商的热情。

(3) 针对推销人员的营业推广工具。

房地产开发企业为鼓励推销人员积极工作，努力开拓市场，增加销售量，对推销人员也进行营业推广。针对推销人员的营业推广工具一般有奖金、推销竞赛及赠品等。

以上不同的房地产营业推广方法各有不同的特点。对购房者的营业推广促销直接给购房者某种利益；而对中间商和推销人员的营业推广促销则更多的是帮助或促使他们努力完成营销职能，以从中获取营业推广促销所提取的利益。

11.4.2 房地产营业推广方案策划

房地产开发企业要实施营业推广策略，就需要对推广目标、推广工具、推广规模、推广时间以及推广预算等方面作出决策。因为营业推广活动耗费巨大，一旦决策失误将会给企业带来巨大的损失。

1. 界定营业推广策略目标

营业推广策略目标受企业市场营销目标的制约，而且对不同的目标市场对象，营业推广策略的具体目标也不同。

在消费者市场，实施营业推广策略的目标在于从其他竞争者手中夺取顾客，通过广告建立企业在顾客心中的地位。而在中间商市场，实施营业推广策略的目标则在于鼓励他们经销或代理本企业开发的房地产商品，建立中间商对本企业的信任和忠诚，获得新的营销网点。

2. 选择营业推广工具

对于不同的营业推广目的，选择的营业推广工具也会有所不同；对于不同的营业推广对象，选择的激励手段也不一样；对于不同的推广效果要求，所选择的推广策略更有明显的不同。房地产企业应根据所掌握资料、以往经验及本次营业推广的目标选择适当的营业推广形式。营业推广可以选择一种形式，也可以是多种形式的组合。

3. 确定营业推广规模

投入多大的费用来刺激消费需求决定着销售业绩。如果要实现促销的成功，一定的刺激是不可或缺的。随着刺激强度的增强，销售量会增加，但到了一定的程度以后，其效应是递减的。所以，房地产开发企业不仅要了解各种营业推广手段的效率，还要清楚地认识刺激强度和销售量变化的关系，以取得合理的、预期的推广效果。

4. 设计营业推广的持续时间和时机

营业推广时间应有一个合适的持续长度。持续的时间太短，一些顾客将由于无法及时决策而失去优惠购房的机会；持续的时间过长，则推广的号召力逐步递减，将起不到刺激消费者的作用。因此，营业推广时间的安排，应考虑一个理想的起始日，并保持一个合适的持续阶段。比如房地产开发企业可以在节假日举行营业推广活动，采用的手段可以以价格为主；也可以采用推出保留房型、赠送礼品等多种形式；也可以在开盘初期进行营业推广，如前 100 名购房者可以免缴一年的物业管理费和车位费等。

5. 安排营业推广预算

营业推广策略的制定最终要落实到预算上。营业推广的预算可以用三种方法来确定。

（1）上期费用参照法。

参照上期费用来测算本期费用，这种方法非常简单易行，可以在营业推广对象、手段以及预期效果都不变的情况下采用。但是由于许多主、客观的因素都在变化，因而必须考虑对费用的调整。

（2）比例法。

是根据一定的比例从总促销费用中提取营业推广费用额度的方法。在不同的市场上进行营业推广，其费用预算比例都是不同的，而且这个比例也受到产品所处生命周期阶段以及市场上竞争对手促销投入多少的影响。

（3）总和法。

是指先确定每一个营业推广项目的费用，然后汇总得出该次营业推广成本的总预算。营业推广各个项目的费用主要包括优惠成本和运作成本两部分。其中，优惠成本包括对中间商的折扣成本和赠奖成本等，运作成本则包括广告费、印刷费以及邮寄费等。显然，在预算制定的过程中，对营业推广期间可能售出的预期数量的估计也是必不可少的。

11.4.3 房地产营业推广方案的实施与评估

1. 营业推广方案的预测

营业推广方案制定好以后，可以考虑选择推广对象的一部分进行预试以检验营业推广方案是否合适，是否能达到营业推广的预期目标。若试验认为合适，则可将所定方案正式实施；若发现有问题，则应对方案进行修改完善，然后才可正式实施。

2. 营业推广方案正式实施和控制

一个好的营业推广方案能否实现其预期目标，将取决于实施阶段的努力，这种努力将体现为两方面的工作。一是对推广程度的控制，以求符合既定方案的思路；二是对一些不测事件的控制和必要调整，以求最大限度排除意外干扰的负面影响。

3. 营业推广效果评价

对营业推广效果的评价不光是对本次营业推广活动的总结，而且对于了解该促销方式的有效性，如何运用其他促销策略以提高整体营销效果，以及对今后营业推广手段的改进和提高都有着积极的意义。

常用的营业推广效果评价方法有以下几种：

（1）租售量变化比较评价法。

租售量变化比较评价法是通过比较营业推广前、中、后各时期租售量的变化情况，来评价营业推广效果的一种方法。一般来说，在房地产企业开展营业推广促销活动时，房地产的租售量会明显上升，而在营业推广促销前后不同时期，租售量也会发生变化。一种情况是营业推广活动结束后，租售量迅速下降，然后逐步回升，经过一段时期又达到活动以前的水平，而且不再升高，这表明营业推广未取得长期的效果；另一种情况是活动结束后的租售量经过一段时期以后超过了活动以前的水平，这说明营业推广取得了长期的效果。

（2）推广对象调查评价法。

推广对象调查评价法是通过对推广对象进行调查，了解推广对象对营业推广促销的反应和行动以评价营业推广效果的一种方法。如通过调查发现，多数推广对象对营业推广活动记忆深刻或有许多消费者前往售楼处参观或咨询，那就说明营业推广取得了一定的效果；相反，如果推广对象对营业推广活动印象不深，也没有多少消费者前来咨询参观，则说明营业推广效果不佳。这种方法还可通过推广对象对企业营业推广活动的看法、意见、建议、评价等的调查，以评价房地产企业实施的营业推广是否得当。

（3）实验评价法。

实验评价法是通过选择一定的推广对象进行实验，测定能够反映房地产企业营业推广目标的有关指标的变化情况，以评价营业推广效果的一种方法。通过进行实验评价，可以避免因营业推广决策或方案中出现的某些不足而可能给房地产企业带来损失。因此，在对房地产营业推广方案进行预测时普遍采用这种方法。

营业推广在整个房地产促销组合中占据着极其重要的位置，运用不同的营业推广手段，并恰当地配合以其他促销手段，就可以使企业实现其预期的促销目标。营业推广将在房地产市场中发挥越来越重要的作用。

11.5 房地产公共关系策略

公共关系，是指企业从事市场营销活动中正确处理企业与社会公众的关系，以便树立企业的良好形象，从而促进产品销售的一种活动。公共关系策略所具有的长久促销作用是其他促销手段所难以比拟的。

11.5.1 房地产公共关系概述

1.房地产公共关系策略的含义

房地产公共关系，是指房地产企业与公众之间的各种联系。这一公众既包括房地产开发企业的股东、员工等内部公众，也包括顾客、新闻媒介、金融机构、政府管理部门、竞争者、供应商以及中间商等外部公众。对于房地产开发企业来说，正确处理与这些内部公众和外部公众的关系，对树立房地产企业的良好形象，进而促进销售和提高市场占有率有着重要的影响。

所谓房地产公共关系策略，就是房地产企业为了提高企业形象，增强企业的竞争和发展能力，优化企业经营的内外环境，加强与企业内部公众和外部公众进行双向沟通而采取的所有措施。需要指出的是，尽管房地产企业公共关系策略的实施目标最终是为了实现企业的经营目标和营销目标，但实施该策略的直接目的并不是为了促进房地产产品的销售，而是为了树立和改善企业在公众中的良好形象。

2. 房地产公共关系策略的原则

公共关系的目的是着眼于企业长远发展，维持企业的盈利性和社会性之间的平衡。与其他促销方式相比，应突出以下几个原则。

①从公众利益出发。房地产企业要与公众沟通，并为公众接受，必须为公众提供一定的利益。

②以维护企业声誉，树立企业形象为主要目的。

③重视公共关系对象的广泛性。房地产企业要对本企业内部股东、员工、外部的中介机构、顾客、供应商、金融机构等方面进行广泛的宣传推广。

④重视公共关系工作效应的滞后性。公共关系依赖于企业长期形象的积累，只有一定时期的积累才能产生相应的效果。

3. 房地产公共关系的作用

从总体上看，房地产企业实施公共关系策略的目标，在于增强与公众的沟通和理解，从而提高企业的形象。具体地，公共关系策略的作用表现在以下几个方面：

（1）处理企业与公众利益之间的关系。

由于公共关系活动的特殊性，房地产企业应努力通过这些活动把自己能够为社会提供的贡献传达给公众。为了保证信息传播的效果，公共信息在确保真实可靠的基础上，除了要力求引人注目，还应尽量从大众利益出发，让社会公众在企业实际行动中体会到企业宣传的内容和宗旨。

（2）提高企业的声誉。

与其他营销手段不同，实施公共关系策略的目的并不在于直接促进房地产产品的销售，而是为了树立企业的整体形象，增进企业与内部和外部公众的了解和沟通，为开拓目标市场和获得长期营销活动的竞争力创造良好的条件和基础。同时，企业的声誉往往又会转化成企业和产品的信誉。

（3）建设信息网络。

公共关系是房地产企业收集信息、实现反馈以帮助决策的重要渠道。由于外部环境在不断地变化，企业如果不及时掌握市场信息就会丧失优势。公共关系策略的实施可以使企业及时收集信息，对市场信息、周边环境的变化保持高度的敏感性，为企业决策提供可靠的依据。

（4）消除公众误解。

房地产企业在经营过程中，可能会出现某些失误，这些失误一旦处理不好，就可能对企业的发展造成极大的不利影响。因此，企业平时要有应急的准备，一旦与社会公众发生纠纷，要尽快掌握事实真相，及时进行调解。

（5）分析预测。

通过公共关系的实施，房地产企业可以及时分析监测社会环境的变化，了解政府政策、法规的变动情况，把握社会舆论、公众兴趣，自然环境以及市场动态等的发展趋势，从而可以对房地产企业所处的环境和市场供求状况进行分析预测。

（6）促进产品销售。

房地产产品促销虽然不是公共关系策略直接的、主要的目的，但从企业的最终目标来看，它也是公共关系策略的潜在的和根本的目的。以自然随和的公共关系策略向公众介绍房地产产品及企业所提供的服务，既可以增强公众的购买或消费欲望，又能为企业和产品树立更好的形象。

11.5.2 房地产公共关系活动模式

房地产公共关系策略的目标和公众对象一旦确定后，就应当考虑选择适当的活动方式和沟通媒介来达到最佳的效果。房地产公共关系活动模式策划是一项充满创造性的工作，它可以利用现有的一切有效的手段并开发新的手段，充分发挥策划人员的想像力和创造性。房地产公共关系活动有以下几种方式：

1. 媒体事件

发现或创造对房地产企业或房地产本身有利的新闻是房地产企业公关人员的一项主要任务。一条有影响力的新闻对树立房地产企业形象，提高房地产企业知名度、增加房地产租售量具有显著的作用。房地产企业可以将企业新闻通过媒体加以宣传，新闻在企业中是经常存在的，企业发生的各种事件，如庆典、展览会等，都可以作为新闻事件来宣传。房地产企业还可以自己“创造”新闻，如发起举行一些对社会影响大的活动。

2. 举办或参加专题活动

房地产企业常通过举办或参加专题活动，以强化与各有关公众之间的信息交流与情感联络。

3. 调研活动

房地产企业常通过民意调查等多种方式来收集企业内部与外部环境的变化信息，了解消费者对企业，对房地产的价格、质量、功能、房型等诸方面的意见和建议，并及时将改进后的情况告知消费者以跟踪消费者的需求趋势，尽力满足消费者的要求，这实际上是在消费者中开展公共关系活动。

4. 参与社会公益活动

房地产企业应积极参与有意义的公益活动，如向希望工程募捐，向福利机构、教育单位、体育、艺术活动提供赞助等。这不仅可以充分显示企业雄厚的实力，充分体现企业积极承担社会责任的精神，在公众中树立企业关心公益事业的美誉，同时还可以为企业赢得政府及相关公众的支持，为企业生存和发展创造良好的环境。

5. 编写和制作各种宣传材料和宣传品

房地产企业可通过发行企业自办刊物宣传企业文化、企业产品，也可制作业务通讯，定期举行企业经营信息及房地产市场走势的专家论谈活动，还可以通过设计企业独特的标志、品牌，定做员工制服，印刷专用信笺、台历等建立企业形象识别系统，塑造出企业独特而美好的形象，以加深公众的印象，培养潜在目标客户的偏好。

6. 对外联络协调工作

房地产企业要设法建立同政府、银行、媒体、行业协会等社会各界人士的稳定的沟通关系，主动定期或经常性地向这些公众介绍有关信息，以征求其意见与建议，争取其理解与支持，这样既可避免因误解而造成的不必要的麻烦，又可使企业一旦陷入困境而易于挽救，顺利解决危机。

7. 提供各种优惠服务

房地产企业可以通过针对开发项目开展的售后服务、咨询服务、维修技术培训等方式，以行动证实企业对公众的诚意，这类公共关系活动更容易获得客户的理解和好感。

11.5.3 公共关系活动评估

评估公共关系策略实施的效果，主要有以下几种方法：

1. 参与观察法

参与观察法，是指房地产开发企业主要负责人亲自参加公共关系活动，观察实际情况并估计效果，然后与公共关系人员所提供的活动报告进行比较的一种方法。

2. 目标比较法

目标比较法，是指在制定计划时，就将公共关系策略的目标具体化，用可以度量的方式明确下来，在公关活动完成以后，将测算结果与原定目标相比较，并进一步进行评估的一种方法。

3. 舆论调查法

舆论调查法，是指在公众中对公共关系策略实施前后进行一次舆论调查，然后根据有关舆论情况及其变化，衡量和比较公共关系策略实施的效果。

4. 销售额和利润贡献法

销售额和利润贡献法，是指房地产开发企业在估计公共关系宣传对增加总销售额的贡献比例的基础上，测算公共关系策略实施的投资报酬率。这种方法是最令人满意的一种衡量方法。其计算公式为：

$$\text{公共关系策略实施的投资报酬率}=\frac{\text{实施公共关系策略而增加的贡献毛利}}{\text{实施公共关系策略的直接成本}}\times 100\% \quad (11\text{-}6)$$

通过上面公式计算出的投资报酬率越大，表明房地产企业公共关系策略实施的效果越好。

［案例一］　某项目的媒体整合策略——“定向选媒、整体传播”

某住宅项目位于城市中的湖泊边，湖区经过全面开发已形成了城市中心成熟的居住区域，辐射全市的三大板块，属于高尚居住区。通过目标客户群定位分析，本项目宜走中偏高档的路线，目标客户群是那些收入中偏高，向往湖区生活，却没有找到相应产品的客户。因此，本案的设计中更为注重人本主义关怀，在营销推广阶段更注重把握这一类型客户的气质和特征。

本项目在推广中通过对目标客户群对媒体的选择喜好，来整合项目的媒体传播，最大限度地利用围绕目标消费者的各种传播手段，强化媒体组合优势。

1. 报刊广告

报刊广告是各个城市的房地产行业主要的推广渠道，消费者大多习惯通过报纸来查询自己所需要的信息，尤其是在周四和周五和报纸阅读率比较高。在利用主流媒体时，要尽量做到新闻事件、行业评论、软性文章、平面广告的多种形式的结合，经常制造新闻热点，引起市场关注。

在项目销售期以报纸媒体为主媒体，选择一种主流媒体和两种辅助媒体，做到主次分明、重点突出；热销阶段考虑在经理人杂志、企业家杂志、车友杂志、时尚杂志等目标客户比较喜欢阅读的报刊杂志辅助投放；广告宣传贯穿项目外汇储备的全过程，在形象树立期以软文为主，强销期则以平面广告和软文共行的方式为主。

2. 电视广告

经过调查，本项目的目标客户中，通过看电视吸收信息，最后成交的客户所占份额不少，所以，应增加电视媒体的投入。制作 5s、15s 概念性短片，以湖区为背景，融入生活智慧，成为项目的一种标志。项目蓄水期正好处于春节时期，市民以电视节目作为生活的重要内容，这个期间电视的收视率很高，故在此期间重点利用电视媒体。

3. 互联网

本项目客户绝大多数的上网习惯，通过互联网随时了解全面的项目资料和及时的项目信息。建议在2003年12月即介入推广，通过主要的房地产网站（如搜房网、房地产信息网等）或其他主流网站（如新浪网等）全程使用，及时传播项目信息。

4. 路牌、候车亭

项目销售前期，在形象建立和蓄水期重点使用路牌、候车亭广告。建议路牌在项目全程，随时更换阶段性主题，候车亭只需在项目大规模入市时的2～3个月使用。

5. 电台广告

本项目的目标客户群，有相当一部分的金领阶层是有车一族，故电台广告在一定阶段可以起到广泛宣传的作用，可选择在上下班的时间段来做。

6. 项目围墙展板

在项目施工期，项目围墙展板对该片区有意向的客户或到现场看楼的客户来说，是有效的传播手段。

7. DM直邮广告

根据本项目特点，对DM的应用更多的用在对目标协会、俱乐部等社会团队的推广中，如网球会会员、车会会员等。

（本案例摘自《地产项目执行核心档案》）

[案例二]　××苑项目销售人员工作流程

××苑是某市的一个重量级项目，其定位是高品质的世界级精品园林社区，其销售流程如下：

1. 前期准备工作

(1) 熟悉区域楼市概况、自身楼盘情况，深刻认识楼盘自身的素质、周边楼盘的情况以及所处的环境等。

(2) 熟悉理解销售资料、树立销售信心。

(3) 熟悉现场特点；熟悉并遵守现场的管理和公司的规章制度。

(4) 销售资料和工具的准备，如资料夹、计算器、名片、笔、工装等；必备的销售工具以适当的方式放在适当的位置，方便取用。

2. 接待规范

远远见客人向售楼走来时，售楼人员应立即手夹准备好的资料分两侧直立在售楼处门内，近门侧而立。当客人进门，面带笑容，主动迎上去对客人说“欢迎光临”，递上自己的名片“我是××小姐，先生请过来这边。我帮您做一下楼宇介绍”

等。伸右手指引客人内进，客人在内侧走，销售人员在外围带动。同时，其他销售人员及时补位，保持有人员站立于门口。请教客户姓名，适当的恭维客户，以建立沟通渠道，这样容易使客户形成购买意向。

3. 项目概况讲解

(1) 模型介绍。

(2) 介绍所站的位置、方向方位、楼盘位置、配套、路名、附近建筑物、附近配套设施、公交网络、人文景观等。

(3) 介绍完毕后，指引客人到洽谈台应从就座，双手递上售楼资料，其他售楼人员及时递水、上茶。

基本要素包括：小区占地规模、房屋层高、绿化率、小区配套设施、发展商、建筑商、监理商、户型间隔、面积、均价、特价单位、物业管理、建筑风格、过往业绩、目前主要的重点推介单位等，同时询问客人需求，了解客人想法，然后起身带客人到示范单位。

参观样板房、示范单位时：介绍样板户型间隔优势，实际装修标准、家具摆设状况；示范单位要重点突出其“示范”性，指引客人如何二次装修，家具如何布局，间隔开间如何改动等。

楼盘实地介绍内容：①视现场具体进度，确定是否带客人参观；②结合现场实景、人文景观，扬长避短，强化楼盘实景优势；③注意工地安全。

4. 洽谈、计价过程

(1) 推介具体单元，让客人背对门，最好能面对模型效果图。同时，其他销售人员应及时添加茶水，做好配合，营造气氛。

(2) 根据客人需求，重点推介一二个单元。

(3) 推荐付款方式。

(4) 用《计价表》详细计算楼价，银行费用及其他费用等。

(5) 大声询问销控，以营造销售气氛，注意询问销控的技巧，给销售人员作提示性询问。

(6) 关键时刻主动举手邀请主管促进成交，并进行互相介绍，以进入较实在的谈判、拍板阶段。

5. 成交过程

当客人表示满意，有购买欲望时，应尽快促进成交，让其交足定金。签约后恭喜客户，用力握紧客户的手，全场报以热烈的掌声，然后大声对销控员报告已售出的单元号。

当客人要再考虑时，可利用：①展销会优惠折扣；②展销时间性；③好单元的珍稀性、唯一性，促进顾客下临时订金，24h再补足定金。交定金后应及时提醒客人下一次缴款时间、金额、地点及办手续等，并请客人留电登记。

最后，销售人员应提交成交原因分析报告，将该顾客成交的原因进行分析，报告给上级主管。

（本案例摘自《地产项目执行核心档案》）

［案例三］　足球样板房

SJ 城是××地产 2003 年推出的大规模高品质居住社区，位于市区南部，梅江南生态居住区的卫津河东岸，原玻璃厂厂址。是中国第一个以保留工业时代历史遗迹为主题的大型社区。SJ 城有着丰富的植被和人文资源，将建成以水景和生态环保为主题的高档居住区。几百棵大树、古老的厂房、巨大的吊装车间以及原有的调运铁轨、烟囱等遗留物，作为开发商施展“手脚”的障碍，通常都被无情的铲去。而××地产对于该地块的开发则是立足于延续历史的角度，保持原有建筑的历史风貌，并使其巧妙的融入现在的建筑中，比如 600 棵大树形成的旧厂区林阴路和花园，在新的规划中被保留下来；吊装车间被赋予现代材料和形式，激活成为晶莹剔透的社区会所；老的铁路和水塔则渗透在景观的规划中，成为标志性的要素。

2006 年 6 月，该市第一个“足球样板房”在 SJ 城落成。“足球样板房”采用世界杯主题的包装，看上去非常生动有趣。此次 SJ 城建造的样板间，是针对其即将上市的公司专利产品“空中洋房”制作的。“空中洋房”借助层层退台，找寻层层带花园的洋房情境，而小高层向上拉伸的空间感，又扩充了多层洋房产品所不具备的视野优势。整个样板间被喷绘成 2006 年世界杯主题内容：上面包括各个球星的各种有趣姿势和本届世界杯的主题形象。据营销经理介绍，如此包装一是为配合该公司在世界杯期间推出的“爽购世界杯”活动；二是为了给高端物业齐聚的大梅江增加一些有趣的元素。此样板间属于非实楼样板间，业内常规的处理方法是，将建筑外延用档次较高的石材和涂料进行包装，以提高产品品质。而 SJ 城的这种处理方法，注重建筑的趣味性并降低了成本，在业内实属首创。“足球样板间”的诞生，是受世界杯的启发，这也不得不让人慨叹足球的魅力如此之大。

［案例四］　关心社会公益、树立企业文化风采

YTHK 集团成立于 1992 年 11 月，成立时注册资金为人民币 1.1 亿元，以房地产开发为主。经过十多年的奋斗，集团已发展成为总资产超过 20 亿元的大型房地产企业集团。公司现有员工 800 人，其中包括海归留学人员、博士、硕士、MBA 在内的数十名高级人才。集团在快速扩张的同时，在内部治理方面也取得了重大突破，实现了股权多元化和管理层持股，并形成了高度认同的企业文化。公司秉承“精益求精，服务大众，永续经营，造福一方”的企业愿景，以“即知即行的务实作风，敢为人先的创新意识，同舟共济的团队精神，推己及人的服务态度”作为企业的核心价值观。

多年来，YTHK集团始终秉承“崇本务实、追求卓越、为客户创造最大价值”的核心价值理念，致力于打造精品住宅，相继开发了一系列优秀楼盘。为拉近业主和社会各界与公司的距离，该公司在发展自身企业实力、宣传企业文化的同时，热心于社会体育、文化事业，多次赞助、举办社会文化活动，以此体现YTHK集团对社会公益的关心。近期，该公司先后出资赞助了“YTHK之声——2006世界著名钢琴家系列独奏音乐会”、“全国摩托艇精英赛”、“YTHK仲夏天籁之音合唱音乐会”、“迎奥运、倡和谐，盛中国、濑田裕子艺术之旅音乐会”，举办了“知道、得道、用道，国学文化造就非凡企业”的国学文化与人力管理高层论坛等一系列精彩活动，体现出了强烈的社会责任感，并以此次为载体，树立了关心公益、回报社会的良好形象，展示了企业的文化风采。

坐落于X镇中心区域的ADB项目，是YTHK集团投资该区域的首席欧式风情景观公寓，该项目紧邻津沽路、津歧路、月牙河，距离镇中心商务区域仅不到一公里，该项目占地面积约为4.8万m^2，总建筑面积约为6.9万m^2，产品类型涵盖了多层、点式小高层、公寓式住宅以及配套商业类产品。该项目的规划开发定位采用欧式简约主义的建筑风格，建筑细节充分借鉴欧式建筑的精彩之处；规划建设丰富多彩的景观，使每家每户都能处处见景、步移景异，保障景观的均好性；同时为了构建人性化居住社区该项目还配备沿街步行商业街，使居住商业紧紧结合在一起，更好的方便了住户。

2006年7月29日YTHK集团为该镇居民献上了一场精彩的消夏晚会。活动当日，舞台上霓虹闪烁，精彩的单车及魔术表演，现场乐队的精彩演奏、激情拉丁舞蹈、歌手们的真情演唱为此次活动推向一个又一个高潮，整个广场站无缺席，形成了一个如热浪般的人海。掌声和音乐一次次交织在一起，使这个夏天的温度仿佛又升高了些许。YTHK集团借助此次消夏晚会丰富X镇居民的文化生活，拉近开发商与客户之间的距离，也充分体现了集团一直以来坚持的企业文化风采“崇本务实、追求卓越、为顾客创造最大价值”的宗旨。

本章小结

房地产促销策略是房地产企业提升销售业绩、获得竞争优势和重要手段，包括房地产人员促销策略和非人员促销策略两种类型。房地产非人员促销策略又可分为广告促销策略、营业推广策略以及公共关系促销策略。

广告、人员推销和营业推广是较直接、较常用的房地产促销手段，除此之外，公共关系和宣传报道对促进销售也有一定的作用。公共关系作为促销手段，主要体现为提高企业的声誉和建立良好的社会形象，因此，其近期促销效果可能不明显，但其所具有的长久促销作用却是其他促销手段所难以比拟的，在企业营销战略中具有重要地位。而宣传报道更接近于广告，其与广告的主要区别在于，宣传报道不是以付费的方式，而是社会公众尤其是新闻媒介的自愿行动，因此客观性较强，促销效果有时会更好。

各种促销策略，不仅促销成本不同，所取得的效果也会有所差异，同时也具有不同的实施步骤。房地产企业在实施促销活动时，应该根据企业的整体目标、市场状况以及企业资源状况，合理使用这些促销策略，以实现最理想的促销效果。

1. 什么是房地产促销策略？房地产促销组合的构成有哪些？影响促销组合策略的因素有哪些？

2. 房地产广告媒体各有什么特点？该如何选择？

3. 房地产人员推销的特点是什么？有哪些技巧？

4. 房地产营业推广的工具有哪些？如何进行房地产营业推广方案策划？

5. 什么是房地产公共关系策略？房地产公共关系活动有哪些方式？

参 考 文 献

[1] [美] 菲利普·科特勒，加里·阿姆斯特朗著．赵平，王霞等译．市场营销原理．北京：清华大学出版社，2002.

[2] 纪宝成．市场营销学教程．北京：中国人民大学出版社，2002.

[3] 贾士军．房地产项目全程策划．广东：广东经济出版社，2002.

[4] 罗永泰．房地产营销策划与推广技术．天津：天津社会科学院出版社，2002.

[5] 尹军，尹丽．房地产市场营销．北京：化学工业出版社，2005.

[6] 邓永乐．房地产营销．上海：立信会计出版社，2004.

[7] 刘洪玉．房地产开发．北京：首都经济贸易大学出版社，2006.

[8] 潘蜀健，陈琳．房地产市场营销．北京：中国建筑工业出版社，2003.

[9] 姚玲珍．房地产市场营销．上海：上海财经大学出版社，2004.

[10] 喻颖正，章伟杰，林旭东．地产项目执行核心档案．广州：暨南大学出版社，2004.

第 12 章 房地产市场营销管理

近几年，伴随着房地产市场的进一步繁荣，我国的房地产市场已由原来的卖方市场转变为买方市场，市场竞争更趋激烈。开发商为了在房地产营销活动中获取利益，非常注重房地产市场营销活动的过程管理。在对营销活动进行管理时，无论是切实可行的营销计划的制定还是执行，都离不开有效的市场营销组织，而在计划的执行过程中，还必须对其采取有效的控制手段，以保证营销目标的实现。

12.1 房地产市场营销计划

12.1.1 房地产市场营销计划的含义和特点

1. 房地产市场营销计划的含义

房地产市场营销计划就是房地产开发商和代理商为房地产市场营销活动进行组织、指导、监督、控制等一系列未来营销活动的安排和打算。

制定计划的方法是全面深入地分析目标市场和企业可利用的资源，然后订出一个详细的战略目标以及实现目标的策略，以求最大限度地实现这些目标。

2. 房地产市场营销计划的特点

(1) 权威性。

房地产市场营销计划是开发商和代理商开展营销活动的指导性和指令性相结合的一种管理方法。一经管理层审议通过就可指导其营销管理活动，各企业各职能部门都必须努力按计划所规定的目标组织营销活动。

(2) 预见性。

房地产市场营销计划是经营者对企业未来营销目标的超前决策。在制定营销计划时，要明确规定企业在未来某个时期所要达到的经营目标或营销目标。

(3) 可变性。

企业外部的营销环境是不可控的，就是说房地产企业对社会经济、政策法律等外部环境的依赖性比较强，对外部环境的变化甚为敏感。因此，房地产营销计划必须随着环境的改变而做相应的调整。

12.1.2 房地产市场营销计划的基本内容

对于一个占地很大的项目而言，它可能分几期开发，时间跨越几年甚至十几年，因此，房地产市场营销计划可分为战略计划和作业计划两种。前者是由开发公司的决策层及主要部门制定的，所注重的是开发公司的基本方向、市场目标及达成这些目标的重大行动和方案。后者是由开发商或代理商的营销策划部门负责编制，计划期为半年至一年，所注重的是较具体的工作目标、营销策划、财务预算、行动方案和各自的资源利用情况。

1. 房地产营销战略计划

战略计划并不是一个详细的计划方案，而是着力制定的一个应对将来可能出现的各种各样情况的程序，是培养解决问题能力的计划。

一般来说，房地产市场营销战略计划包括以下内容：

(1) 时间期限。

战略计划是企业的长期计划，有3～5年或5～10年的计划不等。3～5年的战略计划一般是编制企业的营销目标和重大行动，此类较多；而5～10年的战略计划拟定的是企业营销的远景规划。

(2) 战略背景。

20世纪80年代以来，中国住宅建设的跨越式发展，取得了巨大成绩。各类物业的生产、流通、消费等多个领域相对规范的运作及房地产基本生产要素的活跃表现，对房地产的生产力生成起着积极的重要影响。因此，对于房地产营销来说，宏观环境如政治、经济、文化、科技、法律等环境和市场供求情况，构成了它的主要战略背景。

(3) 竞争态势。

在制定房地产战略计划时，应该认真研究竞争对手，并对未来的竞争态势做出预测。主要应该按照以下若干问题，来分析对手和本企业未来的战略态势，以确定合理的战略目标和策略。

①目前及将来企业的主要竞争者有哪些？他们的营销目标、策略、开发量及未来几年的房地产增量如何？

②竞争对手主要的相对优势与不足有哪些？

③预期的竞争趋势怎样发展？

(4) 战略管理职能。

从战略的深远意义来看，战略计划所要考虑的主要问题是战略目标和如何达到既定目标。营销战略目标是企业使命和功能的具体化，是多元的，既包括经济性目标，也包括非经济性目标；既包括定量目标，也包括定性目标；既有总体目标，也有分阶段目标。

有效的战略计划，强调的是企业组织多个方面的整体性，它是将战略目标、方针、环境因素、内在条件等各要素融为一体的过程，并用来指导企业在一定时期内合理分配有限资源。

2. 房地产项目营销作业计划

在房地产市场营销中，制订出一份优秀的营销计划十分重要。一般来说，房地产市场营销计划包括：

（1）项目计划概要。

营销计划的开头部分应该有一个关于本计划的主要目标和建议采取措施的概括说明，以便管理部门快速浏览。内容目录可附在计划概要后面。

（2）项目营销现状。

提供有关市场，产品、竞争、渠道和宏观环境等方面的背景资料，并分析过去几年各类房地产的开发量、价格等。

①宏观环境分析。应阐明影响房地产市场的未来重要的宏观环境趋势，即人口的、经济的、技术的、政治法律的、社会文化的趋向。

②市场状况。提供市场的资料、规模、价格及开发总量。并按市场细分与区域细分来分别列出，而且还应分析有关顾客需求、消费观念和购买行为的发展趋势。

③产品分析。列出过去几年来房地产产品线中各主要产品的销售量、价格和利润率等内容的资料。

④竞争者分析。辨明主要的竞争者并就他们的规模、目标、产品质量、市场营销策略以及任何有助于了解其意图和行为的其他特征等方面加以阐述。

（3）SWOT 分析。

SWOT 分析就是优势与劣势、机会与威胁分析。

①优势与劣势分析。优势和劣势是指内部因素给房地产企业或项目带来的优势和劣势，是相对于竞争对手而言的。内部优势包括正确的经营战略、充足的资金来源、产品创新能力、项目管理优势、市场营销能力、成本控制能力、项目拥有的独特资源等；劣势包括模糊不清的战略方向、不良的市场形象、较低的管理水平及项目某些资源的不足等。

②机会与威胁分析。机会与威胁是指外部因素给房地产企业或项目带来的机会和威胁。计划制订者应以描述市场营销现状资料为基础，结合企业资源及所开发的项目找出项目面临的主要机会与威胁，并且把机会和威胁分出轻重急缓，以便使其中之重要者能受到特别的关注。写出这些因素是为了要建议一些可采取的行动。

③问题分析。用机会与威胁、优势与劣势分析的研究结果来确定在计划中必须

强调的主要问题。对这些问题的决策将会导致随后的目标、策略与战术的确立。

（4）目标。

营销目标是房地产营销计划的核心部分，它对企业的策略和行为起指导作用。营销计划目标分为两类：财务目标和实际营销目标。所有目标都应以定量的形式表达，有一定的完成期限，目标应分层次地加以说明，并且各个目标之间应保持内在的一致性和具有可行性。

①财务目标。企业将寻求一个稳定的长期投资回报率，并想知道当年可取得的利润。

②市场营销目标。财务目标必须要转化为实际营销目标，如楼盘均价、销售额等。如公司想得200万元利润，且其目标利润率为销售额的10%，那么，必须确定一个销售收益为2000万元的目标，如果确定每单元售价20万元，则其必须售出100套房屋。

（5）市场营销策略。

应在此列出主要的市场营销策略纲要，或者称之为详细营销策划方案。在制定营销策略时往往会面对多种可能的选择，每一目标可用若干种方法来实现。如增加10%的销售收益的目标可以通过提高楼盘平均售价来取得，也可以通过增大房屋销售量来实现。同样，这些目标的每一目标也可用多种方法取得。如促进房屋销售可通过扩大市场提高市场占有率来获得。对这些目标进行深入探讨后，便可找出房地产营销的主要策略。以如下策略方案为例：

目标市场：高收入家庭，特别注重于男性、40岁左右的成功人士。

产品定位：质量高档的公寓。有商用、住家两种。

价格：价格稍高于竞争对手。

渠道：主要通过著名房地产代理公司代理销售。

服务：提供全面高水平服务质量的物业管理。

广告：针对目标市场，着重宣传高价位、高舒适的特点，广告预算增加30%。广告宣传渠道利用报纸、电视、单页、楼书、促销活动等。

营销研究：增加10%的费用来提高对消费者选择过程的了解，并监视竞争者的举动。

（6）行动方案。

策略方案阐述的是用以达到企业目标的主要营销推动力。而现在营销策略的每一要素都应经过深思熟虑来作回答：将做什么？什么时候去做？谁去做？将花费多少？等具体行动。

（7）费用估算。

根据行动方案编制预算，包括各种广告媒体、促销活动等费用。要求分别对应策略项目做出实施计划及预算、总预算，主管部门将审查这个预算并加以批准或修改。

（8）控制。

计划的最后一部分为控制，用来控制整个计划的进程。通常，目标和预算都是按一个月或二个月来制定的。这样公司就能检查各期间的成果并发现未能达到目标的部门。

应该注意的是，对于可能出现的问题及预防，要进行干扰因素分析。它包括开发商、代理商要对可能产生的销售干扰因素，包括自身内部因素和外部社会因素及其影响做出准确估计，并且提出明确的应对方法，从而排除其不利影响，避免发生意外损失。

12.2 房地产市场营销组织

管理的实质在于人们为了共同目标而有效地合作，因而，它离不开组织。企业的市场营销活动是由组织中的人来完成的，市场营销管理自然离不开特定的组织结构。营销总监必须设计并维持某种组织结构，而这种组织结构又影响到每一位市场营销人员。他们自主权的大小、沟通程度、相互依赖程度都与组织类型有关。因此，合理的组织有利于房地产市场营销人员的协调和合作。

12.2.1 房地产市场营销组织概念与目标

1.房地产市场营销组织的概念

市场营销工作是开发企业的重要职能，市场调研、营销方案的实施等都要依赖于一个良好的组织形式。所谓房地产市场营销组织是指房地产开发企业涉及市场营销活动的各个职位及其结构。房地产开发企业的市场营销部门是执行市场营销方案、服务市场购买者的职能部门。理解这一概念还应注意两个问题：

①并非所有的市场营销活动都发生在同一组织岗位。营销部门的组织形式主要受宏观市场营销环境、企业市场营销管理哲学以及企业自身所处的发展阶段、经营范围、业务特点等因素的影响。如一个大型综合房地产开发企业，有好几个不同类型的房地产开发项目，则每个项目经理下面都有一支销售队伍，甚至有些市场营销活动还发生在不同的地区。

②不同企业对其经营管理活动的划分也是不同的。如信贷对房地产开发企业而言是融资，对金融部门而言是市场营销活动。

由于开发企业的各项活动都是由人来完成的，因此，判断一个开发企业市场营销组织的好坏不仅要看组织结构的设计是否合理，还要看组织结构里人员的配置是否合适、人员的素质怎样。这就要求营销总监既能有效地制定市场营销计划和战略，又能使上下级正确地贯彻执行这些计划和战略。

2. 房地产市场营销组织的目标

房地产市场营销组织的目标一般有三个方面：

(1) 对房地产市场需求作出快速反应。

开发企业房地产营销组织应该不断适应外部环境，并对市场作出积极的反应。当了解到市场某一需求后，企业的反应涉及到整个营销活动，因而应尽量缩短项目的开发周期，尽快推向市场，以抢占先机。

(2) 使房地产市场营销效率最大化。

从项目开发直到销售过程中，可能要选择一个或多个中间商，这时开发企业的营销组织部门要充分发挥好协调和控制功能，确定自己和中间商的权利和责任。

(3) 代表并维护消费者的利益。

房地产开发企业要把消费者的利益放在首位，不能一味的赚取最大利润。事实上，房地产企业的利润是在得到消费者认可并购买的基础上，只有达到开发商、代理商、消费者和社会多赢的局面，才能获取较大的利润。

3. 房地产市场营销组织的效率和效果

房地产市场营销组织运作好坏可以从效率和效果两方面来考察。

(1) 效率。

效率通常是结果与努力的比率。从组织的角度来讲，效率要通过企业内部的专业化和程序化来实现，只要组织的目标及所面临的外部环境不发生变化，即使专业化和程序化会带来精神和道德等方面的问题，它们也必然大大提高组织的效率。

(2) 效果。

效果反应的是实现目标的程度，它是实际结果同预期结果的对比。

(3) 效率与效果的区别。

二者的区别在于：迅速取得的结果并不一定能有效的地满足目标。没有疲软的市场，只有疲软的产品，这话确有一定的道理。消费者的需求是广泛存在的。一个有效的组织必须能随市场变化和技术革新而不断地进行自我调整。

12.2.2 房地产市场营销组织类型

为了实现房地产企业的目标，营销经理必须选择合适的营销组织。一般来说，市场营销组织的类型可分为专业化组织和结构性组织。一般的房地产开发企业只适应于专业化组织，常用的专业化组织包括四种，即职能式组织、地区式组织、项目式组织和市场式组织。

（1）职能式组织。

在职能式组织中，营销经理的工作就是协调各专业职能部门的活动，职能式部门的数量可以根据需要增减。职能式组织的最大优点是简便易行。不过，随着公司开发项目的增多，市场扩大，这种组织方式可能损失效率。因为没有一个职能部门对某一具体项目或市场负责。它一般适应于小型房地产开发企业，如图 12-1 所示。

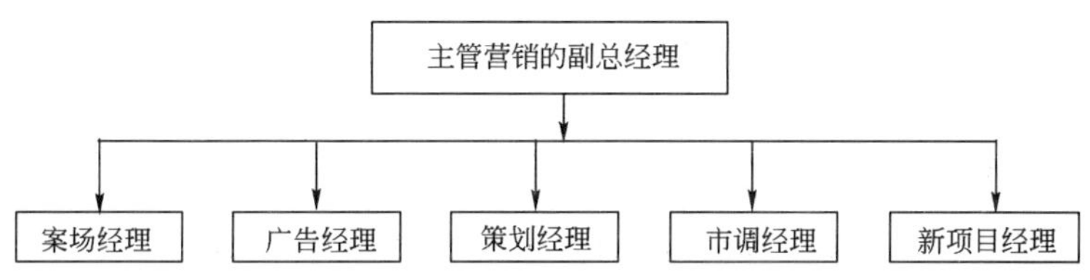

图 12-1　职能式组织设计

（2）项目式组织。

项目式组织与职能式组织不同的是，它带有临时的性质，这是由房地产产品的特点决定的。整个项目完成后，负责该项目的营销经理的工作也就完成了。

项目式组织的优点是：一是能够为快速开发某个项目协调各方面力量；二是能够对项目实施过程中出现的问题作出快速反应；三是项目经理是锻炼主管人才的极好位置。

项目式组织模式也有一些弱点：项目经理不具备履行职能的充分权力，必须依靠其他各职能部门的充分配合，项目经理通常没有对企业其他部门的绝对影响力；其次，他一般只能成为本项目的专家，而很难成为职能专家；最后，这种组织模式的费用比期望的高，但常被企业所采用。如图 12-2 所示。

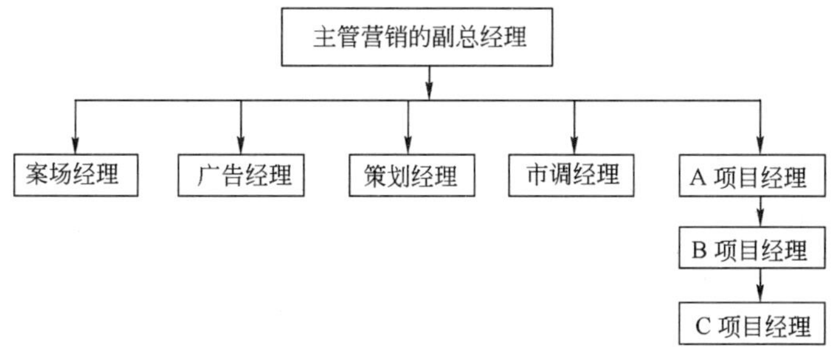

图 12-2　项目式组织设计

（3）地区式组织。

在全国范围内从事房地产开发的企业通常按地区组织其营销力量。地区经理掌握一切有关该地区的市场环境的情报，为在该地区打开市场销路制定计划并负责执行。如图 12-3 所示。

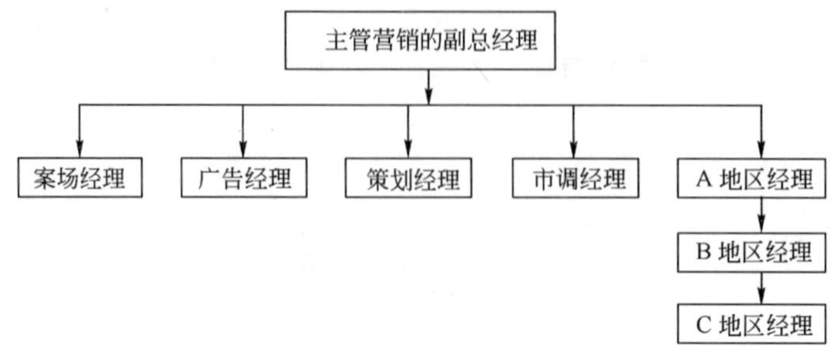

图 12-3　地区式组织设计

（4）市场式组织。

根据物业市场类型，来划分市场式组织结构。如将居住物业市场分为别墅、公寓和普通住宅等。这种组织模式的最大优点是：各种营销活动通过营销经理被组织起来，满足不同消费群的需求。

12.2.3　房地产市场营销组织的设计和评价

房地产市场营销经理从事管理的前提是进行组织规划，包括设计组织结构和人员配备等。组织结构建立并经一段时间的实践后，营销经理要根据实践的情况和企业发展的需要对其进行调整，否则原先的营销组织结构将变得僵化和缺乏效力。

一般来说，设计和评价市场营销组织的一般程序为：

1. 分析房地产市场营销组织环境

由于外部环境是企业的不可控因素，因此，房地产市场营销组织必须随着外部环境的变化而不断调整并适应之。外部环境包括很多因素，如政治、经济、社会、文化、科技等。而对营销组织的营销影响最大的主要是市场和竞争者的状况。此外，市场营销组织作为企业的一部分，也受整个企业自身特征的影响。

（1）市场状况。

市场状况首先是指市场的稳定程度。由于房地产项目的建设周期较长，作为基本的生活资料，房地产市场变化一般不会很大，因而房地产营销组织一般相对稳定。

另外，置业者的行为类型也是市场状况的一个方面，不同的置业者对开发商提供的住宅有不同的要求和侧重点。随着城市居民生活水平的提高，生态住宅、健康住宅越来越成为人们追求的时尚。消费者侧重点不同，开发商推向消费者房地产产品的诉求点也应不同，也要求房地产企业有与之相适应的营销组织类型，以满足不同消费者的需求。

（2）竞争者状况。

房地产营销组织必须了解竞争者是谁，他们在干什么；本企业对竞争者的行为如何作出反应。房地产企业所面对的竞争者不仅是同行，还包括争夺购买力的其他企业或组织，如家用汽车制造商。

2. 确定房地产营销企业组织内部的各项营销活动

企业营销组织内部活动主要有两种类型：一是职能性活动，它涉及营销组织的部门，范围很广；二是管理性活动，涉及企业的营销计划、协调和控制等内容。

3. 建立组织职位

企业在确定了营销组织活动之后，还要建立组织职位，使这些组织活动有所归附。职位决策时要弄清楚各个职位的权利和责任以及其在组织中的相互关系。它考虑三个要素：一是职位类型，每一个职位的设立都必须与房地产市场营销组织的需求及其内部条件相吻合；二是职位层次，职位层次是指每一个职位在组织中地位的高低；三是职位数量，职位数量是指企业建立组织职位的合理数量。它同职位层次密切相关，一般地，职位层次越高，辅助性职位也越多。

一般来说，职位的权利和责任的规定体现在工作说明书上。工作说明书内容包括工作的名称、主要职能、职责、职权和此职位与组织中其他职位的关系以及外界人员的关系等。

4. 设计组织结构

设计组织结构和选择同职位类型密切相关，设计组织结构的首要问题是把各个职位与所要建立的组织结构相适应，而且要着眼于未来，为将来组织结构调整和再造留下较

多的空间。因此，设计组织结构时要考虑外部环境因素，强调组织结构的有效性；同时要考虑组织结构的效率。组织结构的效率表现为以较少的人员和上下隶属关系以及专业化较高的程度去实现组织目标。

此外，营销组织是随市场和企业目标的变化而变化，因此，组织结构设计要立足于将来，有弹性。

5. 配备组织人员

在分析市场营销组织人员配备时，必须考虑两种组织情况，即新组织和再造组织。再造组织的人员配备要比新组织的人员配备更为复杂和困难。这是因为，人们不愿让原组织发生变化，往往把再造组织所提供的职位和工作看作是一种威胁。

但是不论哪种情况，房地产企业配备组织人员时必须为每个职位制定详细的工作说明书，从受教育程度、工作经验、个性特征以及身体状况等方面进行全面考察。而对再造组织来讲，还必须重新考核现有员工的水平，以确定他们在再造企业

中的职位。

6. 对营销组织的检查和评价

营销组织在建立并投入运行后，应该对房地产企业营销组织进行检查和评价。实际上，一般由企业营销经理检查和监督组织的运行状况。由于外部环境的变化或组织主管人员的变动或组织内部人员之间发生矛盾等原因，为避免重大损失，企业应及时调整，使其不断得到发展。

上述六个步骤是相互联系、相互作用的，形成一个动态有序的过程，以保持房地产市场营销组织的生机和活力，进而保证企业与消费者之间的有效沟通，最终保证企业营销目标的顺利实现。

12.3 房地产市场营销执行

12.3.1 房地产市场营销要素

房地产市场营销要素包括很多，主要有以下几种。

1. 楼盘

由于营销策划都是基于楼盘的硬件，如楼盘的建筑设计风格、建筑质量、外立面、户型格局、面积大小、建筑材料、景观设计、树种、楼间距、小区布局公用配套设施、位置、交通、自然景观等因素。作为置业代表，你必须了解你要销售的产品——房子或商铺的特性，必须深信，你要销售的房子能够满足你潜在客户的基本要求，甚至可能还会带来超值，这样才能达到营销的目的。

2. 售楼人员

要让客户感到你是他们的朋友，是他们的置业顾问，是他们最愿意与之交谈的人。获得销售成功最首要的条件还是自信。要建立自信心，必须把握住以下几个关键要素：一是专业知识；二是反复的演练；三是售楼经验。

3. 客户

售楼人员要有正确的观察力和判断力，要能找出你要服务的客户。用最快的时间发现你的客户并最快成交，用最快的时间打发掉不是你的客户，这样，才能提高销售业绩和销售效率。

4. 推销自己

真正的专业售楼人员对顾客该说什么、不该说什么把握得极准，而且能够吸引客户听下去，使客户感觉到你非常真诚，而不是夸夸其谈。推销了自己，即让客户相信你，进而相信你所推销的楼盘。如果能做到这一点，你就成功了一半。所以，作为售楼人员，要锻炼出这种本领，成功地推销自己。

5. 推销开发商

目前，很多商品房的施工质量、景观设计、绿化等诸多问题，投诉日益增多，如果你的开发商很有实力且守信誉，这方面做得比较好，那么就可以十分自豪地向客户推销你的开发商，这样，可以让客户感到更安心，更可靠，更踏实，也会使开发公司的形象牢牢地记在客户的脑海里。

6. 推销楼盘

售楼人员要满怀热情地推销，因为真诚和热情是很容易感染人的，千万不要让客户认为你是在泛泛而谈。要让客户感到，你是在为他着想，像朋友一样关心他，给他提出一些可行的建议。这样，成功就又近了一大步。

7. 现场讲解

当客户觉得能了解新鲜有趣的信息时，就会愿意花时间去听，给客户详尽的信息，突出楼盘的优点和独到之处，做个好的演员，背好台词，设计你的一举一动，包括客户一进售楼处该讲些什么，在参观样板房的路上应该讲些什么，现场应该讲些什么等。一切努力都只为一个目标：向客户推销你的楼盘。

8. 带给客户高附加值

客户买房不仅仅是满足基本居住功能的需要，是因为他还看到了除此之外附带的高附加值。你在向客户介绍你的楼盘时，要让客户知道，你是在营销他所需要的超值的物质价值、精神价值和社会价值，而且随着时间的推移，这种超值的物品还会升值。也就是说应该清晰无误地告诉客户，楼盘超值超在什么地方，因此，你得掌握将价值或超值的概念融入你的楼盘介绍中。

9. 制造紧迫感

要想让客户现在就购买你的楼盘，就必须熟练地运用销售技巧——制造紧迫感。紧迫感来自两个因素：现在买的理由以及投资回报。要制造紧迫感，最重要的是让客户想要你的东西，否则就不可能有紧迫感。

10. 销售建议

你无法成功将产品推销给每个人，但肯定能、也应该能让每个人都明了你的销售建议。这时，你应该向客户再次陈述楼盘的优点、高附加值、性价比、给客户带来的生活方式及优惠条件；另外，还要说一下开发商是如何的可靠和稳定，以及其相应的实力，一展你的本领，才干和学识，言简意赅地说明购买程序和有关交易条款应注意事项等。

11. 大定或结单

大定或结单是你精心运筹、周密安排、专业推销、辛勤努力的必然结果。当客户已来看过几次，足以让他做出明知购买决策时，随时都可能拍板成交。此刻，就是决定“买”还是“不买”的时候了，如果你使客户信服了，并成功地运用上述要素，结单的可能性就有80%了。

12.3.2 房地产市场营销执行具体工作

1. 房地产市场营销执行准备工作阶段划分

项目建筑方案基本确定后，就进入了项目各项报建和工程动工的筹备中，同时，营销工作本着“运筹帷幄，全程把控”的运作理念，应积极做好前期各项营销准备工作，因为营销策划工作涉及环节多、工作量大且变化大，若前期没有一个完整的全盘计划，在面对变化时，往往没有方向或出现临时应急状态，而给后来营销工作留下后遗症。

一般来说，准备阶段的营销工作分为四个阶段。

（1）房地产项目价格体系研究、论证和制定阶段。

项目产品定位后，价格策划就成为营销工作的重要任务之一。该阶段通过公司现有资源，委派销售人员对项目一公里范围内在售楼盘的价格进行调查，并结合本项目的成本情况进行分析，初步确定出本项目的楼盘均价，以及个案楼盘的最高均价和最低均价；再根据个案楼盘的楼层、朝向、通风采光、户型、面积、景观、私密性等因素制定出价格差距，最后完成楼盘入市价格、各套房初步的价格表以及优惠、提价的策略与节奏，营造升值氛围策略等，为项目未来销售做好基础准备。最后提交价格报告供领导审阅。

（2）项目代理商的选定阶段。

代理商的选定，很大程度上决定项目最后营销的成败。因此，代理商的选择要非常谨慎，除了考察其实力和专业能力外，还需考察代理商对本项目提出的针对性措施。

开发商在选择代理商时，一般应对以下四个方面进行综合考察和评定：

①考察代理商的历史业绩。目的是了解其代理过的项目营销业绩情况和开发商对其的评价。

②考察代理商关于本项目的营销策划、销售执行方面的策略。目的是了解代理商对本项目的运作有否创新，方案的可行性、可操作性，方案是否符合本项目的实际情况、是否与开发商的方向一致，以及代理商的实际执行能力等。

③考察代理商对本项目的态度，代理商与本项目的对接模式和委派负责本项目的人员的资力、操盘经验、沟通能力等，进而评定代理商对本项目的责任心和专业程度。

④对代理商所拟定代理合同进行审定。重点除代理价格外，还要对代理佣金如何与销售业绩严格挂钩的方式进行细节审核，以确保代理商在合同中约定的服务内容落到实处。

通过以上四个方面的考察进行综合评分来确定项目最后的代理公司。当然，如果是开发商自己组建营销部门，就涉及到招聘策划人员、销售代表、平面设计人员等有关人员。

(3) 项目广告公司的选定阶段。

在代理商选定之后，为项目选择好的广告公司是非常必要的。在项目进入预热期前的项目形象工作，必须通过广告公司进行表现。在考察广告公司过程中，除了考察其设计能力和服务费用方面，还应重点考查广告公司对项目营销方向的理解程度，如对项目理解越透，其广告表现的东西就越能抓住项目的灵魂，也越能打动目标客户群。

(4) 项目预热期执行阶段。

确定代理商、广告公司后，项目要进入前期的市场形象预热阶段，以开发商和代理商制定的《项目全程营销策划大纲》和《整合推广策划大纲》为总的指导方向，开始以循序渐进的方式有计划的实施项目的市场预热，逐步积累客户，并根据市场的初步反映情况调整营销策略、广告策略以及执行手段。

项目经理在代理项目确认并签订代理合同后，应着手案前筹备工作，在代理商与开发商的配合下完成，通过工作进度表控制整体进程。筹备时间视代理项目情况而定。

2. 房地产市场营销执行工作的主要内容

一般而言，房地产营销执行工作主要有以下内容。

(1) 项目市场调查与分析。

调查本区域范围内的主要楼盘（1km 范围内）；

调查与不同区域的同样价位楼盘，并比较价格、建筑质量、景观设计等；

比较本楼盘与目前正处于强销期的楼盘；

比较本楼盘与未来即将推出的楼盘；

比较本楼盘与销售成功的楼盘。

(2) 项目的市场定位、策划方向的确认。

本楼盘的细分市场的依据、目标市场的选择是否合理；

本楼盘的市场定位是否合适；

本楼盘的竞争定位是否合适；

本楼盘的广告基调、广告定位是否合适。

(3) 与工程部沟通，熟悉项目产品的属性，主要包括：

项目总体规划、产品的细部结构；

楼盘的外立面造型；

单元套房的内部结构设计、单元套房三维空间的处理；

楼盘的面积配比、户型配比；

楼盘建筑材料、设备的选择等。

(4) 与策划部沟通进行 VI 设计。

楼盘的命名、主体概念的策划；

外景摄影、楼书设计；

户外宣传设计；

销售代表的名片、胸卡设计；

展板文案、设计等。

(5) 销售处或展示中心和促销活动场地安排。

售楼处或展示中心选址、售楼处或展示中心风格设计与施工；

售楼处或展示中心至施工现场沿线景观美化设计、布局；

售楼处或展示中心室外广告设计、布置、美化；

环境示意图设计、户外看板设计、布局；

促销活动现场选址、设计和布置等。

(6) 售楼处内部布置与绿化。

销控台、销售桌椅、电器（包括空调、饮水机、音响、复印机、传真机、点钞机、计算机、打印机等）、电话等布置。

销售道具的布置，如工程蓝图（包括小区规划图，单体平面立图）、管线图、墨线图和家具配置图的制作、鸟瞰图、透视图、沙盘模型等。

(7) 房屋销售有关的文书。

商品房预售和销售合同、签订相关文书应注意的事项；

物业管理公约、销售表单、贷款资料等；

价目表、大小定金收据、销空表；

海报、楼书、名片和胸卡等宣传品的摆放布局。

(8) 各种印刷品的设计与制作。

DM 单页、海报、楼书等宣传品的文案、设计、印刷；

各种请柬、各种邮寄信封的设计、文案、印刷等。

(9) 报刊媒体的制作与安排。

新闻报道的安排、撰写、发稿；

报纸、广播、短信等广告的策划、文案撰写、设计、发稿、发布与安排等。

电视、影片等广告的策划、文案撰写、摄制、设计、发稿、发布与安排等。、

(10) 现场管理。

人员培训、销售讲习、环境示意图说辞、模型说辞；

电话接听与追踪；

现场来访客户的接待、收取大小定金以及签约、各类报表的填写；

客户的追踪与拜访；

销售流程、销售总结会；

现场考勤与卫生保洁等。

(11) 广告效果和销售效果情况分析。

各种媒体来电状况分析；

各种媒体来人状况分析；

每周实际成交分析、退户情况分析；

每月销售情况分析；

下一阶段销售计划安排。

(12) 销售总结。

当天销售情况碰头会；

每周、月销售总结；

销售总结报告；

各种销售物品的消耗总结；

下一阶段各种销售物品的报审；

阶段性庆功活动、奖励等。

12.3.3 影响房地产市场营销计划有效执行的因素

房地产市场营销执行是将营销计划转化为行动的过程，并保证这项任务之完成，以实现计划的既定目标。

房地产营销策略所论及的是营销活动是“什么”和“为什么”的问题；而执行则论及到“谁”去执行，在“什么地点”、“什么时间”和“怎么样”去执行等问题。策略与执行密切相关。房地产营销策略指导着房地产营销执行，如制定营销方案时营销推广费用的分配、售楼人员的专业知识和素质能力培训、如何指导房屋销售人员改变推销重点、指导售楼人员如何接待客户、抓住客户促使其签单、售楼人员和案场经理的配合、制订价格表等。另外，房地产营销执行也是房地产营销策略反馈，即预计在执行某一策略过程中会产生的困难将影响策略的选择，以及对营销

策略的修正。

一般来说，在营销计划执行过程中，策划人员和案场经理应注意影响有效执行房地产营销方案四个方面的因素，并具有解决这些问题的能力。

(1) 发现及诊断问题的技能。

当房地产市场营销计划的执行结果不能达到预期目标时，策略与执行之间的内在紧密关系会造成一些难以诊断的问题。如销售率低，究竟是由于策略不当、还是因为执行不当呢？应确定采取什么行动及怎样补救？对每个问题都有不同的管理技术组合与不同的解决方法。

(2) 评定在公司层次上存在问题的技能。

房地产营销的执行问题在公司层次的三个层次中任一层上都会发生。

①营销政策层次。这里管理部门所关心的是：引导从事营销工作的人去理解本组织的主张及其在营销活动中的作为。营销的领导艺术以及更具体的各种报酬、招聘、训练和销售政策等要素，都体现了该组织的营销文化。如果房地产代理商的工作人员在与客户、开发商和其他人交易时采用社会性营销观念，就需要有达到这一目标的明确的营销政策。营销政策对能否有效执行营销方案的影响最大，其次才是执行营销功能的能力。因此，营销方案能否有效地执行，主要取决于制订和执行健全的政策。

②营销方案层次。即把各种营销功能协调组合在一些，构成一整体活动的效果。例如代理商通过定价、促销和配销的整体功能活动将房屋售给顾客时的客户定位不当。

③营销功能层次。广告、公关活动、促销活动、配销渠道、销售人员专业素质和专业能力、沟通能力、抓客户能力、办理许可证、按揭贷款等功能，还是其他方面的功能。

(3) 执行计划的技能。

为了有效地执行房地产市场营销方案，无论开发商还是代理商，其公司的每个层次即政策、方案、功能等层次都必须运用一整套技能。主要包括：

①配置技能。指营销部经理给功能、政策和方案三个层次分配时间、资金和人员的能力。如按何种方式来有效配置销售人员是每个公司都面临的一个共同问题。

②监控技能。建立和管理一个对营销活动效果进行追踪的控制系统。控制有四种类型年度计划控制、利润控制、效率控制和策略控制。从执行的角度出发，我们主要关心的是前 3 种类型。

③组织技能。涉及营销人员之间为实现公司目标而应具有的关系结构。掌握构成控制系统的集中化程度和正规化程度及理解非正式营销组织的地位和作用，是制定有效执行程序的重要先决条件。非正式系统与正式系统的交互作用将影响许多执

行活动的效率。

④相互影响技能。指公司人员之间相互影响，尤指经理影响他人把事情办好的能力。主要营销人员不仅必须有能力推动本组织的人员有效地执行理想的策略，还必须推动组织外的人或企业，如广告代理商、媒体执行制定的策略时能力、尤其是互相配合的能力。

组织内每个问题出现的频率，可能与企业的规模，市场位置和与之竞争的楼盘有关系，而卓越的营销执行需要的掌控功能、方案、政策等几个方面（配置、监控、组织、相互影响）的管理技能。

（4）评价执行效果的技能。在市场上取得良好的销售绩效，也并不一定能证明营销执行得好。因为，很难用绩效来区分：策略好/执行差和策略差/执行好的情况。但是，我们可为评价一个公司的执行效果做一些基本的准备工作。要证明营销执行工作有效，应包括对下列问题的正面回答。

①有无明确的营销主题、强有力的营销领导和能促进和诱发美德的企业文化？

②公司的营销活动中有无健全的次级功能？属于销售功能的配销、定价和广告是否都管理得很好？

③公司的营销方案是否形成整体，并以集中的方式向各类顾客群进行营销活动？

④公司营销管理部门与其他与营销有关的人员如销售人员的相互关系是否良好？公司的其他职能部门的相互关系是否良好？顾客与同行的相互关系是否良好？

⑤管理部门应采用什么监控方法使自己不仅知道自身的活动状况，而且也知道顾客和潜在顾客的行动状况？

⑥管理部门给各种营销工作分配的时间、资金和人员是否得当？

⑦为完成营销活动和处理与顾客的相互关系、管理部门是如何组建的？组织机构的构建是否合理？

要将策略和执行在市场上产生的结果区分开来终究是一项困难的工作。但是，公司应该需要擅长执行营销计划和做好策略性的营销规划的人员，这样会全面提高销售绩效。

12.3.4　房地产市场营销执行系统

营销系统中的各阶层人员都应该共同合作以执行营销计划和策略。营销部门、其他部门或公司的其他人员都必须参与支持营销计划的执行工作。企业应找出有效的方法，将所有这些活动协调成一致的有效行动。

营销策略和营销成绩是由执行系统来连接的。执行系统包括五个相关联的方面：制定行动计划；建立组织结构；设计决策和酬劳制度；开发人力资源；培养企业营销文化。

1. 制定行动计划

为了执行营销策略，首先，营销经理通常必须和企业内其他部门的经理共同合作，如他们与工程部门讨论有关房地产产品的建筑质量问题，和法律人员讨论有关按揭、办理产权证等问题。营销经理同时也必须和企业外部的人员合作。如他们与广告代理商，商讨广告活动的计划及推出；找大众传播媒体以得到宣传报道上的支持。其次，还须制定出详细的行动计划。计划中要指出执行营销策略所需的关键决策与任务，必须明确企业内各个单位或个人的决策和工作责任，并把计划指标层层分解落实。最后，行动计划中应包括一个时间表，指出决策的时间、行动的时间。行动计划还包括做什么，谁来做，及如何协调决策与行动。

2. 建立组织结构

企业的正式组织在市场营销执行过程中有决定性的作用，组织将实施的任务分配给具体的部门和人员，规定明确的职权界限和信息沟通渠道，协调公司内部的各项决策和行动。组织结构必须同公司目标相一致，必须同公司本身的特点和环境相适应。

3. 设立评价和酬劳制度

为实施房地产市场营销战略，还必须设立相应的评价和酬劳制度，使规划、信息收集和分配、预算、招收和训练、业绩衡量和控制以及人员评价及酬劳等活动都能有明确的方针和标准。设计不良的制度会妨碍策略的执行；反之，设计良好的制度则可推动有效方案执行工作。因此，严格执行考核制度，考核尽量全面、客观，并利用数据说话。

4. 开发人力资源

市场营销战略最终是由公司置业代表来执行的，所以人力资源的开发至关重要。这涉及到人员的考核、选拔、培训和激励等问题。同时，为了激励员工的积极性，必须建立完善的工资、福利和奖惩制度。此外，企业还必须决定行政管理人员、技术人员和一线工作人员之间的比例。

5. 培养企业的营销文化

公司文化对战略的成败有决定性所作用。它能够起到把全体员工团结在一起的“粘合剂”作用，一旦形成，就具有相对稳定性和连续性，不易改变。企业战略通常是适应企业文化和管理风格的要求来制定的，而不宜轻易改变企业原有的文化。因此，塑造和强化企业文化是企业营销执行的不容忽视的一环。

6. 加强控制

为了进行控制，必须经常和定期对计划执行情况认真地检查，以便及时发现和解决问题，或进一步挖掘新的潜力，对计划进行补充或调整，同时强化控制，搞好协调调度工作。

12.3.5 房地产市场营销执行中的常见问题与原因

房地产现场销售好比战场上的短兵相接，一个细微的过失往往会造成一次交锋的失败。在坚持客户、公司“双赢策略”基础上，努力提高成交率，不断提高和完善个人的销售技能。这是现场销售人员成功的阶梯。下面，我们将其中最常见的十二种情况罗列出来，以避免销售中更多的失误。

1. 产品介绍不详实

原因：

①对产品不熟悉。

②对竞争楼盘不了解。

③迷信自己的个人魅力，特别是年轻女性员工。

解决：

①楼盘公开销售以前的销售讲习，要认真学习，确实了解及熟读所有资料。

②进入销售现场时，应针对周围环境，对具体产品再做详细了解。

③多讲多练，不断修正自己的措辞。

④随时请教老员工和部门主管。

⑤端正销售观念，明确让客户认可自己应有尺度，房屋买卖才是最终目的。

2. 任意答应客户要求

原因：

①急于成交。

②为个别别有用心的客户所诱导。

解决：

①相信自己的产品，相信自己的能力。

②确实了解公司的各项规定，对不明确的问题，应向现场经理请示。

③注意辨别客户的谈话技巧，注意把握影响客户成交的关键因素。

④所有载以文字，并列入合同的内容应认真审核。

⑤应明确规定，若逾越个人权责而造成损失的，由个人负全责。

3. 未做客户追踪

原因：

①现场繁忙，没有空闲。

②自以为客户追踪效果不大。

③销售员之间协调不够，同一客户，害怕重复追踪。

解决：

①每日设立规定时间，建立客户档案，并按成交的可能性分门别类。

②依照列出的客户名单，大家协调主动追踪。

③电话追踪或人员拜访，都应事先想好理由和措辞，以避免客户生厌。

④每日追踪，记录在案，分析客户考虑的因素，并且及时回报现场经理，相互研讨说服的办法。

⑤尽量避免电话游说，最好能邀请来现场，可以充分借用各种道具，以提高成交概率。

4. 不善于运用现场道具

原因：

①不明白，不善于运用各种现场销售道具的促销功能。

②迷信个人的说服能力。

解决：

①了解现场销售道具对说明楼盘的各自辅助功能。

②多问多练，正确运用名片、海报、说明书、灯箱、模型等销售道具。

③营造现场气氛，注意团队配合。

5. 对奖金制度不满

原因：

①自我意识膨胀，不注意团队合作。

②奖金制度不合理。

③销售现场管理有误。

解决：

①强调团队合作，鼓励共同进步。

②征求各方意见，制订合理的奖金制度。

③加强现场管理，避免人为不公。

④个别害群之马，坚决予以清除。

6. 客户喜欢却迟迟不作决定

原因：

①对产品不了解，想再作比较。

②同时选中几套单元，犹豫不决。

③想付定金，但身边钱很少或没带。

解决：

①针对客户的问题点，再作尽可能的详细解释。

②若客户来访两次或两次以上，对产品已很了解，则应力促使其早早下决心。

③缩小客户选择范围，肯定他的某项选择，以便及早下定签约。

④定金无论多少，能付则定；客户方便的话，应该上门收取定金。

⑤暗示其他客户也看中同一套单元，或房屋即将调价，早下决定则早定心。

7. 下定后迟迟不来签约

原因：

①想通过晚签约，以拖延付款时间。

②事务繁忙，有意无意忘记了。

③对所定房屋又开始犹豫不决。

解决：

①下定时，约定签约时间和违反罚则。

②及时沟通联系，提醒客户签约时间。

③尽快签约，避免节外生枝。

8. 退定或退户

原因：

①受其他楼盘的销售人员或周围人的影响，犹豫不决。

②的确自己不喜欢。

③因财力或其他不可抗拒的原因，无法继续履行承诺。

解决：

①确实了解客户之退户原因，研究挽回之道，设法解决。

②肯定客户选择，帮助排除干扰。

③按程序退房，各自承担违约责任。

9. 一屋二卖

原因：

①没作好销控对答，现场经理和销售人员配合有误。

②销售人员自己疏忽，动作出错。

解决：

①弄清事情原因和责任人，再作另行处理。

②先对客户解释，降低姿态，口气婉转，请客户见谅。

③协调客户换户，并可给予适当优惠。

④若客户不同意换户，报告公司上级同意，加倍退还定金。

⑤务必当场解决，避免官司。

10. 优惠折让

（1）客户一再要求折让

原因：

①知道先前的客户成交有折扣。

②销售人员急于成交，暗示有折扣。

③客户有打折习惯。

解决：

①立场坚定，坚持产品品质，坚持价格的合理性。

②价格拟定预留足够的还价空间，并设立几重的折扣空间，由销售现场经理和各等级人员分级把关。

③大部分预留折让空间，还是由一线销售人员掌握，但应注意逐渐退让，让客户知道还价不宜，以防无休止还价。

④为成交而暗示折扣，应掌握分寸，切忌客户无具体行动，而自己则一泻千里。

⑤若客户确有困难或诚意，合理的折扣应主动提出。

⑥订金收取愈多愈好，便于掌握价格谈判主动权。

⑦关照享有折扣的客户，因为具体情况不同，所享折扣请勿大肆宣传。

（2）客户间折让不同。

原因：

①客户是亲朋好友或关系客户。

②不同的销售阶段，有不同的折让策略。

解决：

①内部协调统一折扣给予的原则，特殊客户的折扣统一说词。

②给客户的报价和价目表，应说明有效时间。

③尽可能了解客户所提异议的具体理由，合理的要求尽量满足。

④如不能满足客户要求时，应耐心解释为何有不同的折让，谨请谅解。

⑤态度要坚定，但口气要婉转。

11. 订单填写错误

原因：

①销售人员的操作错误。

②公司有关规定需要调整。

解决：

①严格操作程序，加强业务训练。

②软性诉求，甚至可以通过适当退让，要求客户配合更改。

③想尽各种方法立即解决，不能拖延。

12. 签约问题

原因：

①签约人身份认定，相关证明文件等操作程序和法律法规认识有误。

②签约时，在具体条款上的讨价还价（通常会有问题的地方是：面积的认定，贷款额度及程度，工程进度，建材装潢，违约处理方式，付款方式……）。

③客户想通过挑毛病来退房，以逃避因违约而承担的赔偿责任。

解决：

①仔细研究标准合同，通晓相关法律法规。

②兼顾双方利益，以“双赢策略”签订条约细则。

③耐心解释，强力说服，以时间换取客户妥协。

④在职责范围内，研究条文修改的可能。

⑤对无理要求，应按程序办事，若因此毁约，则各自承担违约责任。

12.4 房地产市场营销控制

12.4.1 房地产市场营销控制流程

房地产市场营销部门的工作就是规划和控制市场营销活动，由于在房地产营销计划执行中会出现许多意外情况，所以必须连续不断地监督和控制市场营销活动。所谓市场营销控制，是指市场营销经理经常检查市场营销计划的执行情况，看看计划与实绩是否一致，如果不一致或没有完成计划，就要找出原因所在，并采取适当纠偏措施，以保证市场营销计划的完成。

营销组织中，有效的控制是有科学、严格的工作步骤来保证过的。如图 12-4 所示。

1. 确定控制对象

房地产营销活动中，控制的内容很多、范围广，可获得较多信息，但任何活动本身都要引起费用支出。因此，在控制内容、范围、额度时，主管人员应当控制成本小于控制活动所带来的效益。最常见的控制内容是销售收入、销售成本、销售利

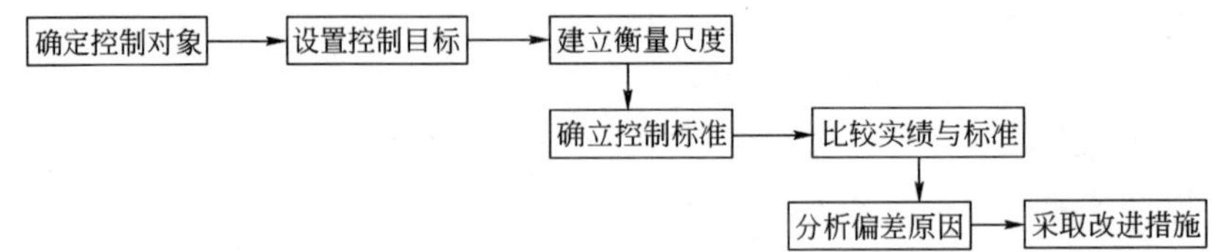

图 12-4　营销控制流程图

润，但对其他营销活动，也应通过控制加以评价。

2. 设置控制目标

监控必须有一定的目标，而且目标应是可度量的。例如，营销经理为销售代表制定了类似“尽可能多地销售”，这样的目标由于没有定量，就很难实施。

3. 建立衡量尺度

多数情况下，企业所制定的营销目标决定了它的控制尺度，如目标销售收入、利润率等，但还有些比较复杂的问题可以特殊处理，如广告效果可以用来电、来人量来表示。

4. 确立控制标准

控制标准是指以某种衡量尺度来表示控制对象的预期活动范围或可接受的活动范围，即对衡量尺度加以定量化。如确定每个销售代表的销售业绩为每月最少 20 套等。显然，控制标准一般应该有一个浮动范围。

5. 比较实绩与标准

将销售效果与实际执行的效果进行比较时，需要决定比较的频率，即多长时间进行一次比较，这取决于控制对象是否经常变动。若比较的结果是实绩与控制标准一致，则控制活动至此结束；否则，就要进行下一步骤。

6. 分析偏差原因

执行过程中可能出现的偏差有两种情况：一是实施过程中的问题，这种偏差比较容易分析，二是计划本身的问题，确认这种偏差比较困难。况且这两种情况往往交织在一起，使分析偏差的工作成为控制过程中的一大难点。

7. 采取改进措施

如果在制定计划时，同时也制定了应急计划，改进就比较快。因此，在制定计划时就应该预设一些可能出现的问题并提出相应的解决方法，这样可以避免或减少损失。

常用的房地产营销控制的方法主要有：年度计划控制、盈利能力控制、效率控制、战略控制与房地产市场营销审计。

12.4.2 年度计划控制

1. 年度计划控制目的和步骤

年度计划控制是房地产企业常采用的主要控制方法，它是指企业根据项目进度、投资和融资需要，以及市场实际情况而编制的在本年度内采取控制步骤，检查实际成果与计划之间是否有偏差，并采取改进措施，以确保企业在年度计划内建立的销售利润目标和其他目标能够实现。

许多企业每年都制定有相当周密的年度计划，但执行的结果不仅取决于计划制定得是否正确，还有赖于计划执行与控制的效率如何。可见，年度计划制定并付诸执行之后，搞好控制工作也是一项极其重要的任务。

年度计划控制的主要目的在于：第一、促使年度计划产生连续不断的推动力；第二、控制的结果可以作为年终成果评估的依据；第三、发现公司潜在问题并及时予以妥善解决；第四、高层管理人员可借此有效地监督各部门的工作。

年度计划控制的核心是目标管理。包括四个主要步骤如图 12-5 所示。

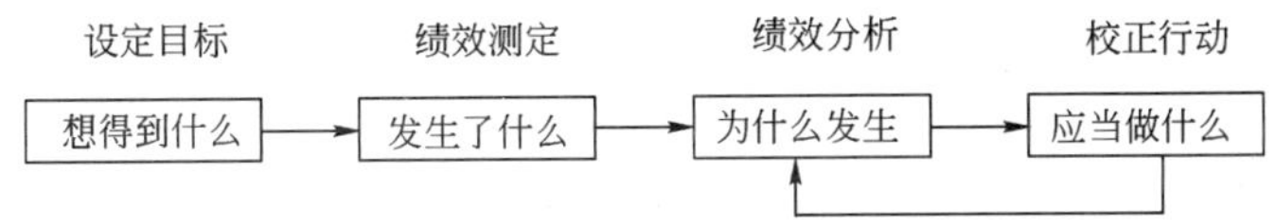

图 12-5 年度计划控制过程

①管理部门制定标准。即确定本年度各季度、月的目标，如销售目标、利润目标等。

②管理部门随时掌控计划实施情况，并将实际结果与预期结果相比较。

③管理部门找出造成严重绩效偏差的原因。

④采取措施，缩小目标和实绩之间的差距，努力使计划与结果相一致。

2. 年度计划控制常用的主要工具有以下几种

（1）销售分析。

销售分析主要用于衡量和评估经理人员所制定的计划销售额与实际销售额之间的关系。在这方面有两种具体方法。

①销售差额分析。销售差额分析用于决定各个不同的因素对销售绩效的不同作用。例如，年度计划要求在第一季度售出同等质量、户型的商品房 100 套，每套 50 万元，即销售额为 5000 万元，到季末后，每套只以 45 万元卖出，只卖出 80 套即 3600 万元，则实际销售差额为 1400 万元，则这个差额中有多少是由于降价造成的？有多少是由于销量下降造成的？

因降价而引起的差额＝（50－45）×80＝400 万元（占预期销售额的 28.6％）

因销量下降而引起的差额＝50×（100－80）＝1000 万元（占预期销量的 71.4％）

因此，企业应查出为什么不能达到预期的销售量，为什么不能达到预期的销售价格。

②微观销售分析。就是分别从产品销售及其有关方面来考虑来能达到预期销售额的原因。

例如，公司在甲、乙、丙三个地区有开发项目，某一阶段时间内其预期销售目标分别为 100 套（销售额为 1000 万元）、250 套（销售额为 2500 万元）和 150 套（销售额为 1500 万元），则总销售量为 500 套、总额为 5000 万元。而实际销售额分别为 980 万元、2600 万元和 1300 万元。就预期销售额而言，甲地区有 2％的未完成额；乙地区有 4％的超出额；丙地区有 13. 3％的未完成额。显然主要问题在丙地区，则营销经理要检查丙地区造成不良绩效的原因。其结果可能有如下情况：一是该地区的销售代表工作不努力或遇到了私人问题；二是一个强劲的竞争对手进入了该地区；三是该地区居民收入下降。

（2）市场份额分析。

用销售额并不能表明本公司比竞争对手做得好。如果公司销售额增加了，可能是由于公司所处的整个经济环境的发展，或可能是因为其市场营销工作较之其竞争者有相对改善。市场占有率正是剔除了一般的环境影响来考察公司本身的经营工作状况。为此，管理部门需要追踪其市场份额。如果公司的市场份额增加了，则可能是因为战胜竞争者而获利，如果下降了，相对竞争者而言，公司就损失了一部分市场份额。不过，通过市场份额分析得出的结论必须满足一定的条件。

①外在力量以同样方式影响所有公司的假设常常是不真实的。

②一个公司的绩效应按全部公司的平均绩效来判断，这种假设并不总是正确的。

③如果一个新公司进入本行业，该行业中每个现有企业的市场份额就可能下降。但公司的市场份额下降并不意味着公司的工作比别的公司差。

④有时市场份额降低是公司为了提高利润而精心策划的。

⑤市场份额可能因许多偶然的因素而上下波动。

衡量市场份额衡量有两种方法：总体市场份额、相对市场份额。

总体市场份额是指其销售额占全行业销售额的百分比。

相对市场份额是销售额占最大的竞争者的综合销售额的百分比来表示。

因此，营销总监必须用产品大类、顾客类型、地区及其他分类来说明市场份额的变动。一种有效方法就是通过四个因素来分析市场份额的变动，即：

$$\text{总体市场份额}=\text{顾客渗透率}\times\text{顾客忠诚度}\times\text{顾客选择性}\times\text{价格选择性} \tag{12-1}$$

式中：顾客渗透率——购买本公司产品的顾客与总顾客的百分比；

顾客忠诚度——顾客从本公司购买的产品数量与他们从其他提供同类产品的开发商处购买数量的百分比；

顾客选择性——本公司顾客的平均购买量与某个一般公司顾客的平均购买量的百分比；

价格选择性——公司的平均价格与所有公司的平均价格的百分比。

现在假定公司在某段时间内以金额表示的市场份额下降了。公式（12-1）提供了四种可能的解释：公司失去了一些顾客（较低的顾客渗透率）；现有顾客向该公司购买的商品在全部购买量中比例减少了（较低的顾客忠诚度）；公司保留的顾客规模较小（较低的顾客选择性）；公司价格竞争力减弱了（较低的价格选择性）。

（3）营销费用与销售额的比率分析。

年度控制计划要求确保公司为达到销售目标的费用不要超支。市场营销费用与销售额比率是一种主要的检查方法。例如在某一家公司中，这一比率为30%，它包括五种费用对销售额的比率：销售人员费用与销售额之比（15%），广告费用与销售额之比（4%），促销费用与销售额之比（6%），市场调查费用与销售额之比（2%），销售管理费用与销售额之比（3%）。

管理部门必须监控这些费用比率，它们可能出现一些容易被忽视的小波动，但是超过正常波动幅度时就需加以注意。例如某公司广告销售费用与销售额的比率一般在2%～4%之间波动，然而在一段时期内，比率超过了控制上限。有两种假设可以分别解释这一现象：

假设A：公司仍然有良好的费用控制，这种情况只是偶然出现的意外事件。

假设B：公司失去了对这种费用的控制，应当找出其原因。

假设A成立，则无需再经过调查来判断环境是否发生了变化。如果假设B成立，则应对环境进行调查，即使要冒没有发现任何结果却浪费了时间与精力的风险也应这样做。

（4）财务分析。

费用与销售额的比率应在一个总的财务框架结构中分析，营销人员应就不同的费用与销售额的比率和其他的比率进行全面的财务分析，以决定公司如何以及在何处开展活动获得盈利。营销人员要更多地运用财务分析的方法来寻找盈利性策略，而不仅仅是加强销售策略；而管理部门要运用财务分析来判别影响企业资本净值收益率的各种因素。

（5）顾客满意追踪。

上述控制措施基本上是定量分析。定量分析虽然重要但并不充分，还需要一些定性标准，以便向管理部门提供市场份额即将发生变化的早期预警。为此，公司需要建立一套系统来追踪顾客、开发商以及其他市场营销系统参与者的态度，如果发现顾客对本公司和产品的满意度发生了变化，公司管理者就能较早地采取行动，争取主动、公司一般主要利用以下系统来追踪顾客的满意度。

①抱怨和建议系统。即对顾客的书面或口头抱怨应该进行记录、归类、分析，并作出适当的反应。

②固定顾客样本。建立由一定代表性的顾客组成的固定顾客样本，定期地由公司通过电话访问或邮寄问卷了解其态度。

③顾客调查。公司定期让一组随机顾客回答一组标准化的调查问卷，通过问卷分析，企业可及时发现问题，并及时予以纠正。

④校正行动。通过以上分析，当公司绩效偏离计划目标过远时，营销部门就需要采取校正行动。通常公司采取一些小的校正行动，无效时则采取更严厉的措施。

例如当一家大型的房地产开发企业的销售业绩持续下降时，公司采取了一套逐步加强的补救措施：企业下令减少新开发的项目；有选择性的降价；对销售人员施以更大的压力以完成定额；削减人员雇用与培训、广告、公共关系的预算。

12.4.3 盈利能力控制

盈利能力控制是企业衡量不同产品、不同销售区域、不同顾客群体、不同渠道以及不同购买数量等方面的获利能力。它所获取的信息有助于管理人员决定各种产品或市场营销活动是扩展、减少还是取消。

盈利能力控制的目的是保证项目市场营销经济效益目标的实现，进而保证项目投资经济效益目标的顺利实现。盈利能力控制分析主要从以下方面入手。

1.分析市场营销成本

市场营销成本直接影响企业利润，它由如下因素构成：

①直接推销费用。主要包括：直销人员的工资、奖金、差旅费、培训费、交际费等。

②促销费用。主要包括：各种广告媒体成本、楼书印刷费用、赠奖费用、展览会费用、促销人员工资等。

③运输费用。主要包括：运输工具折旧、维护费、燃料费、牌照税、保险费、司机工资等。

④辅助促销费用：主要包括：售楼处装饰费用、销售道具如沙盘模型、谈判桌椅以及电器费用等。

⑤其他市场营销费用。主要包括：市场营销管理人员工资、办公费用等。

上述成本连同企业的生产成本构成了企业的总成本，直接影响到企业的经济效益。其中，有些与销售额直接相关，称直接费用；有些与销售额并无直接关系，称为间接费用。但有时二者很难划分。

2.考察盈利能力的指标

企业盈利能力历来为市场营销管理人员高度重视，因而盈利能力控制在市场营销管理中占有十分重要的地位。以下是考察盈利能力的主要指标。

①销售利润率。是指企业所获利润与销售额之间的比率。其公式是：

销售利润率＝本期利润/销售额×100％　　(12-2)

企业一般将销售利润率作为评估其获利能力的主要指标之一。但是，在同一行业各个企业间的负债比率往往大不相同，而对销售利润率的评价又常需通过与同行业平均水平来进行对比。所以，在评估企业获利能力时最好能将利息支出加上税后利润，这样将能大体消除由于举债经营而支付的利息对利润水平产生的不同影响，因此，其计算公式应该是：

销售利润率＝税后息前利润/产品销售收入净额×100％

这样的计算方法，在同行业间衡量经营水平时才有可比性，才能比较正确地评价营销效率。

②资产收益率。指企业所创造的总利润与企业全部资产的比率。其公式是：

资产收益率＝本期利润/资产平均总额×100％　　(12-3)

与销售利润率一样，为了在同行业间有可比性，资产收益率可以用如下公式计算：

资产收益率＝税后息前利润/资产平均总额×100％

注意：式中分母之所以用资产平均总额，是因为年初和年末余额相差很大，如果仅用年末余额作为总额显然不合理。

③净资产收益率。指税后利润与净资产的比率。净资产是指总资产减去负债总额后的净值，这是衡量企业偿债后的剩余资产的收益率。其计算公式是：

净资产收益率＝税后利润/净资产平均余额×100％　　(12-4)

注意：式中分子所以不包含利息支出，是因为净资产已不包括负债在内。

④资产管理效率。可通过以下比率来分析：资产周转率。该指标是指一个企业以资产平均总额去除产品销售收入净额而得出的全部资产周转率。其计算公式为：

资产周转率＝产品销售收入净额/资产平均总额×100％　　(12-5)

该指标可以衡量企业全部投资的利用效率，资产周转率高，说明投资的利用效率高。

存货周转率。是指产品销售成本与存货（指产品）平均余额之比。其计算公式为：

存货周转率＝产品销售成本/存货平均余额×100％　　(12-6)

这项指标说明某一时期内存货周转的次数，从而考核存货的流动性。存货平均余额一般取年初和年末余额的平均数。一般来说，存货周转率次数越高，说明存货水准较低，周转快，资金使用效率高。

资产管理效率与获利能力密切相关。资产管理效率高获利能力相应也较高。这可以从资产收益率与资产周转率及销售利润率的关系表现出来。资产收益率实际上是资产周转率和销售利润率的乘积，即：资产收益率＝产品销售收入净额/资产平均占用额×税后息前利润/产品销售收入净额＝资产周转率×销售利润率。

另一个影响盈利能力分析的判断因素更为重要，即在评价销售实体的绩效时，是按完全成本还是仅按直接成本或可追溯成本来分摊费用。实际中应区分三种不同的成本。

①直接成本。可直接分派给相应的市场营销实体。例如，市场营销佣金在对销售地区、销售代表或顾客的盈利能力分析中属于直接成本；广告费用，若一个广告只促销一种产品，在盈利能力的分析中属于直接成本，其他用于具体目的的直接成本是销售人员工资、营业用品、差旅费等。

②可追溯的共同成本。只能间接地但又在似乎合理的基础上分配给市场营销实体。

③不可追溯的共同成本。分摊给市场营销实体具有很强的随意性。如“企业形象”的经费均摊给所有产品，就是很主观的，因为并非所有的产品都从企业形象中获益。其他典型的很难分摊的共同成本项目还包括管理部门的工资、税收、利息和其他开销。

12.4.4 效率控制

效率控制是依据效率指标，通过效率分析来实施的，其目的在于提高劳动效率，并提高市场营销实体中的销售队伍、广告销售促进等营销活动的效率。

1. 销售人员效率

销售经理要记录反映本地区内销售人员效率的几项主要指标，这些指标包括：

①每个销售人员平均每天进行的销售访问次数；

②每个销售人员每次会晤的平均访问时间；

③每次销售访问的平均收益；

④每次销售访问的平均成本；

⑤每次销售访问的招待成本；

⑥每百次销售访问而定购的百分比；

⑦每期的新顾客数和销售成本对总销售额的百分比。

企业通过以上分析，可以发现一些非常重要的问题，例如，销售代表每天的访问次数是否太少，每次访问所花时间是否太多，每百次访问中是否签订了足够的订单。当企业重视销售人员的效率后，就可以提高销售人员的效率。

2. 广告效率

广告费用效果是很难测定的，但公司至少应做好如下统计：

①每一种媒体接触每千名购买者所花费的广告成本；

②顾客对每一媒体工具注意、联想和阅读的百分比；

③顾客对广告内容和效果的意见；

④广告前后对产品态度的衡量；

⑤受广告刺激而引起的询问次数。

公司管理部门可采取多种措施来提高广告效率。包括进行更加有效的竞争定位、确定广告目标、广告媒体的选择、购买以及广告后效果测定等。

3. 促销效率

为了改善销售促进的效率，管理层应该对每一销售促进的成本和对销售的影响做记录，统计诸如由于优惠而销售的百分比、单位销售额的成本、赠券回收的百分比、因示范而引起询问的次数等指标。公司还应观察不同销售促进手段的效果，并及时采用最有效果的促销手段。

12.4.5 战略控制与市场营销审计

营销战略控制是指营销管理者采取一系列行动，使实际营销工作与原计划尽可能一致，在控制过程中通过不断评审和信息反馈，对营销战略作出修改。营销战略具有整体性和全局性的特点，战略控制关注的是企业的未来，因而其难度比较大。战略控制可用市场营销效果等级评价和市场营销审计两种方法进行此项工作。

1. 市场营销效果等级评价

市场营销效果并不一定能从目前的销售和利润绩效上反映出来，好的市场营销效果可能是由于该营销部门具有“天时”、“地利”的条件，而不是因为有效的市场营销管理。改善该营销部门的市场营销工作可能导致绩效由良好变得极好，而另一个营销部门尽管具有极好的市场营销计划，却还是效果较差，如果更换现任的市场营销经理可能会把事情弄得更糟。

营销部门的市场营销效果可以从市场营销导向的五个主要属性的不同程度反映出来，顾客宗旨、整体市场营销组织、充分的市场营销信息、策略导向和市场营销效率。每种属性都可以通过市场营销效果等级表格内有关项目的打分来评价，各属性得分汇总后就可以得到市场营销效果的总体评价分数。

2. 市场营销审计

市场营销审计是对一个企业或一个经营单位的市场营销环境、目标、策略和活动进行一种全面的、系统的、独立的和定期的检查，其目的在于确定问题所在，发现机会，并提出行动计划，以便提高企业的市场营销绩效。市场营销审计实际上是在一定时期对企业全部市场营销业务进行总的效果评价，它不限于评价某一些问题，而是对全部活动进行评价。它是加强房地产营销管理的一个有效工具。

（1）市场营销审计的特性。

①全面性。市场营销审计涉及企业所有重大的房地产营销活动，而不单单是少数有问题的活动。如果市场营销审计只包括销售人员、定价或其他一些市场营销活动，则可称之为功能审计。尽管功能审计很有用，但它们有时会误导管理部门，而找不到问题的真正原因。例如销售人员过多的调换，可能不是销售人员培训不当或报酬微薄的症状，而是公司产品差和促销不力的表现。一个全面的市场营销审计通常在确定公司市场营销问题的真正原因时十分有效。

②系统性。市场营销审计包括一系列有次序的诊断步骤，覆盖了组织的宏观和微观市场营销环境、市场营销目标和策略、市场营销制度及具体的市场营销活动。诊断结果显示了公司最需要改进的环节，然后把这些最需要改进的环节合并统一到校正活动计划中去，包括短期和长期措施，从而提高组织的整体市场营销效果。

③独立性。市场营销审计可通过六种途径来执行，自我审计、交叉审计、上级部门审计、企业审计办公室审计、企业项目小组审计、外部审计。自我审计是经理们使用一种检查表格来评定自己的营业情况。自我审计可能是有用的，但大多数专家认为审计缺乏客观性和独立性。总的说来，最好的审计可能是来自公司外部的顾问，他们具有必要的客观性，在许多行业有广泛丰富的经验，并对这一行业颇为熟悉，同时能集中时间和精力进行审计工作。

④定期性。一般说，市场营销审计只是在销售衰退，销售人员士气低落，且公司发现了一些其他问题后才进行的。值得注意的是公司陷入困境时，正是因为企业在经济景气的时，没有检查市场营销工作的执行情况而导致的。

因而定期市场营销审计不仅可使遇到麻烦的企业受益，同时也有利于那些正常运行的企业。市场营销工作的改进是没有止境的，即使是最好的市场营销工作仍可以做得更好。事实上，即使是最好的也必须做得更好。

（2）市场营销审计的基本内容。

①市场营销环境审计。由于市场营销环境的不断变化，原来制定的市场营销策略可能不再适用，需要经过市场营销审计来进行修订。审计的主要内容包括：

市场规模、市场增长率；顾客与潜在顾客对企业的评价；竞争者的目标、战略、优势、劣势、规模、市场份额等。

②市场营销策略审计。策略审计的内容主要包括：企业是否能按照市场导向确定自己的任务、目标并确定企业和楼盘的形象；是否能选择与企业任务、目标相一致的竞争地位；是否能制定与产品寿命周期、竞争者战略相适应的市场营销策略；是否能进行科学的市场细分并选择最佳的目标市场；是否能合理地配置市场营销资源并确定合适的市场营销组合；企业在市场定位、企业形象、公共关系等方面的战略是否卓有成效等。

③市场营销组织审计。主要是评价企业的市场营销组织在执行市场营销战略方面的组织保证程度和对市场营销环境的应变能力。审计内容主要包括：

企业是否有能力很强的市场营销主管、人员及其明确的职责与权力；是否能按产品、用户等有效地组织各项市场营销活动；是否有一支训练有素的销售队伍；对销售人员是否有健全的激励、监督机制和评价体系；市场营销部门工程部门、财务部门以及其他部门的沟通情况等。

④市场营销系统审计。审计的内容主要包括：

市场营销信息系统，主要是审计企业是否有足够的有关市场发展变化的信息来源；是否有畅通的信息渠道；是否进行了充分的市场营销研究；是否恰当地运用市场营销信息进行科学的市场预测等。

市场营销计划系统，主要是审计企业是否有周密的市场营销计划，计划的可行性、有效性以及执行情况如何；是否进行了销售潜量的科学预测；是否有适当的销售定额及其完成情况如何等。

市场营销控制系统，主要是审计企业对年度计划目标、盈利能力、市场营销成本等是否有正确的考核和有效的控制。

⑤市场营销盈利能力审计。它是在企业盈利能力分析和成本效益分析的基础上进行的，其审计的内容主要包括：

企业的不同市场、不同地区以及不同渠道的盈利能力；市场营销费用支出情况及其效益；

⑥市场营销职能审计。企业的市场营销组合因素（即产品、价格、地点、促销）效率的审计。审计的内容主要包括：

楼盘建筑质量、特色以及顾客对楼盘品牌的欢迎程度；企业定价目标的有效性；代理商、供应商等渠道成员的效率；各种广告预算、媒体选择及广告效果；销售队伍的规模、素质以及能动性等。

（3）企业的社会责任审计。

企业还需要对自己的市场营销活动进行评价，看其是否符合道德规范和对社会负责。企业的成功在于不断的使顾客获得满意，同时在开发高质量楼盘满足社会需求上与进行市场营销过程中创造社会利益。

12.4.6 房地产销售进度现场控制

房地产销售的阶段性很强，如何把握整体节奏与策略调整，体现了操盘者控制局面的能力，同时也决定了整体胜负。

（1）引导期（预售阶段）。

首先选大型户外看板，以独特新颖的文案引起客户的好奇，引发其购买欲（可视情况需要在公司销售）。

①工地现场清理美化，接待中心或售楼处设计、布置风格新颖清新，若售楼处离现场较远可视情形需要，建造装修若干套样品房。

②合约书、预约单及各种记录表制作完成。

③讲习资料编制完成。

④销售人员进驻，并进行培训。

⑤价格表、销售总表完成。

⑥刊登各种引导广告（电视、报纸等）。

⑦各种印刷的宣传品都要到位并摆放整齐，准备工作就绪。

引导期需要注意的事项：

①对预约客户中有希望的客户必须直接拜访。

②现场业务销售方式若有不顺畅要即时修正。

③不定期举行业务与企划部门会议。对来人、来电及区域记录表予以分析后，决定是否修正策划方案及营销策略。

④定期由业务主管召开销售人员、策划人员会议，研究问题、振奋士气。

⑤接待中心常发生故障或较为客户在意的设施，如灯光照明亮度、冷气空调位置及冷暖度、签约场所气氛、屋顶防雨措施、效果图、沙盘模型及照明等都要逐一检查测试。

⑥主控台位置及高度、广播系统音域范围及功能，控台、销售区、样品房与沙盘模型、出入口及过道等是否足以使众多客户十分的顺畅经过。

（2）公开期及强销期。

公开期指引导期之后 7～15 天；强销期即公开期后第 7 天起。

①正式公开推出前，在各种强势媒体宣传鼓动下，要吸引引导期内有希望客户，聚集人气，并施展现场销售人员团队与个人销售魅力，促成下单订购。另可邀请政经名人莅临剪彩，借势并提高客户购买信心。

②每日下班前 25min，现场销售人员填好并缴上每日应填之资料，由业务主管加以审查，于隔日交还每位销售人员，并于隔日晨间会议或晚间会议进行讨论，对各种状况及有望客户进行追踪，提高应变措施。

③每周周一由业务部、策划部举行策划会议，讨论本周广告媒体策略，促销活动项目与销售策略，总结当期的销售成果，拟定派发宣传单计划。

④拟定派发宣传单计划表，排定督报人员表及编制 SP 活动人员调度表。

⑤于 SP 活动前 3 天，选定协助销售人员及假客户等，并预先安排讲习或演练。

⑥若周六、周日举办活动，则需要提前一天召集销售管理人员、协助销售人员

讲习，使其全面了解当日活动策略、进行方式及如何配合。

⑦每逢周六、周日或节日 SP 活动期间，应注意销售区和主控台之自然呼应，每成交一户，便由主控台业务主管播报，随即公司现场人员均一起祝贺，活跃现场氛围。

⑧周六、周日下班前由业务经理召开业务总结会，对本期来人来电区域媒体、成交户区域媒体、客户反应、活动优缺点进行总结并奖惩。

⑨销售目标层层分解，并于每周一统计，完成目标人员立即颁发奖金，以资鼓励。

⑩随时掌握成交、签约户数、金额、日期，若有未依订单上注明日期前来办理补足或签约手续者，立即催其办理、补足或签约。

⑪客户来销售现场看房或来电询购，要求其留下姓名、联络方式，以便于休息时间或广告期间实施直销、追踪拜访客户，并于每日下班前由业务主管总结追踪成果，检查是否达到预期销售目标。

⑫每逢周日、节日或 SP 期间，公司为配合销售，应每隔一段时间打电话至现场作假洽定，以刺激现场销售气氛。

注意：地域不同、开发的房地产项目不同，而项目所所订的目标客户的文化、价值观念也不同，则其销售执行控制的具体工作是不同大同小异，但要具体问题具体对待，不能机械照搬。

［案例］　奥林匹克花园的销售进度控制

目前，奥林匹克花园在全国若干城市所开发的项目都很成功，这与其在营销过程中的有效控制是分不开的。

1. 销售进度控制

第一段：预热期（1999 年 3 月初—5 月底）

1999 年的春节一过，“花园”项目市场推广的各项工作立即进入状态。该阶段一方面完成对开发商的新闻宣传，同时推出针对广州碧桂园的悬念广告，同时与国家体育总局、高层体育官员、有关奥运冠军、省市体委的公关工作全面展开，将“阳光健身工程”的批文拿下，运动员的手印、照片、签名、纪念品等搜集工作也同时展开，开业比赛的策划、联络等基本就绪。此阶段事务庞杂，头绪繁多，为此，公司专门成立了工作领导小组。

第二段：加热期（6 月 1 日—15 日）

报纸、电视广告的创意、制作基本完成，系列悬念广告“什么是二十一世纪的生活方式”陆续见诸媒体；开业比赛的预告性新闻、广告出街，对住宅小区的合理化规模以及概念性房产的讨论也已在媒体上展开。

第三段：沸腾期（6 月 18 日—28 日）

广告、宣传全面展开立体式轰炸，引得全城瞩目；楼盘开卖，开业比赛如期举行；新闻媒介大肆炒作售楼狂潮，消费者彻夜排队，推出不久很快一期抢完，二期预订工作开始，有人一口气买下10套房，以期保值等。

第四段：保温期（7月初—9月20日）

一期卖完，公司在向社会各界致谢的同时二期发售。选出广州奥林匹克花园园长，筹办广州奥林匹克花园运动会。

第五段：再次沸腾期（9月20日—10月1日）

中秋、国庆双节并至。突出了以“住奥林匹克花园，赏奥林匹克月亮”为广告主题的宣传；此时，适时抓住机遇推出了迎国庆三期开卖、赠礼品欢度佳节活动，举办奥林匹克花园运动会，为进军2000年奥运热身。

2. 开发商销售策略

在销售队伍的建设上早做准备，以有吸引力的待遇招募一些卖楼高手。

在卖楼前后，在洛溪大桥附近加强户外广告的攻击性。

3. 防范销售阶段性问题

工期拖延时间过长，买家迟迟不能入住引起投诉；买家人住后，配套设施未到位引起投诉；在气候恶劣的季节让买家集中入住，容易引起质量投诉；买家分散时间入住，长期装修干扰他人生活易引起投诉；设计进度拖拉，影响项目建设进度；行政主管部门拖延审批时间；施工单位将任务交给不够格的分包单位，导致因质量问题而返工，影响工程进度；不可预见的事件发生，如工程事故、恶劣天气、重大市政工程规划变更等；地质原因导致工程拖延；多个参与建设的施工单位协调困难；在作项目营销进度计划时对市政环境没有摸清楚，致使配套设施没有及时到位；工程质量出现问题、质不对极引起索赔。商品房大多采用预售方式，在交接时如果房屋的装修标准、工程质量、配套设施、赠品等与合同中约定及样板房、售楼书中的显示不相符合，会导致客户投诉和索赔。

项目从开盘至结束要分若干阶段进行销售，时间跨度很长，往往几年。这个时期内消费者爱好、政策或者竞争者进入等都会导致市场变化。因此，房地产营销必须时时做好市场调查，把握市场变化的趋势。

（资料来源：［2005年7月］http：//www.rednet.com.cn）

本章小结

房地产市场营销计划具有权威性、预见性、可变性等特点，可分为战略计划和作业计划两种。前者是由开发公司的决策层及主要部门制定的，既由开发商或代理商的营销策划部门负责编制的，而且要随着环境的改变而做相应的调整。

房地产市场营销组织是指房地产开发企业涉及市场营销活动的各个职位及其结构。房地产开发企业的市场营销部门是执行市场营销方案、服务市场购买者的职能部门。一般的房地产开发企业只适应于专业化组织，常用的专业化组织包括职能式、地区式、项目式和市场式组织。设计和评价市场营销组织的一般程序为：分析房地产市场营销组织环境、确定房地产营销企业组织内部的各项营销活动、建立组织职位、设计组织结构、配备组织人员、对营销组织的检查和评价。

房地产市场营销要素包括：楼盘、售楼人员、客户、推销自己、推销开发商、推销楼盘、现场讲解、带给客户高附加值、制造紧迫感、销售建议、大定或结单等。房地产市场营销执行准备工作分为项目价格体系研究和制定阶段、项目代理商的选定阶段、项目广告公司的选定阶段、项目预热期执行阶段四个阶段。影响房地产市场营销计划有效执行的因素即发现及诊断问题的技能、评定在公司层次上存在问题的技能、执行计划的技能、评价执行效果的技能。房地产营销执行系统包括五个相关联的方面：制定行动计划；建立组织结构；设计决策和酬劳制度；开发人力资源；培养企业营销文化。同时也要了解营销执行中的常见问题与原因。

房地产市场营销控制流程包括：确定控制对象、设置控制目标、建立衡量尺度、比较实绩与标准、分析偏差原因、采取改进措施。常用的房地产营销控制的方法主要有：年度计划控制、盈利能力控制、效率控制、战略控制与房地产市场营销审计。搞好房地产销售进度现场控制。

1. 为更有效地执行营销方案，您所在企业的组织结构是否需要进行必要的调整？
2. 执行市场营销计划的过程中经常遇到的问题有哪些？
3. 影响房地产市场营销计划有效执行的因素有哪些？
4. 房地产市场营销控制流程有哪些？

参考文献

[1] 刘洪玉，丛培经．建筑市场与房地产市场营销．北京：中国建筑工业出版社，1999.
[2] 曹春尧．房地产营销策划．上海：上海财经大学出版社，1999.
[3] 李亚雄．物业营销．北京：高等教育出版社 2003.
[4] 祖立厂．房地产营销策划．北京：机械工业出版社，2004.
[5] 叶剑平．房地产市场营销．北京：中国人民大学出版社，2000.
[6] http：/www. zf636. com
[7] http：//www. rednet. com. cn

附录 调查问卷示例

住房状况与需求市场调查问卷

先生/女士

您好!

我是××公司的访问员,在进行一项重庆市居民住房状况及需求的市场研究。想跟你谈谈这方面的问题。你的意见无所谓对错,只要真实反映您的情况和想法,都会对我们有很大帮助。完成调查后,你将收到一份小礼品,并能参加我们的抽奖活动。我们将会对您的信息严格保密。希望你能在百忙之中抽出一点时间协助我们完成这次调查,谢谢您的支持与合作!

访问员记录部分

被访者姓名		家庭住址	
联系电话		问卷编号	
访问日期		访问员签名	

综合部分(甄别部分)

一、请问你有没有在以下单位工作?

1. 房地产公司/顾问公司 ………………………… 终止访问
2. 市场研究公司 ………………………… 终止访问
3. 以上皆无 ………………………… 继续访问

二、请问你的月收入是1000元以上吗?

1. 否 ………………………… 终止访问
2. 是 ………………………… 继续访问

三、请问近几年,你是否打算买房?

1. 否 ………………………… 终止访问
2. 是 ………………………… 继续访问

(一)住房现状

1. 您现在的住房户型是:

□一室一厅　□二室一厅　□二室二厅　□三室一厅　□三室二厅
□四室二厅　□其他

2. 您现在住房面积是：

□70m^2 以下　□71～90m^2　□ 91～110m^2　□111 ～130m^2

3. 您现在的住房来源是：

□商品房　□自租房　□单位福利分房　□购买的微利房

4. 您现在住在那个区？

□渝中区　□江北区　□南岸区　□沙坪坝区　□九龙坡区

□大渡口区　□巴南区　□北碚区　□渝北区　□其他

（二）住房需求

1. 您若买房，你的购买目的是：

□自住　□投资　□给亲友住

2. 若购买商品房，拟选购什么户型？

□一室一厅　□二室一厅　□二室二厅　□三室一厅

□三室二厅　□四室二厅　□其他

3. 若购买商品房，拟选何种套型？

□平层　□错层　□跃层　□夹层

4. 您若购买商品房，你打算购买多大面积（建筑面积）

□60～69m^2　□70～79m^2　□80～89m^2　□90～99m^2

□100～109m^2　□110～119m^2　□120～129m^2　□其他

5. 您打算购买的住宅类型是：

□高层住宅（层高超过 15 层）　□小高层住宅（8～15 层）

□多层住宅（7 层以下）

6. 打算购买的地区首选是________，其次是________，再次是________。

□渝中区　□江北区　□南岸区　□沙坪坝区　□九龙坡区

□大渡口区　□巴南区　□北碚区　□渝北区　□其他

7. 希望购买的住宅装修标准如何？

□毛坯房　□清水房　□初装修　□精装修

□菜单式选择（发展商提供多种套餐供买家选择）

8. 你若购买商品房，您能接受的总价为：

□10 万以下　□10～15 万　□15～20 万　□20～25 万

□25～30 万　□30～40 万　□40 以上

9. 您能接受的单价为：

□1500 元/m^2 以下　□1500～2000 元/m^2　□2000～2500 元/m^2

□2500～3000 元/m^2　□3000～3500 元/ m^2　□3500～4000 元/m^2

□4000～5000 元/m^2　　□5000 元/m^2 以上

10. 您愿意支付的首付款为：

□3 万以下　□3～5 万　□5～8 万　□8～10 万　□10～15 万

□其他

11. 能接受的月供款为：

□500 元/m^2 以下　□500～800 元/m^2　□800～1000 元/m^2

□1000～1500 元/m^2　□1500～2000 元/m^2　□2000～2500 元/m^2

□其他

最后，我想问您几个关于您个人情况的问题，供资料分析使用，希望你不要介意。

1. 性别

□男　□女

2. 年龄：________

3. 家庭人口数：________

4. 文化程度：

□博士以上　□硕士　□大学本科　□大专　□大专以下

5. 请问你的职业是：

□机关/事业单位干部　□企业管理人员/厂长经理　□个体户

□专业技术人员　□自由职业者（作家、摄影、演员）　□其他

6. 请问你的朋友平均月收入一般属于哪一类：

□500 元以下　□500～1000 元　□1000～1500 元　□1500～2000 元

□2000～2500 元　□2500～3000 元　□3000～3500 元　□3500～4000 元

□4000 元以上

图书在版编目（CIP）数据

房地产市场营销 / 刘鹏忠，苏萱主编 .—北京：人民交通出版社，2007.3

ISBN 978-7-114-06311-4

Ⅰ.房… Ⅱ.①刘…②苏… Ⅲ.房地产－市场营销学－教材 Ⅳ.F293.35

中国版本图书馆 CIP 数据核字（2006）第 146685 号

书　　名：房地产市场营销
著 作 者：刘鹏忠　苏　萱
责任编辑：王　霞（wx@ccpress.com.cn）
出版发行：人民交通出版社
地　　址：（100011）北京市朝阳区安定门外外馆斜街 3 号
网　　址：http://www.ccpress.com.cn
销售电话：（010）59757973
总 经 销：人民交通出版社发行部
经　　销：各地新华书店
印　　刷：北京鑫正大印刷有限公司
开　　本：720×960　1/16
印　　张：25.75
字　　数：476 千
版　　次：2007 年 3 月　第 1 版
印　　次：2014 年 12 月　第 3 次印刷
书　　号：ISBN 978-7-114-06311-4
定　　价：32.00 元